忠贞

开国元勋的夫人们

ZHONGZHEN
KAIGUOYUANXUN DE FURENMEN

姚贤玲 著

人民出版社

目 录

再版序言

张全景

此书是姚贤玲（笔名姚言）根据所拍摄的全国重大题材文献纪录片《忠贞：开国元勋的夫人们》的记录整理而成的。纪录片拍摄于 1999 年到 2006 年，书中共记录了 16 位开国元勋的夫人，当年这些老大姐都还健在，可以说是一次抢救性的拍摄。她们是党史、国史以及中国妇女运动史中很多重要事件的亲历者、见证者，作者以生动详实、自然感人的描述，记录了她们很多不为人知的跌宕起伏的人生和开国元勋的家庭生活，为后人留下了弥足珍贵的历史资料。

在人类的历史进程中，每一次变革，每向前迈进一步，无不伴随着一部分人的奉献与牺牲。从中国共产党诞生至今，无数优秀中华儿女为了人民的解放、民族的复兴前赴后继，奉献着自己的热血与青春。他们（她们）怀揣着理想与信念，义无反顾地投身到革命的洪流之中，谱写出一个个荡气回肠、感天动地的诗篇，涌现出无数可歌可泣的英雄。《忠贞》记录的就是这样群体的一个缩影。《忠贞》拍摄时，尽最大努力，将这些老大姐的家庭背景、参加革命的初衷和过程、如何与丈夫相识相爱、结婚生子，以及为家庭、为支持丈夫的事业默默奉献的人生，通过一个个真实的故事忠实地记录下来。从中可以看到，她们是平凡的，有着与常人一样的为人妻、为人母的喜怒哀乐；她们又是不平凡的，与丈夫一道经历了常人难以感受到的战火的考验、革命的艰辛、人生的曲折。尤其是在长期不能与丈夫见面、子女天各一方的艰难岁月中，她们千辛万苦支撑起家庭；在境遇好转时，又以严格的家教家风教育子女成长成才。她们用一生为“忠贞”二字作出了生动的诠释。我和书中所写的各位大姐大多是熟悉的，有的还交往密切，她们的思想和事迹使我深受教育。

习近平总书记强调：“牢固的核心价值观，都有其固有的根本。抛弃传统、丢掉根本，就等于割断了自己的精神命脉。”我们党的红色基因就是不能抛弃的传统、不能丢掉的根本。

党的十九大向全党提出“不忘初心，牢记使命”，中国共产党人的初心和使命，就是为中国人民谋幸福，为中华民族谋复兴。我们党从弱小到强大，从九死一生到蓬勃兴旺，从只有50多位党员到拥有8900多万党员，成为世界最大执政党，其原因除了我们保持初心这个根本，还因为有像《忠贞》一书中所写的这些革命的老大姐们和无数先辈的流血牺牲、无私奉献换来的。今天，面对市场经济大潮中的种种诱惑，有些人没能坚守住初心，堕落成拜金主义的奴才。相比之下，更加凸显出这些老大姐们革命精神的可贵，以及弘扬这种精神的必要性和紧迫性。今天，我们在走进新时代、奋力建设中国特色社会主义现代化强国中，忠于革命、忠于党，为共产主义事业而献身的精神依然是激励我们奋进的强大动力，是我们不可忘记的初心。在这个时候，人民出版社再版此书，无疑有着积极的教育意义。

值得一提的是，纪录片原计划半年完成，但由于种种原因拍摄了7年，摄制组也经受了严峻的考验，只有制片人姚贤玲和导演坚持到了最后，才使这部作品得以问世。在“后记”中了解到，作为女性，姚贤玲为了完成这部作品，在家庭上、孩子的陪伴教育上作出了巨大的牺牲，令人不胜唏嘘，从她的身上也能感受到一种“忠贞”的精神，忠于事业，忠于肩负的责任，令人敬佩。希望更多的人能够读到此书，用“忠贞”的精神滋养心灵，获得启迪。

是为序。

（作者系中共中央组织部原部长）

2018年3月8日

前　言

世界是男人和女人共同创造的。

然而，人们的目光往往聚焦在那些叱咤风云的男人身上，对于他们身后的女人却一无所知，大型文献专题纪录片《忠贞》的镜头焦点恰恰是对准了这样一群鲜为人知的女性。

在中国革命的历史长河中，有这样一群女性，她们为了追求真理，寻求民族的解放，同她们的丈夫一样，将自己的一生献给了所从事的事业。她们在白色恐怖的乌云笼罩下，同自己的丈夫一样出生入死，活跃在对敌斗争的战线上；她们在烽火硝烟的战争年代，用自己纤细的双手，举起沉甸甸的武器，与丈夫并肩冲锋在炮声隆隆的战场；她们在热火朝天的和平建设时期，默默地站在丈夫身后，用满腔的热情和无私的奉献，甘做无名英雄；她们在史无前例的“文化大革命”中，坚定地与丈夫在一起，用自己柔弱的双肩撑起一片蓝天，为丈夫保留一块净土。无论风云如何变幻，她们都会给丈夫一个充满温情，而又坚如磐石的家。

她们中有家境贫寒的童养媳，有出身豪门的大小姐，还有单纯可爱的女学生。但是，为了一个共同的理想，她们在中国革命历史激流的搏击中，逐渐成长为一名坚强的战士，一名成熟的革命者，一名中华民族的优秀女儿。

然而，就是这样一群特殊女性，多少年来却鲜为人知。她们功勋卓著却从不居功自傲；她们资历深厚却依然谦虚谨慎；无论丈夫是在顺境中身为高官，还是在逆境中深受挫折，她们都与之荣辱与共，风雨同舟。她们坚定的步伐总是义无反顾地紧紧跟随在丈夫身后。她们放下自己的事业，把照顾丈夫当成自己一生的事业，忠贞不渝。对丈夫的忠贞源于她们对革命的忠贞，因为她们深知丈夫肩上承载着的是一个民族的解放和崛起。她们就是中华人民共和国开国元勋的夫人们。

我有幸走近她们。

从 1999 年到 2006 年，整整七个年头，我同我的摄制组用镜头忠实地记录了她们的人生轨迹。

拍片子的初衷，我们只是觉得好奇，用老百姓的话来讲，这种生活一定充满了神秘，一定是很浪漫舒逸。随着拍摄的深入，听老妈妈讲过去的故事，让我们有了太多太多的感动，那蓬勃的激情一次次在胸中涌动。正是那一桩桩、一件件荡气回肠的感人故事，正是老妈妈们那甘于奉献的牺牲精神，让我们抵御住了大千世界物欲横流的各种诱惑，心甘情愿地守着一份清贫，用长达七年的时间，终于将片子呈现给观众。

记得一位伟人讲过："忘记过去，就意味着背叛。"今天的年青一代，对于中国革命的历史大多知之甚少。一个不了解自己民族过去的一代，是无法承担起民族兴旺的重任的。相当一部分年轻人认为国家富强，民族兴旺，那是几个领导人考虑的事，而他们的目光更关注的是商业巨头、科技精英、演艺大腕、体育明星。我觉得拍摄《忠贞》这样一部描写开国元勋夫人们的文献纪录片，其意义不仅仅是弥补了中国妇女史上的一个空白，更重要的是让那些"不知愁滋味"的青年一代，对中国革命的历史有一个感性的认识，让那些生活在蜜罐里还不觉甜的青少年，珍惜今天的幸福生活；让那些整日沉溺在网络游戏的虚幻世界的孩子，明白自己肩上还有责任；让那些只知道追求金钱和物质享受的年轻人懂得应该向社会奉献；更让那些发奋努力正在打拼的创业者多一份激励和信念。也不仅仅如此，对于今天的年轻干部，它何尝不是一个最好的榜样?!

我国正处于改革开放的新时期，随着各种新鲜事物的到来，各种诱惑也不约而至，于是，腐败也不可避免地发生。纵观那些纷纷落马的贪官，哪一个不是从一个贪字开始，贪财、贪权、贪色……他们身后的女人往往比他们更贪。而《忠贞》的女主人公们，她们的丈夫虽然身居高官，但她们远离丈夫的权力，从未为自己谋求私利。这难道不是值得我们现在一些干部家属效仿的楷模？不仅仅如此，《忠贞》的意义还在于它在老百姓和高级领导之间搭起一座了解和沟通的桥梁。

新中国成立以来，我国领导人的家庭很少对媒体开放。在老百姓的眼里，这些高级领导的夫人，一定是过着养尊处优的日子。但是，通过我们的镜头，人们会从老妈妈们点点滴滴的事情中，感受到她们平实朴素的生活，折射出中国共产党为了民族的崛起，所做出的奉献和牺牲。

老妈妈们是伟大的。之所以说她们伟大，是因为她们几十年如一日，把每一件普通的事都做得很好，就显得不普通；把每一件平凡的事都做得很完美，就显得不平凡。《忠贞》也正是本着平实的视角，着重表现了她们作为女人、作为妻子、作为母亲，是怎样把每一个平凡的日子，演绎得如此多彩绚丽。

拍摄《忠贞》，使我们的灵魂得到洗涤，我一次次被老妈妈们的故事感动着。人是需要感动的，被别人感动，也感动着别人。希望我们的《忠贞》能感动每一位观众，也希望人们能记住她们——那些为共和国做出巨大贡献的平凡而伟大的女性。

陪伴着丈夫一路走来

——张闻天的夫人刘英

2008 年 8 月的一天，我正在山西办事，接到刘英妈妈的秘书李燕玲打来的电话，告诉我刘英妈妈去世的消息，当晚我就坐上火车赶回北京。

当时，刘英妈妈的两集正在编辑中，刘妈妈很关心这部片子，很想亲眼看看，可惜我们没能做到，我觉得很对不住她。

刘英妈妈在我心目中，是一位职业革命家的形象。在我们采访的老妈妈中，她的资历是最老的。她是中国早期的共产党员，是仅存不多的老革命家。不管是看刘妈妈的这两集片子，还是写这篇文章，我的心里都是沉甸甸的，或许可以说一半是感动，一半是沉重。张闻天从一个党的总书记的位置，最后降到一个经济研究所的特邀研究员，这种落差和不公任何人都会愤愤不平，但是他居然没有一句怨言，临终时还要把自己省吃俭用攒下来的钱全部作为党费交给组织。而那时，他还背着种种不明不白的罪名。他对党、对国家、对人民的那份忠诚，苍天可鉴。那份忠诚里饱含着他对党的一种坚定信念，他从不因个人受到不公正的待遇，而对党产生一丝一毫的怀疑。

有时候，我总是在琢磨这样一个问题，为什么张闻天受到这么多的变故，仍然能够心平气和地坦然面对？有人说他的忠诚有些盲目，他的信念有些糊涂，我不这样看。我觉得，他对党的信念来自于他的身边有像刘英妈妈这样一大批优秀共产党人，这使他觉得党是由这些优秀分子组成的，他对党始终没有怀疑过，没有用个人得失做尺子来衡量是非曲直，这恰恰是一个共产党人所表现出来的崇高品质和博大的胸襟。作为张闻天的伴侣，无论他的职务如何，刘英妈妈都能荣辱不惊，不离不弃，陪伴着丈夫一路走来。我想这也许是张闻天能够一直支撑下来的一个支点，一种力量。

几天后，我们来到设在刘英妈妈家的临时灵堂，灵堂里摆满了前来悼念的人们送来的鲜花，刘英妈妈的遗像，挂在鲜花之上，望着她充满自信的微笑，心中不由想起与老人相处的那些时光。

刘英正在接受剧组采访

1999年冬天，一个寒风料峭的早晨，我们来到位于北京万寿路的一处僻静的大院。院子里，几座塔楼矗立在冬日的阳光里，像是几位正在享受阳光沐浴的老人，显得从容安详。这个大院里居住着许多已经退下来的老同志，刘英妈妈就在其中。

初见刘妈妈，很难相信那是一个已经95岁高龄的老人，她衣冠整齐，干净得体，一头灰色的短发依然茂密，且梳理得一丝不乱。个子虽然瘦小却让人感到挺拔。对于我们的采访，她表示欢迎，没有多少寒暄，采访很快就进入了正题。

1905年，湖南长沙金井镇的一个教书先生家，出生了一个瘦小的女孩，她就是刘英。原名郑家慧，参加革命后改名为刘英。

那是一个黑暗的年代，清王朝内外交困已经开始走向灭亡，无数仁人志士在黑暗中寻找着光明，试图探求一条能够挽救国家、民族的出路。于是，在中国这块半殖民地半封建的土地上发生了巨大的裂变，涌现出许多革命先锋，中国共产党顺应民意而生。刘英就是在这样一个大的社会变革中，受着革命的熏陶，接受着进步的思想。

1924 年，中国大地风起云涌，爆发了一场席卷全国的大革命，“打倒列强除军阀”的歌声唱遍大江南北，19 岁的刘英踏着这铿锵有力的节拍，以优异的成绩迈进由徐特立创办的长沙女子师范学校。

在今天的人来看，女孩子上学已是无可争议的事情，但是在 20 世纪初，女孩子上学是对封建社会的一场革命。在那样一种背景下，开办女子师范学校，单是它的名字就已经充满了对那个社会的反叛。在这所充盈着进步气氛的学校，刘英接受了马克思主义的启蒙，积极投身于学生运动。1925 年，刘英在鲜红的党旗下郑重地立下了誓言，为自己找到了人生的坐标，从此开始了一个职业革命者的生涯。

入党后，她被组织安排到湖南职工运动委员会当干事。当时，担任湖南工人运动领袖的是共产党人郭亮。身材瘦小，但干练坚定的刘英成为他得力的助手，深入工人中间，发动群众，并传播马克思主义，让前所未有的大革命点燃了无数中国人心中的希望。

就在刘英将自己年轻的激情全部投入到大革命的洪流中的时候，国内的政治局势发生骤然变化，轰轰烈烈的大革命运动开始逆转。1927 年 4 月，蒋介石在上海发动了反革命政变，盘踞湖南的反动军阀许克祥积极响应，随即发动马日事变。5 月 21 日深夜，得知许克祥发动事变，刘英与另一位女同志在她居住的长沙东茅街七号省工会职工宿舍里，烧掉了由自己保管的各工会党团员名单，并且做好了赴死的准备。她对同伴说：“敌人只要一进大门，我们就摸电门，宁可电死，也不能被他们抓走，更不能叛变革命。”那一晚，许克祥部袭击了省工会、省农协及近十处公开的革命机关，对共产党人和革命群众进行了血腥的屠杀，致使一百多条鲜活的生命，惨死在屠刀下。所幸的是由于刘英的机敏，她逃过了这一劫。但大革命遭受了近乎毁灭性的打击，陷入了低潮。为了保存力量，我党迅速转入地下。

由于事变突然，刘英与组织上失去联系。没有了组织，就等于没有了家。与组织失去联系的刘英像一只落了单的孤雁，她决心一定要想办法找到党组织。但是到哪里去找呢？刘英早出晚归多方探访，终于得到一条线索。

窗外一阵阵刺耳的警笛呼啸而过，刘英把自己乔装打扮了一番。大革命时，刘英与许多参加革命的女性都把自己的辫子剪去，剪辫子似乎成了当时女性追求进步的一个标志。马日事变后，敌人传出“巴巴头万万岁，瓢巴鸡婆要枪毙”，像刘英这样剪了辫子的女性特别容易引起敌人的注意。她找出当学生时的服装，一顶白色运动帽，一身学生装，雇了一辆黄包车就上了路。

在大革命时期，教育会坪是工人们经常集会举行革命活动的场所。马日事变后，那里必然成为敌人特别戒备的地方，凡是从那里路过的，抓的比放的多，一般百姓有事都绕着走，可是，要找到党组织，那里是必经之地。而刘英在大革命时期的活跃，很可能会有人认识她，为了找到组织，找到家，刘英顾不了那么多。从参加革命那天起，她就已经把自己的一切交给了革命，离开革命，对于她来讲生不如死。刘英决定冒死也要闯一下。

昔日的教育会坪如今已是面貌全非，到处都充斥着杀气。过去贴着红色标语的地方，已经被国民党的反动标语所代替。会坪上到处是荷枪实弹的军警与眼睛滴溜乱转的特务，每一个行人都成为他们怀疑检查的对象，刘英的黄包车也被拦了下来。

“什么人？到哪里？做么子去？”特务盘问道。

“学生，到舅舅家，母亲病了，让我去找舅舅。”

“为么子不走别的道，走这里？”

“我母亲病得厉害，急得很，所以我走个近道。”刘英沉着地应对着。

特务的两眼在刘英脸上盯了一阵，突然，手一掀，把刘英的学生帽摘了下来：“哈哈，原来是个瓢巴鸡婆。”刘英的心一紧，但马上就镇定下来，一脸无辜的样子：“别人给剪的！”敌人围着她转了一圈，看到她泰然自若，又看看她身上没有带什么可疑的东西，见她长得又瘦又小，不太像是个革命者，相信了她的话，放她过去。刘英以她的机智、勇敢、沉着，闯过了军警重重的教育会坪，找到了党组织，并担任省委妇女部长。

马日事变后，尤其是在 7 月 15 日，汪精卫在武汉宣布与共产党不共戴天之后，国共合作彻底破裂。国民党大开杀戒，对共产党进行了大规模的“清剿”。时任湖南省委书记的王一飞不幸被捕。王一飞不是本地人，是组织上从上海派到湖南的，不会说湖南话，不能像本地干部，一会儿变工人，一会儿变农民，一会儿又可以变学生。所以他很容易引起敌人的注意，一旦被敌人盯上，就不好摆脱，因此被敌人抓住。那一年，正值寒冬腊月，组织上派人给王一飞送去棉衣，王一飞已经感到死亡的临近，他暗示来人，要保存力量，不要再派人来探视，以免暴露更多的同志，他什么也不需要。话语中流露出已经做好了赴死的准备，表现出一个共产党人视死如归的决心。不久，王一飞便惨遭敌人的毒手，英勇就义。

王一飞的牺牲，对刘英的教育非常深，湖南省委也遭受到致命的打击，省委机关只剩下两个半委员：秘书长林蔚、组织部长何资生，还有就是妇女部长刘英。她当时只是候补省委委员。经过研究，湖南省委决定派刘英到上海向党中央汇报王一飞牺牲的消息，并要党中央委派一个省委书记并提供活动经费。

派刘英去上海，是经过深思熟虑的。刘英虽然年轻，但有丰富的对敌斗争经验，又经过了无数次考验，革命信念坚定。加上她是女性，瘦瘦小小的不太引人注意。刘英欣然受命。

那时候，刘英正和秘书长林蔚谈恋爱。林蔚早年和周恩来等一起赴法留学，之后又到苏联学习，1926 年冬回到祖国。他非常喜欢这个革命坚决、工作能干的湖南妹子，几次提出结婚的请求，但刘英一门心思想着工作，觉得革命形势严峻，斗争环境复杂，如果结婚生子，势必会影响工作。刘英固执地认为，干革命就要全心全意，不能结婚生孩子，她拒绝了林蔚。现在刘英就要独自远行，路途遥远不说，敌情险恶生死难料。而林蔚留在湖南也到处弥漫着白色恐怖，这一别能否再见谁也说不准。想到这些，两人心里都有些恋恋不舍。林蔚再一次向刘英提出结婚，刘英没有拒绝。

1928 年春节，林蔚与刘英悄悄地结婚了。没有举行热闹的婚礼，没有大红的花轿，也没有张灯结彩的新房，更没有前来祝福的亲朋好友，有的只是两人真挚的爱情和共同拥有的革命理想。这个只有两个人的婚礼，更像是场生死诀别。因为，他们彼此都清楚，在白色恐怖笼罩下的中国，什么危险都可能发生，他们都想把自己所有的温情尽可能多地留给对方，那也许是留给彼此最后的温存。他们心里都默默地祝福，希望对方能够平安。新婚两天后，他们没有被缠绵的感情羁绊，林蔚便送自己化装成学生模样的新娘上了路。

从长沙到上海，对今天来说已经不算什么，但在 20 世纪初，除了交通的不便利，还要通过敌人的一道道盘查，更何况是一个年轻女子，可以说路途艰险。为了尽快把湖南的情况告诉党中央，刘英已顾不得那么多了。

一天，刘英到了汉口，正准备买到上海的轮船票，忽然听到有人在背后叫她："小姐。"她回头一看，是一个漂亮女人。她亲热地拉着刘英的手自我介绍说是郭亮的夫人。郭亮当时已经担任湖北省委书记，公开身份是公司经理。于是，刘英跟着她见到了郭亮，熟人相见对于路途上孤身一人的刘英来说高兴得不得了。从郭亮那里，刘英得知化名罗迈的李维汉也在武汉。他正受中央派遣，要到湖南去巡视工作。刘英一听，立即与郭亮赶到李维汉住的长江饭店，把长沙的情况告诉了他。李维汉决定取消到长沙的计划，等待组织的安排。他得知刘英要到上海，当场给时任中央组织部部长的周恩来写了一封信，并派了一名男同志与刘英同行。就在刘英离开不久，郭亮也倒在了敌人的枪口下。

经过一路车船劳顿，闯过敌人的重重盘查，刘英终于来到上海。顾不得洗去一身的风尘，她直奔中央机关。当时正赶上中央领导在开会，看到从湖南来的刘英，大家都关心地询问湖南的情况，他们还不知道王一飞牺牲的消息。见到亲人般的同志，坚强的刘英哭了："我就是来向中央汇报的。现在湖南形势非常严峻，省委书记王一飞同志牺牲了，省委机关只剩下林蔚和何资生，现在湖南没有领导了。我这次来，就是向中央要个省委书记。"

完成了向中央汇报的任务，刘英又从上海回到长沙，没想到，省委的接头机关已经隐蔽，刘英找不到省委和丈夫林蔚，她决定先回家住几天，慢慢打听情况。

刘英的母亲是个非常开明的妇女，对于女儿参加革命，她很担心，但并不阻拦。她知道女儿大了不由娘，拦也拦不住，女儿是铁了心要干革命。见女儿回家，母亲很想让她多住几天，可是由于之前警察多次到家查问，加上门口常有化装成鞋匠和小贩的人探头探脑地向屋里张望，母亲感到女儿的处境很不安全。她对刚刚进门的刘英说："你不能回来呀，警察经常来问你回来没有，我告诉他们，你死到外头了，信都没得一封。你回来，要是被他们抓住，要让你自首，你是不愿意的，我知道你是铁打的心。但是你不自首就要杀头，你死到家门口，我受不了，你死到外头我看不见。算了，你赶快走。"母亲迅速地给女儿做了一顿饭，这是刘英吃的妈妈做的最后一顿饭。

吃完饭，母亲叫来一辆黄包车。这时天空下起了小雨，母亲用油布将车子包了个严实，既为女儿挡雨，又可以避免让人看到刘英。母亲远远地跟在黄包车后面，送了女儿很远，直到觉得安全了，才没有再往前送。

当天晚上，军警就包围了刘英的家。原来刘英一身上海装束，引起门口特务的注意，他们以为人刚回来，不会马上走，于是等到晚上来抓她。没想到他们还是扑了一个空。敌人抓不到刘英，就把刘英的母亲抓到警察局审问。后来，还是刘英的表哥将她保出来。十几年后，刘英从参加抗战的弟弟那里得知她走后的事情，她很庆幸自己听了母亲的话，没有让敌人得逞。

机关找不到，家又不能回，在老乡的帮助下，刘英坐上一条帆船返回上海。刚回到上海，便从中央机关的同志那里得知，丈夫林蔚牺牲了。

林蔚是在乡下召开会议的时候，被敌人包围的。那是个漆黑的夜晚，得到敌人包围的消息，开会的人立即向田野撤离。林蔚因为高度近视，落在最后，被敌人一枪打中右腿，跌倒在水田里。为了掩护同志和群众，林蔚将敌人的目光吸引到自己身上，并对追上来的敌人说："你们不要追了，我就是负责人。"林蔚被捕后坚贞不屈，敌人怕劫狱，很快就把他杀害了。没想到与丈夫的新婚竟成了永别，刘英心中万分悲痛，幸亏来上海之前答应了林蔚的求婚，不然会让她悔恨终生。

就在这个时候，刘英发现自己怀孕了。这个她与林蔚的爱情结晶将刘英暂时从失去丈夫的悲痛中走了出来。几个月后，孩子出生，是个男孩。孩子的到来，让刘英感到自己和林蔚的缘分有了延续。她抱着儿子暗暗决心，不管千难万难也要把林蔚留下的骨血抚养成人。然而不久，林蔚的家人得知消息，执意要将孩子带走认祖归宗。刘英纵有千般不舍，还是尊重林家人的意见，让他们把孩子带走了。

失去了丈夫，现在儿子又离她而去，刘英的心顿时觉得空落落的。周恩来知道刘英的情况很是同情，他安排刘英暂时去苏联学习。

1929 年，刘英来到苏联，进入莫斯科劳动大学，学习无线电知识。在苏联期间，她结识了在这里留学后又留下来当教员的张闻天。刘英对这个温厚、诚恳又有着儒雅气质充满着才气的老师颇为佩服。当时刘英刚刚失去丈夫，还没有从思念和哀痛中走出，而张闻天也有一个漂亮的苏联太太，两人也只是一般学习上的接触，却不曾想若干年后他们会成为夫妻。

苏联社会主义建设的热潮感染着刘英，渐渐抚平她心中失去亲人的创伤。四年后的1933年，刘英回到祖国，来到当时中国的红色首都——瑞金，在少共中央先后担任宣传部长和组织部长。

少共中央当时大部分都是一些与刘英年龄相仿或比她还小的年轻人，充满了青春的朝气和革命的乐观精神。后来成为中国政治核心人物的邓小平、胡耀邦都在那里工作。当时邓小平正在编辑《红星报》，与刘英很熟，常常在一起进行“精神会餐”，一个夸湖南家乡的腊肉如何好吃，一个夸自己四川的回锅肉如何诱人，直说得对方馋虫勾起。最后，两人哈哈大笑算是完事。

由于当时中共中央的领导权落到“左”倾教条主义者手里，红军第五次反“围剿”失利，面对中国革命的严重挫折，红军急需扩充。不久，刘英被指派为“扩红”突击队长。她连夜带着从当地抽调的十几名干部，骑马奔向于都。

在于都，刘英他们走家串户，借用当地老百姓喜欢的打山歌形式进行宣传，动员和发动群众参加红军，保卫革命胜利果实，保卫红色苏区。一批批优秀的青年经过编团被输送到前方。由于刘英他们工作做得扎实，在他们动员参加红军的青年中，没有一个开小差的。原本三个月的任务，只用了一个半月就“扩红”3300名，超额一倍半完成。在回瑞金的路上，刘英碰到邓小平。邓小平一见到她，就竖起大拇指说：“不鸣则已，一鸣惊人。”刘英不知他指什么，后来才知道因工作出色，刘英受到当时苏区《红色中华》刊物的表扬。“三年不鸣，一鸣惊人”，是项英在中央政治局会议上夸奖她时说的。

1934年10月，蒋介石完成了对中央苏区的合围，并向中央苏区腹地推进，形势十分危急。而在白区的党组织也纷纷遭到重挫，在别无选择的情况下，红军被迫放弃苏区，进行战略大转移。

一天，刘英正在于都忙着动员群众。这是她第二次进于都“扩红”，还没有接到部队和中央机关突围西行的通知。这时，毛泽东带着警卫在回瑞金的时候路过此地，看到刘英时感到很诧异，大家都在忙着准备西行，怎么这个小老乡还在这里。可是，当时的行动不能公开，按照组织程序，也不能直接通知她。于是，他对刘英大声喊道：“刘英，你怎么还在这里，马上回机关，有任务。”刘英问：“什么任务？”毛泽东说：“回去就知道了。”

说完策马就走了。刘英从毛泽东的语气里，听出了事情一定很急，连忙收拾东西，赶回瑞金，这才知道战略转移的事情。多年后，刘英提起此事，非常感谢毛泽东，要不是他及时让刘英赶回瑞金，脱离大队伍的刘英人生之路将是另一条轨迹。

在中央红军西行的队伍中，活跃着刘英娇小的身影。长征初期，刘英担任中央红军第三梯队政治部主任。第三梯队是个运输队。所谓运输队，就是由五千新兵和挑夫组成，负责将印刷机、兵工厂的机器、制钱币的设备等肩扛人抬，几乎红军的全部家当就挑在他们肩上。

革命失利的教训，让中国共产党痛定思痛。1935 年 1 月 15 日，中央政治局在贵州遵义召开了具有伟大历史转折意义的会议，史称遵义会议，会议确立了毛泽东在党内的领导地位。

遵义会议不久后的一天，刘英与几个战友正在遵义的街上走着，忽然听到街对面有人叫她，抬眼一看，张闻天正在对面向她招手。刘英跑过去忙问有什么事，张闻天笑着邀请她到自己的住地聊天。刘英高兴地接受了他的邀请。

从 1929 年在莫斯科相识，至今已经有五六年了，刘英与张闻天彼此都已经非常熟悉。对于刘英来讲，张闻天既是首长又是老师还是兄长，工作中有什么疑难问题，他总能及时地给予指导和帮助。可是这一天，平时随和的张闻天似乎有什么话要说，但又似乎在犹豫着。其实，刘英心里这时已经很清楚他要说什么。感情是锁不住的，张闻天对她的感情，她早已从他平时对她的关心、从他看自己的眼神里读懂了，只是两人谁也没有捅破这层窗户纸。此时的刘英，内心十分矛盾，既希望张闻天对自己表白，又害怕他说出来。在与张

毛泽东和张闻天（左一）在一起

闻天的接触中，他的人品、学识、才华以及性格，都深深地打动着刘英，能得到这样一位优秀男人的情感，作为女人还有什么不满足的呢？可是，当张闻天向她表白自己的感情时，她却拒绝了。她现在还不能接受他的感情。刘英很清楚，红军还有很长的路要走，一路上艰难险阻无数，如果结婚，作为妻子就要担负起生儿育女的任务，这一点她是无法接受的。多少天来，队伍中那些结婚怀孕的女战友，挺着肚子负重行军打仗，让她看着心里难受，尤其是孩子生下来就要面临骨肉分离的痛苦，那真的是一种残忍。刘英打定主意"五年内不结婚"，而张闻天对她的想法给予了充分的理解。

不久，由于战事的需要，在中央担任秘书长的邓小平被调到前方，经毛泽东提议，将刘英调到中央，顶替邓小平。接到调令后，刘英感到担子太重，恐怕自己胜任不了会耽误工作，她骑上马跑到中央驻地去找毛泽东。

到了中央队驻地，毛泽东、王稼祥正在商量工作，总书记张闻天正巧外出不在。见到刘英气喘吁吁地找来，毛泽东以为有什么情况，忙问自己这个小老乡有什么事。

"主席，富春同志要我来当秘书长，真的吗？"刘英问。

"噢，原来是这个，好事啊，还是我提议的呢。"毛泽东回答。

"这个我当不了，这么重的担子，我怕干不好。"刘英说。

"有什么当不了的，干得了，我看你干很合适，就这样了。"毛泽东说。

王稼祥也在一旁帮腔："我们都认为你能干得了，好好干吧。"

这时，张闻天从外面回来，知道了刘英来的意图后说："有什么干不了的，就是开会做个记录，平常管管我们的生活，给部队做做思想工作，你都干过，还干得挺好。"

看到几位领导都不松口，刘英也无话可说。就这样，她从第三梯队调到了中央队。调到中央队后，由于工作上的关系，刘英与张闻天的接触便来来往往地多了起来，张闻天在各方面都尽可能地给予刘英关照。刚开始，每次开会刘英做记录比较认真，每一句话都不落，有些手忙脚乱顾不过来。张闻天告诉她，记录要有重点，不要太啰唆，要简明扼要，并亲自帮她修改文章，还把自己心爱的钢笔给刘英用。看到刘英没有警卫员，又从自己四个警卫员中抽出一名，派到刘英身边，照顾她的生活。张闻天的心思，没有瞒住毛泽东的眼睛，担心张闻天这个“老夫子”脸皮薄，不好意思。毛泽东决定做回月下老人，于是对刘英说：“刘英，女大当嫁，我给你介绍一个，怎么样？”刘英笑笑：“我现在可不想结婚生孩子，你看子珍她们几个怀孕的一路上多受罪呀，再说这么多的工作都做不过来，以后革命有了家再说吧。”毛泽东坚持要给她介绍：“你看洛甫怎么样，我看他可是对你一往情深哟。”刘英还是笑笑：“我现在不考虑这个问题，以后再说。”毛泽东并不放弃，他经常拿刘英和张闻天开玩笑，而且部队每到一地宿营时，他都有意识地把刘英与张闻天的房间挨着，好让他们方便交流。

1935 年 11 月，历经了千山万水，战胜了敌人的围追堵截，红军结束了 20 世纪人类最悲壮的一次远征，终于在陕北安营扎寨，革命也暂时有了一个家。张闻天再一次找到刘英，向她提出结婚的要求：“这下可以了吧。”刘英没有拒绝，其实那是她心底早有的愿望。

于是，两个铺盖卷搬到了一起，加上同志们衷心的祝福，就构成刘英、张闻天的婚礼。此时，毛泽东刚刚指挥部队取得直罗镇战役的胜利。这对刚在陕北落脚的红军来讲，是决定性的一仗，毛泽东十分高兴，从前线回到瓦窑堡，一听说刘英、张闻天结婚了，就非要闹闹“洞房”。他一进刘英他们的窑洞就大声嚷着：“你们结婚要请客，结婚不请客，不承认，不作数。”刘英为难地说：“主席，不是我们小气舍不得，没有钱，又没有东西，拿什么请客啊？”兴致勃勃的毛泽东仍然不肯罢休：“那就暂时不承认，什么时候请客了，才作数。不过，你客不请，我礼照样送，我是真心给你们贺喜来了，送你们一首打油诗。”

与丈夫张闻天的新婚照

1936年10月，刘英（右）和红军女战友在一起

说着，操着浓重的湖南口音风趣地朗诵起来，大意是把张闻天比作作风民主的“开明君主”，而把刘英戏称为“娘娘”。

1936年秋，一场突如其来的大病，几乎要了刘英的性命。刘英持续高烧不退，人很快就倒了，每日徘徊在“鬼门关”前。而陕北当时别说是医疗条件，就是生活条件也是非常艰苦。国民党对红色根据地实行的封锁，使得根据地不仅缺吃少穿，更是缺医少药，刘英只得靠自身的体力和坚强的意志与病魔抗争。为了张闻天的健康，医生不得已将刘英与张闻天隔离开来。看到妻子病重，张闻天心急如焚，每天除了工作，早晚闲暇时间全部用来看望妻子。他透过窗户纸上的小孔，把自己的关爱传递给刘英，还拿出每月仅有的五元津贴，全部给爱妻买成鸡蛋，用于刘英的补养，而自己只吃些煮白菜。也许是丈夫每天窗外的声声呼唤，也许病魔也是个欺软怕硬的家伙，靠着坚强的意志和自身的体质，一个月后，刘英最终战胜病魔闯过“鬼门关”，重新回到丈夫身边，又活跃在工作岗位上。

党的七大以后，张闻天从总书记的位置上退了下来。对于职位的升降，刘英与张闻天从来都不患得患失，只是把它看成工作的需要。无论职位高低，他们都泰然接受，在自己的岗位上，认真做好党交给的每一件事情。

1947年，张闻天同刘英在佳木斯

1945年10月，刘英与丈夫一起来到东北。夫妻俩在这里工作了四年，张闻天先后担任中共合江省委书记、中共东北局常委兼组织

部长，东北财经委副主任、中共辽东省委书记等职。而刘英则先后担任宁安县委副书记、合江省委组织部长，哈尔滨市委常委、组织部长，辽东省委常委、组织部长。刘英与张闻天既是夫妻，又是上下级关系，但刘英从没有因此走后门说人情。他们夫妻俩在东北一干就是四年，剿土匪，分田地，办学校，搞建设。东北的山山水水、一草一木都见证了他们的足迹。

1951 年，张闻天接任王稼祥任中国驻苏联大使并被任命为外交部副部长。刘英跟随丈夫张闻天一起远赴莫斯科，担任参赞和使馆特委书记，对外以大使夫人身份活动，成为新中国第一批女外交官。

这是刘英第三次到莫斯科。第一次是1927 年大革命失败，林蔚牺牲，她到苏联留学四年；第二次是1937 年她患病到苏联治病疗养；这一次，她和丈夫重返莫斯科，代表着新生的中华人民共和国，刘英心里格外激动。二十多年工作经验的积累，以及过去在苏联的生活经历，使刚刚走进外交行列的刘英如鱼得水，工作十分出色。三年后，周恩来亲自写信将刘英召回国内，担任外交部部长助理兼人事司司长。在这个岗位上，刘英为新中国外交队伍的建设做了大量工作，并发现和培养了不少人才。

与丈夫张闻天在莫斯科合影

1959 年 7 月，中共中央在庐山召开会议，史称庐山会议。张闻天不顾个人得失，本着实事求是的态度，明确支持彭德怀，并对“大跃进”等一系列不切实际的做法提出了批评。为此，他付出了沉重的代价，失去了一切职务，妻子刘英也受到牵连。贬了官，撤了职，张闻天只是一个经济研究所的特邀研究员，但他并没有因此而停止对国家、对人民做贡献，仍然坚持独立探索，对社会主义进行深入研究。

20世纪50年代的张闻天

当丈夫位居高位时，刘英从不扬扬得意，丈夫被罢官免职时，她也没有失意丧形。荣辱不惊，坦然面对，是刘英与张闻天对人生的一切变故而持有的淡然，体现出这对老共产党人优秀的品质和崇高的境界。对于丈夫，刘英始终不离不弃，从不因撤官贬职而怀疑他对党的忠诚。十几年的朝夕相处，有谁比她更了解他呢？对丈夫的信念，如同她对党的信念一样，刘英从没有动摇过。

对张闻天的理解不仅仅只有刘英，党内许多高级干部也非常同情和支持他，王震就是其中一个。他在张闻天被贬为特邀研究员后，曾对刘英说过，他很佩服张闻天，他是学者，是真正的马列主义者。王震嘱咐刘英："他写的东西你千万不能烧，那是很有价值的，你没有地方放，就放到我这里来，我这里好保管些。"

战友的信任与理解，给了刘英、张闻天很大的支持与安慰。张闻天潜心研究，写出许多非常有价值的理论文章，刘英把它寄给王震，由他保存起来。

为党奔波工作，刘英像一个上满了弦的钟。可是，现在突然让这个钟停下来，刘英为此也有心情苦闷的时候。每当这时，张闻天总是想方设法为她排解，他给刘英抄了一首诗：

把酒问青天，
世间谁无死？
贵在未死间，
少愁多欢喜。
富贵在于天，
欢乐在自己。
古今通达事，
舍此而及彼。

刘英心里明白，张闻天也在为不能为党做更多的工作而郁闷，他的内心承受的痛苦比她更深，但是却尽力来宽慰妻子。就这样，这对中国共产党的早期党员，在互相安慰和鼓励中，战胜了政治和工作上的寂寞，化解心中因不能工作而带来的怨愤。

1955 年，张闻天与毛泽东、周恩来、陈毅在一起交谈

1962 年，由于写《关于集市贸易等问题的一些意见》一文，张天闻再一次遭到批判。受此打击，张闻天胡子一下子全白了。

更大的迫害还在后边。“文革”来了，刘英、张闻天不可避免地受到冲击。张闻天买了一张月票，每天乘着公共汽车到单位接受红卫兵的批判，刘英也被揪去陪斗。张闻天体弱多病，却总担心又瘦又小的妻子身体顶不住。而刘英每天挨批斗回来，也总是想方设法照顾张闻天。一天，挨批斗回来，看到刘英拖着疲惫的身体在为自己沏茶倒水，张闻天拉住妻子送茶杯的手，让她坐在自己身边，心疼地问：“能顶住吗？”“顶得住，怕什么，过去那么苦不也都顶过来了？”刘英装作一副无所谓的样子。张闻天握紧妻子瘦弱的手：“你能这样想，我就放心了。我就是担心你的身体，怕你顶不住。批斗的时候，总想着你，可是又不能扭头看你，真怕你身体吃不消啊！”夫妻俩就这样在患难中不离不弃，互相搀扶。

晚年的张闻天和家人在一起

后来，他们被关进北京卫戍区“保护”起来。虽然关在一个院子里，可不在一个房间，放风散步也不是一个时间，所以近在咫尺，却见不上面。刘英

担心张闻天的身体，张闻天也惦记着刘英。于是，两人都在努力寻找机会获取对方的信息。渐渐地，他们发现有一个地方能获取对方信息而又不易被警卫察觉，那就是盥洗室。当时，他们不在一个房间关押，但盥洗室却是共用一个。每天早晨，刘英总是静静地坐在房间里，注意听盥洗室的动静。那段时间，张闻天因身体不好常常咳嗽，刘英每天只要听到盥洗室传来丈夫的咳嗽声，就知道他还活着，还在她的身边，她的心里就踏实。而张闻天则每天从院里传来工作人员强制刘英劳动的呵斥声中，也能感受妻子的存在。两人心心相印，彼此挂念。张闻天通过盥洗室的墩布，想到妻子瘦小的身躯，要去拖一个那么大的墩布，他十分心疼，每天早上到盥洗室洗漱完，他都会默默地把墩布洗干净，挤出多余的水分，好让妻子干活省些力气。而刘英也常常将张闻天泡在盥洗室的脏衣服悄悄地洗干净。这一切，都是在悄无声息的情况下进行。盥洗室，成为夫妻俩相互传递情感和交流信息的特殊场所。

不久，张闻天、刘英双双被遣送到广东肇庆。庆幸的是，这一次，他们没有分开。

九一三事件后，对张闻天、刘英的待遇稍稍放宽松些。张闻天、刘英恢复了党的组织生活，工资也照发了，只是不准回北京。“文革”初期被冻结的存款和国库券，也都退还了。所谓退还，其实还在“特会室”，他们拿不到。

张闻天与刘英 1976 年早春于无锡梅园

有了工资，生活就可以得到改善。肇庆市委曾收到过张闻天、刘英写来的一封信，内容如下：

市委领导：

我们的电炉昨天安装好了，试用情况良好，你们和市委其他同志对我们两个老年人经常的关怀，使我们深为感激，特此向你们表示我们的谢意。

关于安装电炉的一切费用和以后每月的电费，我们认为理应由我们自己负担。因此，请你们把这次安装的全部用款告诉我们，由我们支付。今后每月应缴电费，也请及时告知，以便按时缴纳，我们这一请求，务必批准为盼。

张普（张闻天）刘英

一九七五年一月五日

短短一封信，我们可以从中看到这对老共产党人的高风亮节。

这年的夏末，张闻天、刘英被批准到江苏无锡。他们在这里度过了几个月的宁静生活。1976 年 4 月，张闻天已经是重病缠身，吃不下什么东西了，自知生命即将走到尽头的张闻天，想到的依然是如何为党做最后的贡献，那就是把他和刘英省吃俭用、共同生活积攒下来的四万多元钱全部交给党。几万元，在那个年代是一笔不小的数目。他把刘英叫到身边："我恐怕是不行了，我最担心的是我的组织问题的解决。这么多年没有替党工作，我考虑我死后，把积攒下来的几万块钱，全部缴党费，你同意吗？"刘英说："我同意。"张闻天："那咱们写个东西吧。"刘英："你还不相信我吗，再说，你的身体会好起来的。"张闻天："我的日子不多了，把这个事办了，我心里就踏实了，也算是我最后能为党做的一点点贡献吧。"

于是，由张闻天口述，刘英记录，二人写下了这样的字据："二人生前商定：二人的存款，死后交给党，作为二人最后所交党费。"之后两人在上面都签了字。

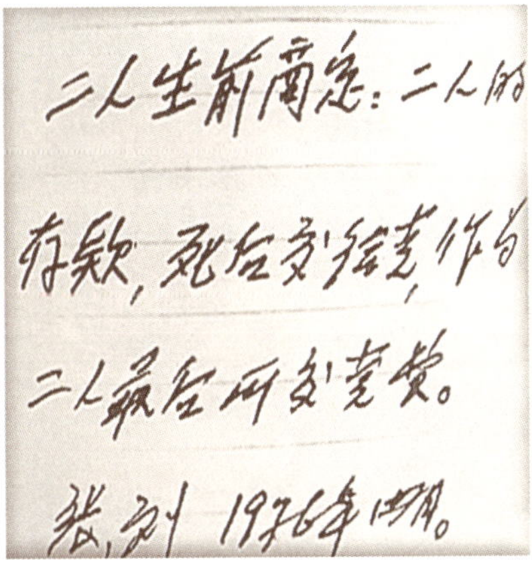
二人生前商定：二人的存款，死后交给党，作为二人最后所交党费。
张、刘 1976年4月

张闻天临终时与刘英的约定书

1976 年 7 月 1 日，张闻天生命的脚步停在了无锡，享年 76 岁。

1977 年 5 月，中共中央办公厅特别会计室收到刘英交来的特别党费，共计四万元。

之后的日子里，刘英着手整理张闻天晚年留下的科学论著及研究，并把它带到北京交给王震，使张闻天的一些思想与探索得以保存，为研究中共历史和中国的发展留下了一笔宝贵财富。

党的十一届三中全会后，张闻天得到彻底平反。

对于张闻天所受到的不公正待遇，刘英以一个共产党人的宽大胸怀给予了包容。她说："一个共产党员就应该这样，无论遇到什么情况，要做到问心无愧，为了党，为了这个国家，我们应该向前看。”

1978 年，已是 73 岁高龄的刘英重新回到了工作岗位，先后担任了全国政协委员、常委、中纪委委员。

1985 年，刘英退休，但她那颗为党为人民的心却并没有休息。她仍然像当年活跃在工人运动中的那个充满活力的小辫子姑娘，为党的事业奔波，做自己力所能及的事。随着老一辈共产党人的一个个离去，刘英的存在更显珍贵，她头脑清楚，思维敏捷，常常不厌其烦地向年轻人讲中共历史，讲中国历史，教育他们勿忘过去，并向有关研究部门提供宝贵的党史资料。她还将自己多年储蓄的存款四万多元捐献给少年儿童福利基金会。退休后，她又担任着中国儿童基金会理事、中共党史学会顾问、中国关心下一代工作委员会顾问等社会职务。她还是第二届全国人大代表，中共七大、八大、十四大代表。

采访刘英妈妈，基本上很顺利，别看她年已 95 岁的高龄（当时是 1999 年），在我们拍摄的老妈妈里面年龄排第二。但她思维敏捷，记忆力出奇地好，而且非常配合。用她的话来讲，自己年龄大了，做不了更多的工作，但是对过去党的一些历史还记得，现在好多老同志都不在了，健在的有的记忆力也不行了，所以她愿意，也有责任把自己知道的东西贡献出来。老年的她，主要从事两方面的活动：一个是有关党史的，一个是有关教育青少年的。

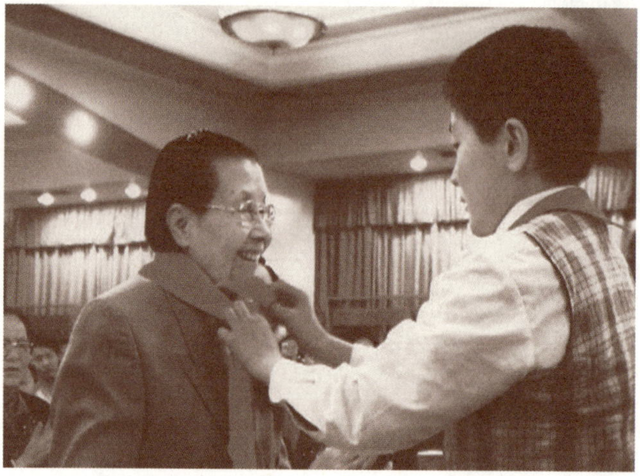

96 岁的刘英与少先队员在一起

采访那天，除了中间休息了一次，采访几乎是一气呵成。大家对刘妈妈惊人的记忆力和充沛的精力，感到十分不可思议。为了让刘妈妈得到休息，我们采访一结束，就迅速离开了那里。

刘英妈妈的秘书李燕玲，是一个漂亮精干的女同志。在拍摄刘英妈妈这两集的过程中，她给予了我们很多帮助。每次刘英妈妈有什么活动，她总能及时通知我，我们后来成为了好朋友。

有一次，大约是 2000 年 4 月，刘妈妈要到医院去看病，顺便去看望老战友陈琮英。那是一个近百岁的老人，与刘妈妈在共同的革命生涯中，结下了深厚的情谊。“文革”后，刘妈妈从外地回到北京，在组织还没有安排的情况下，陈琮英的家就是刘英的栖身之地。两人情同姐妹。当我带着剧组赶到医院门口时，不想却遇到了麻烦。以前我们到这里拍过几次陈琮英妈妈，但每次都是家属带着我们悄悄地化装进来，颇有些搞地下工作的味道。这一次，因为李秘书跟我说她有办法，所以我们的机器没做任何“伪装”。等了十几分钟，刘妈妈和李秘书到了。门口的卫兵说什么也不让我们进，李秘书只好到传达室给保卫科打了个电话。一会儿，一个挂着胸卡的中年男子从医院里出来。李秘书把情况向他做了介绍，但是那位科长还是不同意，说了几句就又进去了。看到这种情况，我心里不免有些担心，早知道这样，不如采取前几次的办法，悄悄潜入病房，现在一切都晚了。李秘书看出了我的担心，像是给我吃定心丸似的说：“姚导，别着急，咱们肯定能进去。”说完，她掏出手机，拨了个电话，我听她称对方“院长”。讲了情况后，听到她对电话那边一个劲儿地说“谢谢”，估计问题解决了。果然，挂了电话，她笑着说：“行啦，搞定了，等会儿吧。”过了一会儿，那位挂胸卡的同志又出来了，向我们交代了一些注意事项，并强调只能拍病房里面，不能拍走廊。他和卫兵打了个招呼让我们进去了。

到医院看望陈琮英

我们跟着刘妈妈、李秘书进了干部病房，我让摄像陈洪悄悄将机器开着跟在后面。陈琮英妈妈比刘妈妈大三岁，我们拍摄这个片子时，她已经不怎么认识人，基本上也很少说话。刘妈妈进病房后，拿出平时给自己重孙女吃的零食，一样样地递给陈妈妈，可是陈妈妈用很茫然的目光看着她，似乎想不起她是谁。刘妈妈挺遗憾地说："哎呀，她不说话，可惜她不认得人啦。"在陈妈妈身边工作的小王趴在陈妈妈耳边问："你认得她是谁？"

陈妈妈抬头望着小王点点头，但还是不说话，

小王不死心，又问："她是谁？"

陈妈妈看看之后，还是点点头，依然不说话。

刘妈妈失望地说："唉，不认得我了。"

倒是小王挺执着，继续问："她是谁？你说话，你认得她吗？她是谁？"

"刘英。"陈妈妈出人意料地说出了刘妈妈的名字，她终于想起来了。

"哎呀，认出来了，老天爷，她认出来啦！"刘妈妈高兴得像个孩子似的拍起手，我们也把这个弥足珍贵的场面用镜头记录了下来。

陈妈妈说完"刘英"两个字后，就不再说话，似乎又回到她的世界。刘妈妈向小王她们询问了陈妈妈的近况，然后就要告辞。临走时，陈妈妈虽然不说话，却拉着刘妈妈的手不愿放开，小王说："她舍不得你走。"

刘妈妈笑了："再见，别寂寞，好好保重，小王，照顾好啊。"

说完便向门口走，走到门口又返回来："小王，你的对象怎么样，上次给你介绍的那个部队的怎么样？"

与少先队员亲切交谈

大概碍于我们剧组的人在场，小王笑笑没说话。

在我们采访刘妈妈的时候，她曾多次谈到对生儿育女的看法。她总觉得女同志有了孩子，就有了拖累，不能全身心地投入工作，尤其在战争年代如此。也许是这个原因，

九十多岁的她，仍然保持着一个职业革命家的气质。但是晚年的她却格外喜爱孩子，只要是有关青少年的活动，主办方都能请到她。她把关心教育青少年作为晚年的事业。我们跟踪拍摄了她的几次活动，都是与此有关的。在家里，刘妈妈对重孙恬恬更是疼爱有加。

恬恬是刘妈妈的孙女张冬雁的女儿，从小就长在刘妈妈身边，祖孙俩特别亲。我发现每次刘妈妈说起教育孩子要严格，不能溺爱的时候，冬雁总是在一旁抿着嘴乐。刚开始，我不知其因，后来我发现在她们家，恬恬的父母在对孩子的教育上还是管得挺严，一点都不娇惯，但架不住太奶奶宠爱恬恬。恬恬长得乖巧可人，嘴巴又会哄人，小心眼儿挺多，把个太奶奶哄得对她几乎百依百顺。小丫头不太爱找爸爸妈妈，只要太奶奶在，她一准缠着她，就像块小年糕。因为，这个小馋猫总能从太奶奶那儿有所收获，得到她想要的好吃的，而太奶奶也很清楚她的这点小把戏，这一老一小在一起的时候挺有意思。

与孙女、重外孙女在一起

生活中，刘妈妈特别爱整洁，近百岁的老人穿着总是精干得体。李秘书告诉我，那都是老太太自己搭配的，从色彩和款式都很协调。刘妈妈还有一个爱好，就是逛街，尤其是逛超市。与一般女性逛街不同的是，她常常从逛市场中了解物价，感受百姓生活，发现问题，就向有关部门反映。

有一次，刘妈妈的老战友打来电话，告诉她自己去了一趟天津，天津变化很大。刘妈妈听了以后挺羡慕，但又怕去天津惊动政府，给地方添麻烦，李秘书看出刘妈妈的心思，一次闲聊中告诉了我，正好我有个朋友在天津有个企业。于是，我和李秘书商量带刘妈妈去天津逛一趟洋货市场。

经过与天津的朋友联系后，他很高兴地表示愿意接待。

2000 年 5 月 27 日一大早，我们便驱车向天津出发，一同出游的有刘妈妈的孙女张冬雁夫妇，还有恬恬这个小年糕。出发前，考虑到刘妈妈的岁数，我们给她准备了一辆轮椅，但刘妈妈说什么也不让带，我有些担心，悄悄把李秘书拉到一边说："不能听刘妈妈的，必须带上轮椅，精神再好毕竟是 96 岁的老人。"李秘书笑着说："放心吧，轮椅一定要带，保护她的健康和安全是我的责任。"有时候当秘书也真不容易，本来刘妈妈与李秘书一个是首长，一个是工作人员，李秘书应该服从刘妈妈。可是，刘妈妈又不是一般意义上的首长。人常说"老小孩，老小孩"，刘妈妈有时候又真像个孩子，玩儿起来就忘记自己是个近百岁的老人了。

经过两个多小时的行驶，就要到天津汉沽区。在一个路口，我看到一辆警车静静地停在路边，我猜想，这大概是在等我们，于是就给朋友打了一个电话。果然，一会儿，那辆警车便悄悄地追了上来，我告诉司机，跟在它的后面。虽然我事先嘱咐不要惊动政府，免得刘妈妈心不安玩不好。但刘妈妈毕竟不是一位普通的老人，她的安全要是出了问题，大家都无法交代，我们都有责任，所以请朋友暗中采取些保护措施。他做得很聪明，一切都在悄无声息中。

中午我们到了朋友为我们安排的宾馆吃饭。午餐很丰富，但刘妈妈对满桌子的海鲜和美味，似乎不感兴趣，她只拣几样清淡的吃了一点，就放下筷子。我想过惯了俭朴生活的老人，一定看不惯这满桌子为她准备的佳肴。但我很理解朋友的心意，很感激他默默地为我们做的这一切。

吃完饭，我请刘妈妈与朋友合影留念。之后，刘妈妈在房间里休息了一会儿，我们就离开那里，奔向塘沽区的洋货市场。

在我记忆里，那一年是少有的热，四十度的高温持续了好几天。那天虽然气温没有四十度，至少有三十六七度，而且还有些闷。洋货市场在一片大棚内，不透风又没有空调，太阳无情地晒在大棚的顶子上，越发显得燥热。但是这些都丝毫没有影响刘妈妈逛街的兴致。她精神头十足地在大棚内，一个一个商铺走动，遇到感兴趣的就多待一会儿问问价格。她在买儿童服装和小玩意儿的摊位前滞留的时间比较长，一会儿拿起一件衣服在小恬恬身上比画比画，有时又拿起一件裙子，跟商家讨价还价。

我们在洋货市场逛了足足两个多小时，刘妈妈一直是兴趣盎然，不肯坐轮椅。看看时间不早了，怕刘妈妈累着，李秘书决定打道回府，直到这时，刘妈妈才肯坐上轮椅休息一下。

这次洋货市场之行，收获最大的当属小恬恬。因为，太奶奶没给自己买一件东西，全是给小家伙的。看得出，这个太奶奶对她可不是一般宠爱，难怪每次刘妈妈一说到“对小孩不能娇惯”，冬燕总是在一旁呵呵直笑。

出了洋货市场，我们在对面的停车场等待司机，我问刘妈妈：“今天玩得开心吗？”刘妈妈笑呵呵地说：“开心，嗯，很开心，谢谢你，可惜这个地方太大，逛不完，要回家了。”话语中流露出一丝余兴未了的遗憾。有时候老人跟小孩一样贪玩，可是考虑到她的年纪，我们不敢冒险再延长时间。

这次的活动，我没有带剧组拍下来，这是我和李秘书商量好的，为的是能让刘妈妈舒心放松地玩个痛快。近百岁的老人四世同堂逛市场，真的是很难得。如果拍下来放进片子里，可能很精彩。但是，考虑再三，还是决定放弃。我想一生为了革命的刘妈妈尽情享受这人间的天伦之乐，没有前呼后拥，也没有跑前跑后的媒体记者，她就像一位普通的老人，她也就是普通的老人。假如她没有一个曾经当过总书记的丈夫，假如她没有一个在大革命时期就参加革命的资历，假如她没有一个走过二万五千里长征的经历，假如她没有一个绚丽多彩而又历尽坎坷的人生，她不就是我们身边一位和蔼可亲的普通老人吗？

2002 年 8 月 26 日，刘英逝世，那颗为党的事业跳动了 97 年的心脏停止了跳动。然而，她的忠魂却长存于人间。

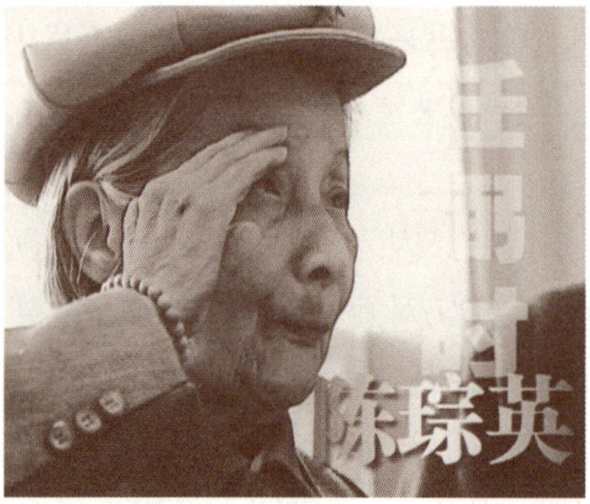

“我们党的无名英雄”

——任弼时的夫人陈琮英

当我们1999年拍摄陈琮英妈妈时，她已经于两年前住进了位于崇文门的北京医院。那一年，她97岁，在人生的道路上已经走了近一个世纪，是我们拍摄对象中最年长的一位。她年迈失聪，记忆力严重衰退，行动迟缓，少言寡语。但她背不驼，腰不弯，常常喜欢一个人坐在那里，眼睛望着远方，目光深邃而久远。

由于陈妈妈不能接受采访，我和她的大女儿远志大姐以及一直与她生活在一起的儿媳娄惠平打交道比较多。1995年，陈妈妈的爱子任远远因肺癌去世，组织上和她的亲人们为了使这个承受太多苦难的老人，不再经历白发人送黑发人的痛苦，将任远远去世的消息隐瞒了下来。每当老人看不见爱子向身边的人问起：“远远呢？我的远远呢？”人们总是用事先编织好的谎言回答：“远远到美国去看儿子了，住一段时间就回来看你。”

第一次去医院拍摄陈妈妈的那天，我因为有事不能去，安排好剧组其他人我就走了。北京医院干部病房一般是禁止拍摄的，但有家属做内应，剧组在远志大姐的帮助下，还是悄悄进入医院，可是机器却蒙混不进去，陈妈妈住在三楼病房，最后不得不用毛巾被将机器包起来，从阳台用绳子吊上去，颇有点像陈妈妈当年搞秘密工作的味道。

陈妈妈年老体弱已经无法接受采访，我们只有采访远志、远征、远方还有娄惠平几位大姐，将陈妈妈那不平凡的人生通过她们的讲述展现在人们的面前。

陈琮英，曾用名陈松，1902 年出生在湖南湘阴县一个自由职业者的家庭。两年后，在百里之外的唐家桥，一个影响她一生的人出生了。这个比她小两岁的人，就是日后成为她丈夫的任弼时。

早在任弼时出生前，任、陈两家就有过姻缘。任弼时的父亲任振声与第一个妻子陈氏感情甚笃，但二人不曾有子女，陈氏没有与丈夫携手到老便撒手西去。临终前，她与丈夫相约：任、陈两家的后代一定要再续姻缘。所以，任弼时一出生就与陈氏的堂侄女陈琮英定了“娃娃亲”。这对小夫妻两小无猜青梅竹马，他们不仅延续了两家的姻缘，感情也像他们的前辈一样深厚。1914 年，12 岁的陈琮英就由父亲送到任家做了童养媳。任家添了人口，使本来就不富裕的生活更加艰难。正在长沙第一师范附属高小读书的任弼时决定退学，减轻家里的负担。懂事的陈琮英为了接济家境困难的任弼时继续学业，13 岁的她便到长沙北门外的一家织袜作坊当童工。繁重的劳动，虽然影响了正在发育的陈琮英，使她长得特别瘦小，但是却让她锻炼出坚毅、倔强、不服输的性格。她认定这个比自己小两岁的丈夫是个正直的青年，对于任弼时做出的任何选择，她都毫不犹豫地给予支持。1920 年，任弼时怀揣着陈琮英亲手为他编织的两双袜子，带着追求真理的信念，远赴苏联留学。这一年他仅 16 岁。临行前，他嘱咐已经是 18 岁

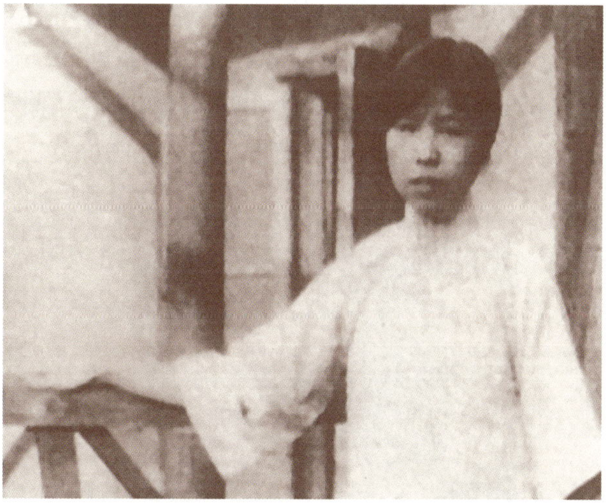

少女时期的陈琮英

的陈琮英，一定要学习文化。小夫妻依依惜别。

任弼时走后，陈琮英遵循未婚夫的嘱咐，进入长沙一所半工半读的学校，一边打工一边学习文化。

四年后，任弼时结束了在莫斯科的学业。这个时候，他已经是一名成熟的革命者，带着振兴国家，解放人民，实现共产主义的理想回到祖国。先到上海大学教授俄文，后又担任青年团江浙区委委员，又在青年团第三次代表大会上当选为团中央执行委员兼组织部主任。随后，又担任团中央总书记，领导和组织了上海青年学生的五卅反帝爱国运动。

1926年，为了便于开展工作，经组织上批准，任弼时将未婚妻接到身边，一方面便于掩护，一方面有个助手。就这样，已是24岁的陈琮英，结束了12年的织袜生涯，跟着组织上派来接她的王一飞来到上海，与分别六年的未婚夫团聚。这是她自任弼时远渡重洋赴苏联分别以来第一次重逢，看到昔日那个意气风发的毛头少年已经长成一个英俊成熟的青年，陈琮英心中充满了对未婚夫的爱。对于他选择的道路，她也由衷地钦佩和支持。不久，他们在上海的一个小小的亭子间举行了简朴的婚礼。任弼时不仅仅是陈琮英的丈夫，同时还是她的引路人。陈琮英在丈夫身边耳濡目染，也投入反帝反封建的斗争中去。她加入了共产主义青年团，并为组织做秘密交通和油印文件的工作。

1926年3月，任弼时和陈琮英在上海结婚

1928年，任弼时到安徽检查工作不幸被捕。不管敌人怎样拷打审问，他都一口咬定自己是长沙“伟伦纸庄”来收账的，操着满口湖南口音的任弼时使敌人半信半疑，党中央得到消息迅速展开营救。由于“伟伦纸庄”的老板是陈琮英的亲戚，周恩来安排陈琮英立即从上海赶往长沙“伟伦纸庄”，随时应付敌人可能出现的盘问调查。

那时候，陈琮英与任弼时刚刚有了一个可爱的女儿。女儿还小，正在襁褓

1921 年，任弼时在莫斯科

中，可是为了营救陷入魔掌的丈夫，陈琮英顾不得许多，带着孩子连夜赶往长沙。由于当天开往长沙的票已全部售完，为了赢得时间，心急如焚的陈琮英只得抱着幼小的女儿爬上了一辆开往长沙的煤车。正值深秋初冬，寒风刮在没有任何遮挡的敞篷车里，吹透了她们单薄的衣衫，满车的煤屑似乎也来凑热闹，刮得脸上、身上到处都是。陈琮英抱着孩子蜷缩在无遮无拦的车厢里，任凭寒风肆虐。煤车走走停停，陈琮英把女儿紧紧搂在怀里，用自己瘦小的身躯为孩子遮挡着风寒。在陈琮英的心里，任弼时不仅仅是自己的丈夫，更重要的他还是党的人，于公于私，营救丈夫都是义不容辞。

经过一路风尘，终于到达长沙，她片刻也不敢休息，立即找到给她报信的任弼时的堂叔任理卿以及远房姐夫何伟道，一起商量营救丈夫的办法。当时任弼时并未暴露身份，经过分析和请示党组织，决定走司法程序，通过当律师的姐夫何伟道的社会关系，先把案子从警备司令部转到安庆法院。于是，陈琮英又和何伟道一起风风火火地从长沙赶往安徽。

任弼时到安徽的化名是胡少甫，当他被押送到法庭时，一眼就看到坐在旁听席上的妻子，他明白组织上已经在营救自己。看到满身是伤的丈夫，陈琮英心疼得直想哭，但是，她知道现在必须坚强，眼泪救不了丈夫，也不能减轻他的伤痛，只有尽快把他营救出来。她忍住了泪水，尽力让自己镇定下来。

法庭上，何伟道据理力争，反驳了控告任弼时的罪名。任弼时也始终一口咬定自己是来安徽收账的，敌人没有抓住一点证据，无奈之下，只好宣布休庭。

从法庭出来，陈琮英又马不停蹄地赶回长沙，坐镇"伟伦纸庄"，准备应付敌人的调查。几番风尘颠簸，幼小的女儿终因身体不支得了肺炎不幸夭折。所幸的是，不久任弼时因证据不足被法院释放。

听到女儿是在营救自己的路上而染病夭折的，任弼时心里非常难过。看到泪眼涟涟的妻子，他强忍着悲痛对她说："革命是要付出代价的，多少同志已经献出了自己的生命，就当女儿为革命牺牲了吧。"

失去女儿的伤痛很快就被紧张的地下工作代替，不久，任弼时又一次被捕。

那是1929年冬的一天，天气异常阴冷，寒风携带着雨雪纷而沓来。一大早，陈琮英便起来为丈夫做好早点。这天，任弼时要到公共租界华德路出席江苏省团省委扩大会议。招呼丈夫吃完早饭，看着他稳健的身影消失在里弄的尽头，陈琮英又开始为丈夫浆洗衣服。一上午很快就过去了，中午陈琮英做好饭菜等待丈夫回来，可直到下午，里弄那头也不见丈夫的身影。她想，也许是会议还没开完再等等吧。到了傍晚，丈夫还是没有回来，她有些着急，但又不能到开会的地方去打探消息。陈琮英克制着自己焦急的情绪，强迫自己再等等。这一等就等到第二天的凌晨，昏暗的路灯下仍然不见丈夫熟悉的身影。地下工作的经验与直觉让她意识到丈夫一定出事了。她急忙赶到党中央机关，从组织那里得到证实，任弼时再一次被捕。

原来，是一位同志在开会的路上遇到了敌人，为了不让开会地址暴露，他忙将一张写有地址的小字条放进嘴里准备吞下去，不想被敌人发现，硬是从他嘴里把那张字条抢出，并根据上面的地址埋伏下来，所以那天任弼时一进门，就被敌人抓住。任弼时声称自己是到朋友家走错了门，敌人从他身上只搜出一张毫无价值的电车月票，除此之外没有任何东西。敌人不甘心，严刑拷打，威逼利诱，甚至动用了电刑，但任弼时就是不改口，敌人一无所获。一个多月以后，在周恩来的亲自部署营救下，任弼时终于带着一身未愈的电伤，回到了家。抚摸着丈夫身上的一条条伤痕，陈琮英心疼地掉下泪来。但是，她从丈夫身上感受到了一个革命者的坚强，更加深了对丈夫的崇敬和爱。

1930年5月，陈琮英跟随丈夫到了白色恐怖的武汉。在那里，他们租了一间临街的房子，开了一间画廊。任弼时少年时，曾特别喜欢画画，也曾想以绘画为职业。没想到，少年时的梦想，竟在多年后派上用场。从此，这个身为中共长江局委员兼湖北省委书记的任弼时，以一个职业画师的面貌出现在人们眼前，在敌人眼皮子底下坚持斗争。

画室是在法租界的闹市区，四通八达人来人往很是热闹，一旦发生情况，也便于躲避敌人的追捕。画室里像模像样地摆放了许多画画的工具，墙上地上也都摆满了各种各样的画，东西虽然摆得挺热闹，却没有挂牌子。一天，前来串门的邻居无意中的一句话，引起了任弼时的注意。原来，邻居看到他们屋里摆着这么多画，可门口没有牌子，便很好奇地问为什么不挂牌子招揽生意。邻居走后，任弼时便安排陈琮英尽快把牌子挂起来，以免长期不开业引起敌人的怀疑。不久，任弼时的画室就正式挂牌营业。不过，来的人都是问得多，而要画师画像的人少，因为那个长得瘦小的老板娘总是漫天要价，把顾客都吓跑了。

1930 年年底，任弼时夫妇根据中央指示回到上海。

1931 年年初，任弼时接受中央指示，从上海沿着一条秘密交通线奔赴苏区工作，而陈琮英由于即将临产无法同行。这已经是他们的第四个孩子了，前面的三个孩子由于种种原因全都夭折。望着自己就要分娩的身子，想到丈夫又要离自己远行，陈琮英有些担心。任弼时看出妻子的忧虑，便安慰她说：“别害怕，要坚强，我不在还有组织照顾你，孩子的名字我也想好了，不管生下来是男是女，我们就叫她‘远志’吧，希望她有远大的志向。”

陈琮英依依不舍地送别了丈夫，静静地等待着孩子的到来。在任弼时走后的第七天，女儿远志便出生了。不久，由于叛徒的出卖，陈琮英落入了敌人的魔掌。刚刚出生不足百天的远志也随母亲一起被关进了龙华监狱。在凶狠残暴的敌人面前，陈琮英不仅表现得很坚强，而且很机智。敌人多次审问她是不是共产党，她假装听不懂瞎打岔：“什么？当（党），当什么？我的东西都当光了，还要我当什么，我没什么可当的了。”问得实在没办法的时候，她就悄悄地在女儿嫩嫩的小屁股上掐一下。于是，远志就“哇哇”大哭起来。陈琮英就在敌人面前给女儿又是换尿布，又是换屎布，完全是一个啥事都不懂的农村妇女，搞得敌人拿她一点办法都没有。由于党组织的积极营救，加上敌人没有任何证据，在龙华监狱关了半年之久的陈琮英终于被释放。

出狱后，陈琮英接到周恩来发来的电报，要她到苏区工作，想到路途遥远，不知会遇到什么险情，也许还会再一次被捕，她不想让孩子跟她过动荡而危险的生活。陈琮英忍痛将孩子送回老家，带着对孩子牵肠挂肚的惦念，在党组织的安排下来到苏区，来到丈夫身边。根据她在监狱中的表现，在邓颖超的介绍下，陈琮英加入了中国共产党。这位瘦小又倔强的湘女子，终于从织袜机前一步步走到党旗下。她所走的每一步，都鲜明地印刻着对党的事业的忠诚。

1934 年，党内错误路线导致红军第五次反“围剿”失利，被迫放弃苏区，进行战略大转移。负责机要工作的陈琮英背着密电码，跟随任弼时走在队伍中。刚开始她还能跟上丈夫的步伐，可是由于一路上缺少粮食，没有吃过一顿饱饭，加上每天一百多里地的行军，超负荷的运动，使本来就长得特别瘦小的她渐渐地落在了队伍的后面。山路狭窄，仅能走一个人，队伍排成一字长龙逶迤前行，任弼时以为她在不远处，也没太在意。陈琮英终于走不动了，越落越远。她在一棵大树下停了下来。幸好被部队负责宣传和收容的孙罗英路过发现了她，连背带拖地带着她赶上了队伍。一直到孙罗英把陈琮英交到任弼时面前时，任弼时这才知道自己竟然把老婆丢了。他诙谐地对孙罗英说：“哎呀，真要谢谢你呀，我丢得起老婆，可丢不起密电码哟。”

陈琮英倔强地说：“你放心，我就是丢了命，也绝不会让密电码落在敌人手里。”

就这样，还没顾上喘口气的陈琮英，又跟随大部队前行。这一次，任弼时接受教训，再也没有让妻子掉队，他“丢不起”老婆。

长征时，陈琮英已经有了身孕，刚开始还好些，到后来肚子越来越大，身子越来越沉。本来就瘦小的她每天负重行军，她的付出可想而知，而任弼时时常顾不上照顾妻子。因为他要照顾整个部队，还要不断地和毛泽东保持联系，要研究战斗方案。没办法，陈琮英实在走不动，就拉着马尾巴。过雪山时，她就是拉着马尾巴，挺着大肚子走过来的，大家都说有个好老头，不如有匹好马更实在。

这天，队伍爬过雪山，刚过一条河，来到四川阿坝，马上要宿营了，陈琮英突然感到肚子一阵剧烈的疼痛，大家忙张罗着准备接生。当时她们找到一个少数民族人畜共住的房子，那是一个底下是羊圈，上面住人的房间。通往二层的楼梯是一根圆木，上面砍了几刀就算是台阶，别说是陈琮英这样身怀六甲的临产孕妇，就是平常人上去，也要手脚并用地往上爬。陈琮英在不太宽敞的木头上爬了两下就再也爬不动了，剧烈的阵痛越来越频繁，战友们忙将她扶了下来，在羊圈的地上铺了一块油布。在这又潮又湿的羊圈里，在昏暗的油灯下，陈琮英生下了她的二女儿，夫妻俩给她起名叫"远征"。

自从来到丈夫身边，陈琮英共生了六个孩子，有三个已经夭折，还有两个送到江西苏区老乡家，至今不知下落。只有大女儿远志还活着，在湖南婆婆家。远征的出生，给本来思念孩子的陈琮英带来了很大的安慰。她下定决心，这个孩子一定要带在自己身边，不能再让骨肉分离。当时条件非常艰苦，不知道前面还要翻多少山，蹚多少河，除了漫漫长征路，还要面对国民党的围追堵截。大人要带个孩子长征，那是要下怎样的决心，付出怎样的代价啊！困难吓不倒这个倔强的湘女子，母爱和生存的渴望，让她战胜了一切。她用一块油布把女儿包住，裹在自己的身上。母亲的胸膛就成了女儿温暖的摇篮。

苦点累点，童养媳出身的陈琮英早已习以为常，但没有吃的给女儿，这是一个做母亲最难过的。看到襁褓中连哭的力气都没有的女儿，陈琮英恨不得从自己身上挖下一块肉来喂孩子。可偏偏这个时候丈夫又被张国焘弄走了，看着怀中张着小嘴快哭不出声的女儿，她独自一人落下泪来，紧紧地抱着远征，生怕一松手死神就会把女儿夺走。

一天，部队过草地路过一个水坑，朱老总竟意外地发现里面有鱼。虽然只有寸把长，但在茫茫草地，对于这群缺吃少穿的人来说，真是上天赐予的美味佳肴。朱老总自己动手做了一个鱼竿，竟然钓到几条小鱼。他把鱼熬成汤，高兴地给陈琮英端过去："月婆子，月婆子，鱼汤，我给你熬汤了。"看着清汤寡水飘着鱼腥味的鱼汤，陈琮英也顾不上谦让，端起碗来，一口气就喝了下去。对于陈琮英这个长征中的产妇，能喝上鱼汤，那真是一种奢侈。

1937 年春，任弼时、陈琮英与刘英在陕北

这个意外的发现，让小远征命

不该绝。以后的日子，只要一到宿营地，安排好工作，朱老总和同志们就拿上鱼竿去钓鱼。后来，任弼时回来了，也加入钓鱼的行列。就这样，一路上在大家的帮助下，陈琮英这个长征中的母亲，硬是背着孩子一步一步走完了两万多里的艰难路程，随部队胜利到达陕北。

两万多里的征途，还有围追堵截的敌人飞机大炮相伴，缺衣少吃的境遇，险山恶水的行程，还有许许多多意想不到的困难相随，这对一个常人来讲，都是难以完成和支撑下来的。但是，陈琮英带着女儿一步一个脚印走过来了，而每一个脚印都深深地刻在她的心里，成了伴随她一生挥之不去的情结。多少年后，当年迈失聪，已经不认识人的时候，她依然清晰地记得她是老红军，参加过长征。

历经艰险，红军终于到达陕北，但形势依然严峻，蒋介石调集大军将延安团团围住。考虑到这些，任弼时和妻子商量后，决定把女儿远征送走。

早在部队准备西行的时候，陈琮英将只有半岁的儿子湘赣寄养到老乡家，后来一直杳无音信。这一次，夫妻俩打算把孩子送回老家与大女儿远志在一起，这样不会再丢失，这个女儿走过长征能活下来真是太不容易。

1939年，任弼时、陈琮英及三女儿任远方与邓颖超（右一）、孙维世（右二）在莫斯科

陈琮英脱下戎装，带着女儿，化装成跟随丈夫在外经商的少妇回乡探亲，悄悄潜回湖南老家。这时候，大女儿远志已经长到五六岁了。看到日夜思念的女儿，陈琮英多想将她抱在怀里，好好弥补多年来女儿缺失的母爱。可是她不能，不但不能，就连小女儿远征今后也要离开母亲的呵护。想到这些，她的心刀绞般的难受。但战士毕竟是战士，纵有万般柔情，也只能深深地埋藏在心里。因为她还有比之更重要更崇高的情感，那就是信仰，那就是为民族解放而奋斗的信念，那是一种超越母爱的大爱。

还没有来得及听到大女儿叫一声妈妈，陈琮英便放下远征头也不回地离家远去。她不敢回头，因为她知道那背后有女儿们声音嘶哑的哭喊，有亲人们泪水婆娑的双眼。她将酸楚的泪默默地咽到肚子里，强忍着剜心般的疼痛，坚定地踏上返回延安的路程。

不久，西安事变发生，蒋介石被迫放弃对共产党红军的"围剿"。延安这个不毛之地，成了红军休养生息的地方，红军也终于有了一个"家"。

1938年，任弼时受党中央委派到莫斯科共产国际工作，陈琮英陪同丈夫前往，并在那里生下三女儿远方。1940年，任弼时奉命回国，考虑到路途艰险，夫妻俩决定把一岁的远方留在苏联，陈琮英又一次经历了骨肉分离，义无反顾地随丈夫回到延安。

为了对付蒋介石对边区实行的经济封锁，边区开始自力更生的大生产运动。织袜女工出身的陈琮英，立即响应号召，大显身手，她织的东西被中央直属机关评为一等奖。

在延安的那几年，是陈琮英跟随丈夫以来，相对稳定的日子。在这里，他们的儿子任远远出生了。陈琮英把对女儿所有的思念和爱全部倾注到这个儿子身上。

生活相对稳定，对女儿们的思念与愧疚也越发地浓。1946年，伴随着抗战胜利的锣鼓，远志、远征两姐妹终于来到了日思夜想的父母身边。

五十多年后，当我们采访远志大姐的时候，她向我们讲述了这次重逢的经历：

那是1946年6月，在组织的安排下，我和妹妹远征被接到北京，坐上了军调处美方的飞机，但是因为天气的原因，加上前不久刚刚出了个"五二八"飞机失事的事件，飞机不敢降落，只好又飞回北京。当时中共谈判小组是叶剑英负责，我们在他的安排下住下来，第二天改为走陆路到

1946年夏，任弼时、陈琮英和刚从湖南来的大女儿任远志、二女儿任远征在延安团聚

延安，没想到我一路奔波劳累加上水土不服病倒了，妹妹远征就先于我去了延安，而我则是十天后才坐飞机回到父母身边的。

我到延安那天是7月11日，父亲与一些领导都去迎接看望那些从新疆回来的同志。因此，只有母亲来机场接我。

从我出生以来没有见过父亲，不足百天又离开母亲，对母亲的印象也只是五六岁那年，她送妹妹回老家那次匆匆一面。如今十年过去了，母亲在我心中也变得非常模糊。陪同我的同志告诉我，母亲特别好认，个子非常小；父亲呢，留着两撇胡子，戴着一个黑边眼镜，拄着一个黑色的拐棍。

飞机终于降落了，我早早地就趴在舷窗往外看。透过玻璃，我看到一个瘦小的身影伫立在空旷的机场。那天，正值盛夏，天气晴朗，灼人的阳光毫无遮拦，热浪在地面上升腾，可是母亲却丝毫不去理会，她微微翘首，眼睛一刻不离开飞机。我的心也狂跳起来。飞机停稳后，我连蹦带跳地走下飞机，母亲已经迎了过来。我张了张嘴很想叫一声"妈妈"，可是从小就远离母亲的我却怎么也叫不出口。看到我的小脸憋得红红的，母亲似乎很理解我，她没有勉强，只是爱抚地用手摸着我的头说："哎呀，大女儿，你来了。"

1948年春，任弼时与家人在西柏坡

我跟在母亲身后上了车，当车子驶过一条街道时，迎面开来一辆中吉普。看到我们的车，中吉普在路边停了下来。一个戴黑边眼镜，留着胡子，拄着拐棍的人下车向我们走来。母亲说："女儿，那就是你爹爹，快去吧，去叫爹爹。"我向父亲跑去，见到我日思夜想的父亲，憋了十五年的两个字，却还是叫不出声。父亲看到从未谋面的我很高兴，不断地用手摸着我的头。很快我们就上了父亲的车。车上后排座位坐着两个人，后来我知道那就是赫赫有名的朱德伯伯和杨尚昆叔叔。他们看到我们一家团圆也很高兴，问这问那问个不停。我坐在爸爸妈妈中间，心里觉得特别幸福，十五年第一次见到父亲，十五年第一次这么亲近他们，一种亲情在我胸中涌动，憋了十五年的那两个字，这时候不知怎么突然冲出口中，"爹爹！"我叫了一声。不知是父亲没有听见，还是他对从未见面的我叫他没有思想准备，反正父亲什么反应也没有，倒是坐在后排的朱老总挺痛快地答应了一声："哎。"

看到父亲没有答应，我觉得十分委屈，冲着朱老总说："你又不是我爸爸，你为什么答应？"母亲在一旁赶紧给我解释："大女儿，这是我们延安的朱总司令。在延安，所有小朋友都叫他爹爹，所以朱老总以为你叫他呢。"这时候父亲才意识到我刚才是在叫他，他连忙摸着我的头道歉："对不起，大女儿，我不知道你叫我，我也以为你叫朱老总呢，对不起，对不起。"

听了远志大姐讲述叫父亲的经过，我心里觉得特别沉重。无数的前辈，为了千家万户的团圆，自己却过着妻离子散的生活。陈琮英她们这个家也经历了太多次的骨肉分离，如今这个四分五裂的家，除了远在苏联的三女儿远方，终于算是团圆了。陈琮英的心里就像两个刚见面的孩子一样，充满了幸福和喜悦。每天忙完工作，看到围在自己身边的孩子们，她的心里就格外地舒坦和惬意。

幸福的日子总是过得很快，1949年，陈琮英与全国人民一道送走了黑暗，迎来了曙光。4月，中国新民主主义青年团第一次全国代表大会在北京召开，任弼时亲自撰稿做政治报告。由于长期的劳累与战争年代的动荡生活，任弼时已是疾病缠身，报告只讲了一半就再也支持不住，不得不让荣高棠接着代为宣读。

1949年4月，任弼时在北平西郊玉泉山休养时划船

毛泽东知道情况后，亲自写信给任弼时表示慰问，党中央决定让任弼时赴莫斯科治疗休养，陈琮英很想陪同丈夫一起去，一方面可以照顾他，一方面也可以看望一下十年前留在那里的女儿远方。任弼时与

妻子商量，为了给国家节约经费，加上还有几个未成年的孩子需要照顾，陈琮英还是留在了北京。

1949 年冬，任弼时、陈琮英与身边工作人员在北京景山东街寓所

虽然没有陪伴在丈夫身边，但陈琮英的心却一刻也不曾离开。无论谁到莫斯科，她都会捎去对丈夫的问候。任弼时也很能体会妻子那颗牵肠挂肚的心，只要有空，他总是写信报平安，并向她讲述女儿远方的情况。经过一年的调养，任弼时的身体一天天好起来。

1950 年 5 月的北京火车站，锣鼓喧天，红旗招展。人们聚集在站台上，朱德代表党中央来了，陈琮英带着儿女们也来了，他们像迎接凯旋的将军一样迎接着任弼时的归来，小女儿远方也跟在父亲身后第一次踏上祖国的土地。

这一回是陈琮英与任弼时这个六口之家真真正正的第一次大团圆。刚回国的远方看着什么都新鲜，在儿童院长大的她，第一次与自己的兄弟姐妹在一起，语言不通但阻挡不住亲情的交流，欢乐与幸福是这个家现在最不缺的。看着身边孩子们无忧无虑地追逐嬉闹，任弼时与陈琮英真切地感受到团聚的天伦之乐，品味到亲情的淳美甘甜。

然而，不久一个巨大的打击砸在了陈琮英身上。1950 年 10 月，任弼时因脑血管破裂逝世，享年 46 岁。他的离去使这个刚刚团聚的家庭遭受到灭顶之灾，这个家的天塌了。

从 1920 年任弼时远赴苏联起，陈琮英的一生就开始经历无数次的骨肉分离，她瘦小的身躯承载过太多苦涩的思念与牵挂，她每一次都挺过来了，因为她可以期盼着重逢。可这一次她知道，丈夫和她永别了。那几个月短暂的欢聚变成了永远。陈琮英真想就这样也随他而去。

1950 年夏，任弼时偕全家在颐和园

夜深人静，安顿好孩子们睡下之后，陈琮英睡不着。她望着窗外残缺的月亮，想起了任弼时，想起与他度过的每一天。任弼时对于她，不仅仅是丈夫，是她孩子的父亲，还是她走上革命道路的引路人。在她心目中丈夫是有着山一样的分量。现在丈夫不在了，她还能独自支撑这个残缺的家吗？看着身边熟睡的孩子们，她意识到自己不能趴下，孩子们需要她，他们已经失去得太多太多，她一定要把他们抚养成人，那也是丈夫对自己的期望。想到此，她仿佛又听到丈夫在她耳边说：“别害怕，要坚强。别害怕，要坚强。”

陈琮英将对丈夫的怀念与挚爱深深地埋藏在心里，这个坚强倔强的湘女子终于从中年丧夫的沉重打击中站了起来。

任弼时去世后，她将斯大林送给任弼时的“吉姆 150”轿车，以及丈夫使用的软床、钢琴，甚至女儿骑的自行车，都交给了公家。

1950 年夏，任弼时在景山东街寓所

由于战争年代残酷环境对陈琮英身体的摧残，加上任弼时去世对她的打击，陈琮英的身体一直得不到恢复，党组织考虑到她的特殊情况，没有给她安排更多的工作，好让她有时间照顾四个未成年的孩子。

陈琮英一生共生过九个孩

子，只有四个存活下来，而这四个孩子除了儿子任远远是她一手带大的，其余三个女儿均不在父母身边长大，陈琮英对儿子疼爱有加。尤其是在丈夫去世以后，她在儿子身上倾注了更多的心血。因为儿子长得太像父亲了，几乎活脱脱的一个任弼时。

疼爱归疼爱，要求还是很严格的。当爱子结婚，新媳妇娄惠平进门，她从婆婆手里接过的见面礼，竟是一块特别破旧的毯子。娄惠平很不理解，别说丈夫的家住在这个深宅大院里，就是寻常百姓结婚娶媳妇，婆家都会给彩礼或礼品，哪有给个破毯子的。可是当和婆婆共同生活在一起后，她开始了解婆婆。虽然婆婆资历深厚，但过日子却特别艰苦朴素，精打细算。她的衣服最难洗，因为太旧，一件布衣服穿了二三十年，纤维已经有些糟了，一抖就裂开。陈琮英看到总要心疼地说儿媳妇两句："哎呀，牛一样的劲。"所以给她洗衣服，总是小心翼翼，生怕再抖破。子女们张罗着要给她做件新的，说服她真是太难。好不容易做一件，等孩子们不在，她又让阿姨给她把旧衣服已经破了的补丁拆了，再重新补块新补丁。人常说：新三年，旧三年，缝缝补补又三年。可陈琮英的衣服不知要穿多少个三年。

陈琮英与子女在一起

陈琮英妈妈现在住在大红罗厂的一处院子，是中央政治局级别住的，虽然任弼时去世得早，但组织上一直让陈琮英居住在这个院子里。陈琮英是20世纪70年代搬进去的，到现在已经三十多年。那是个老宅子，清末民初的建筑。因为年久失修，墙面已经有些酥，刷上漆还可以遮一遮，但还是遮不住，有的地方破一个小口，就往外掉土和碎砖头，每天都得扫。组织上多次关心问她是否重新装修一下，陈琮英总是怕花钱给国家添麻烦，每次都拒绝：“不用，不用，这极好了，过去哪儿能住上这么好的房子啊，现在像天堂一样，不要浪费。”后来房子的砖头裸露出来，她就找一块大白纸糊上去，算是遮一遮丑。

儿子任远远结婚后，生有一子一女。陈琮英妈妈这么大岁数抱孙子很是高兴，对孙子非常喜爱。20世纪七八十年代，市场上东西不是很丰富。陈琮英妈妈家和寻常百姓家一样，每天白菜土豆。尤其是冬天，菜就更少了。有时候，家里改善一下，搞点豆角什么的新鲜菜，大家事先串通好，尽着奶奶吃。结果吃了几次，细心的陈琮英妈妈发现了问题，就问儿子儿媳：“怎么回事？我孙子为什么不吃啊？”

陈琮英与儿子任远远一家

儿子儿媳装作不知道：“是不是他们不爱吃啊，你问他们。”

孙子孙女很懂事：“奶奶，我们不爱吃，我们喜欢吃大白菜。”

陈琮英将筷子一撂：“我不吃了，你们这样对待我孙子，我老了，少吃一口没关系。他们正在长身体，将来要为国家服务，不能像我一样长这么小的个子。”

“文化大革命”中，陈琮英妈妈险些遭受冲击，是毛泽东的一句话使她免遭不幸。毛泽东说：“陈琮英不能动，陈琮英是我们党的无名英雄。”

“无名英雄”是毛泽东给予陈琮英的最高评价，她当之无愧。陈琮英无论是在哪儿，从来不因自己参加革命早，又经历过长征而居功自傲。即使是在家里，也从不以自己为中心，她就这样一直过着普普通通寻常人家的平凡而简朴的生活。她的质朴，她的坚守，她对名利的淡泊，她对后辈的严格，赢得了人们的赞赏和尊重。

2000年元旦刚过，我得到消息，陈妈妈在美国读研究生的孙子，也就是任远远的儿子任继宁回国要到医院看望奶奶。跟娄大姐约定好，第二天我们一大早就赶到大红罗厂陈妈妈家。

陈妈妈的家在一处很狭窄的胡同。一进铁门是个院子，只有几间小平房，里面住着一对夫妇，其中就有刚才给我们开门的那位老人，他们可能是帮着打理家务的工作人员。第二道门是扇小门，有两个台阶，进了小门，里面是个标准的北京四合院，院子不是很大，除了一些树木，院子中间耸立着一尊任弼时的铜像。前几天下了一场雪，铜像的头顶和肩膀上还有积雪。我进了院子不知往哪间屋子走，便在院子里喊起来："娄大姐，娄大姐。"

一个看上去二十七八的青年人从正屋出来："我妈正在接电话，你们进来吧。"从他的话语中我猜出他就是娄大姐的儿子任继宁了。

任继宁是陈妈妈唯一的孙子，这对于有些重男轻女观念的陈妈妈来讲，真是宝贝加心肝。但老人家疼爱是疼爱，一点都不娇惯，20世纪90年代初，任远远夫妇决定把正在上大二的继宁送到美国去读书，他们最担心的是过奶奶这一关。因为奶奶一天看不到孙子都不行，现在孩子要到万里之遥的大洋彼岸，到一个人生地不熟的陌生国度，那可不是什么时候想看就能看到的事情，真不知怎么去和奶奶说，要是奶奶死活不放怎么办？她一生经历的骨肉分离太多太多，真不忍心再让她经历一次。担心归担心，孩子的手续都办好了，拖到最后还是要和奶奶讲。令他们没想到的是，当他们把这个消息告诉陈妈妈时，陈妈妈不但很痛快地同意了，而且还反过来安慰有些舍不得儿子掉眼泪的娄惠平："没关系，孩子念书是要住校的，你看宁宁的三姑，那时候不是在莫斯科吗，还有宁宁的爷爷不也是在外面读书嘛。没关系，没事的。"如今，任继宁已是学业有成，他回来最先想做的，就是到医院去看望奶奶。

在任继宁的引导下，我们走进院子正面的一排房子。

走进屋子，这是一间四五十平米的客厅，屋子里除了沙发，靠墙摆了一溜桌子。房间的一头还有一间屋子，就是陈妈妈的卧室，而另一边有一个小门，是通往餐厅的。房间里与我去过的其他老妈妈家差不多，家具和摆设都很简朴，没有什么时尚的东西。墙上挂着几张大照片，听娄大姐说，任弼时生前特别爱好摄影，不管走到哪里，身上总要挎个照相机。后来任远远继承了父亲的这个爱好，因此他们家的老照片特别多，留下了大量珍贵资料。

我们正在看照片，娄大姐从旁边卧室里出来。

"姚言，对不起，让你们久等了，我刚才接了一个电话。怎么样，咱们可以走了吗？"

"可以，你们该干什么就干什么，不用管我们。"

"哎呀，奶奶现在基本上不认得人啦，也不知道还能不能认得出宁宁。"娄大姐有些担心地说。

"没关系，真实情况是什么样就什么样，老人年纪大了，大家能理解。"我说。

"好吧。宁宁，今天外面冷，多穿一些，你那个照片带了吗？"

"选了几张。"

"那咱们准备走吧。姚言，进病房咱关起门拍，没什么问题，可是你们的机器怎么往里带啊？"娄大姐问。

这一问，还真把我问住了。

"放在旅行包里，有人要问，就说我要走，去和奶奶告别。"任继宁说。

我们觉得这个办法可行，于是大家把要用的东西分放在两个袋子里，一切准备好，我们和娄惠平母子便驱车一前一后往医院走。

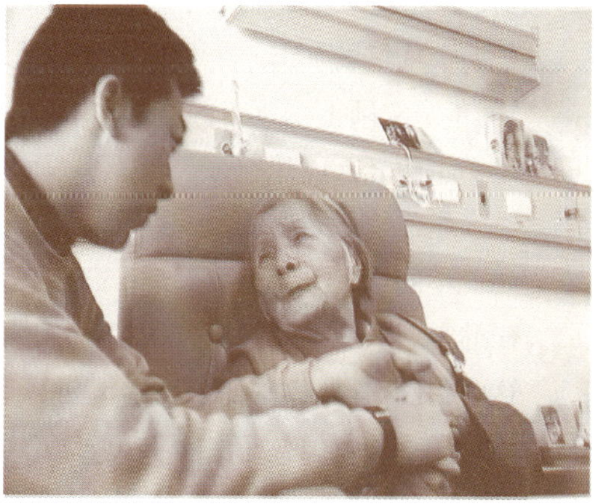

陈琮英与孙子任继宁在一起

到了医院门口，我们的车没有通行证进不去，只能停在大门外，所有要用的东西都放在娄大姐他们的车上带进去。到了干部住院楼门口，导演胆小，怕拎上个旅行包太扎眼，毕竟这里是医院不是宾馆，万一被人拦住检查，岂不是很尴尬。

"还是我拿机器吧，我不怕。"任继宁看出我们为难。

"也只有你拿了，我们跟在你后面。"我也有些发怵。

于是我们几个跟在娄大姐母子后面，心惊肉跳地走进病房。不过还好，从一楼到三楼，一路走来倒也没有遇上什么人盘问。

“奶奶，我来看你了。”当任继宁捧着一束鲜花走进病房，一直坐在靠椅上的陈妈妈，听到孙子的声音精神一振：“哎哟，哎哟，你怎么来了？”一连几个“哎哟”，陈妈妈便拉着孙子的手不放，随后又在孙子的手上亲了一下，看得出，已经不太认识人的陈妈妈，对眼前这个年轻人还是有印象，只是说不出具体名字。

“奶奶您好吧，知道我是谁吗？”

“你坐这儿来。”陈妈妈拉着孙子的手说。

任继宁在奶奶身边坐了下来。

“你来几天了？”陈妈妈仍然拉着孙子的手不放。

“三四天了吧。”

“四天呀，有地方住吧？”陈妈妈抚摸着孙子的手问道，但她好像依然说不出眼前这个人是谁。

“奶奶，你孙子大学毕业了。”看到老人还没认出继宁，在一旁的娄大姐似乎要提醒一下。

“大学毕业？”陈妈妈似乎没有听到孙子这两个字。

任继宁从包里拿出一个长穗，那是他1999年大学毕业时学士帽上的。

“明年宁宁硕士毕业，再给您一个硕士毕业的纪念品。”娄大姐说出宁宁的名字，希望老人能想起来，但陈妈妈似乎还是没有接受这个信息。

娄大姐没有放弃，她对儿子说：“宁宁，你到门口去，隔着远一点，看看奶奶能不能认出来。”

任继宁顺从地走到门口，叫了一声“奶奶”。

这一招确实很灵，“孙子，你是孙子。”陈妈妈终于认出了爱孙。她再一次拉着孙子手，竟像孩子一样笑出了声。一屋子的人也都笑了。

“你怎么先跑了，本来在这里，后来又跑到哪里？”她想不起孙子到底去哪儿啦，只是模糊地记得孙子在外面。

娄大姐这回像是如释重负地说：“终于想起来啦。”

“哈哈，他是我的孙子，你几岁呀？”陈妈妈疼爱地不停拍打孙子的手。

“三十。”

“哦，三十岁啦。”

看到平时几乎不说话的陈妈妈话匣子打开，在场的人都非常高兴，工作人员小王俯在老人耳边说：“你亲他一下吧，亲一下。”

陈妈妈马上在孙子脸上连亲两下，之后像个孩子似的对任继宁说：“我要你也亲我。”

任继宁在奶奶脸上亲了一下，老人又像个孩子似的满足地笑了。

“你还认得我吗？”陈妈妈问。

“当然认得，你呢，你认得我吗？”

“认得。你是我孙子。”陈妈妈始终拉着孙子的手不放，生怕一松手他再走了似的。

孙子的到来激活了老人失去的记忆，平时总是不爱说话，沉浸在自己世界里的她，今天话也多了起来，似乎所有的话都要攒到今天释怀。

我们到医院拍过几次陈妈妈，大多时候，她都一言不发，静静地坐在那里，眼睛看着远处，好像在想着什么，又好像什么也没想起来。外面纷杂的世界似乎与她无关，她仍然生活在过去的那个年代。

不久，大约是 4 月份，我们拍摄张闻天夫人刘英到医院看望陈妈妈。那一次，进医院又是经过了一番周折（在采访刘英妈妈那里有详细叙述）。事先刘妈妈估计老姐妹可能认不得自己，因为平时陈妈妈的亲人们去看望她时，她似乎已经想不起是谁。

进了病房，陈妈妈像往常一样，坐在沙发上一言不发，见刘妈妈他们进去，工作人员小王忙迎过来：“刘奶奶，您来了。”

刘妈妈：“咳，没提前打招呼，结果门口不让进，耽误了半天。琮英，我来看你啦。”

小王：“奶奶，你看谁来了。”

陈妈妈抬起茫然的双眼看了一下，没有什么反应。

刘妈妈从包里掏出一些儿童食品，看得出那是她平时给自己重孙吃的零食：“送你吃的东西，你认得我吗？”

陈妈妈看了看，把目光移向别处。

小王：“她是刘英，记得吗？”

陈妈妈看了看，点了点头，把目光又转向一边。

刘妈妈：“吃这个，能吃吗？好，我打开给你吃啊，小孩子一样。”

说完，从袋子里拿出一块食品，放到陈妈妈的嘴边，但她只点点头不张嘴。

刘妈妈自己咬了一口："挺好吃的，你看很酥的，你尝尝。"

陈妈妈还是不吃，只是看着她。

刘妈妈有些失望："老战友嘛，跟她拍一个我们两人的，现在我们在一起，可惜她不认得人了，真糟糕。"

小王在陈妈妈身边多年了，对老人家比较熟悉。她也听过她们之间的故事，知道她们同是湖南老乡，都是在大革命时期参加革命，又都是一起走过长征的老红军，共同的革命经历，使她们结下一辈子的深厚情谊。看到刘妈妈很失望，小王不甘心，她又趴在陈妈妈耳边问："奶奶，这是谁呀？"

"刘英。"陈妈妈出乎意外地说出了两个字，让在场的人吃了一惊。

"哎呀，记起来了，谢了，哎呀，还记得刘英。"刘妈妈像孩子一样拍着手，我们大家也跟着兴奋起来。

小王："那你怎么不说话啊，你跟刘奶奶说话。"

刘妈妈："你想我吗？"

陈妈妈看看小王，又看看刘妈妈，点点头，没有说话。

刘妈妈："琮英啊，你还好吧？"

小王："刘奶奶问你好不好，你回答呀。"

陈妈妈还是看看小王点点头不说话。

小王："她现在不爱说话，大夫说她还没有好。"

刘妈妈："哦，还是这样啊。"

刘妈妈向小王询问了陈妈妈的近况便要起身告别。

"琮英，好好保重，我走了。"

一直不说话的陈妈妈，这时好像听懂了她的话，不停地向刘妈妈招手、握手。

"刘奶奶，奶奶舍不得你走。"熟悉陈妈妈的小王翻译陈妈妈的"手语"。

"我还要去看病，别寂寞，好好保重，我以后会再来看你啊。"

刘妈妈走后，陈妈妈又一动不动坐在沙发里，眼睛凝视着前方，仿佛陷入深深的沉思中。

所有认识陈妈妈的人，谈起老人来，印象最深的是她那顶一年四季都离不开的红军帽，那是她的骄傲。现在她的记忆力严重衰退，但是，在她记忆深处，有些东西却刻骨铭心地打上了烙印。

我们的镜头曾记录了这样一段：

小王：“奶奶，你是不是老红军呢？”

陈妈妈：“我当过红军啊，我过过长征，我以前过过长征。”

小王：“任弼时是谁呀？”

陈妈妈：“任弼时是我老头。”

小王：“咱们唱个《东方红》吧。”

陈妈妈：“好。”

小王：“东方红……”

陈妈妈：“太阳升……”

小王：“中国……”

陈妈妈：“出了一个毛泽东，他为……”

小王：“他为人民……”

陈妈妈：“为人民服务。”

小王：“他为人民谋幸福，你怎么给人家改词啦，是谋幸福，不过为人民服务也是对的嘛，是吧。”

陈妈妈：“他为人民服务……”

在陈妈妈的心里，多少老相识都已遗忘，唯独记住了刘英，因为那就是她的过去；多少家乡小调都已淡漠，唯独还会唱《东方红》，因为那是她的信仰；多少人和事都随时间逝去，唯独没有忘记“我是老红军”，“任弼时是我老头”，因为那是她毕生的骄傲和挚爱；多少亲属她都已认不出，唯独认得出她的孙子，因为那是她的希望。

一天，娄大姐来电话，说家里准备为陈妈妈过百岁生日，其实那年老人家 99 岁，按老百姓的说法要抢先过百岁。

机器还是放在旅行包里，我们早早地在医院大门口等待时机。片刻，娄大姐来了，我们迅速分配了一下“角色”，剧组其他人冒充工作人员。因为陈妈妈过生日，远志大姐她们事先给医院通了气，说要来些工作人员帮忙。我的“角色”是属于亲朋好友一类的。娄大姐带我到传达室做了登记，据娄大姐介绍，我是陈妈妈的亲嫂子赵一曼的外甥孙媳妇，人物关系搞得还挺复杂。不过我很满意和自豪，因为我的"姨奶奶"是著名抗日英雄赵一曼。

登记完出了传达室，就见一辆面包车驶来停在了大门口，娄大姐一看，是预先订好的鲜花，满满一车。娄大姐拿起一盆花往剧组同志的手里一放，悄悄说了一句"时机到了，跟紧点"。于是，我们七手八脚地端的端，抬的抬，"混"进了医院。

病房里和往日大不一样，屋子里天上地上挂满了五颜六色的气球。据说，这是小王和另一位工作人员小李，花了整整一晚上，愣是用嘴吹了一百多个气球，加上刚刚送来的一车鲜花，房间里充满了喜庆的气氛。陈妈妈这个老寿星，今天也被小王、小李打扮了一番。她依然像以往一样，静静地坐在沙发上。九点半以后，来参加生日庆典的人陆陆续续地到了，平时宽敞的病房显得有些挤。人们互相问候并与陈妈妈合影。陈妈妈似乎并不知道人们是给她过生日，木然地坐在那里。我想起在采访远志大姐她们时，曾经听过她们讲述这样一件事：

1972 年，陈妈妈整 70 岁。远志大姐她们筹划着给妈妈过七十大寿，可是陈妈妈从来都不赞成过生日，怎么办？经过商量，决定来个先斩后奏。那天，远志、远征、远方三姐妹带着爱人孩子都回来了，另外请了几位老同志，还有机关派来的工作人员。陈妈妈一看就发了脾气："你们搞什么名堂，毛主席都不过生日，我陈琮英过什么生日？"任远远是妈妈一手带大的，最得妈妈宠爱，大家推举他跟妈妈做工作。任远远对妈妈说："妈，你今天七十大寿，人活七十古来稀，我们想给你过个生日。"陈妈妈说："为什么不事先跟我说，你们知道

陈琮英过百岁生日

的，我从来不过生日。”任远远说：“大家都已经来了，也是一片孝心。这样吧，我们下锅面吃可以吧。大伙坐在一起吃个面条，祝你健康长寿，这样行吗？”陈妈妈这才勉强同意。

时隔近三十年，我不知道年迈失聪的陈妈妈，是否清楚今天人们聚集在这里，是在庆祝她百岁生日。蛋糕端上来，陈妈妈依旧木然地望着这一切，子女们切下一块蛋糕放在她嘴边，在大家的再三劝说下，她勉强地抿了一小口。这时候，有人抱着一个襁褓中的婴儿给陈妈妈看，好像是她的曾孙。陈妈妈用手抚摸着孩子粉色的脸，我注意到陈妈妈脸上露出了笑容，这是她一上午唯一的一次笑容。

也许陈妈妈心里清楚，今天人们聚集在这里，是为了给她庆祝生日，但她已经不能像三十年前那样阻止大家，显然她是老了。也许陈妈妈根本就不清楚人们在做什么，她依然沉浸在自己的世界中。我真希望是后一种，因为那样，陈妈妈心里会少了一份不安。她一生承受的东西太多了，我希望她在自己的世界里静静地走过她的最后人生。

2003 年 5 月 31 日，陈妈妈在北京逝世，享年 102 岁。这一次她真的如愿以偿地到天堂与挚爱的丈夫相会，他们从此再也不会分开。

与丈夫同出黄埔军校

——徐向前的夫人黄杰

黄杰——中国著名的黄埔军校第一批女子学员，那里曾走出许多20世纪叱咤在中国政治舞台上的风云人物，因此素有“中国的西点”之称。黄妈妈的丈夫徐向前元帅也与她出自同门，这在中国可能也是绝无仅有的一对夫妇。

黄杰正在接受剧组采访

为有能让老人早一点进入状态，我在正式采访前先把采访提纲送过去，好让老人回忆的从容些，毕竟过去的事情对于一个90多岁的老人来讲，太久远，还需要疏理思绪。

黄妈妈家在柳荫街的深处，从什刹海旁边的小巷走进去不远就是有名的恭王府。每天恭王府门前都有许多慕名而来的中外游客，大大小小的车把游客载到门口就立即开走了，因为狭窄的胡同实在没有地方停车。于是，那些穿着红色或黄色背心，蹬着被装饰得五颜六色的三轮车车夫在胡同里窜来窜去非常活跃。遇到老外，车夫们嘴里还不时地冒出一两句英语。

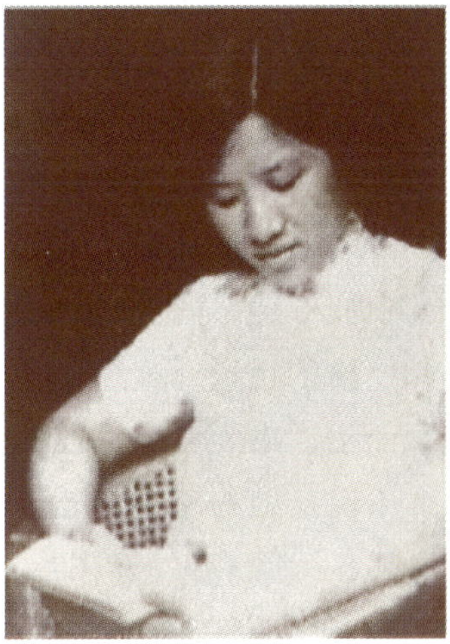
青年时代的黄杰

走进黄妈妈家，见到黄妈妈的儿子徐小岩大哥，那时已是将军的他，一身居家的休闲服，说话声音不大，甚至有些温文尔雅，但细细观察，举手投足中仍然让人感觉透着一种军人的筋骨。小岩大哥对母亲非常孝顺，为了让妈妈安静地度过晚年，一般亲朋好友探望都不会超过半个小时。所以这次答应我们采访黄妈妈，已经是破例了。和小岩大哥沟通后，我们确定了采访时间。

几天后，我带着剧组走进黄妈妈家，我们便忙活起来，一切准备好之后，工作人员便去请黄杰妈妈。片刻，老人从楼上下来。黄妈妈中等身材，银丝皓首，戴着一副白色透明框架的眼镜。看外表要比实际年龄小十多岁，皮肤细腻红润气色很好，不太像九十几岁的人，这应该要归功于儿子徐小岩平日里对母亲的呵护。老人在儿媳和工作人员的搀扶下，走进客厅，坐到镜头前，为我们讲起过去的事。

1910 年 10 月 4 日，黄杰出生在湖北省江陵县郝穴村的一户书香门第，在家女孩中排行老二，人们称她黄家二小姐。殷实的家境，让黄杰从小衣食无忧的同时也受到很好的文化教育。

黄杰出生的第二年，辛亥革命爆发，中国发生了天翻地覆的革命。伴随着武昌城头的炮声，民主共和与封建专制的斗争在全国拉开了序幕。黄杰就是在这样的历史大背景下，逐步长成一个亭亭玉立的少女。

男大当婚，女大当嫁，自古以来这似乎是天经地义的道理。虽然生长在书香门第，但黄杰依然没有逃脱封建包办婚姻的厄运。刚满 16 岁的她，由家里做主许配给了一户人家。这时候全国正处在大革命时期，充满梦想的少

1925年年底，徐向前在国民革命军第二军时的留影

女黄杰，耳濡目染了不少革命的道理，不愿就此束缚在封建婚姻之中。为了抗婚，她逃离了家园，这个选择从此改变了黄杰的一生。

离开生她养她的故乡江陵，黄杰来到大革命的中心武汉。在这里，她意外地得知一个消息，黄埔军校武汉分校准备开办一个女生队，正在招收女学员。兴奋的黄杰立即跑去报了名。许多受封建社会压迫和束缚的妇女也都纷纷加入了报考的队伍里。经过激烈的竞争和严格的挑选，黄杰从众多的报考者中脱颖而出，成为黄埔军校的首批女兵，这不得不说是她的幸运。更幸运的是，她在这里认识了一批著名的共产党人：周恩来、李富春、郭沫若、项英、恽代英、蔡畅、陈毅，以及后来成为她丈夫的徐向前。

入校不久，学校便改名为武汉中央军事政治学校，16岁的黄杰在这里接受了马克思主义的启蒙，并默默地在心里为自己确立了人生的目标。

青年时代的黄杰

1927年4月，蒋介石公开叛变革命，第一次国共合作也随之结束。伴随而来的是敌人锋利的屠刀，无数共产党人倒在了屠刀下，轰轰烈烈的大革命失败了，全国到处弥漫着白色恐怖的气氛。聚集着共产党一批精英的黄埔军校更是蒋介石首先要解决的地方，形势危机。

当时的黄杰还不是共产党员，摆在她面前的路再简单不过。买一张船票顺江而上，脱掉军装换上绸缎，黄杰只需摇身一变，就又是黄家的二小姐，吃穿不愁，衣食无忧。这是多少人想了一辈子的生活。可是黄杰偏偏没有选择这样一条路，她打定主意留了下来。在革命走入低谷，许多人畏缩动摇甚至叛变的时候，黄杰却坚定地选择在这个时候加入了中国共产党。

1928 年，18 岁的黄杰受组织委派，女扮男装前往鄂西，到湖北中共松滋县担任第一任书记。她在一所乡村学校以教师身份做掩护，开始着手恢复基层组织的建设。白天，她在学校教书；晚上，在夜幕的掩护下，她走村串户，秘密发动群众成立农会，组织赤卫队，扩大力量，为夺取政权做准备。

黄杰的活跃引起了敌人的注意。一天，黄杰上完课回到办公室，刚刚坐下，屋子里就闯进几个人，黄杰认出来为首的是县团防局的局长。他在屋里转了一圈，最后站在黄杰身边，上上下下打量着。

“你就是新来的黄家二小姐？”他盯着黄杰问。

黄杰抬起眼皮看了一眼：“是。”就又低头忙着整理教案。

那个局长似乎没有走的意思：“听说你们家是江陵的，家境也不错？”

“是又怎么样？”这回黄杰连眼皮也没抬。

“那我就不明白了，放着家里的大小姐不做，跑到我们这穷地方来干什么？”团防局长带着疑问说道。

“我喜欢乡村清新的空气和安静，怎么，不可以？”黄杰面带微笑反问道。

团防局长一愣，马上又皮笑肉不笑地连声回答：“可以可以，欢迎欢迎。”

黄杰的从容让满心狐疑的团防局长实在挑不出什么毛病，只好换了张笑脸寒暄几句就走了。

经过一段时间的准备，松滋县的各级党组织，农会、妇女会和赤卫队相继建立起来。在黄杰的提议下，县委决定搞一次有影响的行动，杀一杀敌人的威风。当时，松滋县的禁烟局长欺压百姓，民愤很大，于是决定就拿他下手，从而也开展一次禁烟运动。黄杰直接策划和组织了这次行动。

一天晚上，禁烟局长正卧在烟榻上和小老婆吞云吐雾吸着大烟，一群学生和愤怒的群众闯了进去。禁烟局长看到满屋子愤怒的人，惊慌地爬起来问：“你……你们干什么？”

“禁烟局长带头抽大烟，你该当何罪？”

“我……我……”禁烟局长还想抵赖。

“你别想狡辩，人证、物证都在，还有什么说的？”

“不用跟他废话，拉出去。”人群中有人喊了一声。

“对，拉出去。”情绪激昂的学生们响应着。人们给禁烟局长戴上高帽子，挂着牌子游街示众。同时冲入禁烟局私设的牢房，释放了所有被蒙冤关押的老百姓。愤怒的人群焚烧了民团的烟枪和大烟土。

这一次的斗争取得了胜利，但是也引起敌人的警惕。为了镇压共产党，对付日益觉醒的老百姓，团防局秘密筹划购买枪支弹药。黄杰他们得到消息后，决定夺取敌人的武器壮大自己，来个针锋相对。

这一天清晨，江面弥漫着大雾，没有什么船只出行，只有一只小船在江中时隐时现，引起正在岸边巡逻的几个团丁的注意。他们吆喝着让小船靠岸接受检查，小船划到一个僻静的地方靠了岸，团丁们急忙跑过去搜查，可是不等他们的脚踏上船板，就被船上几个化装成学生模样的赤卫队员缴了枪。

拿着刚刚缴获的这几杆枪，黄杰带着赤卫队员们埋伏在公路旁静静地守候。日头照得老高的时候，团防局购买武器的押运队伍出现在公路上。大概是一路上没有什么情况，又离自己的地盘越来越近，加上一路又累又饿，团丁们有些放松了警惕，看到路边有个茶棚，就走过去歇脚。埋伏在附近的黄杰看到时机成熟，指挥着赤卫队员来了个猛虎扑食，那些端着茶碗的团丁还没等反应过来，就糊里糊涂地做了俘虏。

这一仗没费一枪一弹，团防局新买的武器就全部成了赤卫队的囊中之物，还搭上了十几支老枪。团防局长恼羞成怒，气急败坏地带着团丁到学校来抓人，黄杰岂能束手就擒，早与赤卫队往山里撤去。团防局长立即带人一路追击。枪战中，黄杰被一颗子弹击中，眼看敌人越来越近，危急时刻，身材高大的女警卫员背起黄杰钻进了密林。

甩掉追击的敌人，黄杰从此一边在山里养伤，一边宣传组织群众。学校肯定是回不去了，黄杰就在山里办起了学校，在教大家认字的同时，传播革命的道理。

黄杰的这些行动，引起了盘踞在山林中“袍哥会”的猜忌，以为黄杰和他们争地盘，准备对黄杰采取行动。得知这个情况，黄杰决定亲自上门解释清楚，并争取他们加入革命队伍。县委其他同志知道黄杰准备“单刀赴会”，都很为她的安全担心，让她多带几个人去。黄杰不同意。她说：

“这些‘袍哥会’大多是些‘逼上梁山’的穷苦百姓，咱们可以把他们争取过来，壮大革命的队伍。我一个年轻女子赤手空拳去会他们，说明我们的诚意和对他们的信任，也表明我们没有占山头的野心，我相信他们不会把我怎么样。”

在说服大家之后，黄杰只身一人前往“袍哥会”。她被人蒙着双眼带上了山，见到了袍哥老大。看到这个长得清秀瘦弱的女子，没带一兵一卒一枪一弹闯山头，袍哥老大心里先是对这个年轻女子的胆识暗暗佩服，就和她攀谈起来。交谈中，他得知黄杰就是焚烧禁烟局的女共产党，不由抱拳道谢。原来，他就是在那次禁烟行动中，从牢房里被解救出来的。

面对救命恩人，袍哥老大吩咐手下端上酒菜，还把黄杰请入上座。正当他们把盏之间，闻讯而来的团防局长闯了进来。

“哟，这不是大名鼎鼎的黄家二小姐吗？你一个女人家跑到这儿干啥？”团防局长盯着黄杰问。

黄杰从容地回答：“拜访朋友。怎么，团总有何贵干？”

“我今天是来打猎的，我专打这山里的红嘴八哥。”看来团防局长没有忘记劫枪之痛，每个字似乎都是从牙缝里挤出来的。之后，他转脸示意手下把50两大烟和500块大洋放到袍哥老大面前，有些讨好地说：“这是点小意思，今后，我们联手一起对付共党，兄弟有什么要老哥帮忙的，尽管说话。”说完眼睛瞟了黄杰一眼。

黄杰从容地笑了笑，对袍哥老大说：“大哥，你知道黄鼠狼为什么给小鸡拜年吗？不过是想麻痹它，让小鸡失去防范，然后，再伺机吃掉它。我看现在就有黄鼠狼在打你的主意，你可要警惕呀。”

团防局长恼羞成怒地说：“打主意的是你们，不然，为什么你不在家做你的大小姐，跑这儿搞什么共产？没有好处，你一个大小姐会来这个苦地方？分明是要抢我老弟的地盘。”

黄杰说：“如果是抢地盘，我今天就不会赤手空拳一个人来。”她扭头对袍哥老大说：“大哥，你心里应该有数，他给你送礼无非是想笼络利用你为他们卖命，一旦你们没有了利用价值，他们就会翻脸来对付你们。”

黄杰的话似乎说到了团防局长的要害处。他一拍桌子，吆喝着团丁们将黄杰拿下，一直在旁边观察的袍哥老大端着酒碗说了话：“哎哎哎，喝酒，喝酒，不看僧面看佛面，在我的地盘我说了算，这姑娘是来找我的，你如果从我这里把人抓走，日后我还咋在江湖上混哪?”

团防局长眼看着自己占不上什么便宜，只好悻悻地走了。

黄杰真诚地对袍哥老大说:“大哥，我知道你们都是些受苦人，被逼得走投无路才干这帮会的事儿，可你们这百十来号人，能有多大力量?天下的穷人都团结起来，那才劲儿大。”

“你说的道理我懂，只要你们不嫌弃，我们愿意跟你们一起干。”袍哥老大说。

黄杰高兴地握住他的手说:“好，我这次上山就是请你们参加我们的赤卫队，从今往后咱就是一家人了。”

黄杰用她过人的胆识和真诚，赢得了袍哥老大的信任，从而使他们走上了革命的道路。

由于共产党活动的频繁，不断组织和发动群众斗老财分田地，一些地主老财组织民团办起自己的武装，并且和反动势力勾结在一起对付共产党，一时间反动势力嚣张起来。

“魔高一尺，道高一丈。”1929 年，中央鄂西特委决定由松滋、枝城、宜都三县举行联合起义（九岗岭暴动），打击敌人的嚣张气焰。而这次行动的总指挥是只有 19 岁的黄杰。

经过周密的策划和组织，起义的准备工作在有条不紊地秘密进行。离起义的日子还有几天，不想却出了意外，一个地下交通员被捕叛变，供出了起义的行动计划。团防局长立即带着人四处“清剿”共产党，情势十分危急。面对这种情况，黄杰果断决定:提前起义!

一天深夜，一个黑影飞越墙头，翻身跃入民团的大院，轻轻地将大门打开。顿时，早已等候在外的赤卫队员和群众举着梭镖、镰刀呐喊着冲了进来。还在睡梦中的团防局长和参加“清剿”的民团团丁们，来不及穿衣服，便一个个抱头鼠窜，跑得快的捡条命，跑得慢的就命丧黄泉。这次暴动不仅缴获了敌人的武器，还大大打击了敌人的嚣张气焰，使人民群众受到很大的鼓舞。黄杰以她出色的组织才能，领导指挥了这次暴动，完成了上级交给的任务。

1930 年，在组织的安排下，黄杰只身来到国民党统治的中心——上海，中共中央就隐藏在这十里洋场之间。当时，上海白色恐怖十分严重，党中央的同志坚持在敌人眼皮底下进行斗争，危险随时都会出现。黄杰到这里之后，被指定为周恩来和中央负责人的秘密交通员。这是一个重要而又危险的工作，不仅需要机智和勇敢，还需要加倍的警惕和小心。

一天，周恩来交给黄杰一项任务，将一份重要的军事情报送给刘伯承。黄杰接到命令，化装成教师来到刘伯承的住处附近。她在周围转了两圈，确信没有“尾巴”跟着，这才往刘伯承住的小巷走去。到了楼下，黄杰装作漫不经心地往楼上瞄了一眼，发现窗户上系的一根红带子没有了。那是他们约定的安全信号，没有红带子就表示出现危险不能接头。黄杰迅速离开那里将情况向周恩来做了汇报，周恩来听了十分着急：“我刚和伯承通过电话，他说没有发现异常，怎么会突然出现情况呢？”正当人们着急的时候，刘伯承来了。原来，那天刘伯承的家人从乡下来到上海，给刘伯承带了一只老母鸡，因为怕母鸡乱跑，就用窗户上的红带子把老母鸡绑了起来，刘伯承等不到周恩来送情报的交通员，才发现是红带子没有了，估计一定是交通员以为出现意外，所以没有来接头，刘伯承急忙赶了过来。一场虚惊，让大家悬着的心踏实下来，但黄杰的机警却给周恩来留下深刻印象。多年以后，在一次国庆宴会上，周恩来向黄杰敬酒时，又重提旧事，夸奖黄杰做事认真负责。

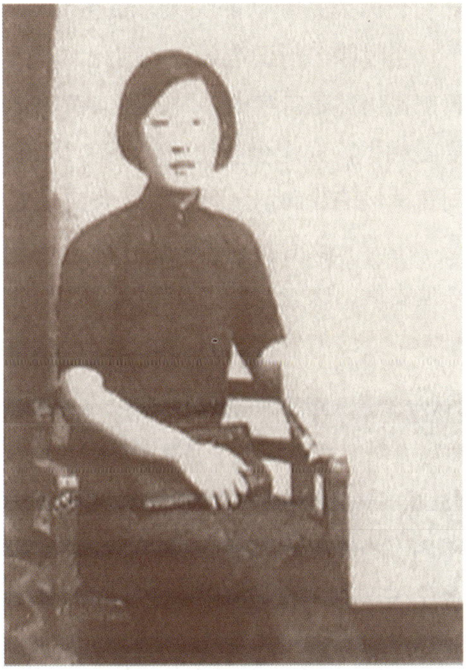

20 世纪 30 年代出狱后的黄杰

不久，党中央撤离了上海搬到苏区，黄杰被留了下来，先后在闸北区和沪东区任女工部长，继续在白区秘密工作，坚持地下斗争。

1933 年，黄杰不幸被捕。在监狱里，无论敌人采用何种手段威逼利诱，黄杰都一口咬定，自己是到上海找工作的。由于她始终没有暴露自己共产党员的身份，当局抓不到证据，只好以“危害国家”的罪名判了她五年。组织上得到消息，立即展开营救，当时孙中山的夫人宋庆龄受中共的委托，积极和有关部门交涉。在她的斡旋和努力下，黄杰于1935年提前释放。出狱后，她仍然继续坚持在白色恐怖的上海开展抗日救亡工作。

1940年，黄杰离开上海，结束在白区的多年工作，来到心仪已久的延安，继续从事妇女工作。不久，又担任延安第一保育院院长。

在延安，黄杰与当时的妇联秘书长张琴秋非常熟。在黄杰担任妇联组织部长时两人常有工作上的来往，也结下了友谊。后来黄杰调到保育院当院长后，闲暇时间她们时常在一起谈天说地。张琴秋的丈夫苏劲光当时担任卫生部长，因为张琴秋的关系，黄杰和苏劲光也很熟。苏劲光曾是徐向前的部下，当时徐向前正是单身，因此，苏劲光对他很关心。当他看到三十多岁的黄杰也仍然是待字闺中时，便有意将他们撮合到一起。其实，黄杰与徐向前早就相识，只是少有交往。早在1926年，黄杰在黄埔军校学习时，就见过同在黄埔的徐向前。但那时，黄杰还是一个刚刚入校的新生，而徐向前已经是学生总队政治大队第一队队长。两人偶尔见过面，可从没说过话并不相识。来延安后，这些过去在一起学习工作的“黄埔生”，有时在一起聚会，黄杰和徐向前这才有机会认识，但也仅仅是说过几句话。现在，有了苏劲光和张琴秋的牵线搭桥，两人有了进一步的接触，他们很快就建立起信任并产生了感情。

1949年，徐向前与黄杰在石家庄

1946年，黄杰与徐向前结婚了。

那天，苏劲光通知了一些平时与徐向前、黄杰相熟的战友聚在一起，傅连暲夫妇还抱了一只鸭，算是贺礼。大家打打扑克，吃了一顿简单的饭，黄杰就成了徐向前的妻子。

不久，延安开展大生产运动，黄杰夫妇俩也积极响应号召，心灵手巧的黄杰很快学会了纺线、织布、织毛衣袜子，还带出一个徒弟，就是徐向前。

1947年，蒋介石下令进攻延安。

中央经过研究，决定放弃延安，病中的徐向前带着身怀六甲的妻子，与后方机关向晋绥解放区转移。不久，他们来到了晋东南，刚刚安顿好没几天，就赶上农历旧年，伴随着声声爆竹，儿子徐小岩降生了，那呱呱坠地的哭声给初为人母的黄杰带来了幸福与喜悦。

这时候，解放战争进入了关键阶段，抱病在身的徐向前再也坐不住了。在他的坚决要求下，组织上批准他重返太行前线。徐向前告别妻子和出生不久的儿子，带着部队首先拿下运城，为部队创造了城市攻坚的宝贵经验。

1948 年，经过我军的浴血奋战，除临汾之外，整个晋南已全部解放，敌人依靠坚固的防御系统盘踞在临汾负隅顽抗。攻克这个据点，对整个西北战场以及孤立晋中、太原守敌，都具有非常重要的意义，啃下这块硬骨头的任务就落在徐向前的身上。

临汾，又称卧牛城，城池坚固，布防复杂，历史上从没有被攻破的记录。接下这个任务，徐向前心里清楚会有一场恶战，临出发前他对妻子黄杰说："这次的任务是块不好啃的硬骨头，打不下临汾我绝不回来，你也要做好思想准备，孩子就靠你一个人了。""放心，家里的事不用你操心，我和孩子等你胜利的消息。"黄杰理解地回答。

临汾战役果然是一场异常艰苦的硬仗，徐向前带着部队整整攻打了 72 天。时间之长，消耗之大，战况之惨烈，足以见攻坚之难。在这 72 个日日夜夜里，黄杰的心每一刻都牵挂着前线。她时常打听前方的消息，只要有捷报传来，她都会为丈夫高兴。在前方的徐向前也时常想念着她们，就在临汾即将攻克的时候，他按捺不住给妻子写了一封信："……离冶陶时积雪满地，现已麦穗如浪。时光虽快，而临汾将下，思之心将释然矣……"

不久，临汾攻破。捷报传来，黄杰从心里为丈夫感到骄傲和自豪，满腔的柔情化作无尽的思念，盼望着早日与丈夫团聚。

临汾拿下之后徐向前又带着部队东征西伐，势如破竹地赢得了晋中战役和太原战役。黄杰带着儿子，在隆隆炮声中，迎来了新中国的诞生。

新中国成立以后，黄杰先在青岛纺织厂和青岛纺织工会做领导工作，后又调到北京担任纺织工业部人事司司长等职，1955 年，徐向前被授予中华人民共和国元帅军衔。

丈夫做了元帅，黄杰并没有因此而飘飘然，她一如既往、脚踏实地地默默做着自己的工作。有一段时间，徐向前、黄杰夫妇在城里没有房子，暂时住在颐和园，而黄杰上班是在城里。黄杰每天天不亮就坐公共汽车进城上班，到了晚上，总是很晚才又坐公共汽车回来，从不搭乘丈夫的小车。在儿子徐小岩的记忆中，只有在节假日和周末才能够看到妈妈，平时母亲早出晚归几乎见不着面。

对于儿女们，黄杰也从不娇惯，唯一的爱子徐小岩当时在八一学校上学，每次到学校也和母亲一样坐公共汽车，从学校到家大概需要2角3分钱，黄杰给儿子的钱从没有超过2角5分。20世纪60年代初，国家正在困难时期，学校的伙食不是很好，小孩有时不免嘴馋，可是手里没有钱，只好动用母亲给的车钱，买个冰棍或小吃，这样坐车钱就不够了，小岩往往为自己的嘴馋付出代价，要走好几站路。

1954年，徐向前与黄杰在武汉东湖

对自己和孩子，黄杰比较抠门，但对别人她却从不小气。徐帅老家生活很苦，1949年后，徐帅就把一些生活困难的亲戚接到家中，黄杰对丈夫的这一举动毫无怨言，给予了充分的理解。所以他们家总是十几口子人吃饭，每天黄杰总是先照顾大家，自己最后一个上桌，打扫大家吃剩下的残羹剩饭，甚至连菜汤也从不舍得倒，全部吃掉。另外，每到逢年过节，她都张罗着给徐帅身边的工作人员备一份礼物或年货，让他们感到徐帅和黄杰对他们的付出所给予的尊重。

在单位里，黄杰也从不搞特殊，和同志们一起出差，总是和大家一样的待遇，住在最基层工厂的招待所，三年困难时期更是如此。

有一次，黄杰和几个同事出差，从北京到郑州、西安，再到成都、重庆，一路都是住在条件很差的招待所。最后到武汉后，又是找了一家条件较差、价格便宜的小旅馆住了下来。当时的湖北省委书记宋坎夫，曾经是徐帅的老部下，听说黄杰到了武汉，就赶到旅馆去看望黄杰。当他看到老首长的夫人住在那样一个简陋的旅馆里，就要把黄杰接到宾馆，好让她吃得好一些，住得舒服一点。这在当时吃没吃喝没喝的经济困难时期，是许多人求之不得的，可是黄杰却拒绝了战友的好意。宋坎夫看说服不了她，干脆就让秘书直接安排，黄杰仍然没有去。她诚恳地说："现在正是国家困难时期，在这个时候，我不能撇开大家去搞特殊。这样会脱离群众，影响党群关系和干群关系，影响不好，还会不利于团结。"

尽管工作繁忙，可黄杰不但把家打理得井井有条，对丈夫的照顾也总是无微不至。战争年代的创伤在徐帅身上留下了后遗症，使他的身体一直不好，但在妻子的精心调理下，徐帅从没有因身体的原因而影响工作。对此，徐帅对妻子一直心存感激。有一天，天气十分寒冷，黄杰拿出为徐帅新做的大衣给他穿上。摸着柔软暖和的大衣，徐帅感慨地对妻子说："这么多年，都是你一直在照顾我，我真不知道拿什么来报答你。"

听了丈夫的话，黄杰笑了。她开玩笑地说："你想报答我呀，那好啊，我提个要求，你满足我一下，行吗？"

从结婚那天起，黄杰从没有向丈夫提过任何要求，听到现在妻子这样说，徐帅连忙答应："好啊，只要不违反原则，你说吧。"

"你把那身元帅服穿上，让我看看就算报答我了，行吗？"黄杰说。

"哦，是这个要求，行行行。"徐帅不住地点头，一连说了几个行。

原来，自从徐向前当上了元帅，从不肯穿元帅服。他总嫌那身衣服太花哨，实在有些场合非穿不可的情况下，

1972年，徐向前全家合影

就躲到一个没人的地方，穿好后坐上车就跑。等参加完活动，他一上车，就又把它脱下来。所以，黄杰虽然是他的妻子，却从没见丈夫穿上元帅服是什么模样。所以，她很想看看丈夫穿上元帅服的样子。趁着屋里没有别人，徐帅连忙拿出元帅服穿上，满足了妻子的愿望。

“文革”时期，徐向前、黄杰与儿子、女儿合影

“文化大革命”中，徐帅受到冲击，黄杰也因曾经进过国民党的监狱而受到诬陷，说她是叛徒。对此，黄杰十分坦然，外调的人找她了解情况，她都如实提供。尽管如此，林彪、“四人帮”一伙的爪牙，仍然不依不饶。为了不影响徐帅，保护他的安全，黄杰向丈夫提出离婚的要求。望着妻子坦诚的眼睛，徐帅拉着她的手坚定地说：“这么多年来，我还不了解你吗？你对革命事业的忠贞，是任何人也不能歪曲的。我相信你，也相信党。”

丈夫的信任，给了黄杰巨大的力量，夫妻俩携手共同度过那段艰难时光。

1990 年，徐向前元帅因病在北京逝世，享年 90 岁。徐帅走后，黄杰将自己的生日改为丈夫出生的日子，以此来怀念他。

采访完黄杰妈妈，我们就赶紧收拾东西撤走了，尽管我们还有许多想要问的问题，可想到小岩大哥对母亲的呵护，我们不愿破坏他的规矩，早早请黄妈妈休息了。

隔了几日，挑了一个好天儿，我们又一次来到黄杰妈妈家。这一次，小岩大哥也在。按照事先的约定，这次主要是拍黄妈妈在家的日常生活。我们先上楼把黄妈妈每天看报纸听新闻的情景拍摄下来。临近十点，黄妈妈在小

安享晚年的黄杰

岩大哥夫妇的搀扶下走出小楼，小岩大哥的夫人特意找了一条自己的纱巾给黄妈妈围上，好让老人上镜头漂亮些。三人一边在花园里散步，一边聊着过去的一些往事。走了十几分钟后，他们就坐在小楼门口的廊下聊天说话。在春日暖暖的阳光中，黄妈妈的一头银发被微风轻轻吹起，一根根的特别清晰。老人靠在躺椅上，一脸的从容、满足与惬意，昔日的磨难似乎没有在她脸上留下任何痕迹。

之后，我们又采访了小岩大哥和黄妈妈在纺织部的同事以及徐帅身边的工作人员。后来因为工作的关系，我又多次到过黄妈妈的家。为了不打搅老人家，我没有再见她，大多数时候我都是和黄妈妈家的徐管理员打交道，有时候也和小岩大哥还有他的夫人有一些接触。由于黄妈妈拍的素材较少，在征求小岩大哥的意见后，我们决定把黄妈妈的片子做成一集，而其他老妈妈都是两集。

2007 年 6 月，黄妈妈离开了这个世界，走完了她 97 年的人生之路。

将爱给身边的每一个人

——罗荣桓的夫人林月琴

第一次到林妈妈家采访是 1999 年 12 月 15 日。那时候，剧组在东棉花巷的华凯宾馆里居住，离中央戏剧学院近在咫尺。从宾馆到雨儿胡同林妈妈家，也不过百十来米，是我们采访对象中最近的一个。

林妈妈家的小院不是很大，大门也特别不起眼。在那个狭长的胡同里，就像寻常百姓的大杂院，唯一有些区别的，就是它的大门平时是关着的，所以给这个小院的主人平添了一丝神秘。院子里有几棵树，因为刚刚入冬，仍然能看到褐色的树枝上还有几片枯黄的树叶在寒风中摇曳。上了台阶，走进小楼的门往左手一拐就是客厅。客厅不是很大，二三十平米的样子，这在过去的房屋户型来讲，可以说算是不小的了。但是现在的房屋户型一般都是客厅大卧室小，所以林妈妈家的客厅就觉得太一般了。如果是寻常人家，也还说得过去，要说这是元帅府，就有些寒酸了。其实，原来林妈妈家的院子很大，也挺气派，为了给国家减轻负担，他们将自己的院子腾出了一半让给粟裕大将。我觉得这个元帅府虽然没有人们想象中的宽敞气派，但从中可以看到罗荣桓元帅与林妈妈的胸怀与境界。

听说我们到了，林妈妈坐着轮椅笑呵呵地从里屋出来。她脸上的笑容，让人感到特别亲切，有感染力，因为她笑得真诚，绝不仅仅是礼貌："你们来了，辛苦啊。"

"这是我们的工作，给您添麻烦了，今天可能要在您这儿折腾一下。"我说。

"没关系，你看你们需要怎么办，我们配合。"林妈妈说。

于是导演领着剧组其他同志开始挪沙发，搭采访背景。趁着他们忙活的工夫，我和剧组的宋小辉一起陪着林妈妈到她的卧室聊天。

卧室很简朴，一张床，一张桌子，还有一些简单的家具，靠墙的地方放着一个氧气瓶。林妈妈的女儿罗北捷大姐告诉我，林妈妈有些哮喘，常常需要吸氧。

林月琴正在接受剧组采访

到卧室坐下以后，林妈妈从桌子上拿起三个红色的小盒，并一一打开，里面放着几个勋章。林妈妈郑重地将它们拿出来，如数家珍地介绍着："这个是1955年授予的，叫独立自由勋章，这个是解放勋章，这个是八一勋章。"语气中透着一股自豪。不一会儿，有人来通知，外面的准备工作已经就绪，是否可以请林妈妈接受采访，我问林妈妈："您准备好了吗？"

林妈妈指指那三块勋章："我可以把它们戴上吗？"

"当然啦，太可以了。"我说。于是我们帮着把三块勋章戴在林妈妈胸前，便开始了采访。

林月琴，曾用名林英琴。1914年1月18日，出生在安徽省金寨县的一户小商人家庭。她的父亲林维尹较早地接受了民主思想，对旧中国的统治不满，1927年加入中国共产党，以开杂货店为掩护，秘密做党的交通工作。

1927年，大革命的浪潮席卷全国，正在河南商城名溪小学读书的林月琴受父亲和校长詹谷堂（中共党员）的影响，接受了反帝反封建的启蒙教育，向往着自己也能成为一个为穷人打天下的革命者。1929年5月，中共商城县委发动了立夏起义。生性刚直、正义，一心想为穷人打天下的林月琴，积极投入这次斗争中。

在这次行动中，15岁的林月琴显示出了不凡的组织才能，被推举为县苏维埃儿童团指导员，并加入了中国共产主义青年团。她带领着儿童团发动群众反封建礼教，提倡妇女解放，动员她们放脚剪发，争取男女平等和婚姻自由。这个15岁的"娃娃头"愣是把儿童团的工作搞得有声有色。不久，为了对付国民党的反革命武装，红军建立了兵工厂，林月琴又带领着三十几个妇女，参加了兵工厂，成立了女工班，负责包炸药搓捻子。由于她出色的表现和骄人的成绩，同年，她被任命为鄂豫皖边区特委儿童局局长。

就在林月琴参加红军队伍不久，张国焘在鄂豫皖极力推行"左"倾路线，搞所谓"大清洗"，已经在红军担任司务长的林维尹被错划为"地主""改组派"，受到了"清洗"，被抓了起来，从此下落不明。林月琴也因此受到牵连，被免去儿童局局长的职务，送进"劳改队"审查。林月琴面临着一次严峻的磨砺与考验。

不久，国民党的第四次"围剿"开始了。红四方面军主力连夜出发，向川陕边区转移，"劳改队"解散，人员遣送回家。

当时林月琴和一帮与她命运相同的小姐妹在一个大屋子居住，听到部队转移，要将她们遣送回家的消息，林月琴非常着急，姐妹们一商量，回家哪里还有出路，只有跟着红军。在林月琴的带领下，姐妹们团结起来跟在大部队后面，部队走到哪儿，她们就跟到哪儿。部队发现后，做工作让她们回去，但林月琴她们采取你今天撵我，我明天又跟上的"死贴"战术。部队宿营，她们也在旁边宿营，部队开拔，她们也跟着出发。眼看部队离她们的家乡越来越远，部队又派人来做她们的工作。

"你们不能再走了，越走越远，以后连家也找不着啦。"

"我们不回家，我们跟定了红军。"林月琴她们说。

"部队要打仗，你们女孩子又不能打仗，跟着我们干什么？"

“我们不怕打仗，我们虽然不能打仗，可以帮你们做饭洗衣服哪，我们也要干革命，你们难道不让我们革命吗?”林月琴她们坚定地表示。

部队说服不了她们，只好由她们跟着，估摸着她们跟不了几天，吃不了部队那份苦，也许会自动离开。可是没想到，这些女孩子，硬是昼夜不停地跟着部队，没有一个退缩掉队的。她们参加红军的决心最终感动了部队领导。当时，部队负责人朱光、廖承志等人向上级汇报了情况，说这帮女孩子，撵也撵不走，坚决要求参加革命，是不是收下她们。上级领导终于批准林月琴她们参加红军，并把她们组成一支宣传队。就这样，她们以这种独特的方式和决心，使自己成为红军中的一员。那些挫折和委屈，此刻在她看来，只不过是艳阳天里的一阵过阴雨，而她决心用生命去追寻的太阳，就是共产党，就是红军。

部队每天一边行军一边打仗，天气渐渐凉了，她们仍然穿着单薄的衣裳。有一次路过一个村子，正赶上一个地主老财家娶媳妇，于是就把新娘新郎的衣服没收了。第二天行军队伍里可热闹啦，红的、绿的全套在身上。不知道的老百姓还以为红军娶媳妇呢。

过了湖北、湖南，部队到了四川一个叫通南坝的地方。那个地方种鸦片，大部分男人都抽大烟不能劳动，只能在家带孩子。而女人下地干农活，成为家里的主要劳动力。红军到达这里后，要建立根据地，并开展“扩红”工作。由于男人都不能参加革命，根据通南坝的情况，部队认为妇女也是革命的主力军，决定在当地招收女兵，成立一个女兵营。于是，有着非凡组织才干的林月琴成为营长的最佳人选。组织部门找林月琴谈话，将上级的决定告诉她，征求她的意见，没想到林月琴却拒绝了。

“首长，我不行，我出身不好，临参加部队前，还受过审查劳改。”

青年时期的林月琴

"你呀，参加红军都两年啦，还背着包袱，组织对你的表现是了解的，你是经过考验的，希望你能够放下包袱，把组织上交给你的任务做好，不要辜负党对你的期望。"

就这样，在部队领导耐心细致的说服下，林月琴挑起了这副重担。

女兵营一般情况虽然不直接参加战斗，但是她们的任务并不轻松。部队在前方打仗没有物资，所以部队用的粮食、布匹、弹药等全部由女兵营来运输。这些四川招来的川妹子一个个特别能吃苦，虽然个子都又瘦又小，背起东西一背就是百十来斤，比自己的体重还要沉。背着这些东西还要翻山越岭行军，但是她们在林月琴的带领下，每次都能出色地完成任务。除此之外，她们还要学缝纫剪裁，为部队做军装被服。女兵营的妇女差不多都是文盲，80% 是童养媳。这些曾经生活在社会底层的姐妹，一旦参加革命，就会迸发出不可估量的能量。她们以自己柔弱的身躯，承载起常人难以想象的重任，受到前方将士发自肺腑的称赞，为部队取得胜利做出了有力的后勤保障。

举世闻名的长征开始了。林月琴所在的四方面军领导张国焘大搞分裂，与毛泽东北上抗日的决定背道而驰。林月琴为此感到极大的困惑，她找到朱德总司令的夫人康克清，向她倾诉了自己的困惑。康克清告诉她："党中央已经北上了，一个人只能有一个头，一个党也只能有一个中央。搞两个中央，就不能步调一致地进行战斗。"康大姐的话拨开了她心头的迷雾，她坚定地做出了自己的选择，参加了北上抗日的队伍。

红一、四方面军会师以后，林月琴被分到中央卫生所护理班任班长。在长征中她两爬雪山，三过草地，历尽艰辛，经受了千难万险的严峻考验。

有一次过草地之后蹚过一条河，部队开始宿营。那是一个山坡地，天气很冷，大家一路行军特别累，躺在山坡上就睡着了。可是第二天早晨起来后，奇怪的事情发生了。被子都不翼而飞了，大家找了半天，后来才发现，原来是被马吃了。在长征途中，部队的马匹骡子是非常珍贵的，它们也为中国革命出了大力，许多人就是拉着马尾巴走过长征的。可是部队没有粮食，常常一把米吃好几天，有时候干脆两三天都吃不上东西，马就更吃不上了。所以出现了人吃草根、树皮，马吃被单的情况。

一天，任弼时的夫人陈琮英要生孩子，人们赶紧去叫卫生所的人，林月琴、陈真仁（傅连暲的夫人）等几人跑去给接生。第一次看到女人生孩子，林月琴她们有些怕，“产房”就在一个羊圈里，黑乎乎的没有灯，她们只能手举着蜡烛守候在旁边，一直等孩子生下来。第二天，她们给月婆子找吃的，一天下来还是两手空空。直到天黑时，陈真仁不甘心，仍然拿着个木棍东敲敲西捅捅，忽然发现一面墙壁发出“咚咚”空洞的声音，几个人忙把墙捅开一个洞，粮食从里面流了出来。她们马上找来几条裤子，扎住裤腿当口袋，就这样又解决了几天的口粮。

1936 年，林月琴跟随红军主力到达陕北。这一年，经何长工介绍，她光荣地加入中国共产党。同年 12 月，林月琴调中共中央妇女部工作。1937 年进入延安中央党校学习。

在林月琴的同学中有个叫刘桂兰的，她们不仅同班，而且还是老乡。由于这个缘故，两人关系特别好。那时候，刘桂兰正和曾任过中央保卫局局长的徐建国谈恋爱，经常与首长们有些接触。

林月琴在延安时期

有一天是个礼拜六，刘桂兰约林月琴到河对面去玩儿。林月琴到那里之后，看到好多长征过来的首长和老同志也在那儿，其中就有罗荣桓。罗荣桓戴副眼镜，很少讲话，人很腼腆内向，林月琴对他印象很深。以后她又跟着刘桂兰去过几次，慢慢地她发现那个戴眼镜的首长虽然不爱说话，但挺爱凑热闹的，因为每次去总能见到他。单纯的林月琴哪里知道这是徐建国几个人有意安排的，而那个总喜欢找她问东问西打听她情况的冯文彬，是帮助罗荣桓搞前期“侦察”的。就这样一来二去人就熟了，林月琴也和罗荣桓搭上了话，知道罗荣桓年龄比她大十二岁，在老家曾有过一段婚姻，还在青岛上过大学，是个文化人。在冯文彬、徐建国几个人的撮合下，两人的关系算是定了下来。

以后，林月琴与罗荣桓就开始单独约会。两人的驻地隔着一条延河，每天林月琴蹚过不深的河水去见罗荣桓。可是不久雨季到来，延河水暴涨，林月琴没法像过去那样去看罗荣桓。而罗荣桓原来有一匹骡子，到后方时就上缴了，所以也不方便过去，两人见不着面，彼此都很想念对方，只能隔河相望。这点心事被下属看出来了，到部队巡视时，“敲”了部队一个竹杠，要了两匹马回来。罗荣桓高兴地当天傍晚就骑着马要过河，警卫员追在后边紧跑。罗荣桓说：“你不要跟着了，我好长时间没有骑马了，到河边练练，免得以后打仗生疏了。”当罗荣桓突然出现在林月琴面前时，林月琴竟然高兴得好一阵说不出话。她第一次体会到幸福的滋味是什么。就这样，在延河边，他们演绎着一个新版的“牛郎”会“织女”的故事。不久，两人就准备结婚了。

罗荣桓与林月琴新婚合影

罗荣桓找人从西安捎来半袋子洋面，那时候，延安只有小米和高粱，这半袋子洋面算是奢侈品了。罗荣桓当时担任后方政治部主任，组织部长是谭政，另外宣传部长、警卫班、炊事班马夫都在一个院子住。他们用那半袋子洋面做了一大锅面条，不管是官还是兵，全院子在一起吃了一顿面，当然少不了那些牵线搭桥的，这就算是请大家吃了顿喜宴。新房就在罗荣桓住的窑洞里，两扇旧门板拼起来就是双人床了。林月琴带了个脸盆，罗荣桓长征中背来背去，已经脏得看不出颜色的一床夹被和一条毯子，就是他们的全部家当。林月琴用碱水洗了好几遍的黑水，才算是看出点被子的本来“面目”。

婚后不久，便爆发了七七事变，中国的全面抗战开始了。而这时候，林月琴与罗荣桓的婚姻也受到一次考验。当时，西路军失败后，有一部分人回到延安，中央决定仍然要团结争取教育张国焘。因为林月琴过去曾是四方面军的人，有一些人甚至是高级领导干部提出罗、林婚姻会影响两军团结，还有人出来进行干涉。林月琴感到压力很大，不知如何是好，这件事不知怎么就传到了毛泽东耳朵里。一天，毛泽东的警卫员来找林月琴，说主席请她去一趟。林月琴很奇怪：“主席叫我做什么？”罗荣桓说：“主席叫你去，你就去，去了不就知道了嘛。”林月琴跟在警卫员身后来到毛泽东的住所。

进门以后，毛泽东上下打量了一番，说：“噢，你就是那个林月琴，现在是我们湖南的媳妇。你这个样子还是个当过营长的？还参加过长征？”他开着玩笑说。

林月琴不好意思地笑了：“主席，我是不是不像？”

毛泽东点燃一支烟：“像不像，不是看样子，你出来参加革命是为了什么？”

林月琴：“为了解放穷苦老百姓，让大家过好日子。”

毛泽东：“嗯，我看你现在先要解放自己，什么是妇女解放？首先要婚姻自由，要自己做主，不要管什么两军关系，只要你们自己双方愿意就可以做主，不要考虑政治因素。”

毛泽东的话，一扫多少天压在林月琴心上的阴霾。接着，毛泽东告诉林月琴，中央决定派罗荣桓到前方去，问林月琴有什么意见和困难。

“革命就是要去打仗的，我没什么意见和困难。”卸去心理负担的林月琴爽快地回答。

不久，这对恩爱的夫妻便在延安分手奔向各自的岗位。罗荣桓去了前线，而林月琴在生下第一个孩子北屯之后，将北屯寄养在老乡家，按照组织的安排来到敌后，任八路军驻西安办事处机要处秘书、党支部书记。

因为林月琴是长征过来的人，经历过九死一生的考验，在政治上深得组织的信任，比较重要的电报都是由她来送。那时，王明从苏联秘密回来，住在办事处的一个地下室里，除了个别领导知道外，其他人都不知道这个情况。一天，有封重要电报要送给王明，领导派林月琴送到地下室。林月琴小时候在王明妹妹办的小学上过学，但她并不认识王明，也不知道地下室住着谁，只知道是一个很神秘的人物。她拿着电报悄悄来到地下室，把电报交给他。王明听出她的口音，便忍不住问她是哪里的人，林月琴回答是金寨的，王明高兴地说他也是，还要认老乡。

在八路军西安办事处工作不光紧张，还有危险，但林月琴都能严谨细致、有条不紊、及时准确地完成上级交给的各项任务。她一边完成党交给的任务，一边十分挂念体质虚弱的丈夫与尚在襁褓中的孩子北屯，想办法打听丈夫在前线的消息。在通信不发达的年代，思念，就越发显得浓烈，她多想飞到丈夫身边，与他比翼齐飞驰骋战场。可是抗战初期，中央规定，所有前线官兵一律不准随带家属，除非有毛泽东的特许。林月琴只好把这牵肠挂肚的思念，放在心里。

1938年，八路军前线后勤部长杨立三从前线回到延安取经费。他找到毛泽东说："主席，我想做点好事，不知道你开恩不开恩?"毛泽东说："那要看你这个事好不好，开恩要开得适当哦。"杨立三说："有几个干部家属本身就是干部，能不能调她们去前方工作，也可以照顾一下一些首长的生活。"毛泽东笑了："哎呀，看来你杨立三是真要做好事了，这个真要考虑考虑，我要是不同意，倒是我不近人情了。好吧，我就成全你的这个成人之美，开恩。"林月琴成了三个被批准到前线工作的家属之一。

1940年，罗荣桓与林月琴在一起

临出发前，林月琴回到小卞沟，看望寄养在那里的孩子北屯，放下一些口粮，算是育托费，然后就匆匆忙忙地跟着杨立三走了，没想到这竟是见孩子的最后一面，不久北屯因营养不良夭折了。

林月琴与刘伯承夫人汪荣华以及另外一个干部家属，跟着杨立三的小毛驴队后边，经黄河来到前线，终于与丈夫团聚。

到了前线来到丈夫身边，林月琴多日来悬着的心踏实下来。她接受了丈夫的建议，到地方上工作了一段时间。不久，部队东进，向山东进发，林月琴已是身怀六甲的人，她挺着大肚子依然坚持行进在伍队中。1939年，林月琴与罗荣桓的第二个孩子呱呱坠地，这就是后来任中国人民解放军第二炮兵部队副政委的罗东进。

由于第一个孩子的夭折，林月琴下决心这个孩子一定要自己带，但是她低估了在野战部队带孩子的艰难。苦点累点她可以承受，但是部队行军中过封锁线，孩子的哭声很可能给部队带来致命的打击。这一点，作为指挥员，罗荣桓是非常清楚的。看着妻子可怜巴巴地望着他，似乎已经知道自己要说什么，罗荣桓几次话到嘴边又咽了回去。他心疼妻子，知道第一个孩子的夭折给她造成的是怎样一种创伤，作为一个父亲，何尝不是如此呢？可是心疼归心疼，如果因为孩子给部队造成损失，那就不仅仅是一个心疼就能说得过去的。思前想后，罗荣桓还是说服妻子将孩子寄养在老乡家。其实不用丈夫多说什么，一个孩子的生命与整个部队的安危，孰重孰轻林月琴心里自有论断。送走了小东进，林月琴又全身心地投入工作中去。这一年，她担任了八路军 115 师司令部直属队分总支书记、政治部组织部干部科副科长。由于她处事公道，及时为干部排忧解难，被大家视为大姐。

1943 年，林月琴又担任山东军区司令部机要科政治协理员。她卓有成效的工作，使机要科成为一个团结、高效的战斗集体，保证了罗荣桓与上下级和友邻部队之间的电报畅通无阻，安全保密。

1944 年，罗荣桓在前方打仗。部队攻打架子山，战斗打得很艰苦，架子山一直攻不下来。罗荣桓知道后，连夜骑马拼命往架子山赶，一路奔波劳累，罗荣桓病倒了，但他咬紧牙关坚持到战斗结束。

1942 年，罗荣桓和林月琴与子女在一起

打完架子山战斗，罗荣桓回到妻子身边，那已经是 1944 年冬。一天晚上下着大雪，罗荣桓到院子里解手。细心的林月琴忽然发现，在罗荣桓解过手的地方，雪地被染成鲜红色的一片，她忙问丈夫：“你怎么像是尿血了？”

罗荣桓说：“是吗？”忙喊警卫员拿来手电，他俯身一看，果然是红色的。当时部队没有什么大夫，他们找了几个瓶子，接了几瓶子血尿。林月琴虽然不知道丈夫得的什么病，但她感到一定很严重。其实罗荣桓的肾长瘤子已经有一段时间了，只是战事频繁，加上长期积劳成疾，这一回严重了。

正在这时，担任新四军军长的陈毅回延安办事路过山东，知道罗荣桓的情况后，告诉他们新四军里有一个奥地利籍的泌尿科大夫叫罗森特尔，是不是可以请他来看看。林月琴立即陪同丈夫从山东赶到淮安。罗森特尔给罗荣桓进行了细致的检查，初步诊断可能是肾癌，但苦于当时条件有限，没有显微镜和 X 光机，无法准确诊断病因，只能就现有条件进行简单的治疗，不能从根本上解决问题。无奈，林月琴他们只好谢绝了陈毅的一再挽留，又陪着丈夫往回走。为防意外，陈毅让罗森特尔跟着他们一同回到山东。

前方战事激烈，罗荣桓无暇顾及治病，他的病越发严重。1945 年，正值抗战就要胜利，部队攻打临沂。前线传来消息，敌人在做最后的顽抗，战役打得非常艰苦。临沂一直打不下来，罗荣桓听了焦急万分，他想亲自骑马到前线指挥，林月琴知道后，忙安排马夫把马藏起来，罗荣桓找不到马急得直冲警卫员发火，林月琴赶忙过来承担责任，把警卫员支出去，平时对丈夫有求必应的她，这一回却态度非常坚决，不支持罗荣桓骑马到前线。看到妻子一反往常，罗荣桓也急了，从来没有对妻子发过火的他，将嗓门提高，冲着林月琴嚷嚷起来："你知道临沂战役对整个山东的战局有多重要吗？现在攻打临沂受阻，将来部队受到损失谁来负这个责？那么多战士的生命难道不重要吗？"林月琴知道丈夫的话不无道理。但是，党培养一个高级干部不容易，现在罗荣桓连走路都很困难何况骑马，一旦自己拦不住他，他的生命将有危险，给党同样造成巨大的损失。她也将嗓门提高，坚决地说："你是一个指挥员，你的位置应该是指挥全局。""不上一线，不了解受阻的原因，怎么指挥？这么重要的事，你拦着我，你还是个共产党员吗？"丈夫的话让林月琴一愣，随即眼泪涌了出来。她知道丈夫是铁了心要到前线，自己是拦不住的。林月琴委屈地走出屋门，径直来到副政委的房间，她想组织上出面，才能拦住丈夫。在副政委的说服下，罗荣桓打消了骑马上前线的念头。

虽然罗荣桓没有骑马，但是他让战士们抬着担架。他坐在担架上指挥战斗，而林月琴则寸步不离地守候在担架旁。前方是紧迫的军情，身边是担架上坐镇的亲人，她的压力有多大，心有多疼，一副需要精神和体力双倍支出的重担，就落在她的肩上。

在全国军民的这种顽强的坚守中，迎来了抗日战争的胜利。就在他们准备返回延安的时候，毛泽东来电，让他们一定要到东北去诊断和治疗，说日本人投降，东北有可能解决罗荣桓的问题。接到主席的来电，他们立即起程。

从山东的龙口上船，走了两天两夜。一路上，罗荣桓不停地尿血，人已瘦得不成样子，胡子也蓄得老长。船在风浪中又艰难地走了两天，不料，一个大浪又把他们打回山东的砣矶岛。大家在那里休息了一晚上，看到罗荣桓虚弱的身体，随行人员不敢再往前走了，但罗荣桓坚持一定要走。于是，一行人又上了船。一天，船行驶到离大连不远的海湾，正遇到苏联的军舰，苏联军人并不知道这只船上坐的就是中共高级将领罗荣桓，架着枪就打。幸好船上有两个翻译，他们拼命地喊话，来回交涉了几小时，才把他们放走。

经过一路颠簸，林月琴他们终于在东北皮子窝下了船，并从那里来到沈阳，找到了正在沈阳博物馆的彭真。当时日本刚刚投降，在东北的日本医生，还有一些医疗器械都没有撤走。彭真立即为罗荣桓联系安排医院。经过诊断，罗荣桓肾里面长了一个瘤，但仍确定不了是什么性质的，必须开刀。当时的红军总医院在平壤，林月琴他们片刻不敢耽误，马上出发奔赴平壤红军总医院。可是医生说，他们那里条件有限，做不了这种手术，只能到莫斯科。于是，一行人又马不停蹄地奔往莫斯科，罗荣桓在那里将患病的左肾摘除。

罗荣桓从莫斯科回到哈尔滨时，与林月琴及子女和工作人员合影

罗荣桓身体稍稍康复，就从莫斯科回到哈尔滨，医生嘱咐要他完全休息不能工作。可是，罗荣桓早把医嘱抛到脑后，全身心地投入辽沈战役中。

从山东跟着丈夫一路下来，这段坎坷曲折的求医之路，林月琴就如同打了一场赢得丈夫生命的激战。看到他又投入战斗中，林月琴觉得自己也该工作了。她找到组织要求分配工作，组织上安排她就任东北野战军组织部副部长。林月琴觉得这副担子太重，恐怕胜任不了，回到家里，她找丈夫商量。罗荣桓一向非常尊重林月琴，很支持她想工作的想法，但建议她慎重考虑。过了几天，林月琴再次与丈夫提起这个话题，征求意见。

“我觉得有一个工作你可以去做。”罗荣桓看着妻子说。

“什么？”

1948年，罗荣桓与林月琴在东北

“我历来主张后代一定要有文化，没有文化，我们打下的江山怎么去建设？你看，现在我们的部队要打仗了，这些指挥员都要到前线，他们的孩子都到了上学的年纪，可是没人管，你是不是到留守处了解一下，有些女干部学过师范的、有文化的，把她们组织起来，把这些孩子收起来，让那些在前方作战的同志没有后顾之忧，也为国家培养人才，积蓄力量。当然，按照你的情况，也可以到政治机关当个副部长，这些工作你完全可以胜任，但是我的意思，还是从实际出发，办个学校，你考虑一下。”

林月琴愉快地接受了丈夫的建议，放弃了做部长的机会，选择了一件平凡而又具体的工作。首先面临着找房子。部队全都去了前方，空出一些房子，但林月琴她们找的房子都太小。当时林彪住的是马歇尔的二层洋楼，很宽敞。林彪到了前线，那所大房子只有叶群住在那里。她刚刚生完林豆豆，还没工作。林月琴找到叶群商量，问她能不能换个地方，把这栋楼腾出来办学校用。叶群满口答应，没有多久就搬到一个小洋楼。林月琴她们便在腾出来的洋楼里办了一所学校和一个幼儿园。但是令她没有想到的是，当初答应得挺痛快的叶群，事后却向林彪哭诉，说他刚走，林月琴就把她和孩子撵出来了。于是，林彪找到时任参谋长的刘亚楼说我们在前方打仗，她们在后方撵我老婆，怎么回事？这样一来，叶群、林彪对林月琴便怀恨在心，“文革”中对她进行打击报复。

办学初期，生活艰苦，条件简陋。林月琴带领大家筹集教具营具，精心选调教员和医护人员，没有用国家一分钱，全部都是自己动手解决。由于当时实行的是供给制，孩子们送来都是集体供给。就这样，凭着自己的一双手，学校终于办起来了。林月琴把一个母亲全部的爱倾注到几百个孩子身上。后来，这所学校一直保留，先是迁到天津，之后又搬到庐山，叫四野子弟学校。

1949 年，新中国成立，林月琴跟随丈夫一起来到北京。许多同期甚至是比她晚参加革命的战友，都纷纷走上领导岗位。当时已回司令部机关工作的林月琴又一次面临重新安排工作的选择。干部部通过研究，从林月琴的资历和能力考虑，还是希望她回干部部做干部工作，但是林月琴考虑再三，还是要从实际出发，这个实际就是要在北京再办一所学校。

1948 年夏，罗荣桓与儿子、女儿在哈尔滨

新中国成立之初，正值抗美援朝，部队的一些干部，好多都是夫妇俩一起到前线，孩子扔在家里没有人管；还有一些烈士子女，也都从过去寄养的老乡家里接到北京。另外，刚刚诞生的新中国和许多国家建立了外交关系，有一大批干部都派了出去，他们一般也是夫妇俩一起赴任，孩子留在北京也没人管。林月琴考虑到从实际出发，就是想把这些遗留在家的孩子管起来，让他们的父母没有后顾之忧。

1947 年，罗荣桓与林月琴在莫斯科

早在林月琴陪同丈夫到苏联治病时，他们夫妇就常常邀请在苏联留学的学生到自己的住处。这些学生大多数是中共早期领导人和烈士的后代，他们在苏联生活得也很艰苦，常常得不到足够的食品和衣物，林月琴他们就把自己节省下来的食物送给他们，并给他们讲国内革命斗争的形势。临回国，他们夫妇又将组织上给罗荣桓治病的一些黄金首饰变卖成卢布，留给他们做生活补贴。对于战友和烈士的后代，不管是认识还是不认识，他们夫妇都当作自己的孩子对待，把抚养教育他们的职责当作己任，这是林月琴这对革命伴侣共

同的情操和境界。

以林月琴的资历和能力，担任一些领导职务是无可厚非的。但是面对着这样一群孩子，她又一次在丈夫的支持下，放弃了“做官”的机会，选择了培养教育干部和烈士子弟的重任。革命的需要永远是林月琴的岗位。她的提议，得到周恩来总理和军委有关领导的赞赏和支持。

一如当初在东北办学一样，仍然是白手起家。在千疮百孔的新中国成立初期，国家经济异常困难，在北京西郊的一片荒原上，这个具有资深革命经历的红军女战士，这位中共高官的夫人，开始为一所小学校的建立付出最大的热情和辛苦，做着最细致而具体的工作。

在一片荒原上盖学校，这不是一件容易的事，那一砖一瓦、一草一木都要来得实实在在。没有钱，林月琴就和魏传统的夫人一起到上海搞募捐，她还亲自找有关部门批木材。与此同时，寻找师资力量也成为最重要的事情。解放初期的中国，文化人不是很多，而有教学经验的人更是凤毛麟角。林月琴根据实际情况，除了从社会上招募一批师范学校毕业的，还从部队里抽调一部分文化人，另外一部分是已经转业到地方的有文化的同志。凡是她能考虑到的统统招到她的麾下，组织起来培训。那段时间林月琴一方面要为盖房子找材料搞募捐，招兵买马培训师资；另一方面，她每天还要乘公共汽车回家，照顾重病在身的罗荣桓和几个未成年的子女。除此之外，她还要帮新调过来的老师解决一系列生活困难和思想问题。她就像一个陀螺飞速地旋转着，同时也从中得到了一份充实与工作的快乐。

终于，教师队伍与校舍在他们的手中初具规模，学校开始上课了，新的问题又出现了。有的教员过去在部队做人事工作，没有和孩子打交道的经验，看到孩子调皮捣蛋，思想就产生波动。担任一年级（4）班班主任的王玉珍，过去是在部队人事部门，她的班是最乱的一个班。上课时，常常有学生随随便便就从旁门跑了。有一次，王玉珍正在讲课，一个女孩子突然跑上来抱住她的腿摇晃着问：“老师，今天是星期几呀？”搞得课堂上哄堂大笑，课也讲不下去了。王玉珍找到林月琴，满怀委屈地哭诉：“都说孩子是祖国的花朵，怎么这些花朵一点都不可爱呢？还是让我回部队吧，这个工作我做不了。”

林月琴听了，耐心地开导她：“玉珍呀，你可不能这样，你想想，咱们千辛万苦为什么要办这个学校？不就是因为这些孩子需要我们嘛。他们的父母有的是为革命捐躯的烈士，有的是为了国家远赴海外，有的还在朝鲜战场作战。这些孩子长期和父母分离，缺少父母的关爱和亲情，我们应该理解他们，爱护他们，爱孩子才能教育孩子，要多呵护他们，他们是祖国的未来。你很聪明，也有能力，我相信你一定能够成为一名优秀的教师。”林月琴的一席话使王玉珍深受教育，以后她安心工作，用爱心对待每一个孩子，成为学校的教学骨干，在十一学校工作了整整三十五年，直至退休。

1962 年 11 月 26 日，罗荣桓六十寿辰时与林月琴合影

林月琴除了爱孩子，对学校的教职员工也特别爱护。那时实行供给制，一个月只有几块钱，仅够买生活用品。林月琴常常拿出自己的钱让年轻教师逛公园、听戏曲、看话剧。她还深入教室去听老师讲课，而每次听完课，她都会与老师一起回到办公室，然后趁讲课老师洗手上的粉笔末的工夫，倒一杯热水递上去，说一句：“你辛苦啦。”

1956 年 11 月，罗荣桓与林月琴、女儿在一起

林月琴就是这样将她的爱分给她身边的每一个人，因而赢得了人们的爱戴，大家亲切地称她为“林妈妈”。多少年后，那些曾得到过林妈妈关爱和呵护的孩子，自己凑钱为他们热爱的林妈妈塑了一尊塑像。他们没有忘记，在自己人生成长的道路上最需要的时候，是林妈妈给了他们慈母般的关爱，使他们能够走好人生的关键一步。

1955 年，罗荣桓被授予元帅衔，他的工作更加繁重，林月琴被组织上调到总政治部主任办公室任副主任兼罗荣桓办公室主任，一边协助罗荣桓工作并照顾他的身体。

自从丈夫当了元帅，林月琴一方面为丈夫高兴，一方面又为他担心。长期生活在丈夫身边，她心里最清楚丈夫的身体状况，是否能够承受元帅这副重担，林月琴感到自己也随着丈夫职位的升迁而增加了压力。她要保证丈夫的身体能够担起这副担子，因为那不仅仅是个荣誉。部队所有的报告，所有的会议，所有的工作计划等都要送来审批。有时候，还有些老战友、老部下从外地进京时顺便看望罗荣桓元帅，要是秘书安排，考虑得就比较简单："某某首长来了，要向您汇报。"至于首长今天的身体状况、情绪如何，就不如林月琴清楚。所以遇到这种事，他们总要先问问"林同志"。"林同志"是罗荣桓身边工作人员对林月琴的称呼。林月琴对这些事情处理得很细腻、自然。那时候，罗荣桓血压很高，每次有人来找他解决问题，林月琴都是在陪丈夫散步时不经意地告诉罗荣桓："某某部队来了个干部，想来看看你，他们好像要谈哪几个问题。"先给丈夫"吹吹风"，送个信息，好让他有个准备，使他考虑的余地多一点，不至于来个突然袭击，提一大堆问题搞得措手不及。然后她再根据情况让秘书安排见面。这些事情也只有林月琴作为妻子的特殊身份才能够做到。

1956年，罗荣桓与林月琴在一起

罗荣桓自在苏联手术后，由于长时间得不到很好的休息，身体一直没有恢复，病痛仍然常年伴随着他，最终不堪重负，住进了医院。林月琴放下手中所有的工作，全力以赴陪伴在医院。罗荣桓性格内向，在工作人员面前还是比较拘谨，话也不多。多年来，日常生活中他已经习惯依靠林月琴。不管什么事，他都习惯地说："月琴，你来。""月琴，这个事怎么样？"最后病重期间，他的肾功能已经没有了，全身发痒，什么药也不管用，白天黑夜都需要擦呀、洗呀，但是性格内向的罗荣桓不好意思和护士们说，怕给她们添麻烦，只能告诉林月琴。当时，林月琴已患高血压，每天的血压差不多一百七八，她仍然守候在丈夫身边，就像坚守着一块阵地。她知道丈夫需要她，她知道丈夫那一声声“月琴，你来”，充满着对她的深情与信赖。

罗荣桓、林月琴与家人及工作人员在一起

尽管林月琴寸步不离地陪伴在丈夫身旁，仍然没有守候住丈夫的生命，1963年，罗荣桓因病逝世。

“文化大革命”中，林月琴对林彪反党集团进行了坚决的斗争。她受到迫害，尤其是叶群因对当年林月琴在哈尔滨办学让她换房一事仍然怀恨在心，不择手段地给林月琴扣上种种莫须有的罪名，将她打成“寡妇集团”头子，并唆使一些人开会批斗，随后软禁在西山，家里受到非法搜查，子女亲属也受到牵连。面对逆境，林月琴一如当初，对党从未动摇，始终充满信心。

“文革”结束后，林月琴任总政治部干部部顾问。为了拨乱反正，她积极为冤假错案的受害者反映情况，传递文件，使许多历史遗留下来的老大难问题，在她的奔走呼吁下得到解决。

林月琴是第三、四届全国人大代表，当选为第六届全国人大常委会委员，第七届全国人大内务司法委员会委员，第五届全国政协委员，第二、四届全国妇联执行委员。鉴于她对革命的突出贡献，林月琴还被授予二级八一勋章、二级独立自由勋章，二级解放勋章，以及中国人民解放军二级红星功勋荣誉章。

临近中午时分，北捷大姐在我耳边悄悄说：“姚言，今天就到这儿吧，老太太应该吸氧啦。”

我们的采访就此告一段落。

虽是12月中旬，天气已入冬，但屋里十分暖和，加上我们几个采访用的聚光灯照着，林妈妈的鼻尖上渗出细细的汗珠。听说休息了，她站起身，推着她那辆既可以做拐棍，又可以当轮椅的车子走进卧室。一进屋子，她就向一直在她身边照顾她生活的女兵小肖要水喝。这时候，护士从墙角推过那个氧气瓶，要给她吸氧，可是林妈妈今天不知为什么就是不肯吸，我想林妈妈是不想在外人面前让人看到她身体不适的样子。她总是把乐观豁达的精神面貌展示给人们，只要她在，就总能听到她的笑声，也总能带起一片笑声。

我们在采访林妈妈之前，曾采访过北京十一学校那些当年与林妈妈共同白手起家创办这所学校的老教师。那天，说好先到十一学校集合，然后将他们接到我们的住处采访。到了十一学校之后，我们先拍了一些有关学校创建之初的资料，有林妈妈向军委有关部门打的申请报告，有周总理和林彪的批示，有学校的图纸等，都是原始资料，上面都有林妈妈的名字。我们从中仿佛可以看到她当年忙碌奔波的身影，难怪那些老教师一听说要拍林妈妈的片子都特别支持。宋介副校长是当初与林妈妈一起创业的，1999年她已是90岁的高龄，我担心她的身体坚持不下来，可她坚持要说两句。其他几个老教师也是一样，他们说林校长真是很不容易，要不是林校长殚精竭虑的付出，就不会有现在的十一学校，他们可能也不会在这里干一辈子。正是林校长那废寝忘食的工作精神，对学生关怀备至的疼爱，对教职工无微不至的关怀，给了他们工作的榜样和动力，同时也改变了他们的人生。那天我看到他们几个搀扶着颤颤巍巍的宋校长，在寒风中聚集在学校门口等待我们的时候，我很感动。中午，我以剧组的名义，在学校门口的一个饭店请他们吃了一顿便饭。吃完饭，我们驱车前往住地开始采访，而宋校长是被人们抱上车的。我不禁有些紧张，这么大年纪，身体又是这样一种状况，万一有什么闪失，可真对不住老人家。于是，我又一次提出我的担心，可是宋校长宽慰我说，她心里有数，不会有问题，一定能坚持到采访完，我拗不过她，只好遵命。

我们拍摄十几位老妈妈是交叉进行的，再次拍摄林妈妈已是2000年4月下旬。我接到秘书小张的电话，告诉我第二天林妈妈要去钓鱼，我们觉得这个活动挺有意思，决定跟着一块儿去。

第二天，我们很早就赶到雨儿胡同林妈妈家。那时候，剧组已经搬到亚运村汇园公寓。因为怕堵车耽误拍摄，每次出发我们都起个大早。到了林妈妈家，正巧她的孙女也来了。据林妈妈介绍，孙女在一家环保公司上班。当时正值春季，正是栽花种草的时候，特别忙，听说奶奶要去钓鱼，不爱钓鱼的她还是赶来陪奶奶。那天一起去的，还有林妈妈的女儿北捷大姐。

到了钓鱼场，林妈妈下了车，坐上轮椅由孙女和工作人员小肖推着往鱼场走，迎面碰上几个人，我猜可能是这次组织垂钓的工作人员，好像和林妈妈认识。林妈妈和他们打着招呼。

“哎呀，我这是姜太公钓鱼，还要坐轮椅去，从哪儿走啊?”

对方回答:“往那边一拐就到了，今天咱们钓大草鱼，还搞有奖垂钓，钓到十斤以上的草鱼，五斤以上的鲤鱼都有奖。林妈妈，您今天钓个大个儿的吧。”

“好，钓个大个的，得个大奖。”林妈妈乐呵呵地说。

在鱼塘边上，林妈妈遇上了一位老同志，那是原北京军区司令员傅崇碧。

林妈妈:“哎呀，这是我们的老战友哇。”

傅崇碧:“最近怎么样，身体可以吧?”

林妈妈:“好，好，没住医院就不错了，能到这儿来钓鱼就好啊。”

傅崇碧:“多保重，多保重。”

林妈妈那天得了两个奖，一个是在那天钓鱼的老同志里年纪最大，还有一个是她钓了一条大鱼，是那天所有鱼里最大的一条。我至今仍然记得当时林妈妈看着钓上来的那条大鱼，脸上绽放出来的开心笑容。

大约一个月以后，我打电话给北捷大姐，问林妈妈身体怎样，能否接受采访，因为第一次没有采访完。这些老妈妈年龄都大了，身体又都受过战争年代的摧残，所以采访不能安排太紧，需要经常与其家人联系，掌握她们的身体状况。北捷大姐提议，过几天就要到六一了，家里孙子辈的都来，不如六一过去。我觉得她的建议不错，就这样说定了。

六一那天，上午我们采访了杨成武的夫人赵志珍妈妈，下午就到林妈妈家。记得那天很热，我们走进院子时，院子里异常安静，只听见偶尔几声鸟叫。大概是知道我们来了，刚刚午休起来的林妈妈走出小楼，先前安静的院子立即就像开了锅似的，五六个小孩也不知道从哪儿钻出来的，院子里叽叽喳喳地热闹起来。我估计刚才林妈妈午休时，大人们不定是怎么按着这帮小不点儿不让他们捣乱，怕影响太奶奶休息。这会儿可算是让这帮小家伙解放了，真是不容易。

工作人员抬出一张大桌子摆放在院子里的大棚下，随后又放了一些水果，孩子们和太奶奶围桌而坐。一个戴着红领巾的小女孩儿，也就七八岁的样子，大约是这群孩子中最大的，已经懂得用牙签扎着草莓喂到太奶奶嘴里。林妈妈今天特别开心，原本就爱笑的她更是合不拢嘴。

林妈妈："今天是谁的节日啊？"

孩子们争着回答："今天是我们的节日，还有老太太的节日。"

林妈妈："老了怎么过，我现在能过你们的儿童节吗？"

"能。"孩子们异口同声。

林妈妈："为什么？返老还童对不对，我今天也过六一。"

旁边不知是哪个大人提醒了一句："你们看太奶奶怎么样，说说你们的祝福。"

乐观的林月琴

孩子们立即争先恐后："祝太奶奶长寿健康。""祝太奶奶节日快乐。"孩子们虽然小，但在大人的教育下，已经懂得哄太奶奶高兴，尽管他们还是需要人哄的年纪。

一个小小子特别认真地说："祝奶奶健康成长。"稚嫩的祝福，让在场的每个人笑了起来。

林妈妈："什么，我没听懂。"

"祝奶奶健康成长。"小小子又特别认真地重复了一遍，院子里又是一阵笑声。

我知道林妈妈从小就是"孩子王"，从战争年代的儿童团长到新中国成立后的学校校长，她都和孩子们在一起。

拍完和孩子们在一起，我向林妈妈提出想拍一些老照片。林妈妈让人拿出一摞有些发黄的黑白照片，一张张给我们介绍。在一旁的工作人员、一个二十来岁的女兵看着林妈妈年轻时的照片，感叹地说："您年轻的时候真漂亮。"

"谁年轻的时候不漂亮，年轻就漂亮。"林妈妈对这个夸奖似乎不以为然。

与孙辈在一起

可是一谈起勋章，笑容立即回到她的脸上。她拿出一块绒布仔细地擦拭着："这是八一勋章，中华人民共和国八一勋章。1955年授勋的，部队的都授勋，因为我是参加长征过来的，所以给我授了一个二级勋章，中华人民共和国二级独立自由勋章。"

工作人员："奶奶，这个勋章咱们现在什么人能得到啊？"

"现在？现在没有，现在哪有啊？这是1955年国家给部队干部授的，我们是二级，一级就是元帅了。'独立勋章''解放勋章''八一勋章'。现在你们没有这个勋章了。"

工作人员："我以为是那个一等功、二等功、三等功呢。"

林妈妈："哎呀，这是革命阶段里面，成立了共和国，对于那些当年经过长征、经过革命战争过来的，根据你的级别，懂了吧，不是每个人都授啊。"

她的话语中充满了一种自豪与骄傲。我想起第一次采访她的时候，她也是这样给我们介绍的。当我们了解到她的故事之后，我深深地理解到，这几块小小的勋章，对于她的意义和分量，那是用血与肉铸造而成的，那是她的信仰与追求，是她惊心动魄的人生啊！

两个月后，我们来到北戴河，我们拍摄的十几位老妈妈，每年大部分都会来这里避暑，而对部队的这几位老妈妈来说，还有一个重要的活动，就是每年的八月一日，她们都要聚在一起庆祝建军节，所以到北戴河是我们拍摄最好、最集中的地方。

当我们到达聚会的海军基地的时候，老妈妈们刚刚落座。我看了看，除了林妈妈，还有郝治平妈妈、薛明妈妈，这三位是我们拍摄中的主人公。还有一位消瘦的老妈妈，不爱说话，也和她们在一起，一打听，那是王震的夫人王季青妈妈。那时候，薛妈妈还没有正式同意接受采访，但是我看她那天心情很高兴，因为儿子是每年八一聚会的东道主，贺晓明、贺黎明两位大姐也都在。林妈妈的儿子、在二炮任副政委的罗东进大哥一家也都来了，以及郝妈妈的女儿、王震的大儿子王兵大哥带着自己的爱孙也都来了。还有一些我不太熟悉，老老小小加上工作人员很是热闹。

几位老妈妈在那里“论资排辈”，比谁的年纪大。一番议论下来，王季青妈妈年纪最大，是1913年出生；林妈妈第二，她只比王妈妈小三个月，是1914年1月出生；接下来是薛妈妈，是1916年出生，最小的当属郝治平妈妈，是1922年生人。

她们从自己的年纪又谈到孩子。林妈妈算了算感叹地说：“哎呀，你看我们东进61岁了，都快退休啰。真快呀，咱们的孩子都快退休了，我们不老才怪呀。”说完，林妈妈看到我们：“你们不是要拍我们一家吗？今天我儿子和媳妇他们一家都来了，可以拍了。”

快到吃饭的时间，有人提议大家先照张相，郝妈妈的女儿扶着林妈妈站起身。林妈妈推着自己的轮椅向薛妈妈推荐，因为薛妈妈也坐着轮椅。

林妈妈说：“我的这个车子和你的不一样，你试试，很方便。”

薛妈妈走到车跟前，小心翼翼地试着推着走了几步。林妈妈在一旁热心地做着介绍：“慢一点，你是不习惯，这个车子可以两用，走路能当拐棍，走累了还可以坐，自带凳子，想走就走，想坐就坐。这是我小女儿在燕莎买的，台湾生产的，赶紧去买一个。”

试了一会儿轮椅，大家就到大厅里合影。郝治平妈妈指着薛妈妈和林妈妈的轮椅幽默地说：“让车队先走。”他们互相招呼着，无论是老的还是小的，都显得特别融洽。父辈们经历了战争年代炮火的洗礼，他们的血似乎早已融化到了一起，并传承到子孙们身上，那浓浓的情意充满了整个大厅。

后来我们又拍摄了几次，每一次林妈妈都非常配合。而每次见到她，林妈妈脸上都露着对生活满足的笑容。她曾对我说过："我觉得我非常幸福，因为我有一个和睦的家，不管他们多忙，总有人在我身边陪着我，让我不感到寂寞。我是一个幸存的老太太，也是一个幸运的老太太。我能够有今天，我感到真是幸福。"

我从她的笑脸上，真切地感受到了她的幸福。

2003 年 11 月，林妈妈去世了。遗体告别那天，我们正在拍摄别的老妈妈，没能去送林妈妈最后一程。这成了我心中挥之不去的遗憾。

几个月后，当我再次来到这个小院时，在这里只见到北捷大姐。北捷大姐是我喜欢的一个大姐。她亲切热情善解人意，丝毫没有居高临下的架子。与林妈妈一样，她的真诚没有一点矫揉造作。看到她，我不由得想起林妈妈，心里有些说不出的难受。因为在这里，我再也看不到林妈妈那慈祥的充满着真诚的笑脸。北捷大姐将我带到二楼，轻轻地推开一间小屋的门，林妈妈面带笑容的一幅照片在正对着门的墙上挂着。北捷大姐告诉我，这间小屋现在是专门用来纪念林妈妈的，照片下摆放着一台 DVD，那是准备将来片子出来，给亲朋好友和子孙后代放这部片子用的。听了北捷大姐的话，我心里更加难过，因为我们没能让林妈妈生前看到这部片子。如果看到的话，我相信，她会笑得更灿烂。凝视着照片上林妈妈的笑脸，我的眼睛湿润了。

走出小楼来到院子，我想起不久前林妈妈在这里与孙辈们在一起的那份开心，她的音容笑貌变得清晰起来，耳边似乎又响起她的朗朗笑声。

从童养媳到“高官太太”

——宋任穷的夫人钟月林

钟月林妈妈在我们拍摄的十六位老妈妈中，是我最先见到的一位，这也是我第一次走进神秘的中南海，心中充满了喜悦、激动和好奇。

记得那是 1999 年 9 月 8 日，接近夏末，天气不是很热，我的心情也像蔚蓝的天空一样晴朗。上午，我比约定的时间早二十分钟就来到中南海西门附近等候撰稿人老高一起去钟妈妈家。

离约定的时间还有五分钟，老高来了，警卫早已接到里面的通知没有费什么周折我们便进了中南海。

走进中南海，这个十几亿人口大国的心脏，我的心按捺不住地剧烈跳动起来。

钟妈妈的家在永福堂，走进小院的门，迎面是一个绿色的木门。门很旧，有的地方漆已经脱落，看起来有长时间没有维修过了。进了小门，是一个特别窄的过道。这个过道看得出来是由过去老房子的廊檐安上窗户改造成的。顺着过道往里走，一个满头银发，中等身材，衣着整洁朴素的老人已经在前面迎接我们了。她的身旁一左一右站着一男一女两位中年人。我猜测这位老人大概就是钟妈妈了，心里正在琢磨，就看见走在前面的老高紧走了几步。

“钟妈妈，您好啊！”

老人立即拉住老高的手：“哎呀，佩浦啊，好啊。”

老高转脸又冲着那两个中年男女：“克荒大哥，云飞大姐，你们好。”

那个叫克荒大哥的人笑嘻嘻地说着“欢迎欢迎”。

“钟妈妈，这是姚言，剧组的。”老高和克荒大哥、云飞大姐打完招呼便把我介绍给他们。

“你好，你好啊，快请坐。”钟妈妈边说边把我拉到身后的沙发上坐下来。

“来，姚言同志，喝水。”钟妈妈指着茶几上刚刚沏好的茶对我说。

“钟妈妈，我刚喝过了。”初次见面，尽管老人的平易近人已让我不像先前那样紧张，但还是有些放不开，不管怎么说这是在中南海，不是在自己家。

“老太太让你喝，你就喝，不要拘束。”一旁的云飞大姐热情地说。

“喝，天热，多喝水不生病，我们家卫生没问题。”老人玩笑地说着，拿起茶杯递到我手里。我连忙接过杯子一边喝着，一边端详着老人。

这么近距离与老人面对面地坐着，近得几乎能看到她头上的每一根白发，脸上的每一条皱纹。面前的老人，与我事先想象的“高官太太”完全不一样，借用上海人的一句话：“不搭界”。因为她太普通了，普通得会让你觉得是在和邻居奶奶聊天拉家常。她的质朴、平实，让我紧张的心减轻了许多。

端详完老人，我环顾了一下“客厅”。所谓“客厅”其实也就是廊檐突出一块十二三平米的门廊封闭起来，两边放着几个单人沙发，沙发是那种20世纪70年代的款式。中间有一个已经很旧的长茶几，墙角放着一个老式木花架。这个客厅与我事先想象的完全不一样。别说豪华，简直可以说有些简陋。但是沙发旁花架上几盆盛开的鲜花，使色彩陈旧单调的客厅显得多了几分温馨和情趣。

这时候有人端上来一盘西瓜。

“来，吃块瓜，解解暑。”钟妈妈说。

“不啦，刚喝了水。”有了一杯水垫底，我已经不那么渴了，想着吃瓜的形象不好看，我不打算吃它。

“吃，挺甜的，过几天瓜就少了，吃。”说完，她又把一块瓜递到我手里。

我无法将手中的瓜再放回去，只好顾不得雅观不雅观，迅速地把那块瓜吃完。

“来，再吃一块。”刚把瓜皮放到桌上，钟妈妈又递过来一块。

豁出去了，我接过来，又迅速地让那块瓜见了底。如果说吃第一块瓜是出于礼节，这第二块瓜就让我心里残存的那点拘谨，在钟妈妈这不经意的一喝二吃中已经荡然无存。

吃完瓜，我便说明来意。

“钟妈妈，我们这个片子是全国妇联立项、中央党史研究室牵头联合几家单位一起摄制的，现在正是撰稿阶段，想先采访您一下补充剧本，稿子审查通过后，我们再带机器来拍摄。”

“好啊，你们采访什么？”

我忙将采访的大概要求和内容告诉了老人家。她想了想就娓娓讲述起来。

钟妈妈记忆力惊人地好，思维也很清晰，这让我感到很惊讶，因为她那时已经是85岁高龄。只是她那浓重的江西口音，让我听起来着实有些费力，我只能听懂一小部分，好在当时带去个录音机，回去可以根据录音整理，听不清的地方日后再问钟妈妈。

时间在老人的讲述中匆匆流过，临近中午我们准备告辞，钟妈妈拦住我们。

“就在家吃饭吧，吃完饭再走。”

在一旁的云飞大姐也挽留：“随便吃点，也没准备，我们吃什么跟我们一起吃。”

“不啦，还有事。一会儿晚了堵车就麻烦了。”老高推辞着。

我们沿着窄小的走廊出了小院，钟妈妈和云飞大姐将我们送到小院门口。

当车驶向中南海外时，我看到钟妈妈他们一直站在院子门口目送我们，直到我们的车拐弯看不见。

这是我的第一次中南海之行，第一次走进国家领导人的家，钟妈妈给我的初步印象是质朴实在、特别平易近人。

我第二次见到钟妈妈已经是十个月以后的事了。

7 月 21 日上午，我们坐着那辆租来的破旧面包车进了中南海，刚到永福堂门口，云飞大姐就已经迎了出来。

“欢迎欢迎，妈妈已经准备好了，正等你们呢。”云飞大姐热情地将我们带进客厅，窄窄的过道，让我们装设备的箱子颇费了一番周折才折腾进去。没有进过中南海的人，如果不是亲身经历，谁会相信国家领导人的住房竟是这样不宽敞，说给人听都不会相信。

前一天送采访提纲时，我顺便将采访的位置看了一下，因为廊檐封起来的客厅虽然采光好，但不适宜我们打光，而且小院里小鸟叫个不停，也影响录音，所以和钟妈妈家里人商量后，我们把采访安排在屋子里。

在廊檐封起来的小客厅旁，有一个对开门，从那里进去才是这所小院的正式客厅，二十多不到三十平米的样子。屋子里摆放着几个老式的沙发，沙发对面是一个挺旧的电视机。靠墙摆放着一排矮柜，看得出来，这大概是全家人晚上聚集在一起看电视的地方。这间屋子很黑，大白天都要开灯，难怪大家都爱在阳光充足的小客厅活动。但是它倒是符合我们采访的要求，很安静又适合打灯光。这个房间两边各有一间屋子，大约都是二十平米，一边是卧室，一边是宋老的办公室兼书房。房间里所有的家具都是 20 世纪 70 年代的款式，掉了漆的书桌，老式的木质硬板床，几个铁皮柜。一切的一切都没有一丝的豪华，要不是那巨大的书桌上摆放着许多文件和放大镜，以及一支支削好的红蓝铅笔。你根本很难看出，这里住着的是一位共产党的

钟月林正在接受剧组采访

“高官”。

采访的位置定下来之后，剧组的同志们便开始搭背景布灯光，剧组的每个人都在各尽其责，只有我这个“闲人”陪着钟妈妈在外面的小客厅里说话。大约半小时后，一切准备就绪，导演他们请钟妈妈就位。钟妈妈却不急，指着茶几上的健力宝和茶水，执意要剧组的工作人员喝，然后才肯接受采访，大家只好乖乖地服从。

看着大家喝完水，钟妈妈这才站起身坐在镜头前开始接受我们的采访。

1915年，江西省于都县桥头乡火草坑一个破旧的茅草屋里传出一声婴儿的啼哭。新生命的诞生，给这个本就贫寒的家庭带来的不是喜悦，而是更加的贫穷。产妇看着怀中瘦小的女婴，再看看在一边叹气的丈夫，一丝愁苦浮现在脸上。望着幼小的生命，产妇对丈夫说：“伢他爹，给孩子起个名吧。”愁眉苦脸的丈夫没有说话，过了一会儿，抬起头看看妻子怀中的女儿，叹了口气：“唉！女娃长大嫁人随婆家，起什么名呀。”

就这样，连名字都没有的她，在食不果腹、衣不遮体的日子里，像石缝里的一棵小草，顽强地生长着。

8岁那年，家里已经先后又增添了几口人，看着更加破败的茅草屋，老实巴交的父母决定把她送人做童养媳。不久，一户赖姓的人家，用几斗稻米换走了她。

8岁，还是女孩子在父母怀里撒娇的时候，也正是进学校接受教育的年纪，可是8岁的她，却不得不拿起镰刀上山去砍柴割草。卸下背上山一样的柴草，她又去喂猪，喂完比自己个头还大的猪，一大堆脏衣服已经在等候她的光顾了。日复一日，年复一年，就是在这繁重的劳动中，瘦弱的身体也强壮了起来。

不知从什么时候起，村里人开始喜欢三个一群、五个一伙地聚集在一起议论着什么，她好奇地凑上去。原来，村里从外面回来的一些年轻人，在向人们讲述着外面世界发生的事情。她第一次听到一堆陌生的名词，“红军”“共产党”“革命”。这对从未出过门的她来讲，真是觉得新鲜。以后，她便利用出来砍柴、打草、洗衣服的机会，偷偷地听人们议论。渐渐地，越来越多新鲜而陌生的名词进入她的耳朵里。听得多了，这些个陌生的名词就变得熟悉起来。但是，她并不知道这些由陌生变得熟悉的名词是什么意思。

“什么是共产党啊?”好奇的她问道。

“就是专门领导穷人打土豪分田地的。”

“共产党就是专为咱穷人办事情的，咱穷人也要翻身了。”

“听说在红军里男女平等。”

……

听了村里年轻人的话，她高兴极了。从那时起，她天天盼着红军早点过来。晚上睡不着觉时，就望着天上的星星，想象着红军的模样，因为她听说红军每人头上都有一颗明亮的星星。不过那颗星是红色的，她还从未见过红色的星。她睁大眼睛想从天上找到一颗红星，找着找着就睡着了。

终于，红军在她的日思夜想中来了。

整个村子热闹起来了。由于有了事先对共产党和红军的宣传，老百姓对这些头戴红五星的队伍很快就接纳了。尤其是打土豪分田地，提倡男女平等，受到老百姓的拥护，村政府、乡政府、妇代会、少先队……迅速地发展起来了。

也许是从小过着苦日子的原因，她对革命二字有着一种与生俱来的接受能力。当红军来到她的家乡时，她也就自然成为最积极和最坚定的拥护者。共产党的到来，打碎了套在自己身上的枷锁，这个生活在社会底层的童养媳，积压了多年的对封建社会的不满和仇恨，一下子变成了烈火燃烧起来，爆发出巨大的能量。她将自己全部的热情，投入打土豪分田地、扩大红军、慰问伤病员的工作中去。不久，她被发展为中国共产主义青年团员，这一年她刚满 15 岁。

入团以后，她更加积极。那时红军没有医院，从前方抬下来的伤病员，没有地方安置，于是就在乡里的平安寨找了一间大房子，将伤病员安顿在那里。她和村里的青年妇女就到各个村子挨家挨户去为伤病员募食品、募鸡蛋、募钱……然后，将募来的东西送到平安寨伤病员手里。她们还组织了洗衣队，给战士们洗衣服。但是，战士们说什么也不让，一是红军有纪律；二是部队随时要出发，万一衣服干不了怕带不上。那时部队的给养很困难，衣服丢了是补不上的。她们就千保证万保证地起誓，想方设法地把衣服弄过来洗干净。

一天，她正在水渠里为伤病员洗衣服，突然有人喊她，叫她去开妇代会。她忙放下手中的活赶到会场。

“叫什么名字?”一位干部模样的人在那儿负责登记问道。

“小媳妇。”她说。

“我是问你的大名，姓什么，叫什么?”

这一问，倒真把她问住了。“不知道。”

那个干部一愣：“不知道？别人怎么称呼你?”

“在家时叫妹子，当了童养媳后叫小媳妇。”

“为什么没有名字?”

“因为我是女娃子。”

“女娃子就不应该有名字吗？那是封建社会对女性的歧视。现在男女平等了，以后参加革命队伍，要有个名字啊。来，起个名字吧。”

大家七嘴八舌地给这个没有名字的童养媳起了一个好听的名字——钟玉林（长征中又改为钟月林）。

有了名字的钟月林，干起工作更觉得浑身有使不完的劲儿。不久，她被团中央选派到新区开展“扩红”工作，年轻的她担任区妇女主任。

由于表现出色，1933年，钟月林被派往当时的红都——瑞金，到中央局妇女部工作。接到调任，钟月林片刻不敢耽误，收拾起简单的行李独自一人向瑞金出发。

一路上的青山绿水，给了年轻的钟月林一副好心情。她不由得哼起了江西的兴国山歌。

不知不觉，她走到了家门口，好长时间没有见到爹娘了，如今个子长高的她觉得自家的茅草屋越发显得低矮了。那一晚，钟月林与妈妈说了大半宿的话，并动员父亲参加红军。

第二天，钟月林揣着妈妈给的干粮，揣着父母的嘱托又独自一人上了路。

几天后，钟月林来到了中央苏维埃的首都——瑞金。

放下行李，还没来得及卸掉几天的路途劳顿，钟月林便以新的姿态投入工作中去。为了适应迅速发展的革命形势，红军需要不断地扩大和补充。钟月林与姐妹们一起动员老百姓放下锄头，拿起枪杆子去参加红军，保卫革命的胜利果实。于是，妻子送丈夫，母亲送儿子，姐妹送兄弟，一批批青年人参加了红军，部队迅速地壮大起来。年轻的钟月林也在这如火如荼的工作中成熟起来。

1934年，表现突出的钟月林，不仅受到上级的嘉奖，还被组织上选送到江西瑞金沙坪坝的苏维埃大学去学习文化。已经19岁的钟月林第一次走进生平想都不敢想的学堂。

学校的校长是徐特立，大字不识连自己的名字都不知道怎么写的钟月林，在这里如饥似渴地学习文化。她非常珍惜组织上给她的这次机会。

几个月后，由于党内“左”倾路线的错误领导，红军第五次反“围剿”失利，被迫放弃苏区，进行战略大转移。钟月林不得不停止学业。这短暂的几个月的学习，也为她日后更好地为党工作打下了基础。

一天，组织上找钟月林谈话，说部队要转移，打到敌人后方去，要离开这个地方，问她愿意留下，还是愿意跟随部队出发。已经习惯了红军生活的她，毫不犹豫地选择了跟随部队转移。领导告诉她，这次离开苏区和她的家乡，不知什么时候才能回来，而且路途上很艰苦，问她是否受得了。从小吃惯了苦的钟月林坚定地回答：“受得了，只要别人受得了我就受得了。”

一天后，钟月林接到上级通知，让她去检查身体。劳动给了童养媳出身的她一副好身板。不久，她被告知体检合格。于是，钟月林跟随大部队出发了，开始了她生命中最重要的一次洗礼。

刚走了两天，钟月林就得了痢疾，为了不因生病而离开部队，她隐瞒了病情。但是，无论她怎样掩饰，还是被细心的战友发现了。原来，当时参加红一方面军长征的女同志，总共只有三十来人，几乎都睡在一个房间里，门板搭的大通铺一个挨着一个。钟月林一晚上起来好几次跑厕所，岂能瞒得住战友，于是她们向团长反映了这个情况。

当天，队长向钟月林传达了上级指示，让她离开部队留下来，钟月林不等队长说完就急了。自从红军来到她的家乡，这个从8岁就被卖去当童养媳，吃尽了苦、受够了罪的江西妹子，这个过去连名字都没有的苦妹子，就把自己的整个生命交给了红军。因为是红军，是共产党让她脱离了苦海，过上了人一样的生活，她才真正有了人的尊严，她早已把自己的命运和红军紧紧地拴在了一起。她已经习惯了这种充满革命激情的斗争生活，她绝不能也不愿再回到过去。钟月林顾不得许多，她立即跑去找团长董必武。

“团长，我不能留下，我坚决要跟部队。”

“战略大转移可不是闹着玩儿的，要打仗，要走路，要爬山，要过河，你现在病成这样无法适应。”

“团长放心，我不要人照顾，我绝不拖累部队。我走一步算一步，走到哪里算哪里，死在哪里葬哪里。人总是要死的，我死在路上不会有任何怨言。我死也要死在队伍里，我绝不回去。”

朴实的表白透着坚定，那份情真意切感动了董必武。他让随队医生给了钟月林几小包药面，让她先吃了药再说。

钟月林的决心不仅感动了董必武，似乎也感动了上苍。钟月林注定这辈子跟定了红军，她吃了两包神奇的白药面，当天晚上病就全好了，半夜部队出发，钟月林便又生龙活虎地出现在队伍中。两包小药面改变了她的命运。

在红一方面军的女战士中，除了几个有孩子的和怀孕的大姐外，钟月林她们每天一边行军，一边还要做群众工作。她们总是先一步出发，向群众做宣传。因为当时离开苏区，在国民党统治区，许多群众不了解红军，不了解共产党，再加上国民党的反宣传，所以，每当部队到达后，群众纷纷躲到山上去，留下一座座空屋和紧闭的大门。钟月林她们的任务就是到乡亲们中间宣传红军的方针政策，宣传红军是穷人的队伍，是为解放穷人的。钟月林用自己的亲身经历，让老百姓明白红军是为穷人翻身做主的。渐渐地，红军所到之处，老百姓的门敞开了，屋顶上也冒起了炊烟。

当部队走到卓克基时，战士们看到的是一望无际没有人烟的茫茫草地。钟月林的部队接到通知，每人准备七天的口粮，为过草地做准备。

七天的口粮，从哪里去找呢？部队原本就缺粮，找老百姓去买，周围人烟稀少，就是有一些村庄，也都是些穷苦人，自己都吃不饱，哪还有富余粮食卖？钟月林真是犯了愁。她急得在寨子里转来转去也没想到筹粮的好办法。如果出发前还搞不到粮食就无法过草地，就有可能让自己离开部队留下来，这是她最不愿意的事情。正当钟月林一筹莫展的时候，忽然听说在藏族人家的马圈里，能找到办法。她立即和几个女战士一起，跑到一个马圈。原来，在喂马的干草里有一些遗漏的青稞。另外，在马粪里也有许多没有消化掉的青稞粒。她们跑遍了寨子里的马圈，把这些青稞粒扫起来，然后洗干净，晾干，炒熟磨成面，装进小布口袋里，没想到竟然也装了满满几口袋。钟月林笑了，笑得特别开心。

在红一方面军中央直属队里，有一位大姐是钟月林终生难忘的，那就是毛主席当时的夫人贺子珍。

贺子珍是钟月林从中央团妇女部调到红一方面军中央直属队后认识的，年长钟月林几岁。从认识钟月林那天起，她好像就格外喜欢这个朴实又吃苦耐劳的江西妹子。无论是行军打仗，还是日常生活，她都悉心关照，把她当成自己的亲妹子。她们之间结成的友谊，使半个世纪以后的钟月林提起往事，仍然充满着感激之情：

> 过草地的时候，毛主席的警卫也不知道从哪里弄来一只狗，就把它杀了炖狗肉吃。贺子珍就把我叫去吃狗肉，同去的还有毛主席的弟弟毛泽民。以前家里穷几乎吃不上肉，我就没有吃肉的习惯，更别说是狗肉，任凭他们怎么劝，我也不肯吃。贺子珍看了很着急，因为前面的路还很长，往哪儿走，走多远，都不知道。那个时候部队的食品短缺，贺子珍担心我的身体坚持不下来，于是，就把没吃完的肉晾成肉干，然后慢慢做我的工作。在她的劝说下，我生平第一次吃了狗肉。
>
> 还有一次，部队到了藏区，贺子珍弄到一些酥油，就又给我拿过来一些，让我拌到饭里吃。可我看着黄黄的酥油不敢吃，她就趁我盛饭不注意的时候，舀了一勺放在我碗里。她还和我说，身体是革命的本钱，没有好身体是无法适应日益艰苦的斗争环境，一定要想办法增加营养加强体质，不然就坚持不到革命胜利。

看着大姐诚心诚意地关爱自己，听着她情真意切的话语，为了能跟上部队，虽然吃不惯这油腻腻的东西，钟月林还是听从了贺子珍的劝告，把那碗拌着酥油的饭吃了下去。

就要过雪山了，大家都为此做着准备。看着衣衫单薄的钟月林，贺子珍没有说话。第二天早上，一件紫红色的背心放到了钟月林面前。原来，贺子珍担心钟月林单薄的衣服过不了雪山，连夜找了两块包手枪的布，中间填上从老乡那里找来的羊毛，做成了一件羊毛背心，送给了钟月林。

我注意到钟妈妈讲述到这里，两眼噙着泪花。她无限感慨地说："她是想尽办法帮助我，没有她的帮助，我很难走过雪山草地，很可能活不到今天，我永远不能忘记她。”

在长征中，为了减轻负担轻装上阵，能丢的都丢了。但对于女战士来讲，有一件最重要的东西是不能丢的，那就是脸盆。因为脸盆用处大，吃饭的时候当饭盆，行军露宿洗脚的时候当脚盆，口渴烧水时还可以当锅用，累了把它扣过来又可以当凳子，下雨时把它顶到头上可以挡雨，甚至有时候还能挡住敌人的子弹。所以无论行军有多累，衣服可以少带一件，但这个多功能的脸盆是万万不能丢的。

每天行军 160 多里路，还要对付国民党的围追堵截，钟月林她们这些女战士还要照顾伤病员，其身体和精神所承受的压力可想而知。对于她们来讲，苦和累都不可怕，就怕生病受伤掉队，怕部队发六块大洋。因为给你六块大洋，就意味着要把你寄放到老乡家，意味着你离开革命队伍，这是她们无论如何也不能接受的。因此，她们每个人都表现出非凡的毅力。钟月林她们当时是跟伤病员一起走在部队的后面，每次刚到宿营地，不等她们喘口气，部队就又要出发。因为负责伤病员走不快怕掉队，这些女战士饭也不敢吃，就又跟在大部队后面出发了。

一天，在部队休息的时候，她们刚刚坐下，敌人的飞机就来轰炸，贺子珍不幸中弹受伤。那时，她刚生完孩子，由于部队整天行军打仗，和丈夫毛泽东商量后，只好把孩子送给了老乡。产后身体虚弱的她现在又身负重伤，想到前面还要有漫长而又艰苦的路程，政委蔡淑环提出将贺子珍留下来养伤，邓颖超不同意，她说最好征求毛泽东的意见。毛泽东知道消息后，立即赶到妻子身边。看到伤势严重身体虚弱的妻子，毛泽东拉着她的手掉泪了，坚决不同意将贺子珍留下来。他说：“留下来只有死路一条，我们就是抬也要把她抬到目的地。”在毛泽东的坚持下，贺子珍留在了部队，毛泽东还将自己的马和担架让给了妻子。

钟月林记得，尽管条件恶劣，任务繁重，可是在红一方面军 30 个女战士中，只有邓六金病了几天，但她还是咬紧牙关以顽强的意志硬挺过来了。

历经千辛万苦、九死一生的红军终于完成了长征这个伟大壮举，钟月林在这次壮举中也得到了一次最深刻的磨炼。

1935 年，是钟月林人生中最重要的一年。这一年她正式成为中国共产党党员，这一年她成家立业。

由于长征路上的艰苦环境和每天超负荷的行军打仗，加上严重的营养不良，参加长征的女同志几乎都闭了经。到了瓦窑堡之后，生活稍微稳定下来，这些女同志才都陆续复潮。只有钟月林仍然没有恢复，而且还发起高烧来。邓颖超大姐知道后，给她送来一些红枣，让她调理一下。过了一段时间，钟月林才逐渐恢复正常。

一天，贺子珍与蔡畅大姐来看钟月林。三人正聊着天，干部团团长陈赓来了。陈赓当时很活跃，喜欢开玩笑讲笑话，所以走到哪里都受欢迎。几个人和他逗了几句以后，陈赓突然带着几分诡秘的笑容说：“走，看看我们的政委去。”

陈赓说的政委，就是日后成为钟月林丈夫的宋任穷。当时钟月林也没多想，傻乎乎乐呵呵地就跟在他们后面去了干部团。

男大当婚，女大当嫁。一个多月以后的一天，贺子珍兴冲冲地来找钟月林。

“月林，月林，告诉你一个好消息。”

“什么好消息？”看着一脸兴奋的贺子珍，钟月林问道。

“有人给你介绍和宋任穷结婚。”

“什么？结婚？”钟月林听了有些半信半疑。自从红军到陕北扎根以后，许多干部和女战士都结婚了。钟月林原本有一个对象，也是一个干部，但是到了陕北之后，组织上告诉她，他已经“牺牲”了。这让钟月林难过了好一阵。所以，在红一方面军30个女战士中，只有钟月林还“待字闺中”。几天后，在“红大”当教员的邱一涵找到了在陕北妇联工作的钟月林，正式代表组织征求她的意见。

说起宋任穷，钟月林也并不是完全陌生，长征途中也见过几次面。钟月林知道他是干部团团长，但是没有说过话，上次跟着陈赓到干部团算是正式和宋任穷认识。她觉得宋任穷这个人很好，是个不错的干部，生活上还很爱干净整齐，就点头答应了。

不久，在瓦窑堡的一间窑洞里，便多了一位女主人。她就是宋任穷的新娘钟月林。宋任穷拿出自己的全部积蓄——三块钱，请蔡畅、贺子珍、邓颖超几位大姐吃了一顿饭，算是结婚的喜宴。

在这个期间，还发生了一个插曲。就在宋任穷与钟月林为结婚做准备的时候，钟月林过去的恋人也回到了陕北。原来他牺牲的消息是误传，这在当时通信、交通不发达的战争年代，是常有的事。当他听说钟月林在组织的介绍下，正准备与宋任穷结婚，他对他们的结合表示了衷心的祝福。他说："宋任穷是一个好同志，也是一个经过考验的老同志，我祝你们今后生活幸福。"新中国成立后，他成为我国一位重要领导人。

结婚第三天，钟月林便又下乡做"扩红"工作。不久，在红军大学当政委的宋任穷也接到上级任命，到刘志丹任军长的红二十八军去当政委。战争让蜜月也充满了硝烟，钟月林帮丈夫打好了行装，送他上了前线。

丈夫走后，钟月林十分惦念着他，很想到他身边工作。但是部队主要任务是打仗，没有群众工作，不需要女同志。为了能上前线，钟月林报名参加了八个月的无线电专业学习班，掌握了收发电报的技术。从学习班毕业后，她又到临时设立的延安电台工作了三个月。电台工作结束后，钟月林决定到前线去。

那时候，中央有规定，女同志一律不准上前线，特殊情况必须经毛泽东批准。钟月林先找到毛泽东的秘书叶子龙，向他说明自己的想法，并要求见主席。叶子龙很理解和支持她。就这样，钟月林来到毛泽东的窑洞。她对与主席的对话至今仍然记忆犹新：

> "主席，你好。"
>
> "哦，月林，怎么样，宋任穷同志有信吗?"毛主席见面就问我。
>
> "我有三个月没有接到他的消息了，前方的信不好来。"我说。
>
> "哎哟，这么长时间没来信啊，现在外面大学生可多得很哩。"主席爱开玩笑。他知道我和贺子珍关系很好，所以，又来和我开玩笑。我明白主席的意思，言外之意是现在有那么多大学生参加革命，宋任穷会不会变心。我马上回答："主席，任穷是组织上的人，我相信他。"
>
> "好，月林同志，应该相信任穷。"主席听我这么说很高兴。
>
> "主席，我现在无线电毕业了，我要到前方工作，也能照顾任穷的生活，请主席批准我到前线去。"我说。
>
> "好啊，那就先给他发个电报。"主席很痛快地答应了，并亲自安排给正在前线的宋任穷发电报，把我安排到他那里工作。
>
> 电报发了一个多月，那边也没有消息，等不到他的回电我就不能

走，我心里很焦急。回电报是很容易的，况且还是主席亲自批准发的，为什么这么长时间没有回电。一直到近六月的时候，终于接到回电了，同意我去，告诉我他现在什么地方，走什么路线安全。接到电报我就起身上路，走到一个山窝里，正好碰到从前方回延安开会的邓小平。我们谈了谈前方的情况。他说，宋任穷病得厉害，很严重。我一听这个话，心里就紧张上了，病到什么程度，我又想多了。邓小平后来又补上一句，说他现在好多了。我心里这才放心一些，巴不得马上到他跟前。大概走了半个月，终于见到了他。从那以后，几十年我们就再也没有分开。

再次见到丈夫，本来想埋怨他为什么这么长时间不写信，为什么那么久才回电，可是当她看到丈夫那张消瘦苍白的脸，十分心疼。原本对丈夫的那点埋怨也荡然无存，取而代之的是一腔柔情。那时候，宋任穷大病初愈，身体非常虚弱。他告诉妻子，这次病得不轻，耳朵也烧得听不见了，一切后事都准备好了。他以为自己活不成了，没想到又捡回一条命。与疾病的抗争，让他熬尽了全身的体力，一个台阶就上不来下不去，都要靠妻子拉着他。有了妻子的精心护理，宋任穷很快就恢复了健康，重返工作岗位。

钟月林与儿子、女儿在一起

1940年，正是抗日战争进入白热化时期，钟月林生下了女儿宋勤。这是她和宋任穷的第三个孩子，前两个都已经夭折。生第一个孩子时，是在丈夫上前线后，年轻的钟月林独自在陕北，这个孩子本来是要打掉的。因为当时形势紧张，蒋介石四面合围包围了红军，上级通知又要做突围的准备，钟月林决定打掉这个来得不是时候的孩子，但大夫找不到工具，因此拖了下来。不久，西安事变发生，形势发生了变化，才没有打胎。那一段时间，由于是第一次怀孕，没有什么经验，丈夫又不在身边，钟月林什么也没有准备，多亏有了贺子珍无微不至的照顾。她不仅为钟月林即将出生的孩子准备了衣服和被子，还让毛主席的警卫员到村子里买好了鸡和鸡蛋。临产的日子越来越近，钟月林心里既兴奋又紧张。贺子珍天天守在她身边，给她讲自己生孩子的经验。分娩的那天，贺子珍吃过早饭就来了。到下午，马海德医生开始给钟月林接生。一直到晚上9点月林生完孩子，贺子珍始终守在她的身边，就像她的娘家姐妹。延安的条件很差，钟月林生孩子的那个窑洞是个老窑洞，墙上的石灰都已经脱落，正好落在孩子的脐带上，由于感染得了"脐带风"，七天后孩子就夭折了。

钟月林的第二个孩子，是在和丈夫团聚之后。虽然在前方条件艰苦，但是有丈夫在身边呵护，钟月林的心踏实了许多。正好刘伯承的夫人汪荣华也怀孕了，两人的预产期都差不多，于是她们相约，将来孩子出世，一个叫刘太行，一个叫宋平原，为的是纪念在河北平原和太行山的战斗岁月。后来，伴着抗日战争的隆隆炮声，平原出生了，由于战争环境的缘故，平原被寄养到山里的老乡家，等战事稍稍平息些后，钟月林便急匆匆地赶到老乡家去看孩子。然而，平原最终也没有逃脱夭折的命运，因为缺少粮食，他被活活饿死了。

20世纪50年代与丈夫宋任穷合影

一连失去两个孩子，使这个在长征中也不曾掉泪的年轻妈妈悲痛万分。生下宋勤后，她发誓，即使再苦也要自己带孩子。战争年代，行军打仗是家常便饭。钟月林作为一个女人，身兼着战士、妻子、母亲三重身份。

苦和累对于童养媳出身的她来讲并不可怕，但是有一件事情的发生，让钟月林最终还是忍痛割爱，把爱女宋勤寄养到老乡家。

那是生下小宋勤后的几个月，有一次部队行军突围，钟月林把襁褓中的孩子装进筐子，又把筐子挂在骡子身上，孩子在筐子里摇摇晃晃就睡着了。可是就在过封锁线时，敌人的掷弹筒突然爆炸，将本来熟睡的小宋勤惊醒。孩子吓得哇哇大哭起来，钟月林急得直掉眼泪，生怕孩子的哭声暴露目标。她用双手死死地捂住孩子的嘴。幸亏爆炸声盖住了孩子的哭声，也幸亏钟月林处理得及时，虚惊一场后部队安全通过了封锁线。事后，战士们开玩笑地叫小宋勤“小汉奸”。但是，这件事却给了钟月林一次深刻的教训，不能因为自己的儿女情长，影响整个部队的安全。她含泪恋恋不舍地又将女儿送走。

抗日战争结束后，紧接着就是解放战争，钟月林的脚步跟随着丈夫南征北战，一刻也没有离开，直到迎来全国解放，钟月林又随丈夫进军大西南。

20 世纪 50 年代与儿子、女儿在一起

1950 年，宋任穷担任云南省委书记，他的老搭档陈赓担任省主席，钟月林也随丈夫到了昆明。应陈赓夫人的邀请，钟月林转业来到保育院担任了副院长。

不久，钟月林又生下一个女儿。在这之前，已经连续生了几个女孩的她很希望能给丈夫生个男孩。钟月林见又是一个女孩，心里觉得有些对不住丈夫，思想上有了一些包袱。宋任穷似乎猜到了妻子的想法。于是，他炖好鸡汤，放进暖壶里，带到医院去看她，并抱起女儿亲了亲说：“没关系，六个女孩，不到一桌，八个才凑一桌呢。再生几个女孩，咱们可以组织女兵班，你来当班长。”在丈夫宽慰的玩笑中，钟月林放下了包袱，脸上露出了笑容。

1954年，宋任穷调任北京，钟月林也进京到中组部档案科工作。

1961年，由于组织调动，钟月林又跟随丈夫来到东北，任东北局机要秘书。这时候的宋任穷已官至东北局书记。然而，钟月林依然跟普通工作人员一样，兢兢业业、恪尽职守地做着平凡的工作，没有丝毫的特殊。同时，她和丈夫对孩子也没有一点的娇惯。

有一个故事在儿子宋克荒的同学中至今仍传为美谈。

那是20世纪60年代初，钟月林随丈夫调东北。正在北京四中上学的大儿子宋克荒，仍留在北京读书，跟每个普通学生一样，吃住都在学校。

20世纪60年代，钟月林与宋任穷合影

一天，宋任穷到北京开会，在招待所安顿下来后，便通知儿子前来见面。放学之后，宋克荒就到招待所去看望父亲。晚上，克荒从父亲那儿回到宿舍，一进门就直奔自己的饭盒，打开一看，饭盒里什么也没有。于是就问同宿舍的人："我的晚饭呢？"实际上也就是两个窝窝头。同学们觉得挺诧异："怎么，在你爸那儿吃大餐没吃饱？"

"大餐？吃饱？我压根就没吃饭。"克荒有些委屈地说。

"啊?！你爸来北京开会，你去看他连顿饭都不给吃?！"

"嗯，老头说会议上的饭，是给开会的人准备的，他让我回来吃饭。"

"嗬！我们以为你爸那么大的官，叫你去看他肯定管顿饭，让你美美地吃一顿，我们就把你的俩窝头给瓜分了。"

当时宋克荒上高一，正是长身体的时候，加上国家又正处在三年困难时期，平时大家就吃不饱，肚子里又没有什么油水，宋克荒饥饿难忍，于是大家跑到食堂，找到管理员软磨硬泡，总算说服他同意宋克荒拿机动粮做抵押，寅吃卯粮才换出两个窝头来。接过冰冷的窝头，早已饿坏了的宋克荒，也顾不得热一热，狼吞虎咽地就吃起来。

十年“文革”，宋任穷这位从井冈山就跟随毛泽东干革命的老战士，也没能逃脱厄运。他被下放到辽宁农村。钟月林仍然一如既往寸步不离地跟随着丈夫。

钟妈妈的女儿云飞大姐向我们讲述“文革”中父母是怎样度过的：

1969 年，爸爸被下放到辽宁农村，在那儿进行所谓的劳动改造、监管。妈妈呢，那时候就跟着去了。那个环境极其艰苦，到处都是盐碱地，根本寸草不生，住的是土坯房，没有自来水，更不要说暖气了。但是这些并没有难倒童养媳出身的妈妈，虽然她个子不高，可她用自己单薄的肩膀挑起了全部的生活重担。每天天不亮，妈妈就起床，到几里地之外去挑水，家里平日所有的生活用水，全部是妈妈每天用双肩挑回来的。而且，那个水也不是河水，是一个大泥坑，靠天上下来的雨水积存起来的，基本上是泥汤，很浑浊。妈妈将这些近乎泥汤的水挑回来倒进一个大缸里，再放些明矾沉淀，烧开。除此之外，妈妈每天还要做饭、劈柴、搞卫生。东北的冬天又冷又长，土坯房里没有暖气，妈妈还要生炉子烧火炕。所有这一切，全靠妈妈一双手。她几乎包揽了所有的家务。其实，那时候，妈妈已经是年过半百的人了。但是妈妈从来没有叫过一声苦，没有说过一句怨言。在她的精心照料下，爸爸的身体毫发无损地度过了“文革”这个非常时期。

宋任穷、钟月林与孩子们在一起

“文革”后，宋任穷恢复了工作，担任中共中央政治局委员、书记处书记、中央组织部部长。对于为革命奉献一生的钟月林，党和人民也没有忘记。考虑到她是为数不多的几个跟随中央红军长征的女同志，由中央提名，钟月林曾担任过一届全国政协委员。但是，钟月林认为自己对革命贡献不大，在政协换届时就主动提出不再担任政协委员。同时，她认为，丈夫现在肩上的担子越来越重，照顾好他的身体，让丈夫有更充沛的精力为党和国家工作，这才是自己现在的任务和岗位。而政协委员的职务，应该让更多有作为有贡献的年轻同志来担任。她的这个举动深得丈夫的赞同。于是，照顾好老伴，成为老年钟月林事业的全部，也是她生活的全部。在她看来，宋任穷不仅仅是属于她，还属于党，属于国家。自己是一名共产党员，又是他的妻子，于公于私对他都负有责任，她把丈夫的生命看得比自己还要重要。云飞大姐给我们讲了这样一件事。

1990 年，钟月林陪同丈夫到上海。一天夜里，他们入住的宾馆突然起火。由于是半夜，火情发现的时候火势已经很难控制了。顾不得换衣服，警卫员背起宋老叫上钟月林就往外跑。当把宋老转移到安全区域时，大家才发现钟月林没有出来。原来，她跟在后面跑了一段，发现丈夫身上只穿着一身薄薄的睡衣。一月的上海正是寒风料峭的时候，何况又是夜晚，担心丈夫受冻生病，已经 75 岁的钟月林竟不顾熊熊燃烧的大火，返回房间为老伴拿大衣。警卫员立即返回去寻找钟月林。最后她顺着警卫员的呼叫声，才从浓烟中摸索出来。

对丈夫无微不至的照顾，钟月林同样也收获了丈夫的爱。1995 年春天，宋任穷悄悄把女儿云飞叫到身边，向她说了一个自己的想法：“你妈妈为了照顾我，照顾你们八个兄弟姐妹，辛辛苦苦了一辈子，真是不容易。我总是因为工作忙，没有为她做什么事情，今年是你妈妈 80 岁，我想给她过个生日，你看怎么样？”

听了父亲的话，云飞非常高兴。在她的记忆里，妈妈总是张罗着给别人过生日，从来不曾给自己过过生日。对于家里的每一个人，甚至工作人员的生日，她都能记得清清楚楚，唯独不知道自己的生日。现在爸爸出面给妈妈过生日，这让云飞很为妈妈高兴。但随即有一个问题是首先要解决的。

“给妈妈过生日当然好，可是不知道妈妈的生日是哪一天，连她自己都不清楚，日子怎么定呢？”云飞问道。

父女俩商量了半天，宋任穷提出，就定在9月24日。他说：“这个时间好，是个秋天，收获的季节，也是北方气候最舒服的时候，我们就按这个时间给你妈妈过生日好不好？你去准备做个计划，拿来让我看看。”

云飞遵从父亲的意思开始着手准备。宋任穷非常关心、重视这次活动，在哪儿定做蛋糕，在哪儿订花篮，在什么地方吃饭，每一个细节他都要亲自过问。本来钟月林是不主张给自己过生日的，一向节俭惯了的她，不想为自己铺张，但看到老伴真心实意地操持着要给她过生日，也就没有再拒绝。她知道，那是丈夫对她多年的付出给予的回报，是丈夫对她情真意切的挚爱。

1995年9月24日，钟月林度过她80岁人生的第一次生日。那一年，也是她与丈夫宋任穷结婚整60周年。在女儿的提议下，妈妈的生日与父母金婚纪念放在一起庆祝，老两口非常乐意地接受了儿女们的建议。女儿云飞还送给父母一副对联，上联是“八十征程风雨情”，下联是“六十相伴心意真”。云飞是这样解释的：“妈妈八十的人生征程，一路风风雨雨不容易；两位老人六十年相依相伴情真意切爱也深。”

1998年，宋任穷因病住进了中南海附近的北京305医院。从此，钟月林的生活轨迹，便是从中南海的家中到305医院。就连每年国家安排的一个月北戴河的疗养，她都因惦记病中的丈夫几乎很少去。每天上午吃过早饭，她就驱车前往医院陪伴丈夫，直至中午才回来吃饭；下午午休过后，就又出现在丈夫身边；晚上看完新闻联播，她依然又会来到丈夫床前，安排好他睡下，才离开医院。到医院陪伴宋老成了她每天必修的功课。她就像一个上满发条的钟表，准时而有规律。每天完成了这些，她才会觉得过得充实，睡得踏实。无论刮风下雨，90岁高龄的钟月林从没间断过。照顾好丈夫，不仅有钟月林对丈夫的挚爱，还有一个共产党员对党的事业的忠诚——那是她从嫁给宋任穷那天起，党交给她的重任，她要始终担起这个责任。

7月的天似流火，热得烤人。按照采访要求，空调电扇都不能开。而钟妈妈家的那个客厅没有直接对外的窗户，一点都不通风。大家热得汗流浃背。上午的采访刚刚结束，就赶紧把空调打开，一阵沁人心脾的凉气扑了过来，真是惬意得很。一直守在采访现场的云飞大姐忙张罗着工作人员端上来两盘切好的西瓜。钟妈妈请大家吃西瓜，剧组的同志开始还有点客气，只喝茶水，我估摸着也是担心吃瓜的形象不太好看。因为有了和钟妈妈的几次接触，对她的热情和实在有了几分了解与感受，如果不吃瓜，今天可能不让走。于是我拿起瓜招呼大家一块吃，钟妈妈在一旁不断地给我们递纸巾。不一会儿，茶几上的瓜就被我们一扫而光，毕竟天太热，毕竟瓜太诱人，毕竟主人太热情。

这次采访完的几天之后，云飞大姐给我来电话："姚言，你不是要拍妈妈和子女们在一起吗？明天彬彬的儿子从美国回来看老太太，你们过来吧，我弟弟的儿子也过来。另外，你们不是还想拍妈妈跟爸爸在一起吗？看看明天能不能安排，过来再说。"

第二天，我们很早就到了中南海，彬彬大姐的儿子还未到，倒是钟妈妈的小儿子宋京波的孩子和妻子到了，孩子才四五岁，见了奶奶很亲，吵闹着要奶奶抱。钟妈妈的腰一直不太好，云飞大姐在一旁制止住他。看看时间还早，她提议要不先跟拍钟妈妈到医院看望宋老的镜头，我们觉得这样也好。云飞大姐说，她事先和医院联系过，大夫没同意，不如趁大夫们刚刚查完病房这个空当儿带我们去医院。一听说要到医院看爷爷，小家伙也吵吵着要去，这样一来车子就坐不下，加上考虑拍摄病房不宜人多，剧组只去了两个人，我和其他人原地等候。

305 医院离中南海很近，大约不到一小时，他们就回来了，这时彬彬大姐的儿子大头（乳名）也到了。

说起宋彬彬，凡是经历过"文化大革命"的人，大多记得在"文革"初期，毛主席在天安门城楼上接见红卫兵时，那个给毛主席戴红袖章的女孩。当时主席问她是文质彬彬的彬，还是文武斌，并说要能文能武。从那以后，她几乎成为家喻户晓的人物。现在 30 年过去了，宋彬彬已从那个充满革命激情的"红卫兵小将"，变成了一位五十多岁的中年人，比起三十多年前的她，更多了几分温和与成熟。我们拍摄此片时，她还在大洋彼岸的美国。以后她回国，我和她聊起"文革"时，她气愤地说："也就从那次给主席戴袖章后，出现了好多谣传，说我带着红卫兵到处打砸抢，根本没有的事。"

钟妈妈从医院回来，一进门看到长得高高大大的外孙，立即满脸绽开了笑容。彬彬的儿子张开双臂迎上来，一把就将姥姥拥抱在怀里。钟妈妈高兴地说："来，亲亲，亲亲。"人高马大的外孙也不管屋里有剧组那一大帮陌生人，伏下身子让钟妈妈亲了两下，然后又在姥姥的脸上回敬了两下，祖孙俩那份亲热真是让人羡慕。

大家在沙发上坐下来，钟妈妈拉着外孙的手问长问短。寒暄了一阵后，云飞大姐提议让大头给姥姥弹上一段钢琴。

"好久不弹了，手生了。"大头说。

"没关系，让姥姥高兴高兴。"云飞大姐说。

大家顺着狭窄的廊檐过道往里走，来到一个堆满报纸和书籍的房间。屋里挤得几乎没有可以活动的地方，书报中间放着一个长沙发，靠墙的钢琴上也都堆着不少书报。钟妈妈在沙发上坐了下来，外孙打开琴盖活动了一下手指便弹起来。他弹的是自己在异国他乡思念祖国，思念亲人时作的一首曲子，一边弹，一边小声哼唱着。钟妈妈用慈爱的目光望着外孙，那份对亲情的满足让人一目了然。其实，她并不只是在听外孙弹琴。在她看来，儿孙们能健康成长为对社会有用的人，那是她的幸福。她对子孙们的教育，从来都是严格的，她们家的孩子过的都是普通人的生活。在这一点上，我体会很深，不论是云飞大姐、克荒大哥、彬彬大姐、宋勤大姐，我都能从他们身上看到钟妈妈的淳朴、实在和热情。

钟月林与孙子在一起

以后在云飞大姐的安排下，我们又拍摄了钟妈妈的几次活动。2003 年 10 月的一天，我接到云飞大姐的电话，说钟妈妈让我到家里吃饭。当时已经是下午四点多了，我正在外面办事，北京的交通实在不敢恭维，加上那天风特别大，我告诉云飞大姐，如果六点半赶不过去就不用等我，请他们先吃。我知道钟妈妈每天晚饭后是雷打不动地看《新闻联播》，之后还要到医院看看老伴，然后才回家睡觉，我唯恐因为我的不准时而打乱老人家的生活规律。

傍晚办完事，我急忙打车奔往航天桥花卉市场，去取我事先预订的九十九朵玫瑰，那一天是九九重阳节。等我赶到花卉市场时，市场刚刚收摊关门。市场门口还有几个人，不知道是买花的还是卖花的。因为要赶时间，我顾不得斯文，离得老远就冲着他们大喊：“哎，我跟谁定的花，是九十九朵红玫瑰。”

一个胖丫头连声应道：“哎，是我，是我。”

我并没有看到花：“花呢？”

“关门了，我以为你不来了，放在后面了。”

“走，咱们拿去，远吗？”我问。

“不远，从这边进去往左拐，再往右拐，然后再往左拐。”她挥舞着两只大肉虫似的胳膊比画着。

“你去吧，我等着，快点。”看着她的手在空中画来画去的，我对她说的不远没有什么信心，跑了一天的我太累了。

十几分钟后，胖丫头终于从她说的那个拐来拐去的地方拐出来。我眼前一亮，一大捧红玫瑰像火一样，立即将我已经有些疲倦的眼睛燃烧起来：“嗬，真漂亮！”

当我坐着车驶出花卉市场，时间已经不早了，车子驶上主路就走不动了。我坐在副驾驶座上抬眼向窗外望去，前面的车密密麻麻，走走停停犹如一条巨大的毛毛虫在蠕动，我无奈地靠在座位上，望着车顶正在胡思乱想，手机响了，接起来是云飞大姐。

“姚言，走到哪儿啦？”

“还在三环上，堵车。你们先吃吧，我这儿没个点。”我说。

“那好吧，车号报了吗？”

“我打车来的。”

“那你一会儿快到了提前给我来个电话，我开车到门口接你。今天风大，省得你在门口等半天。”

“不用接，我自己走进去吧。”

“别客气，就这样说定了。”

这就是云飞大姐，跟钟妈妈一样，总是为别人着想。

庆幸那天我遇上一个机灵的司机，左钻右拐地就把庞大的车流甩到后面，穿过一大堆不知名的胡同，终于把我卸到中南海的西门。

看看表七点多了，怕云飞大姐还没吃完饭，我没有马上给她打电话，在大风中等了十多分钟才通知她。不一会儿，她开着车就出来了。上车后，云飞大姐告诉我今天正好她爱人也回来了。

眨眼的工夫，车子就到了钟妈妈家门口，“快进屋，风太大。”云飞大姐一边踩着刹车，一边说。

走进客厅，钟妈妈已经从里屋出来，身旁站了一个壮实的中年男子。

“钟妈妈，您好。”我捧着红玫瑰迎了上去。

“你好，你好。”

“今天是敬老节，送您九十九朵红玫瑰，祝您和宋老长长久久，幸福、安康、长寿。”我真诚地对钟妈妈说着我的祝福。在这几年与钟妈妈的接触中，我确实对这位平实热情的老人有了一份感情，今天我把这份真挚的情感都倾注到这九十九朵红玫瑰中。

“好，谢谢，谢谢，快吃饭吧。”钟妈妈高兴地说。

云飞：“妈妈，你看《新闻联播》，我招呼姚言吃饭。”

钟妈妈：“我也去。”

云飞：“不用，有我呢。”

“今天不看了，可以看重播。”钟妈妈执意要去。

我知道看《新闻联播》是钟妈妈每天一件很重要的事情，可是今天为我破了例，就像对待久别重逢的女儿。

在往餐厅走的时候，钟妈妈指了指一直跟在她身边的中年男子对我说：“这是云飞的爱人，叫管南方，你看管的地方大吧。”说完她笑起来，我们也笑了。

走进餐厅坐下来，钟妈妈便招呼着：“菜凉了，热一热。”

云飞：“都在锅里燴着呢，不凉。”说着她亲自跑来跑去给我端着饭菜。

小米粥、玉米、红薯、米饭，还有几个热菜，丰富而不奢华。

“我们家有个规矩，吃饭不许剩，吃多少盛多少，你尽量吃。”钟妈妈对我说。

奔跑了一天的我狼吞虎咽地吃起来，比起第一次进中南海时那份紧张、局促，已经是翻天覆地的变化了。

吃得差不多的时候，我无意中抬眼望了望坐在对面的钟妈妈，她正用一种慈爱的目光看着我。我突然感到那目光那样的熟悉，哦，想起来了，每次在外拍片子回家。我妈妈也是这样，做一大堆好吃的给我，然后静静地坐在一边，用疼爱的目光看着女儿饿狼般的吃相。妈妈去世已经好几年，这目光对于我已经有些久违了，甚至有些陌生。可是今天，我却从钟妈妈眼里重新捕捉到了那丢失了几年的目光。此情此景让我有一种回家的感觉。我鼻子一酸，眼泪立即就噙满了眼眶。我不想让他们看出来，我唯一能做的就是迅速地把菜吃光，让钟妈妈高兴。我知道这是她的愿望，就像当年妈妈的愿望一样。

风卷残云般地吃完，我直着腰看看空空的盘子笑了，钟妈妈、云飞大姐和南方大哥也笑了。

吃过饭，我们又回到小客厅聊天，临近九点，怕影响钟妈妈休息，我便告辞。

钟妈妈说："你等等，我带你去医院，把花送过去，让老伴也高兴高兴，再让车子送你回家。"

"这么晚了，方便吗？"我问。

"没什么不方便的，妈妈每天晚上都要过去。"云飞大姐说。

"好啊。"我爽快地答应着，上次去病房拍摄时，因车坐不下我没去，很想看望一下宋老。

坐上车，出了中南海往北一拐，便到了305医院，直接停到一间病房门口。

这是一个三间套的病房，屋子很高很大。一进门是一个客厅，里面沿墙摆放了一圈沙发；中间的那间，是一个比较大的厅。厅里没有什么摆设，除了两边各摆了两个单人沙发，中间靠墙还有个一米多高带流水的假山，便再没有什么陈设了，屋子因此显得很空旷。看来这个厅是供病人活动的空间。钟妈妈招呼我把花放到假山前，就带着我继续往里走。最里面的一间屋，才是宋老治疗的病房。里面除了一张床，还放着各种医疗器械。房间里有两三个医护人员正坐着说话，唯独没有见到宋老。见钟妈妈进来，工作人员忙站起来打招呼。

“哎，宋老呢？”钟妈妈问。

“首长在卫生间里。”工作人员回答。

我们在房间里等了一会儿，还不见宋老出来。钟妈妈看看时间：“太晚了，你别等了，回去吧，我让司机送你。”

我怕给他们添麻烦：“不用送，我打车回。”

“那不行，太晚了，不安全。”钟妈妈执意要司机送我，恭敬不如从命，我没有再拒绝。

转眼到了2004年春节前，我忙着给剧组的人安排回家过年。一天，我接到云飞大姐的电话：“姚言吗？”

“我是，有事吗？”

“快过年了，妈妈想你啦，请你到家里。”

“哎，行。”

第二天，我便找了一个朋友开车送我到中南海。当我们七拐八拐地穿过狭长的过道走到客厅时，我一眼就看到已经在客厅等候的钟妈妈。只见她坐在轮椅上，这让一点思想准备也没有的我心里“咯噔”了一下，心疼得眼泪一下子就溢了出来。我几步走到轮椅旁，拉起老人家的手问：“钟妈妈，您怎么啦？您这是怎么啦？”

钟月林与宋任穷在一起

不等钟妈妈回答，在一边的云飞大姐接茬道：“前一段，妈妈的腰蹴了一下，躺了好长时间。”

“那您为什么不告诉我？”我说。语气中有一丝埋怨。

“妈妈不让说，这刚刚好点，能坐起来活动活动，就赶紧叫你，想你啦。”

钟妈妈说：“我耳朵背，给你打电话不方便，就叫云飞打给你。”

时间过得挺快，聊了一阵儿，就到了钟妈妈吸氧的时间了。我怕老人太累，就准备走。一听到我要走，钟妈妈忙招呼云飞姐："云飞啊，把这几箱水果，给姚言带回去。"

这时我才看到，在客厅的墙角放着几个水果箱，看来是早就准备好的，我心里真的很感动。我并没有为他们做什么，可是钟妈妈却这样惦记我。和她在一起，你能感受到她的心里总是惦记别人，总在为别人着想，这种品质也遗传给了她的儿女们。

2005 年 1 月 8 日，与钟妈妈风雨相伴 70 年的老伴宋任穷也走完他 96 年的人生路程。

接到云飞大姐的电话，我便到设在 305 医院的灵堂吊唁宋老。后来，又参加了宋老的遗体告别。从 1935 年钟妈妈与宋老结婚，除去新婚不久的那次分离，70 年来他们几乎就再也没有分开过。70 年的朝夕相处，70 年的荣辱与共，70 年的夫妻情深。现在宋老走了，对钟妈妈的打击是巨大的。我不想去打搅老人，我觉得让钟妈妈在平平静静中度过人生的这个坎最好。我虽然没有去探望钟妈妈，但是我的心却时常在惦记着她，为她祈祷祝福。

送走了丈夫，心中充满了悲痛的钟妈妈，首先想到的一件事，是带领全家向多年来工作在宋老身边的医务、警卫、秘书等工作人员表示感谢，并带领全家向工作人员深深地鞠躬。她说："这么多年来，这些工作人员顾不上照顾自己年迈的双亲，离开家乡来到这里陪伴宋老，不管春夏秋冬，还是刮风下雨，他们都将自己的真情倾注到宋老身上，我们应该对他们心存感激。"

3 月底的一天，钟妈妈叫我去家里吃饭。中午我拎着从市场上买来的几只甲鱼便去了中南海。

到了钟妈妈家，她刚刚吸完氧。这是自宋老去世后，我第一次见到她，除了略显有些消瘦，精神尚好，一直以来对钟妈妈的担心顿时释然。我知道她挺过来了，一如当年在长征路上挺过来一样。

午餐是四个菜，豆腐、炒圆白菜、丸子烧油菜、土豆烧牛肉，一锅小米粥还有米饭。

吃饭前钟妈妈重申：我们家的规矩，吃饭不许剩，不要浪费。并告诉我，以后就中午来，下午家里基本不做饭，都是吃中午剩的，没法留我在这儿吃饭。

吃过饭，我们回到小客厅，钟妈妈拿出一本将帅画册，一边翻给我看，一边给我讲：“这些人好多都不在了，这个还在，大概岁数和我差不多。你们拍这个片子很好很及时，再不拍人就都走了，不过要实事求是，是什么就是什么。前一段看了一个什么节目，说贺子珍长征受伤是为了保护伤员，这就不是事实。当时因为贺子珍站的地方比较高，正好在一个小山坡上，所以目标比较大，是这样受的伤。我和贺子珍关系非常好，她对我也特别照顾，但是什么就是什么，要实事求是。”

这就是钟妈妈，实实在在，不来半点虚假。

2006年，片子终于在我们的千辛万苦中全部制作完成，并获得审查通过。为了配合发行宣传，负责发行的零频道组织了一些媒体参加看片会。一天，零频道的老总郑琼告诉我，新华社《瞭望东方》周刊的记者小柴想了解一些幕后的故事。于是，我接受了她的采访。采访结束后，小柴突然问我：“姚导，你说，现在这些老妈妈她们有没有理想幻灭的感觉？”她的问题，我想可能是现在许多青年人也想知道的，他们对老一辈人的那种奉献往往不太理解。如果用今天某些人的价值观来衡量老妈妈们的奉献，那答案是显而易见的。一个时代有一个时代的价值观，但奉献，是任何时代都需要的。而一个民族的崛起和社会的进步，恰恰需要的正是这种奉献。有人认为她们的婚姻大都是组织介入，带有服从的色彩，这似乎有悖于传统意义上的人性，而在夫妻双方之间，她们也是绝对处于服从的地位。但是，她们都心甘情愿地接受了这种安

与刘英等在一起

排，她们用党性升华了人性。换句话说，她们是牺牲了个人的一部分自由，抑制自己的个性来服从大局。在她们看来，丈夫不是仅仅属于自己，而是属于国家。为了国家的利益而牺牲自己，这种奉献和牺牲精神，不也正体现在她们的平凡中吗？纵观人类历史的发展，无一不是以一部分人的牺牲和奉献，作为推动历史向前发展的代价。奉献，从人类诞生，就伴随着人类前进的步伐，所以才会有人类今天的文明。因此，我认为奉献精神是一种“大”人性。

为了让小柴她们加深对老妈妈们的了解，我决定带小柴去趟中南海，近距离亲身感受一下。

战友聚会

2006 年 5 月，正是百花盛开的季节，我们来到鸟语花香的中南海，走进钟妈妈的家，老人家正坐在沙发上看书，见我们进来，她没有像往常一样站起来。在一旁的彬彬大姐解释说：“妈妈前一段因为去看谢飞阿姨伤了腰，卧床了一段时间，刚刚能起床。”

彬彬大姐说的谢飞阿姨，是刘少奇主席的第二任妻子。她是红一军参加长征的女战士之一，是钟妈妈的战友。

看着病痛中的钟妈妈，我心疼地说：“钟妈妈，您腰不太好，就少出去活动，毕竟岁数大了，都九十多岁的人啦。”

彬彬大姐：“唉，不听，我们让她打个电话问候一下，不行，非要去，倔着呢。”

钟妈妈说：“红一方面军三十几个参加长征的战友，只剩下我们俩了。听说她病了，我一定要去看看她。”

说着，她让彬彬大姐从屋里拿出一张照片，那是她去探望病中的谢飞时的一张合影。

她指着照片感慨地说：“这可能是我们最后一次了，以后不可能再有机会照了。”

钟妈妈说：“谢飞大我两岁，我去的时候，她一个劲地鼓掌，刚开始我以为是因为我去看她表示欢迎，后来才知道，她每天都是这样一直拍手，我也跟她一起拍。”

话语中透着对老战友的担心和关爱。

当钟妈妈知道郑琼和小柴是第一次进中南海，便要带她们到院子里转转，我看钟妈妈的腰还没太好，说什么也不同意。岁数大了，恢复起来不容易。可是老人家问郑琼她们想不想出去看看，郑琼和小柴这俩傻丫头倒是不客气，连声说：“想，当然想，我们和您一起出去走走。”

看钟妈妈执意要带她们出去，我担心地忙问彬彬大姐，老人的腰这样子行吗？彬彬大姐一边往外推轮椅一边说：“她想办的事，谁也拦不住，走吧。五点赶回来吸氧就行。”

大概是养病许久没出来的缘故，一出小院，钟妈妈对满眼的绿色露出了笑容。我想，郑琼她们是对的。

5月的北京不是很热。我们几个人拥着钟妈妈行走在中南海不是很宽敞的路上，郑琼与小柴一左一右地推着轮椅，钟妈妈过意不去，对走在前面的彬彬大姐喊道：“彬彬，你过来推轮椅，你不要让她们推。”

晚年的钟月林

“钟妈妈，你让我们推吧，我们愿意。”郑琼和小柴几乎是异口同声地说。

我们几个边走边说着话，前面一个工作人员在给草坪浇水，钟妈妈看到后，原本轻松的心情多了一份担忧：“去年到现在，八个月都没好好下一场雨，太旱了，老不下雨，庄稼怎么办？农民怎么办?”

我们的话题又围绕着旱情展开。彬彬大姐告诉我们，今年旱情严重，从去冬到今春一直没有下过一场透雨，钟妈妈每天都在担心，庄稼没有收成，农民们怎么生活，担心北京地区本来就缺水，老不下雨怎么办。为了节水，老人原本三天洗一次澡，也改为一个星期才洗一次，而且每次洗完澡的水，她也不浪费，要留下来二次利用，用它来冲厕所。子女们劝她，北京缺水也不缺她这一点，但是她坚持这样做，她说：能省一点是一点。

“能省一点是一点。”这是那个连名字都没有、八岁就被卖去做童养媳，而今做了共产党的“高官太太”的钟月林说的。从童养媳到“高官太太”，这对于一个人来说，无论是从生活环境还是社会地位，都是一个脱胎换骨的变化，但钟妈妈不管社会地位发生怎样的改变，却依然保持着劳动人民质朴实在的本色。保持本色，看起来很平凡普通，并不惊天动地，但细细琢磨，这里面要舍弃多少东西，抵御多少诱惑，战胜怎样的欲望才能够做到，这不是每个人都能做到的，而身为国家领导人夫人的她做到了。我想起了钟妈妈曾说过的一句话：“我要没有当童养媳，可能就参加不了革命。没有共产党，我的命运不知道会是什么样子。对党和人民给予我的一切，我一直心存感激。”

“心存感激”让钟月林勤勤恳恳、任劳任怨地为党和国家、为人民默默奉献了一辈子。

2009 年 8 月 3 日，钟月林妈妈离开了我们，享年 94 岁。

将党和人民的利益和需要放在第一位

——彭真的夫人张洁清

2000 年 4 月 26 日，是老一代无产阶级革命家彭真骨灰安放的日子。头一天我就来到北京台基厂头条彭真同志的家，联系第二天的拍摄。因为彭老的夫人张洁清妈妈是我们要拍摄的主人公，我们当然不会放过这个在张妈妈生命中非常重要的活动。

26 日一大早，我们就赶到张妈妈的家。大约八点，人们聚集在摆放着彭老骨灰的灵堂。彭老的骨灰已经在这里摆放了整整三年，满屋子的青松翠柏和鲜花，寄托了亲人们对他的无限思念。这一天，彭老就要离开家，离开舍不得他的亲人，人们在这里为他送行。

张妈妈坐着轮椅来到彭老的骨灰前。那是一个孱弱清癯的老人，一身黑衣衬托着她的满头白发。她神情哀痛，默默不语。几位儿女站在她的身旁。女儿傅彦话没出口，眼泪就先落了下来。

“爸，我们守了你三年，我们还想守，但都说入土为安，所以我们今天送你到八宝山。爸，我们永远和你在一起。”

灵车在长安街缓缓驶过，载着彭老的骨灰来到八宝山。墓地前已经聚集了黑压压的一片人，他们都是彭老生前的同事、战友、部下、朋友还有亲属，我在人群中看到彭老的家乡山西原省委书记李立功也来了。安放骨灰的墓紧邻任弼时的墓不远。主持人宣布骨灰安放仪式开始，傅彦大姐手捧着父亲的骨灰下到墓室，将彭老的骨灰盒安放到早已砌好的洞穴里。大概是想到父亲从此远离家人独自躺在这冰冷的墓穴中，想起父亲对自己的疼爱，傅彦大姐此时已经哭得肝肠寸断，说什么也不愿上来，她只想多陪陪父亲。人们好不容易才将她从墓室中搀扶上来。

安放好骨灰，人们把坐在轮椅上的张妈妈推了过来，有人递给她一篮菊花瓣，张妈妈默默地把它们撒进墓室。她撒得很慢，很轻，好像生怕惊醒墓中的主人，自己的丈夫。她没有像女儿那样哭喊，但泪水却不停地涌出眼眶，无声地流过脸庞落进盛满菊瓣的花篮，泪水伴着花瓣洒落在墓室里，覆盖在骨灰盒上，也把张妈妈对丈夫的真情留在了他的身边。

这以后我们又拍摄了张妈妈在家的日常生活。2000年盛夏，通过与傅彦大姐联系，得知张妈妈在北戴河疗养，我们便追踪过去。

8月1日，是个阳刚的日子——中国人民解放军建军节，而外表柔弱文静的张妈妈却和这个日子有着不解之缘，这一天是老人的生日。

清晨，当太阳从海底钻出来，把它辉煌的光芒毫不保留地洒向大地的时候，北戴河的早晨也被耀眼的阳光从睡梦中刺醒。金色的沙滩上，郁郁葱葱的树丛中，到处都是旅游和晨练的人。离岸边不远，是一大片绿树，透过晃动的树叶，依稀可见在绿荫掩映下的座座别墅。那是著名的北戴河疗养院，一个神秘而又美丽的地方。在绿荫深处，

张洁清正在接受剧组采访

有一所黄色的住宅，张洁清妈妈就住在那里。

老人今天起得格外早，这一天儿女们要给正在这里疗养的她过88岁生日。

那天，老人穿着浅米色的上衣，头戴一顶浅米色的草帽，坐在屋子门口的回廊上，身后是一片洋洋洒洒的阳光。老人在阳光的辉映下，很美。那种美是由内到外透着的、与生俱来的，并不亚于青春勃发的少女，而且更显得成熟、安详，更容易让人感动。

面对老人，我不知如何将“革命”“坚强”这样的词汇与她联系在一起。这样一个柔弱、文静的女子，是怎样走过她艰苦坎坷的革命人生？我心中充满着好奇，这其中有着怎样精彩和惊天动地的故事？

临近中午，傅彦大姐招呼大家进屋准备吃饭。人们把坐着轮椅的张妈妈推回到摆满鲜花的屋子，房间不大，仅能放下一张餐桌，大家围桌而坐。工作人员端上一大盆螃蟹，红色的螃蟹冒着热气散发着诱人的香味，傅彦大姐招呼着大家动手，张妈妈不知为什么没有动手，傅彦大姐夹起一只螃蟹放到她面前的盘子里：“妈，快趁热吃，”，这时，工作人员端上酒，大家端起酒杯向张妈妈祝福：“祝妈妈生日快乐，寿比南山。”“祝妈妈健康长寿。”

张妈妈端起酒杯：“大家都健康，你们都健康。”

喝完酒，就开始吃饭。原以为张妈妈的米寿大宴一定特别丰盛，谁知道工作人员端上来两大盆面条，一盆黄瓜丝，一盆炸酱，还有一些葱葱蒜蒜和咸菜，就算齐全了，真不如咱普通老百姓过生日呢。之前，我们曾在北京拍过张妈妈吃午饭，知道老人爱吃炸酱面，与平时相比，这个生日宴仅多了一盆螃蟹和蛋糕。

张洁清与家人在一起

傅亮把他带过来的

蛋糕打开："老太太快九十岁了，大家先一块儿吃个蛋糕，也沾点喜气。"

傅彦："对呀，现在就切一块儿吃。"说完递给张妈妈一个切蛋糕的塑料小刀。

傅亮："您就在这切一刀，剪个彩，剩下的让他们来。"

张妈妈拿起小刀切了一下，不知是看到儿孙满堂，想起过世的丈夫，还是被子女们的孝顺而感动，老人有些哽咽。坐在她身旁的外孙女连忙搂着她："今天您过生日应该高兴啊。"

"对，对，应该唱个歌。"傅彦大姐也跟着打岔。

她的提议立即得到自己女儿的积极响应，她带头唱了起来。

"祝你生日快乐，祝你生日快乐……"

歌声中，我看到张妈妈的眼里噙满泪水。

拍完张妈妈的生日我们就赶紧往出撤。一家人天南海北地聚在一起不容易，我们不想过多地打搅他们。

不久，在北京台基厂头条张妈妈的家，我们采访了老人。

1912年，张洁清出生在河北霸县的一个大家庭，在十个兄弟姐妹里排行老二。父亲是个清末的秀才。作为秀才的父亲和思想开明的母亲，将孩子们都送到学校去读书，希望孩子们将来能有个好的前程。

童年时代的张洁清与姐妹合影

1919年，中国爆发了震惊中外的五四运动，吹响了反帝反封建的号角。从此，马克思列宁主义在知识分子中传播开来，革命如燎原的烈火迅速在全国燃烧。张洁清的姑姑张秀岩，是李大钊的学生，受李大钊的影响，接受了革命思想的熏陶，成为一名早期的共产党员。姑姑就像一颗革命的火种，点燃了张洁清她们幼小的心灵。在姑姑的影响下，这个家庭有十几个人都先后走上了革命的道路。毛泽东在延安七大期间，曾赞扬张秀岩说："你改造了一个家庭。"张洁清就是他们中最早随姑姑投入革命洪流的一个。

回忆起少年时代就接受革命教育，参与革命活动的经历，张洁清老人至今记忆犹新。那时家里生着一个洋铁炉，每到晚上，孩子们便围坐在一起，吃着水萝卜、花生，听姑姑讲外面发生的事情，什么红军的故事、打土豪分田地的故事等。这些故事让张洁清他们觉得既新鲜又惊奇，他们被深深地吸引了。有时候，大家在姑姑的指挥下，把窗户遮盖得严严实实，跟着她学唱《国际歌》。从那时起，张洁清便知道有一种社会叫共产主义，那是一个没有剥削、没有压迫、人人有饭吃、大家都平等的社会。她向往那个社会，希望那个社会早点到来。她想为那个美好世界的实现做一些事情。也就是从那时起，张洁清开始在姑姑的指导下参加地下交通工作。由于是个中学生，不太引人注意，张洁清常常是送情报文件和地下党员联络的最佳人选。深夜，张洁清还和她的兄弟姐妹们冒着危险，悄悄地将一些革命标语贴到大街小巷。由于是半夜，小巷里黑灯瞎火的看不清，到了白天一看，好多标语贴倒了。不仅张洁清与兄弟姐妹加入了革命行列，就连张洁清的母亲与姥姥也都支持孩子们从事革命活动。每次送情报时，为了躲过敌人的搜身，妈妈和姥姥就把情报缝到被子里。有时候，张洁清坐火车来往于津京传递情报。张洁清把一些漂亮衣物放在箱子上层，吸引检查的女警察，转移她们的注意力，保证情报的安全。就这样，少女时代的张洁清没有在家里做大小姐，而是认定了共产主义才是人类最美好的社会，并选择了它作为自己的理想，开始接受革命的锻炼和考验。从此，张洁清走上了革命的道路，

做秘密交通员时的张洁清

开始了充满坎坷、荆棘但又绚丽多彩的人生。

1930年，18岁的张洁清考取了北京女子师范学院。在那里，她参加了左联领导下的一个剧社——新兴剧社。导演是当时还在国立剧专上学的学生崔嵬，他后来成为中国最著名的导演之一。每次排出新剧目，剧社便到清华、燕京等学校去演出。另外，他们还在学校成立了青年读书会，把一些进步青年组织起来，阅读和宣传进步书籍和刊物，并进行学习讨论。张洁清就是在这些活动中得到了充分锻炼，逐步成长起来。

学生时代的张洁清

1931年9月18日，这是个让每个中国人没齿难忘的日子。日本侵略者的铁蹄践踏了中国神圣的土地，多少家庭流离失所，多少百姓家破人亡，妻子没了丈夫，孩子没了爹娘，国不成国，家不像家。但是，中国人岂能甘心做任人宰割的羔羊，每一个有良知、有热血的中国人都从心底发出绝不做亡国奴的吼声。张洁清同许多爱国进步青年一样，立即以满腔的热血，积极投入到抗日救亡的革命洪流中。

1933年5月的一天，在女师大一间宿舍里，张洁清和几个同学秘密地召开会议，研究如何利用演出，宣传抗日救国。突然，校园里传来一阵刺耳的警笛声，随后，全副武装的国民党宪兵包围了学生宿舍，张洁清和正在开会的同学们全部被捕。

几天后，南京国民党宪兵司令部的监狱里，关进来一个穿着红色旗袍的美丽女子。她就是不久前被捕的张洁清。与她关在一起的，还有不少女共产党员，如帅孟奇、何宝珍、夏子胥等。张洁清年龄最小，大家亲昵地称她幺妹，有什么事和狱方交涉，都让她出面。就这样，在这些有着丰富斗争经验的大姐面前，张洁清学到不少对付敌人的办法，也得到了充分的锻炼。敌人从张洁清那里什么材料和情况都没有得到。后来，张洁清通过儿时好友、当时北平大学医学院院长徐诵明的女儿向她父亲求救，徐诵明利用自己的身份和与上层的一些关系，终于将张洁清营救出狱。

如今，中年以上的人都非常熟悉《青春之歌》中的女主人公林道静。她以她的年轻美貌、勇敢坚毅，和对共产主义的信仰与追求，曾经成为那个年代里许许多多青年人崇拜的革命英雄主义的青春偶像。其实，在那样一个风云激荡的年代里，何止一个林道静？张洁清不就是千千万万个“林道静”中的一员？她们告别和抛弃了优裕的生活，义无反顾地走上了革命之路。

出狱后，张洁清没敢直接回北平，而是先到天津避了一段时间，然后才又回到女师大读书。

1934 年，张洁清终于毕业了。她回到天津，住到姑姑张秀岩家，与姑姑一样用教书做掩护，从事革命工作。她经常来往于天津和北平，为党传送情报及宣传品。同时，她还参加了北平和天津等地妇救会的领导工作，并负责联系学生中的党员和民先队员，还经常到工厂做女工的工作。除此之外，她通过社会关系，邀请进步的话剧团在中国大戏院演话剧，进行募捐，支援抗日；还在基督教女青年会开办的女工学校讲课，一边教文化，一边宣传抗日救亡，并组织她们慰问前线抗日将士……那时的张洁清，生活充实，并充满着革命的激情。正是这种火热的战斗生活的磨炼，使她同“林道静”一样，逐渐从一个单纯、幼稚的青年学生一步步成长为坚强、成熟的革命者。

彭真在延安

1936 年，张洁清由当时担任天津市委组织部长的姚依林介绍，光荣地加入了中国共产党，完成了一个进步青年向革命者的升华。

世间的事有时候是很耐人寻味的，假如张洁清没有选择革命，而是选择在家当大小姐，那么张洁清的人生就会是另一番景象，可偏偏张洁清选择了革命这样一条路，这就为她与后来成为其丈夫的彭真之间的相识与相知奠定了基础。革命就像一根红线将他们紧紧地连在一起。

张洁清与彭真的相识是在1935年。那时，彭真刚刚从国民党的监狱释放出来，暂住在北平的大义社。当时，与彭真有工作联系的是张洁清的姑姑张秀岩。为了不引起敌人的注意，姑姑常常让张洁清担任交通员。从那时起，张洁清开始与彭真有了初步的接触。那时的彭真，虽然三十多岁，但已经是有着丰富对敌斗争经验的职业革命家。由于革命工作的需要，彭真当时的化名叫“魏先生”。每次送信，张洁清与彭真很少说话，但对这个长得瘦瘦高高，穿着一件大褂的魏先生印象很好，觉得他人很聪明、智慧，反应灵敏，一张坚毅、朴实的脸不仅透着稳健和成熟，同时，还有一种农民式的淳朴和诚实。以后，张洁清又多次与彭真有过工作接触。在她眼里，彭真不仅仅是领导，倒更像是一位兄长。1937年，彭真作为白区工作的代表，去延安参加党代会。临行前，张秀岩请彭真到家里吃饭。在这次姑姑的家宴上，张洁清算是近距离地与彭真有了一些接触。不久，彭真离开了大义社，远赴革命根据地延安，而张洁清继续在白区从事地下工作。当时的彭真与张洁清无论如何也没有想到，几年以后，他们竟在晋察冀根据地不期而遇了。

那是1939年，张洁清结束了几年的白区生活，来到了晋察冀根据地。一向对自己要求严格，并十分注意思想改造的张洁清，主动向领导表示，自己是个知识分子，长期生活在大城市和白区，对党的方针、精神学习得不够，对农村工作也不熟悉，希望能够学习一段再安排工作。于是，领导将她送到晋察冀党校进行学习。

也许是天意，张洁清在这里竟遇到了几年未见的“魏先生”。此时的“魏先生”已经改名为彭真，是中共中央北方分局书记和晋察冀分局书记，同时兼任晋察冀党校校长。再一次的相逢，让彭真感到十分意外。从面前这位才貌出众、温文尔雅的女学员身上，他看到那个单纯文静的女学生已成长为一个成熟的革命战士，她的身上散发着一种与众不同的魅力。由于两人过去有过一些接触，加之彭真与张洁清的家人十分熟悉，很快彭真便被张洁清特有的魅力深深地吸引，并坦率地向她表露了自己的心思，原本就对彭真怀有敬慕的张洁清接受了这份真挚的感情。

没有花前月下的浪漫，没有卿卿我我的缠绵，彭真与张洁清的爱情就是在平平淡淡的日子里越来越浓。不久，张洁清得了疟疾，打摆子发高烧，彭

新婚合影

真到党校去看望她，看到被疾病折磨的张洁清，彭真心疼地说："搬到我这儿来，咱们结婚吧，让我来照顾你。"这看似简简单单的一句话，却充满了彭真对张洁清的深情厚谊，也是彭真对她一生的郑重承诺。也正是这句质朴而实在的话，深深地打动了张洁清的心。于是，病中的张洁清做了新娘，躺在担架上的她被抬进了洞房。婚礼简单得不能再简单了，两床被子放到一起，就算完成了她的终身大事。不过，简单归简单，热闹还是蛮热闹的。没有一点积蓄的彭真，预支了两个月的津贴，从老乡那里买了瓜子、花生。贺龙、吕正操、黄敬、关向应等人都参加了婚礼。大家让彭真介绍恋爱经过。彭真对与爱妻从相识到相知直到相爱总结了三句话：一是在地下工作中认识；二是在战争年代里恋爱；三是在艰苦环境下结婚。

延安时期的张洁清

婚后的张洁清，并没有放松对自己的要求，相反更加严格地要求自己。为了工作方便，组织上安排她到晋察冀中央局机关秘书处。每天，除了完成自己的那份工作，还要照顾丈夫的起居生活。除此之外，她还常常帮助丈夫整理文件，抄写材料。丈夫的许多汇报材料、讲话文稿等，都是张洁清整理和抄写的。

张洁清与战友们在一起

1940年冬天，敌人的又一次“大扫荡”开始了。此时的张洁清已身怀六甲，而丈夫彭真正好去了延安。晋察冀分局的同志把一些病人和女同志组织起来进行反“扫荡”。就要临产的张洁清挺着大肚子出现在反“扫荡”的队伍里。一天，部队到了盂县，张洁清突然觉得肚子一阵阵地疼起来，没有生产经验的她不知所措，大家急忙就近找了一间教室，终于将孩子接生下来。刚把孩子包起来，年轻的妈妈还没有从分娩的痛苦和疲惫中缓过来，也还没有来得及享受初为人母的快乐，日本鬼子就又来了。当地的老百姓和民兵，不顾自己的家人还没有安排转移，抬起张洁清就上了山。那天，是11月28日，天上下着雪。就是在这雁北的大山里，刚刚生完孩子的张洁清，蜷曲在临时扎起的一副又短又小的担架上。此时的她是多么想念丈夫啊！北风呼呼地在身旁肆虐、咆哮，干枯的树枝发出尖厉的叫声。前面山路崎岖陡峭，后面敌人步步紧逼，但是老百姓们并没有把她扔下，仍然抬着她艰难地行进在弯曲的山路上。望着身边这一张张质朴的脸，身处寒冬的张洁清，感到心里涌动着一股热流。为了减轻老百姓的负担，她不顾大家的劝阻，将盖在身上的棉被扔掉。这一扔，让她与疼痛结下了不解之缘。从此，严重的关节炎伴随了她一生。

20世纪50年代，彭真与张洁清的合影

原本可以在家做大家闺秀，原本可以嫁一个达官贵人，原本可以尽享荣华富贵，可是这一切，张洁清都没有要，而是心甘情愿地选择了这样一种常人难以想象和承受的生活。以她娇小柔弱的身躯，坚强、勇敢地面对。这是怎样的一种力量啊！那就是信仰和信念。

1949年，中华人民共和国成立，彭真担任北京市委书记。以张洁清的资历与能力，本可安排一个好一点的工作和职务，但张洁清考虑到北京刚刚解放，一切秩序还未恢复正常，人员的背景也不太明了，好多情况还很复杂。于是，她选择了做机要秘书。她的选择，总是将党的利益和需要放在第一位。她对自己的定位，就是辅助丈夫做好党的工作。

20世纪50年代的全家福

在张洁清老人家里有许多写得密密麻麻的笔记本，那是几十年来老人写的工作日记。翻开笔记本，我们看到从彭真每日工作、活动的安排，到他体温和脉搏的变化，都有完整的记录，数十年如一日，从没有间断过。它使我们看到在这绵绵长长的岁月中，一个扎扎实实的党务工作者对自己工作倾心尽力的投入，一个妻子对丈夫细致入微的关爱。

1966年5月，彭真夫妇和他们的子女

随着国家建设的需要，彭真担任的职务也越来越高，工作、生活的环境都发生了巨大的变化。但是，这一切变化对张洁清来讲并没有太大的意义。她仍然像过去一样，踏踏实实地做她的工作，平平凡凡地过她的日子。唯一变化的是她每天工作的时间比过去长了，对自己的要求更高了。不仅如此，她还教育子女不能因为爸爸做了高官，就在同学中搞特殊、讲攀比，就是对爱女也从不娇惯。傅彦是家里唯一的女孩，是他们的掌上明珠，可他们把对女儿的爱，从不放在衣、食、住、行上，而是从小培养她自立自强的性格。傅彦五岁就被送去住校，女孩子都爱美，可在傅彦的记忆里，她几乎没有穿过花衣服，从小到大永远是哥哥们传下来的一身蓝色的衣裤，直到上大学也没穿过皮鞋。从学校到家里，不管路途有多远，傅彦都是骑着自行车，无论刮风下雨都没有改变。有一次，在北大上学的傅彦发高烧，人昏昏沉沉地无法坐公共汽车，更别说骑自行车了。重病的傅彦给母亲打了个电话，她多么希望这时候妈妈能派辆车把她接回家呀！这个想法对于重病中的她来讲并不过分，可是张洁清并没有因为爱女生病，而放弃原则破坏规矩，她没有派车去接女儿，而是让傅彦自己花钱雇车。当傅彦在同学的陪护下，坐着租来的车回到家时，心里不禁充满对母亲的不理解，甚至有一些小小的怨言。在以后的日子里，当傅彦在人生的道路上，遇到艰难坎坷能坦然面对时，傅彦才真正明白，那是得益于母亲平时对她点点滴滴的严格要求。她深刻地体会到了母亲对她那深层次的爱。

在彭真、张洁清的家里似乎有一条不成文的规定，彭真屋里的那张大办公桌，家里所有的孩子和亲属都不能靠近。因为，那上面放着许多党和国家的机密文件，孩子们从小就知道那是一块“禁地”。彭真与张洁清这对做过地下工作的夫妻，深知纪律就是生命，哪怕是夫妻之间也都在自觉地遵守这条纪律。1964 年初夏的一天，彭真回到家里，进门就嚷嚷着要酒喝，张洁清觉得奇怪，因为丈夫平日是不喝酒的。随

“文革”时期的彭真与张洁清

后，彭真告诉妻子我国第一颗原子弹爆炸成功。张洁清说，这么大的事怎么自己事先一点不知道，彭真说这是绝密，只有相关的人员与领导知道，所以没有告诉她。然后，他歉意地笑着说："咱们喝点酒庆祝庆祝吧！"张洁清高兴地张罗去了。像这样自觉遵守纪律的事，在他们之间经常发生，那是再平常不过的。

张洁清对自己、对孩子要求非常严格，但对身边的工作人员却给予了许多关心与温情。1961 年，张洁清陪同彭真回老家山西侯马，中央警卫局原副局长、时任彭真同志卫士的张文健也随同前往。当时，张文健的妻子从北京下放到山西蹲点，张洁清与彭真派人把张文健的妻子悄悄接到侯马。当张文健望着从天而降的妻子站在自己面前时，他怎么也不敢相信这是真的。细心的张洁清还发现张文健的妻子穿得太单薄，就将自己的棉毛衣裤拿给她穿。就这样，在彭真与张洁清的关心下，张文健和妻子相逢在远隔千里的他乡，度过了几天幸福时光。

"文革"中，张洁清与女儿傅彦

无论是过去那个风华正茂的少女，还是现在这个耄耋老人，张洁清给人的印象都是温柔贤惠、高贵典雅。但就是这个给人感到女人味十足的张洁清，却有着异乎寻常的顽强，且不说她几十年与病痛做斗争，仅在"文革"中，她那对信念的不动摇，就足以让人肃然起敬。

"文革"开始后，张洁清被关进了秦城监狱，一关就是七年。七年间，无数次的审问，都让对手落了空。"四人帮"想从她身上打开突破口，将彭真定为反革命，但张洁清无论在什么情况下，对丈夫的信念都毫不动摇，对丈夫的事业都毫不动摇。他们让她揭发彭真的"反革命罪行"，她就从"魏先生"说起，从晋察冀党校说起，从新中国成立以来，彭真勤勤恳恳为党工作说起。直到最后，“四人帮”也没有从她这里捞到任何所需要的口供。

1972年，接到有关部门的通知，允许孩子们去探监。在这之前，孩子们对父母的情况一无所知，他们最担心的就是妈妈。因为妈妈一直体弱多病，认为她怕是熬不过来了，甚至还听说妈妈已经自杀了。可当他们在监狱里见到妈妈时，不禁为她的坚强惊叹。站在他们面前的母亲，头发虽然白了，但意志并没有消沉，脸上仍然带着像过去一样平静、从容的微笑，只是眼睛里更多了几分坚定。张洁清告诉孩子们，要相信他们的父亲，他们的父亲没有罪，相信党一定会把事情查清楚的。短暂的探监就要结束，当看到母亲往回走时，想到不知什么时候母女还能相见，傅彦再也忍不住大哭起来，已经走到门口的张洁清听到女儿的哭泣声，停下了脚步回过头，用坚定的目光望着女儿。透过泪光，傅彦读懂了妈妈眼睛里的话语：“女儿，不许哭，坚强些。”傅彦止住哭泣擦干眼泪，从妈妈的目光中得到一种特别的力量。张洁清满意地望着女儿，脸上浮现出一丝微笑转身走了。望着母亲离去的背影，傅彦突然觉得那柔弱瘦小的身躯变得高大起来。此时，她才明白母亲瘦弱的身躯里，原来是怎样钢打铁铸的傲骨和信念！

1975年，彭真、张洁清终于走出了秦城监狱被送到陕西商洛一个偏僻的小地方。在一间十平米的小屋里，两条长凳支着一张木板，就成了他们的家。由于在战争年代造成的身体损伤，张洁清浑身的关节疼痛难忍，生活十分不便，彭真毅然担负起照顾妻子的责任，承揽了全部家务。

彭真与张洁清在交谈

“文革”结束后的1978年，张洁清先于彭真解放，担任商洛地区副专员。于是，在家暂时赋闲的彭真，除了照顾妻子的生活，还主动帮助她起草讲话稿、看文件、摘文件，成了妻子的私人秘书、“贤内助”。在他们两人看来，对方的需要就是自己的责任。当张洁清双腿疼痛不能行走时，彭真便是妻子的腿，推着坐着轮椅的妻子到处走；当张洁清两手无力时，彭真就是妻子的手，为她端茶倒水送饭；当张洁清十指关节肿痛拿不起笔时，彭真又是妻子手中的笔，替她抄写文件起草讲话稿。看过《彭真画册》的人，都会记得有一张照片十分引人注目。彭真推着坐在轮椅上的张洁清行走在绿色的草坪上，轮椅中的张洁清幸福而满足。它让人想起多年以前，彭真的那句“让我来照顾你”。几十年来，张洁清就是在丈夫这深切和细致的关爱与呵护中度过的。她是幸运的，也是幸福的。她深深地感受到自己得到了一个女人所最想拥有的。有了丈夫这份爱，还有什么沟沟坎坎走不过去呢？

彭真对张洁清细致入微的关爱与呵护，同样也得到了妻子的回报。多少年来，安排好丈夫的生活起居，似乎是张洁清生活中不可或缺的一部分，也是她忠于党的事业的一部分。尽管自己体弱多病，但当丈夫需要时，她总是寸步不离地守护在他身边。1991 年，彭真由于中风卧病在床，看到丈夫那么刚强的一个人一下子就起不来了，张洁清心中既焦急又心痛，但她还是带着平静、从容的微笑守护在丈夫身边。那一段日子张洁清过得很辛苦。一方面她要照顾丈夫的生活，一方面还要让丈夫感到自己还行。那时，彭真右半身不能动，而张洁清恰恰是个左撇子。于是，张洁清风趣地说：“哟，你也成了左撇子。”短短的一句话，便把彭真苦恼的心情冲淡了。几个月后，彭真在妻子的帮助和鼓励下，已经能够用左手拿筷子夹黄豆吃了。

深爱无言，这几个字用来形容彭真与张洁清之间的感情是最恰当不过的。张洁清喜欢兰花，她的衣襟上经常别着几朵白色的小花。那是彭真知道妻子的喜好，每天清晨在院中散步时，从自家花园里采摘下来，为腿脚不便的妻子送上一缕清香。多少年后的今天，张洁清老人回忆起这些往事，脸上仍然带着一种甜蜜的微笑。

彭真与张洁清是 1939 年 11 月 24 日结婚的，也就是张洁清坐着担架被抬到彭真窑洞的那一天。解放后每年的这一天，他们都悄悄地喝一点酒，以示纪念。这成了夫妻俩之间的一个小秘密，孩子们并不知道。有一年又到了 11 月 24 日，彭真向女儿要酒喝，傅彦觉得很奇怪，平时父亲是不喝酒的，望着女儿不解的目光，彭真脸上浮现出一种特别意味深长的笑容，后来还是张洁清憋不住，才告诉女儿这一天是他们的结婚纪念日。

他们就是这样相依相爱相守了近 60 个年头。当彭真生命的脚步走过 95 个年头的时候，这位为中国革命贡献了一生的老人，再也走不动了。彭真与张洁清都明白最后分手的时刻就要到了。他们在一起厮守的日子，已经不再会是以年计算，以月计算了。他们更加珍惜在一起的每一分，每一秒。在彭真生命的最后一段日子里，已是 80 多岁高龄的张洁清，不顾自己年老体弱仍然守护在丈夫身边，只要子女和工作人员不撵她，她就会一直坐在丈夫床前，默默地拉着他的手轻轻地抚摸着，谁也不知道此刻她在想什么。或许她想通过自己的手给丈夫一点力量，让他战胜病魔？或许她想用这双纤细的手阻止丈夫迈向死亡的脚步，让他与自己继续相守？或许她什么都没想，只是觉得这样丈夫能够舒服一点。他们就这样没有话语，只是互相对视着，有谁知道他们平静的外表下面，是怎样的翻江倒海、荡气回肠的记忆呀！

不管张洁清怎样努力，死神还是把她最爱的人带走了。1997 年 4 月 26 日，彭真——这位中华人民共和国的杰出革命家，在妻子凝视的目光下，在子女们的千呼万唤中，带着对爱妻无限的眷恋离开了他的亲人们，离开了他热爱了一生的人民，离开了他为之奋斗了终生的事业。他留给人们的是那浩气长存的正直与坚定，而留给妻子的还有那绵绵无尽的思念。

丈夫走了，张洁清还要继续活下去，那是丈夫临终前目光里对她的期望，张洁清老人终于又挺过来了。

当我们结束了对张洁清老人全部的采访之后，一直盘桓在我脑海中的疑问终于有了答案，我明白了为什么这位外表看似柔弱文静的老人有如此坚强的意志，能够走过那荆棘横生的人生。原来在她娇美柔弱的身躯里，支撑她的是那对理想钢打铁铸的信念与坚贞。在了解了老人的一生之后，我不仅对她高贵、典雅的外表惊叹，更为老人那孜孜不倦对理想的执着而感到由衷的崇敬。

2003 年 8 月，我带着撰稿刘亚俞老师到张妈妈家，听取傅彦大姐和张妈妈的意见，免得有不实之处。傅彦大姐因为经历父亲百周年诞辰纪念活动，对于拍片子和出书等已经很清楚了。傅彦大姐对撰稿指出了一些不准确的地方后，说家里保留着几十本母亲写的日记，里面可能有我们需要的东西。说着她把母亲写的日记给我们拿出来，摆了满满一桌。望着写得密密麻麻的笔记本，我心里感慨万分，字里行间不仅渗透着张妈妈对丈夫的深情，也充满了老人对党的事业的忠诚。第二天，我带着剧组把那几十本凝聚着张妈妈心血的笔记本拍了下来。

现在，每天早晨，张洁清老人要做的第一件事，就是擦拭身边那印有丈夫画像的瓷盘，在失去丈夫后的日子里天天如此。她仍然默默地与丈夫互相地凝视。每当这时，家人都静悄悄的不去打扰她，因为他们知道那是父亲与母亲穿越时空的相会。

2015 年 5 月 30 日，张妈妈与世长辞，享年 103 岁。

从巴山蜀水走出来的川妹子

——谢觉哉的夫人王定国

在拍这部片子之前，我就听说过有这么个老红军，叫王定国，是中共五老之一谢觉哉的夫人。在许多活动中常能看到她的身影，所以初次见她并不觉陌生。采访拍摄王定国妈妈没有费什么周折，老人与家人都非常配合，可能是因为家中有一个拍电影的儿子，也或许是王妈妈本身开朗好动的性格，总之一切顺利、合作愉快。倒是她住的地段和住所内狭小的空间，让我们的拍摄费了一点劲儿。

1999 年 12 月 26 日，已经接近新年，虽然天气很冷，但过节的气氛却是热火朝天。在北京东黄城根的集市上，熙熙攘攘的人们在忙着采办年货，穿过大半个集市有一个大门，大门里有两栋不太起眼的楼房，王定国妈妈就住在这个门口热闹嘈杂道路拥挤的院子里。

院子门口拥挤不堪，我想王妈妈家应该宽敞一些。哪承想一进门就让我的心凉了半截，王妈妈的住宅屋子小不必说，东西还多。到处堆得满满当当的，脚底下稍不留神就会碰到东西。我们的采访背景放到哪儿都没地方，没有办法，只好把外屋的沙发全部搬到走廊摞起来，才算勉强摆上采访背景。

当我们在屋子里折腾时，王妈妈也时不时地走过来看我们忙活，偶尔还提个小建议安排一下。王妈妈身边的小张让她进卧室先休息一下，可老人闲不住，刚离开几分钟，忍不住又过来了。好不容易一切就绪，我们的采访就在这狭窄的空间里开始了。

1913 年，王定国出生在四川省营山县一个贫穷的农家。老实巴交的父亲对自己的命运不满，于是对这个女儿寄予太多的期望，他为这个丫头起了一个男孩儿的名字——王定国。

穷人的孩子早当家，小定国在家里，绝对是父母的好帮手。七岁的她，已经懂得帮家里种地、推磨、喂猪、养蚕。她的童年是在繁重的劳动中度过的。每当砍柴路过学堂，听着那抑扬顿挫的读书声，小定国就不由得止住脚步多停留一会儿，直到日头老高才不得不离开，没有上学是她抱憾终身的一件事。

苦日子还没有到头，新的灾难又降临到这个家。十岁那年，父亲不幸去世，原本贫穷的日子更加艰难。十岁的定国不得不干更多大人们干的活，以减轻家里的负担。幸好舅舅时常接济，日子总算勉强支撑下来。随着舅舅的到来，家里也多了一些神秘的客人。每次舅舅带他们到家里来，总是让定国到门口看着生人。有时候，还让她去送信。王定国不识字，不知道信里都写些什么内容，但她隐约感到舅舅他们一定是在干一件大事。其实那些人都是共产党，他们是奉命到安化乡组织农会，发动群众，为红军攻打营山县清除障碍做准备的。而王定国的家就是秘密联络点。这些来人里面有一个叫杨克明的卖布商人，王定国对他印象比较深刻。他和蔼可亲，尤其是他讲的那些新鲜事，是王定国闻所未闻的。她不知道，这个卖布的大叔，就是川东地下党的中心县委书记，这次行动的组织者和指挥。

一天晚上，舅舅又带着人到家里来了。不用舅舅吩咐，机灵的小定国就跑到门外一边玩耍一边放哨。不知过了多长时间，舅舅把定国叫过去，让她往丰登铺送一封信，定国很快就完成了任务。第二天晚上，丰登铺的团防局就被农会端了，团总跑得快没有抓到。团防局被打散之后不久，团总不死心，又跑到仙女石召集人马企图卷土重来，地下党组织得知消息，又组织农会准备彻底端掉他。仙女石离安化乡有 20 多里，途中有一座桥，敌人就在桥那边。过桥还要经过一座老坟，传说那里常有冤魂野鬼出没，许多孩子害怕不敢去，于是送信的任务又落在了人小胆大的王定国身上。大人们告诉王定国，坟地里没有什么鬼，有我们的人在那里保护她，只要听到猫叫，就是咱们的人。

那天夜里，天上没有月亮，到处漆黑一片。除了有几声猫头鹰叫和远处的狼嚎，四周静悄悄的。虽说平时王定国胆子比较大，可毕竟还是一个孩子，路过阴森森的坟地时，她还是有些害怕。正在犹豫，忽然她听到一声猫叫，她想起来大人们说过，听到猫叫就是自己人。王定国立即胆壮起来，她向周围看看，什么也看不见。“管他呢，反正有咱们的人保护，怕什么。”她安慰着自己，大着胆子向老坟走去。三天后，仙女石的团防局就被农会一锅端了。以后有时候夜里去送信，王定国常听到许多猫叫，她很纳闷：“怎么搞的，这么多人都来了？”其实，那是山里的野猫。

在舅舅和杨克明的影响下，渐渐长大的王定国在懵懵懂懂中受到革命的熏陶，并积极投入地下党组织的各项斗争中去，在革命中逐渐地成长起来。当时，营山县组织了一个游击队，共发展了五千人，其中妇女就有四百多人。游击队平时是不集中的，只是有任务时，才临时召集起来打一仗，仗一打完，大家就又各回各家。而这时的王定国再也不是那个只是送信的小孩，每一次的行动中，她都是最活跃、最勇敢的战士之一。

1933 年 10 月，红军解放了营山。王定国也因为自己的突出表现，光荣地加入了中国共产党。不久，组织上就派王定国到巴中苏维埃学校学习。她背起简单的行囊，怀揣着母亲的叮咛，告别了故土，开始了自己的革命斗争生活。

学校为期三个月的学习，主要课程是党的基本建设、组织地方武装、扩大红军队伍等。对于这些大字不识的学员来说，全部知识都要靠脑子记忆。王定国睁大眼睛认真地听着每一句，学习结束时，对每一位学员进行考试，也就是演讲，王定国以突出的成绩得到上级领导和同志们的好评。她也因此被调到保卫局工作。

1935 年 2 月，中央红军到达贵州，准备与红四方面军会师。为了迎接即将到来的革命高潮，川陕省委和红四方面军总政治部决定加强宣传力量，成立了一个在当时红军队伍里规模最大的文工团，天性活泼能歌善舞的王定国被选中参加了文工团。

在文工团，除了每天和男同志一起行军和做部队的宣传鼓动工作，女同志还肩负着做饭的任务。部队每到宿营地，男同志都休息了，而王定国她们就去找粮食做饭。除此之外，她还要参加演出。她个子小，年龄也不大，在文工团里非常活跃，跳舞也很卖力气，有时候一不留神，就把本来不太结实的草鞋甩出去老远，常常引得战士们一片笑声。

不久，在历经强渡大渡河、飞夺泸定桥、翻越夹金山等种种艰难困苦后，中央红军与红四方面军终于会师于四川懋功。会师那天举行了庆祝大联欢。会师后，在与张国焘错误路线进行了坚决的斗争后，中央决定穿过荒无人烟的草地继续北上抗日。

经过艰难的跋涉，部队终于走出草地到达卓克基。王定国所在的文工团住在山下，离她们不远就是干部休养连。一天，王定国与文工团的战友们从干部连路过，一个老同志拿着两件衣服走过来，在王定国的面前停下脚步："小同志，马上要过雪山了，你们有没有针线，帮我个忙，麻烦你能不能帮我把这些衣服合在一起加厚一些。"王定国望望眼前这个和蔼可亲的老同志很爽快地答应了："行，可是我们现在手头没有针线，拿回去给你缝吧。"当天夜里，她把两件衣服缝到一起，又把从老乡那里找来的羊毛塞进两件单衣中间，用针线把它缝好，然后自己先试穿了一下，还行，挺暖和。第二天，一件厚厚的"羊毛衣"便送到那位老同志的手上。这时候，他告诉王定国，自己姓谢，叫谢觉哉，是干部休养连的。当时，两人可能都不会想到这件王定国一针一线缝制的衣服，不仅帮谢觉哉抵御住了雪山的风寒，还成为他们日后牵手人生的媒介。

1935 年 9 月，红军经历了千辛万苦到达四川阿坝准备继续北上。这时候，张国焘公然分裂党中央，带着红四方面军掉头南下，重过雪山草地，逃避抗战，结果遭到严重的挫折，被迫退到四川甘孜，与红二方面军会合，继续北上，王定国又随大部队三过雪山草地。三个月后，终于在甘肃会宁与红一方面军胜利会师。

会师后，中央决定一部分人到陕北，另外组织一部分人过黄河到河西走廊，打通由新疆至苏联的国际通道，争取得到苏联红军的援助，建立河西根据地。于是，王定国又随文工团与红四方面军的九军、五军、三十军一起西渡黄河，来到人烟罕至的河西走廊，这就是“西路军”。

两万多人的西路军一过黄河，便遭到马步芳、马步青数万匪军的围追堵截。西路军将士们浴血奋战，但还是伤亡惨重。12 月底的一天上午，风卷着黄沙呼啸着四处乱窜，王定国与战友们奉命从永昌到红九军所在地二十里铺去慰问演出，途中不幸与马步芳的部队遭遇。王定国她们在政委的带领下迅速抢占了一座闲置的地主家里的碉楼，用不多的武器与敌人进行战斗。同时派人与总部联系，请求支援。下午，得知消息的总部派来一个骑兵连前来支援。谁知，骑兵连的战马大都是刚刚从敌人手里缴获过来的，和战士们还不太熟，敌人一吆喝，那些马立即拼命地把战士们从马背上甩下来，跑到敌人队伍里去了，战士们有的受伤被俘，有的倒在敌人的枪口下。那一仗打得异常激烈和残酷，政委和许多战士都牺牲了，王定国她们一直顽强地坚持到天黑，最后终因弹尽粮绝寡不敌众，她与三十多个战友不幸被俘。

敌人把她们从凉州押到青海西宁的一个破庙里，许多西路军的战士被马家军残忍地杀害了。面对残暴凶狠的敌人，王定国与战友们决心以先烈们为榜样，也都做好了赴死的准备。大家约定上刑场时，一定要昂头挺胸高呼口号，要让老百姓知道国民党的罪行，知道共产党是抗日的，要在最后时刻，再做一次宣传。可是马步芳觉得这些能歌善舞的红军还有点用，于是下令对她们网开一面暂不处死。利用马步芳的这个决定，王定国她们在狱中建立了党支部，对当时许多被俘的西路军战士展开营救。当时，西路军几乎是全军覆没，许多被俘的女战士被马步芳的部下强行抢去做老婆。妇女团团长张秋琴，是红军中骁勇善战的巾帼英雄，她也不幸被俘。王定国她们就让她冒充文工团的演员，成功地掩护了张秋琴。

1937 年，蒋介石在全国军民一致抗日的呼声中，迫于压力，不得不暂时停止对共产党和红军的“围剿”，第二次进行国共两党合作。我党立即提出释放一切政治犯的要求，并在兰州设立八路军办事处，而负责人就是那个过雪山之前，请王定国缝衣服的谢觉哉。那时候，王定国和战友们已经被押往张掖 300 旅韩起功旅部，并与狱中党支部取得联系，担任组织委员。不久，兰州八路军办事处委托一个叫高金城的人来到 300 旅。高金城是一个爱国的宗教人士，很快就与王定国她们取得联系，并出面找到韩起功，把王定国借到自己开办的福音堂医院做护士。王定国终于逃出虎口。

在高先生开办的福音堂里，利用行医做掩护，王定国她们四处寻找着失散的西路军战士，有300多人先后被营救出来奔向了延安。

王定国、高金城的行动引起了敌人的注意和怀疑。韩起功派人找到高金城，企图把王定国要回去，将她嫁给自己的一个部下做老婆。高金城得知这一消息，立即找韩起功周旋，同时寻找机会送王定国离开张掖。在一个秋风瑟瑟的夜晚，西域苍原的古道上，一辆运粮的马车颠簸着走向远方。车上，一个年轻的姑娘蜷曲在粮袋垛中。她就是韩起功到处在找的王定国，此时，在高金城的安排下，王定国正奔波在从张掖前往兰州的路上。经过一番辗转，王定国终于来到兰州八路军办事处。

到了兰州办事处，王定国见到一个人很面熟，却想不起来在哪里见过，倒是谢觉哉还记得这个几年前为自己做“羊毛衣”的川妹子。王定国向组织表示了自己到延安的愿望。她想到延安抗大学习文化弥补自己没有上学的缺憾，同时在思想和理论水平上也能够有所提高。但谢老却不同意她的想法。当时，八路军驻兰州办事处有一个重要任务，就是把失散的西路军战士找回来送到延安。可是兰州办事处几乎没有女同志，加上正赶上国共两党合作，八路军那时统编为国民革命军第十八集团军，全部是国民党的编制，军装也是国民党军服。所以好多西路军战士一看到办事处门口的哨兵穿着国民党军服，掉头就跑了。而那时，红军经过二万五千里长征，部队受到重创，只剩下几万人马，急需补充人员和干部。基于上述原因，谢觉哉找王定国谈话，希望她留下来。因为她本身是西路军的人，好多战士都认识她，只要看到王定国，西路军的人就会找到办事处。就这样，王定国服从组织的安排留在了兰州。没有多长时间，就接收了五六百西路军失散人员，办事处把他们都一批批送往延安。后来，为了找到更多的西路军人员，王定国又化装成护士，潜回张掖高金城办的福音堂医院，一边以当护士做掩护，一边与高金城一起四处奔波，寻找失散的西路军人员。

一天，福音堂医院来了一个病人叫马合年。此人是当地的县长，大革命时期的中共党员，后来脱离了党。王定国了解到这个人的情况后，就开始做他的工作。她说：“你曾经是共产党，现在你虽然脱离党了，但起码还是一个中国人吧，共产党抗日的主张你总归是赞成的吧，你那个县政府给个方便，不要随便抓人，大家团结起来一致抗日。”听了王定国的话，马合年表示:“在我的地盘上，我可以不抓人，但马步芳抓了好多共产党的干部，寄放在我那里押着不让放，怎么办?”王定国说:“你找个理由，把他们都放了，这个你总会有办法。”后来，马合年果然把马步芳寄放到他那里的人都给放了。那时，山上山下老百姓家住的都是失散后又找回来的人，他们躲在老百姓的草堆里，通过福音堂发点路费，全部被送往延安。

后来这个情况让马步芳察觉到了，王定国不得不回到兰州。这一阶段，在高金城的掩护和帮助下，他们共找回失散的西路军将近两千人，为党挽回不少损失。可是不久，共产党的老朋友高金城却被敌人秘密杀害了。这让王定国难过了好一阵。新中国成立后，王定国多次来到兰州高先生的墓前，看望这位共产党的挚友，凭吊先生的英灵，怀念自己的救命恩人。

1938年冬，谢觉哉（左一）、李天佐、林彪、赵品三、邓小平在八路军驻陕北办事处

重新回到兰州办事处两个月后，组织上找到王定国谈话，大家都是干革命的，谢老年岁大了，需要有人在身边照顾，请她考虑一下。王定国没有同意。当时，她已经有一个男朋友，姓张，是她的四川同乡，比她大两三岁，在五军团当参谋长，王定国一直在等他。后来，有消息传来，说她这个男朋友牺牲了。组织上得知这个情况，又找王定国谈话，请她考虑与谢老的婚姻问题。那时候，谢觉哉已经53岁，而王定国才二十出头。她一方面觉得谢老确实很需要人照顾，但一方面又有些顾虑，觉得谢老文化高，而自己是大字不识一个的文盲。组织上说:“这样正可以互补，你照顾谢老生活，谢老教你学习文化。”王定国觉得这也是革命的需要，就同意了组织上的建议。

结婚后，王定国在谢老的直接领导和影响下，工作十分出色。当时担任“八办”主任的伍修权曾在回忆文章中对王定国有这样的评价:“根据谢老的指示，这位浑身充满热情和朝气的女青年主要从事妇女界，特别是与国民党上层人士家属的联系。别看她出身农家，又没有文化，可很快就学会了一套同女界名流以及国民党官僚太太、小姐打交道的本事，以自己的淳朴和热情感染她们，并通过她们去影响各自的姐妹和父兄，使其了解和赞同我党的政策和主张，支持抗日活动。在王定国同志的积极工作下，不少妇女名流和太太、小姐被她说动了心，有的还把她当作可靠的朋友和引路人……”

与谢老结婚后，王定国除了自己的工作，还要照顾和辅助谢老的工作和生活，随之而来的问题也就出现了。有一次，谢老让王定国帮着拿报纸，由于不识字，总出差错。谢老要《甘肃报》，王定国却给他拿了个《民国日报》，换了几回也没拿对。这件事虽然不大，却给了王定国很大的触动。她下定决心学习文化。谢老知道后非常支持，亲自教妻子识字写字。王定国也很刻苦。当时条件艰苦，纸和笔都很少，王定国就把字写在别人背上，她跟着后面一边走一边记。天天如此，日积月累，她也识得不少字，渐渐地可以读书看报了。

1940 年，周恩来从苏联回来路过兰州。王定国把积压在心里多年的愿望向周恩来倾诉，请组织上批准他们回延安。周恩来同意了他们的请求。因为当时兰州八路军办事处基本上已经完成任务，加上国民党也常来找麻烦制造摩擦，中央决定撤销办事处。就这样，王定国与丈夫谢觉哉回到了向往已久的延安。

回到延安，虽然工作学习紧张，但没有特务盯梢跟踪，也不用整日提心吊胆，心情十分愉快。这时候，谢觉哉担任陕甘宁边区政府秘书长，而王定国给他做秘书。平日里工作之余，谢觉哉教妻子文化，而王定国则把丈夫的生活照顾和安排得井井有条，夫妻俩夫唱妇随其乐融融。他们的孩子也相继诞生。

1947 年，谢觉哉、王定国与孩子们在山西后甘泉合影

新中国成立后，谢老先是担任内务部长，1959

年当选为全国最高人民法院院长。1964 年，谢老又当选为全国政协副主席，王定国则一直在丈夫身边辅助他工作。在内务部任机要科长的时候，部里所有的文件都由王定国组织发放。她虽然文化不高，但十分努力和负责，对下面的同志要求也很严格。有一次，发出一个文件，把周总理写成“周经理”，王定国发现后，及时把文件追了回来，避免了事故的发生。

谢老与王定国虽然年龄相差 31 岁，但他们生活得却十分和谐，王定国先后为谢老生下五男三女八个孩子。谢老不爱说话，脾气和修养也非常好，对这个年龄比自己小很多的妻子从来没有发过火。而在王定国眼里，谢老既是丈夫还是先生。在谢老的指导下，王定国不仅学会了写字，还学会了作诗。1953 年 5 月 15 日，在谢老七十寿辰之际，王定国给丈夫写下了这样的诗句：

谢老：自从我们在一起，不觉已近二十年。互相勉励共患难，喜今共享胜利年，花长好，月正圆。为建设共产主义社会，祝您万寿无疆，祝您青春永驻。

为了能将自己的心意长久保留下来，王定国还找人把她写给谢老的生日贺词一针一线地绣出来，装在镜框里挂在墙上。

作为对妻子的回报，在王定国生日时，谢老也赋诗一首回赠给妻子：

暑往寒来五十年，鬓华犹衬蜡花鲜。
几经沧桑君犹健，俯视风云我亦仙。
后乐先忧心上事，朝耘暮饲院中天。
三女五男皆似玉，姿挺彩舞到庭前。

我们从他们夫妻俩你来我往的诗句中不难看出，那流淌在字里行间的涓涓深情。

1953 年，谢觉哉、王定国在内务部宿舍前合影

早在与王定国认识之前，谢觉哉有过一次婚姻，女方比谢觉哉大几岁。由于战争的原因他们分了手，但谢老与前妻感情很好，经常把自己对她的思念写在日记里。王定国对此很能体谅。她说，如果不是因

为战争这个特殊原因，人家原本是一家子，这谁也怪不着。所以，新中国成立后，谢老曾回湖南老家看望前妻，王定国不但没有阻拦，而且还一同前往。

由于工作繁忙，孩子的生活和教育自然是王定国管得多一些。一般情况下，生活上什么吃喝拉撒睡、衣食住用行这样的事，她很少去干扰谢老，但遇到孩子思想上有了问题，她是一定要告诉丈夫的，并和谢老一起针对孩子的问题进行教育。

有一次，他们最小的儿子亚旭放学回家，问姐姐爸爸的官到底有多大呀，还问爸爸的车是什么牌子的。姐姐感到很诧异，问亚旭干吗要问这个。亚旭说，在学校里，同学们在一起都在比谁的爸爸官做得大，谁的爸爸坐的是红旗牌小轿车，所以他也想知道爸爸到底是多大的官。这件事让王定国知道了，她从孩子身上发现了一些不健康的思想苗头，于是就和丈夫商量给孩子们开个家庭会，对他们进行教育。谢老严肃地对孩子们说："不论官大官小，都是人民的公仆，都是为老百姓服务。给车呢，是为了工作需要和方便。什么牌子不重要，官大官小也不重要，你们小孩子不要比这些，要比就比谁的学习好，谁的进步大，谁将来对国家有贡献。我们不希望你们依赖家里，如果你们依赖父母没有真才实学，这样的孩子我们是不要的。"

新中国成立初期的谢觉哉与王定国

谢老和王定国夫妇要求孩子们知识要丰富但在生活上要简朴。原《人民日报》的记者丁浪曾经跟随谢老采访，与谢老和王定国夫妇很熟。有时候因为工作的缘故，赶上吃饭的钟点，王定国就留她在家里吃饭。那时候，为了照顾年岁已高的谢老，国家专门给他配备了厨师，王定国从来不去吃丈夫的"小灶"，而是跟孩子们一起吃大锅饭。据丁浪讲，他们家吃饭很有特点，每到开饭的时间，根本不用张罗，孩子们自动就聚拢到饭桌前。因为那时他们家人多菜少，又正赶上孩子们生长发育特别能吃，如果来晚了就连菜汤也没有了。吃饭的时候，一点声响也没有，平日里叽叽喳喳爱说爱闹的孩子，这时候都顾不上说话，只埋头吃饭，因为只要说会儿话，盘子里可能就空空如也。所以他们养成了吃饭不说话的习惯，吃得也非常快。王定国是四川人，家里腌制了许多泡菜，他们家大大小小的泡菜坛子有好几个。吃饭时，王定国总是把泡菜剁得碎碎的加一点点肉末和辣椒炒在一起。每到这个菜端上来时，吃饭就更加到了高潮。在他们家吃饭如同参加一场战斗，紧张而激烈。

20 世纪 50 年代的谢觉哉与王定国

“文革”来了，谢老受到了冲击，抄家是不可避免的，王定国首先想到的是谢老几十年来写的日记和一些文章及讲话稿。那是谢老几十年革命实践的体会和心血，是党和国家的宝贵财富，绝不能就这样付之一炬。她把家里所有能藏东西的地方都考虑过了，还是觉得不放心。最后王定国把家里的一个长沙发掀起来，将这些文稿放到沙发下面。那时，谢老因病已经瘫痪在床上不能行走，王定国安排谢老白天就躺在沙发上，以免抄家时把文稿翻出来。不久，因为曾在西路军并有被俘的经历，王定国被扣上“叛徒”的罪名，受到错误的审查和关押。

1969 年的一天，中南海西门门口，来了一位坐着轮椅的老人。他就是王定国的丈夫谢觉哉。谢老此次带病冒死闯中南海，是要求见周总理请求放王定国回家。在周总理的直接干预和关心下，王定国终于回到了家，回到谢老身边。

当时，王定国并不知道这些情况。突然接到通知可以回家，王定国虽说感到有些诧异，但心里一直惦记着生病的丈夫，也就没有问来龙去脉，急匆匆地就往家里赶。回到家，看到谢老孤零零地躺在沙发上，身边没有一个人，王定国心里一阵心酸。问罢谢老的身体状况，她又检查了沙发下藏匿的文稿，看到它们安然无恙，王定国的心才踏实下来。这时候，电话铃声响起，她走过去拿起电话，听筒那边传来一个熟悉的声音："喂，我是周恩来，王定国同志回来没有?"听到总理的声音，王定国顿时满眼泪花，她哽咽着说："总理，是我，是我，我回来了。"总理问："谢老情况怎么样?"王定国回答："还说得过去。"总理说："谢老年纪大了，身体又有病，你要好好照顾他，不要离开。"王定国连连点头："我会的，总理放心。"

20 世纪 50 年代全家合影

放下电话，夫妻俩长久地没有说话。他们知道，周总理在那样一种情况下，还关心和保护着他们，实在是不易。以后，王定国经常会接到总理的电话，询问谢老的身体和生活情况。这让他们十分感动，不久，谢老又在周总理的关怀下住进了北京医院。直到 1971 年 6 月谢老去世，王定国都一直陪伴着谢老走过他人生的最后岁月。每当回忆起这段日子，王定国都不无感慨地说，是周总理救了她，救了谢老。

1974 年 4 月，王定国的所谓历史问题终于有了结论，一切强加在她头上的罪名被推翻。王定国立即投入工作，参加谢老遗著的收集整理和出版。她在动乱年代保存下来的谢老的文稿终于有了归宿，她可以告慰丈夫的在天之灵，王定国感到很欣慰。

然而，有一件事萦绕在她心头半个世纪却始终挥之不去，那就是当年被俘蒙难的西路军战友。由于历史条件的限制和种种原因，西路军河西走廊惨败之后，有相当数量的被俘和失散人员没能重返革命队伍，从此就留在了甘肃、青海、宁夏一带。新中国成立后，他们的处境和待遇十分不好，许多人生活困难。王定国得知这种情况，心情非常沉重，生性耿直善良的她也为自己的战友们愤愤不平。她决定重返大西北，继续承担起半个多世纪前寻找西路军战士的使命，为那些同样为新中国的诞生洒过鲜血的战友讨回公道。

1983 年金秋，王定国来到了兰州。到了兰州，王定国恰巧碰到了廖汉生，于是两位老人结伴而行，开始在河西走廊一边寻找西路军幸存者，一边对现存的西路军战士所处的境遇进行调查。一个多月的行程走下来之后，王定国将自己的调查和建议，向中共中央写了一个报告。在王定国和一些老同志的呼吁下，中央做出决定，本着实事求是的原则，对西路军老战士当年参加革命和长征的历史予以承认，使多年受到不公正待遇的西路军老战士，在政治地位和生活待遇上终于有了一个公正的结果。

1984 年 4 月，在谢老诞辰百年之际，王定国将丈夫一生收藏的两万多册非常有价值的书籍捐献给了中央档案馆。

老骥伏枥，志在千里。晚年的王定国，虽说子女们都学有所成，有的甚至是所从事行业中的佼佼者，但她并没有满足于享受这儿孙绕膝的天伦之乐。只要身体好，她总是闲不住，自己找些事做。在一次长城旅游的经历之后，她看到中国人引以为骄傲的古长城以及一些文物古迹正在受到自然和人为的破坏，心里十分着急，到处奔走呼吁。在她的倡导下，先后参与和创建了中国老年文物学会、中国长城学会，为保护中国的古老文明，做了大量的工作，尽了一个中国公民应尽的责任。

谢觉哉与王定国

闲暇之余，王定国最喜欢的就是写诗作画，她的勤奋好学以及多年来在谢老身边的耳濡目染，使她从一个目不识丁的乡下妹子，逐步学会了认字、写字、画画，甚至作诗。在纪念红军长征60周年之际，她挥毫写下这样的诗句：

遵义会议挽危舟，航船正舵战神州。
扫尽乌云红日出，相通皓月大江流。
越过难关乾坤转，又逢狭路叠嶂稠。
祖国山河开伟业，一轮甲子写春秋。

如今已近百岁的王定国老人，还是那样充满活力四处奔波。在一些大型公益活动和会议中，仍然能够看到她硬朗的身影。这个从巴山蜀水走出来的川妹子，在人生的道路上，经过了近一个世纪的跋涉，从来不曾停止过脚步，她依然硬朗朗地迈步前行。

1949年，王定国（右一）与战友合影

采访完王定国妈妈，我们中午简单地回去吃了点饭下午就又跟着王妈妈来到西直门附近的总政招待所。那天是毛泽东诞辰106周年纪念日，在总政招待所举办了一个《毛泽东在1949》的纪念摄影展。我很佩服王妈妈那过人的旺盛精力，一上午的采访根本没有影响她的精气神。个子不高的她走得挺快，有时候我们都有些跟不上，稍不留神就把老人跟丢了。王妈妈一进展室迎面上来两位60多岁的老人，经介绍他们是305医院的，其中一个还是毛主席的护士长。王妈妈和他们打过招呼就去看图片。她一边看一边和身边的人聊天，曾给刘少奇做过卫士的李连成正好在王妈妈身边，李连成是我们采访过的对象，所以我们也认识。王妈妈看着眼前那些珍贵的照片，十分感慨，要是红军长征拍些照片，留作资料该多好啊！可惜当时没有那个条件。

两人边看边聊，这时候有几个人走上来，请王妈妈签字。这几个人是有备而来的，每人手里都有两三本签字本。王妈妈爽快地答应着，并不厌其烦地给他们在本子上一一签写自己的名字。签完字，这些人又要照相，王妈妈高兴地满足了他们的每一个要求。折腾了大半天，跟着王妈妈的小张忙招呼老人休息一会儿。哪知刚刚坐下，又围过来一群人，看样子和王妈妈很熟。那天，毛岸英的夫人刘思齐也去了，还有一直跟着毛主席专门拍照的摄影师和毛主席的秘书叶子龙也都到了，他们一起和王妈妈合影留念。长征是20世纪30年代的事情，现在世界已经进入新的世纪，健在的老红军实在是不多了，像王妈妈这样头脑清晰行动敏捷的更是少之又少。所以，王妈妈就像一个“革命的古董”，显得十分珍贵。人们必然要抓住这个难得的机会。好在王妈妈精神头不错，对年轻人的好奇和要求她总是有求必应。整个参观过程，老人家几乎没闲着。

2000年新年刚过，我们就又来到王妈妈家。后来我才知道，王妈妈住的这个地方，并不是早先谢老的住所，而是“文革”中谢老被打倒以后的住处。“文革”后，王妈妈一直住在这里没有搬。她喜好写字画画，住所里墙上挂的、桌子上摆的、地上堆的都是她多年来的作品。还有一个储藏室，里面从天到地全放满了一卷卷画轴。那饱蘸着笔墨和心血的字画，对这样一个曾经是大字不识的人，抛开字画好坏且不评论，单是她那几十年的执着，就足以让人肃然起敬。

说来也凑巧，那天我们计划拍王妈妈书写字画，我们前脚刚刚进屋，后脚紧跟着就进来一个30多岁的年轻人。王妈妈家单元的正门很少走人，一般都是从阳台的门进屋，从阳台到院子，有一个简易的铁梯子，这个门成天开着，来人也不用敲门，抬脚就进。那个不速之客进门就先自我介绍，他是西单商场保卫科的，由别人介绍，到王妈妈这儿讨几幅她的墨迹。说着他从随身带来的包里取出一卷宣纸，请王妈妈给他写字。对于这个陌生人的要求，王妈妈没有拒绝，而是很乐意地答应了。在客厅与卧室之间的过道，摆放着一张大桌，那是王妈妈的餐桌。这张桌子还有个兼职，那就是兼有书桌的功能，它是王妈妈每天写字作画的地方。王妈妈铺开宣纸挥笔书写，没用多长时间，就写出十几张。那个陌生人拿着王妈妈的墨迹，满意地走了。王妈妈又给我和导演一人写了一张，给导演写的是“勤政为民”，给我写的是“学习政治”。

第二天，我们听说王妈妈的干女儿李嘉平要去看望王妈妈，于是我们又跟随着李嘉平来到王妈妈家。李嘉平的父亲抗战时期，原是谢老在陕甘宁边区做苏维埃主席时的同事，因为过世较早，就把年纪尚小的李嘉平托付给了谢老和王妈妈。李嘉平的丈夫是一个军区的领导，家里条件不错。这天，一大早她就让司机拉着她往东黄城根走，路上找了一个水果摊买了一些水果。到了王妈妈家，正碰上王妈妈的小儿子亚旭。考虑到王妈妈年纪大了，组织上安排亚旭在母亲身边做秘书工作。亚旭是学法律专业的，现在也只得放弃自己的专业专心照顾母亲。打过招呼后，李嘉平大姐直接走进王妈妈的卧室。王妈妈正在整理自己的那堆宝贝字画。因为东黄城根要改造，组织上给她分了一套新居，就在北四环边上，老人这段时间忙着收拾东西。李嘉平看着屋里乱糟糟的，就邀请王妈妈到她那里小住几天，还提出来要给王妈妈洗床单，她的好意王妈妈一一谢绝了。王妈妈说："这屋里的问题没人组织不行，天天有人要来，要做一些事。快九十了，事情不能堆，堆到那里不办怎么行?"李嘉平指着地上的一些杂物建议能卖就卖该扔就扔。王妈妈不赞同："我什么也不卖，舍不得，我不要钱，这么大岁数要钱没有什么用。我喜欢留东西，留下来什么时候需要随时都找得到。"两人聊了一会儿，大概是看王妈妈确实很忙，自己又插不上手，李嘉平没待多大工夫就走了，王妈妈一直把她送到门外。

这以后，我们跟踪拍摄了王妈妈参加老年公寓的奠基活动，还采访了谢老身边原来的工作人员。采访谢老的生活秘书高士文时，我们听到这样的故事。高士文是个"红小鬼"，长征时他才12岁，因为有尿床的习惯，没有人愿意收留他。谢老知道后，就把这个个子不高还爱尿床的"红小鬼"留到自己身边。这让一直遭人嫌弃的高士文心存感激，对谢老照顾得尽心尽力。谢老与王定国结婚后忙于工作，妻子怀孕后都是高士文照顾。生谢飞时，王定国临产时才想起来往医院跑，结果不等到医院羊水就破了，谢飞出生在了延河边上，生完以后才赶紧往医院送。这一切，谢老都没有在身边，全靠高士文跑前跑后。那时候，他还是个半大的孩子。后来，高士文到了谈婚论嫁的年纪，由于他一米五几的个子，又不善交际，眼看着岁数不小了，对象却没有着落。为了能让高士文安心工作，组织上出面帮他物色了一个。那是一个个子高挑的姑娘，在招待所当服务员。我听高士文的妻子跟我说，当时她并没有相中高士文，嫌他个子太矮。可是组织上找她谈话，如果不同意这门婚事，就不再录用她在招待所工作，那样她就面临着回农村老家。看到高士文人老实，又是老红军，她最后还是应允了这门婚事。她说，她为老高前后共生了四个孩子，没有一次丈夫在自己身边，言语中仍然透着一种委屈。

2000 年 5 月，王妈妈终于离开她那个狭小拥挤的住宅，搬到北四环小营附近的一个大院，那是国务院机关事务管理局所属的小区，条件比原来东皇城根强多了。窗明几净，也宽敞了许多。那天家里聚会，我们闻讯赶过去，王妈妈家孩子、孙子挺多，我们也弄不清谁是谁，扛着机器就拍。王妈妈那天还特别高兴，给我们拿出一盒高级奶糖，我和剧组的宋晓辉光顾坐在那里吃糖，结果穿了帮。后来我们开玩笑说，管他呢，装孙子，反正王妈妈儿孙多，别人也许以为我们是她家里的孙辈呢。

后来，我又到过几次王妈妈家，经常看到老人家和几个年轻人打扑克牌，而且玩的是时下最流行的“拖拉机”带双抠的。看到我去了，她兴致勃勃地说：“你来嘛，你总也不来，你来打牌嘛。”我坐在旁边看她们玩得很起劲儿，王妈妈思维敏捷，一点都不糊涂，牌出得总是恰到好处，赢多输少。这里面虽然有一些年轻人让的成分，但我看王妈妈打牌的技术还是不错的。

通过打牌，王妈妈身体得到了锻炼，九十几岁的老人，眼不花，耳不聋。有一次，我请她审查剧本，结果我这个晚辈戴着二百多度的老花镜，她老人家却什么眼镜也没戴。除此之外，王妈妈还特别喜欢户外活动，气候宜人时她总是到处走走，有时候甚至还走山路。在一次参加人民大会堂的活动时，王妈妈和光美妈妈在一起聊天，听说王妈妈经常上外地，光美妈妈特别羡慕地说：“我不能离开北京，不是走不动，我是气管不好，我就不愿到处走，因为病了会给地方添麻烦，我自己也病不起。我就慢慢凑合凑合。我没有你那个本事，你到处活动所以你没病，挺好。比起你我年纪不算大，但我没你那

与家人打牌

个精气神儿。”光美妈妈说对了一半，其实王妈妈曾患有癌症，但她从没有把病痛放在心上，精气神特别好，别人就以为她没什么病，其实不然。

后来，我在一个朋友处偶然见到一个人，他说正在筹备“王定国书画展”，准备到各省巡展，我听了很是高兴。王妈妈一生未进过学校门槛，但靠自己的勤奋和钻研，不仅学会了认字，还学会了写诗、画画，直到九十多岁的高龄，仍然笔耕不辍。她的这种活到老学到老的精神，让人肃然起敬。

2000年清明，在八宝山革命公墓一号大厅的一角，我无意中发现了一个小小的花篮。那是王定国妈妈敬献给谢老的，花篮上还附着一首诗。诗中字里行间充满了王妈妈对谢老的款款深情。

如今老人家已一百多岁的高龄，但依然硬朗健康，积极参加各种公益活动。闲暇之余除了享受着儿孙绕膝的天伦之乐，间或写诗作画，从中体味一种超然的乐趣。

“我只有坚强”

——贺龙的夫人薛明

大约是1978年年底，我从同学那里借到一个手抄本，名字已记不清但内容至今记忆犹新。它真实地记录了贺龙元帅生命中最后的日子。因为同学只借给我一天，我用了一个通宵把它看了两遍，我为里面的内容所震惊，为元帅最后所受到的非人道的残酷迫害所悲愤，我是流着眼泪看完它的。整整一个星期，我的情绪都是充满着悲愤。那时的我不明白，一个泱泱大国的开国元帅怎么会遭到如此的对待。不过那时候，我觉得元帅离我们很远，我更多的是把手抄本当作一部感染力很强的文学作品。

想不到20多年后，我有幸走进了这位元帅的家，认识了曾经与他患难与共的夫人——薛明妈妈。

薛明妈妈是我们拍摄的16位老妈妈中最后一个采访的。当撰稿写出稿子的时候告诉我们，薛妈妈不同意采访。于是，我找到总参老干部局，请他们出面帮助做工作。可是不久，一位杨姓的同志来电话说，薛妈妈还是不同意拍摄，什么原因他也没说。我决定自己亲自去一趟。

2000年5月的一天，我来到位于北新桥的薛妈妈家。走进院子，眼前是一片空旷，院子里与我到过的其他老妈妈家不一样，没有什么大树和花卉，显得有些冷清荒凉，只有院中的小草显现出春天的气息。对着院门，有个灰色的小楼，工作人员告诉我，那就是薛妈妈居住的房子，我径直走了过去。

可能是工作人员的电话已经打了过去，当我走进门时，有个女孩已经迎了过来，虽然穿着便装，但从她走路的姿态，我看出她是个军人，她让我在小客厅等候，说完自己就进了里屋。

趁着等待的工夫，我打量了一下房间。屋子不大，甚至可以说有些拥挤，一点没有元帅府的气魄，墙壁有些发黑，屋里除摆放了几个陈旧的老式沙发外，再也没有其他东西。

我正在观察房间，先前那个女孩搀扶着一位八十多岁的老人从屋里走了出来，我猜那就是薛妈妈了。薛妈妈拄着拐棍，步履缓慢，我连忙迎了上去。

晚年生活中的薛明

“薛妈妈，您好，我是姚言。”我向薛妈妈做了自我介绍。

“哦，姚言同志，坐，坐吧。”

我先将薛妈妈扶着坐下之后，才在她身边坐了下来。我照例是把片子的有关背景和拍摄情况向薛妈妈做了一个简单的汇报，并说明来意，希望薛妈妈能够接受采访。

我连珠炮似的一气说完。薛妈妈和蔼地看着我，摇了摇头说：“姚言啊，我不能接受你们的采访，对不起，我不能接受采访。”说这话的时候，她语气很坚定。

“为什么呢？”我不甘心。

薛妈妈指指自己的脖子：“我最近身体不行，甲状腺不太好，你看我这个样子，我不能接受采访。”

我注意看了看薛妈妈的脖子，似乎有些甲亢：“那以后身体好一些再采访行吗？”我不愿就此放弃。

“以后再说，现在不行。”薛妈妈语气里没有商量的余地。

这次沟通没有成功，但我并不死心。薛妈妈只是说现在不行以后再说，这要看怎么去理解。你可以理解成婉言谢绝，也可以理解成现在只是薛妈妈身体不好，暂时不行，以后身体好了可以考虑。我是按后一种意思理解的。

两个月后，接到“内线”消息，每年八一，薛妈妈的儿子贺鹏飞要在秦皇岛海军的一个基地，请几位军队的老妈妈共度八一。而这几位老妈妈都是我们要拍摄的主人公。另外，我们拍摄的其他老妈妈，每年 7 月 15 日至 8 月 15 日期间，都会到北戴河度假疗养。所以北戴河之行是必不可少的。

八一前夕，我带着剧组到达北戴河。

8 月 1 日上午，我们拍完彭真夫人张洁清妈妈过 88 岁生日。下午，剧组其他同志休息，我忙着打电话联系。因为我对拍摄薛妈妈不死心。她虽然不接受采访，但我们可以利用拍摄其他老妈妈的机会，趁机给薛妈妈拍些资料。那时候，我还不认识薛妈妈家里的其他人。幸好知道其他几位部队的老妈妈在北戴河的电话，我在来之前就已经拿到。于是，通过她们的途径，知道了八一聚会的时间和地点。

薛明与郝治平、林月琴等在一起

临近傍晚，我们先赶到位于军委路的总参招待所。几位军队的老妈妈林月琴、郝治平等都住在这里，她们从这里一起出发到秦皇岛。

5 点 30 分，几位老妈妈出发了。打头的是一辆越野车，后面跟着的是几位老妈妈的车，我看到有两辆车的后备厢里放着轮椅，我猜想那可能是薛妈妈和罗荣桓的夫人林月琴妈妈的车了，车队在越野车的带领下向秦皇岛驶去。等我们剧组找到聚会地点的时候，老妈妈们都已经在客厅坐下了，除了有我们要拍摄的林月琴妈妈、薛明妈妈、郝治平妈妈外，还有王震的夫人王季清妈妈。我看到薛妈妈这天比我第一次见到她时精神要好得多，心情也好得多。我想，一方面是这些老妈妈年龄都已八九十岁，平日里过着深居简出的日子，即使是同住在北京，也不常见面。因此，一年一次的八一聚会，对这些老人来讲是一个盛事；另一个原因，每次活动的组织者都是儿子鹏飞，作为母亲，有什么能比儿子的孝顺更让她充满幸福和自豪的呢？

除了几位老妈妈，她们的子女也都来了。薛妈妈记忆力非常好，虽然时隔3个月，但她一眼就从众多的人中认出了我：“她们摄制组也来了，动作真快。”

我在人群中搜寻着，因为我知道薛妈妈的女儿一定也来了。不一会儿，我就看到薛妈妈的女儿小明姐和黎明姐，那是我第一次见到她们，没有人给我介绍，但我从外貌一下子就认出了她们。小明姐长得像父亲，据说性格也有些像。有一次看片子，有人说过：“你们发现没有，小明要是贴上胡子，简直就是一个贺老总。”我觉得小明姐要比父亲秀气得多，一笑起来特别可爱，是个很大气的女性。而黎明姐长得特别像薛妈妈年轻的时候，性格也像，属于外柔内刚很含蓄的那种。我见过薛妈妈年轻时的照片，很漂亮，特有女人味。不同的是，薛妈妈多一些英姿，而黎明姐则多一些妩媚。

趁着导演他们拍摄的时候，我在小明姐旁边坐下来，与她攀谈起来。

在我和小明姐说话的时候，那边几个老妈妈说得也特别热闹，林妈妈还极力地向薛妈妈推荐她的两用轮椅。不一会儿，一位工作人员来请大家准备入席吃饭，不知是谁提议是不是在吃饭前合个影。于是，招待所的大厅顿时热闹起来。有人搬过来几把椅子，鹏飞大哥招呼着几位老妈妈坐下，他是今天聚会的东道主。我看到在二炮任副政委的罗东进大哥（罗荣桓之子）、王宾大哥（王震之子）、郝妈妈的女儿罗点点，还有些子女我不太熟，以及第三代也都在现场忙活着。他们几乎都是先照顾别人家的妈妈，再照顾自己家的母亲。父辈们共同的经历和浴血奋战中结成的生死友谊，已经延续到他们这代身上，变成了一种亲情。在这里，司令没有司令的威风，政委没有政委的架子，老总没有老总的派头，有的只是母亲与儿女，兄弟与姐妹。在这里，你感受到的不是老战友聚会，更像是一个大家庭团聚。

照完相，大家进入餐厅就座，餐厅不大，只摆放了三四张桌子，大家坐起来有些挤，却温馨，热闹。

入座后，王宾大哥主持发言："八一南昌起义，是在中国共产党的领导下，我们贺老总是南昌起义的总指挥。现在，我们怀念我们的老前辈，继承他们伟大光荣的事业，祝我们的老妈妈们健康长寿！举杯！"

王宾大哥的话得到了大家的响应，大家互相举杯祝福。

鹏飞大哥没有动筷子。他一直坐在那里看着几位老妈妈像孩子一样兴奋。他比吃什么山珍海味都舒服。

这时，不知谁起头唱起了八一军歌：

"雄伟的井冈山，八一军旗红，开天辟地第一人，人民有了子弟兵，从无到有靠谁人，伟大的共产党，伟大的毛泽东。"

歌声似乎把她们又带回了过去那充满硝烟，充满革命激情的年代。

那次北戴河之行后，我隔一段时间就和小明姐联系一次，问问薛妈妈的身体情况。可每次得到的回答都让我很失望。失望归失望，但我并不灰心。我始终不愿放弃。因为，我从二十年前的那个手抄本中，知道薛妈妈一定有许多故事，我想她不同意拍摄，可能是还有其他的顾虑。这些老妈妈多年来一直在丈夫身后，做着默默无闻的贡献。在她们看来，那是党交给的任务，都是些再平凡再普通不过的了，可恰恰是她们这一生的默默奉献，使这些平凡而普通的事情变得不平凡不普通。而我们这个时代恰恰需要这种奉献精神。

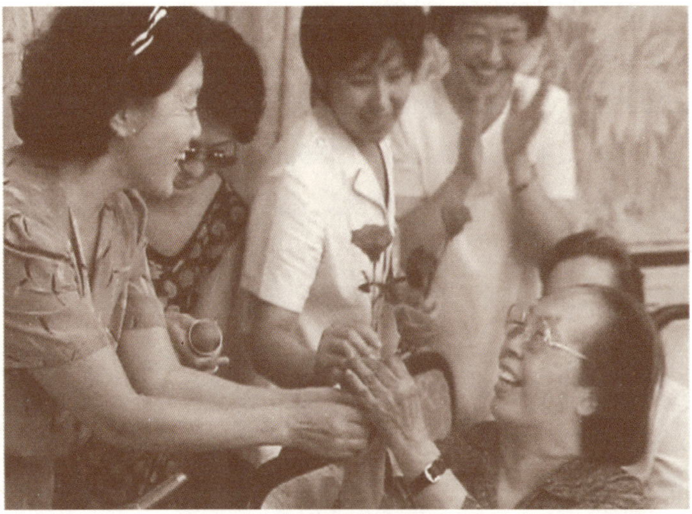

在北戴河庆八一

我只要有时间总会给小明姐打电话，

慢慢地小明姐也在帮我们做薛妈妈的工作，可是薛妈妈一直没有松口。

2001 年 3 月初，当我又一次拿起手机给小明姐拨通电话时，得到一个震惊的消息，薛妈妈唯一的儿子鹏飞大哥因心脏病突发在前几天去世。当时，我简直不敢相信自己的耳朵。我第一个想到的就是薛妈妈，她老人家是否能承受这白发人送黑发人的打击？

“薛妈妈怎么样？身体好吗？”

“她很坚强，我们都很佩服她。”

后来，我从小明姐和其他人那里知道了鹏飞大哥逝世的前前后后。我体会到了小明姐那句话的分量：“她很坚强，我们都很佩服她。”

在以后的两个月里，我一直没有跟小明姐联系。我知道贺老总去世后，鹏飞大哥就是家里的顶梁柱。现在，他不在了，这个家还怎么支撑？这一段一定是她们最难过的日子，我不忍心去打扰她们，她们的心需要疗伤。

临近七月底，又一年的八一建军节要到了。我不知道那每年一次的聚会是否还会如期举行，是否会因鹏飞大哥的去世而取消？也不知道薛妈妈怎么样了。所有这一切都促使我更加想把薛妈妈的故事拍成片子。于是，我再次拨通小明姐的电话。

“小明姐，您好！我是姚言。”

“小姚，你好。”

“薛妈妈身体还好吧？”

“还行吧。”

“八一马上就要到了，今年几位老妈妈还聚会吗？”

“还去。”

听到这个消息，我心里说不出是高兴还是难过。也许是一半高兴，一半难过。高兴的是鹏飞大哥的事有人接着去做；难过的是我无法想象这次没有儿子的聚会，薛妈妈会怎么去面对。

“小明姐，我们的片子除了薛妈妈，已经全部拍摄完成，马上就要进入后期，可是薛妈妈的片子我还是不愿放弃，她这辈子真不容易。但是，我们又不可能无期限地等下去，希望您再做做薛妈妈的工作。有些事情是不会再重复的，幸亏去年拍了一些鹏飞大哥的镜头，留下一些资料，多宝贵啊！”

“好，姚言，我知道，你放心吧，我再做做老太太的工作。”

听到小明姐这样的回答，我的心踏实了一半。

八一前夕，我终于接到小明姐的电话，让我们去北戴河拍摄这次没有鹏飞大哥的聚会。

7月31日一大早，我就一个人先出门，来到离住处较近的一个花市，买了一个近两米的大花篮，我没有忘记去年在北戴河给张洁清妈妈过生日时买花的艰难。这一次，我从北京提前买好带过去。买好花后，我便通知剧组的司机到花市来接我。那次，我们租了个“依维柯”，勉强能放下花篮。

我们那个租来的面包车价格虽然便宜，但车况也打着折扣，空调有问题，时有时无。七月底的天气，正是燥热的时候，车走在路上，不开窗户人受不了，打开窗户花又吹得受不住，

我们的车窗只好时开时关，开窗户的时候我就让司机把车开慢一点。

唉，这个破车！真应验了那句老话：便宜没好货。

走了一半的路程，突然，我的手机响了起来，我连忙接听。

“小姚，你们在路上吧?”电话那头是小明姐的声音。

“对，已经走了有一半了。”我说。

“你现在往你的左首窗外看看。”

我扭头向窗外望去，只见紧挨着面包车并行着一辆黑色小轿车，小明姐正从车里笑嘻嘻地向我招手。

“小明姐！”我兴奋地喊起来。

她也乐了：“没想到吧，我老远就看到你们的车啦。”

原来，她是从车身上贴着的红色片名认出我们的。

“小明姐，薛妈妈同意采访了吗?”我还是关心老问题。

“还没有，咱们先拍下来再说。”

“好，一会儿见。”挂了电话，小明姐招招手，她的车便飞快地超过我们先走了。我心里非常感谢她，我想鹏飞大哥的去世，也是促使她下决心说服薛妈妈接受我们拍摄的一个重要原因。

到了北戴河，我们住进事先预订好的招待所，那是一个部队内部的招待所。去年来北戴河我们住的是宾馆，房钱特别贵。为了节约开支，这次我提前联系了招待所，便宜了许多，只是条件非常简陋，房间里有几个铁管破板床和又黑又旧的蚊帐，还有一张几乎已经掉得看不见漆的破桌子，除此就

再也没有别的东西。好在干我们这一行的人大都能吃苦，什么样的地方也能住。

下午三点，我估计薛妈妈也该午休起来了，就拨通了小明姐的电话。她让我马上过去。于是，我们带着机器和花篮赶了过去。

进了客厅却不见薛妈妈的身影，只有小明和黎明两姐妹迎了出来，让我们在客厅先等一下，她们到里屋去和妈妈说。

大约过了半小时，姐妹俩从里屋出来。我急切地想从她们脸上捕捉到点信息，可是，从她们脸上我却看不出是高兴还是沮丧，只听小明姐对我说：“哎呀，姚小姐，就看你的了，老太太有请。”

从认识小明姐她们，我还是第一次听她们这样称呼我，我心里有些犯嘀咕：“是不是薛妈妈还不同意呀？”

我随着小明姐走进薛妈妈的房间。把我送进去以后，小明姐就出去了，屋里只剩下我和薛妈妈。

这是自鹏飞大哥去世后我第一次见到薛妈妈，她的白发又增添了许多。我走过去蹲到她身边，拉起她的手轻轻地叫了一声“薛妈妈”就说不下去了，只觉得喉头有些哽咽。薛妈妈没有说话，她用力捏了捏我的手，像是安慰我。我忽然意识到，我不能这样，我必须克制自己的情绪，不能让薛妈妈受我的感染而伤心。我狠狠地咽了一下唾液，努力地让自己带着笑脸。

“薛妈妈，一年没见了，您好吗？”我蹲在她膝下，仍然拉着她的手。

“不好，鹏飞走了。”薛妈妈说。

她的第一句话竟是这样开始的。我本来小心翼翼地生怕老人伤心，想把这个话题留给小明姐俩。我想老人可能不想涉及这个话题，可没想到薛妈妈开口就提到它，我一点思想准备也没有。认识薛妈妈的人都知道，鹏飞大哥特别孝顺妈妈，而薛妈妈也特别疼爱孩子，尤其对这个唯一的儿子，母子情深，是一般母子感情所不能比的。在生活上薛妈妈有组织上给予的一定待遇，而女儿们和孙辈们也都十分孝顺，可以说她衣食无忧。但在精神上，鹏飞大哥对于幼年丧父、中年丧夫的薛妈妈来讲那是无可替代的。我也是为人之母，深知薛妈妈失去儿子是怎样的一种痛苦。来之前，我想了好多说服她的理由，唯独不想提这个沉重而悲痛的话题。可是，没想到薛妈妈自己先说出来了，而且，她说得很平静，我知道这平静的后面必是大痛。我迅速地调整思路，既然老人自己说了，我也就不能再回避，索性说开、说透。

“薛妈妈，大家都知道您很疼爱鹏飞哥哥，你们感情很深，所以，鹏飞哥哥去世以后，大家都在关心您，担心您受不了这个打击，您得让关心您的朋友们放心，您得让大家看看您熬过来了，您挺过来了，您没有被压垮。”

也许这些话也正是薛妈妈想说的，她很有力地接过我的话：“好，姚言同志，我答应你，我配合你们，不仅要拍，还要拍好。”

等待了两年，我终于等到了薛妈妈这句话，却是在鹏飞大哥逝去的这样一种情况下等来了这句话。看着眼前这位坚强的老人，我的心里五味杂存，兴奋、难过，还有痛。

走出薛妈妈的房间来到客厅，大家都用关切的目光看着我，我只说了三个字：“同意了。”

第二天，八一聚会如期进行。我们剧组先一步到达基地招待所。

这次聚会，除了上次的几位老妈妈，还有全国人大常委会原副委员长廖汉生。另外，我还意外地看到我们拍摄的另一位主人公——宋任穷的夫人钟月林妈妈和女儿云飞大姐也来了，我忙上前打招呼。钟妈妈告诉我，宋老一直住院，她这几年很少出门，每天都到医院陪伴老伴儿，这一次是薛妈妈叫她，她就来了。我想她破例放下病中的老伴到北戴河来，一定是想安慰一下薛妈妈。

王宾大哥也来了，他说：“鹏飞不在了，我就是薛妈妈的儿子。我必须来。”

看到这么多人心疼薛妈妈，我的心里好感动。

大家寒暄问候之后，依旧是老程序，先是老人们合影，之后是一家一家合影。我注意到薛妈妈全家合影时，王宾大哥站到了薛妈妈身后。

照完相，大家提议请廖汉生委员长提个字，老人很高兴地接受了。

当一个苍劲有力的“龙”字跃然纸上的时候，人们发出了一片欢呼声，我看到薛妈妈脸上也绽放出笑容。

整个活动气氛一如以往，温馨、和谐、热烈，每个人脸上都带着笑容，没有人提起贺鹏飞，似乎忘记了这个人，也好像这个人根本就不曾出现过。但我想，在场的每个人岂能忘记这个活动的发起人和组织者。只是此时此刻大家把对鹏飞大哥的怀念，化作对薛妈妈默默的关爱。我突然感悟到是什么力量让薛妈妈能承受那么大的悲痛，除了她的坚强，还有她周围的人们所给予她的爱。爱，在给予她痛苦的同时，更给予了她力量。

第三天一大早，我就带着剧组准备去采访薛妈妈。不料，当我们赶到她的住处时，小明姐告诉我们，薛妈妈早上起来嗓子突然失声，发不出音来，暂时不能接受采访。但是我们却有个意外的收获，前国家体委负责人荣高棠要来看望薛妈妈，我马上安排大家做好拍摄准备。

九点多，一辆黑色的轿车停到门口，90岁高龄的荣老在老伴和儿子的陪同下，来到了薛妈妈住处，两位老人拥抱到一起。

与荣高棠喜谈奥运

薛妈妈说出了三个字："奥运会。"声音虽然沙哑，但很有力。

荣老高兴地说："奥运会，高兴高兴，不容易啊！多少年盼呢！"

前不久，中国刚刚申奥成功，两位老人一位是中华人民共和国体育事业的奠基人、第一任体委主任贺龙的遗孀，一位是曾担任过国家体委的负责人，他们对中国申奥都有着特殊的情感。

薛妈妈："感动得不得了，20世纪我们能过得去，咱还能过。"

荣老："现在21世纪，咱们慢慢走吧。"

薛妈妈："我们一块儿看奥运会。"

荣老："一块儿看！那天老年联谊会，你没去，我说咱们多少年盼啊盼。今天，可是盼到把奥运会搬到咱们家来办了，咱们一辈子就希望这个。我说，咱们在座的一个都不能少，谁也不能走，都要一块儿参加这个2008年的奥运会。"

薛妈妈："一个都不走。"

荣老："我们大家都不走。都参加2008年奥运，大家高兴。"

薛妈妈："真是太激动了，太好了。"

两位有着深厚奥运情结的老人为2008年的奥运高兴得手舞足蹈，完全忘记了自己的年龄。看得出，那种喜悦是发自内心的。只可惜这位提议谁都不能走的老人，却没能等到那一天。2006年11月15日，荣高棠去世。

这次北戴河之行的采访，因薛妈妈的嗓子一直发不出声来而泡汤，但是收获还是蛮大的，可以说不虚此行，非常感谢小明姐一家。后来，我不断地与小明姐联系，可得到的消息都不如意，心里不免有些着急，到底问题出在哪里呢？在一次与小明姐通话时，无意中得到一个信息，薛妈妈曾经患过很严重的神经官能症。我知道那是一个很痛苦的病，我母亲也曾得过这种病。得这种病的人，特别容易紧张，针对薛妈妈的情况，要重新想办法。

年底，我又一次拨通了小明姐的电话，询问了薛妈妈的身体状况，知道她最近身体还不错。我把自己的一些想法和小明姐商量后，决定带个摄像和机器去和薛妈妈聊天，先偷拍。在她没察觉的情况下拍摄，可能她不会紧张。小明姐同意了我的这个方案。

那时候，薛妈妈在北新桥的住宅，因年久失修已经是危房，正在进行维修改造，她暂时住在海运仓总参招待所。那天，我临时找来两个人，一位是中央台的摄像，一位是我的助理，唯恐人多造成薛妈妈紧张，让采访又成泡影。老人家身体不好，又近90岁高龄，尽量给她轻松一点的气氛。

到了招待所，薛妈妈见到我很高兴。我一边和薛妈妈说着话，一边迅速地打量着房间。那是一个不太大的里外套间，在那栋楼的拐角，也不豪华，除了比一般招待所的套间多放了几个沙发，真看不出有什么好来。因为要在这里住一段，所以房间里日用品比较多，显得有些杂乱和拥挤。

由于事先和摄像沟通好，所以一进门，趁着我和薛妈妈打招呼的时候，摄像已经迅速藏到里间的卧室准备机位。打量完房间的布局，我心里就有了几分把握，让工作人员将沙发搬到靠近窗户的地方。因为不能打灯只能用自然光，采光必须好。但是又不能靠窗户太近，那样偷架在里屋的摄像机镜头又会太偏，只能拍个侧背也不行，而且光太强，画面又容易毛。

位置调整得差不多了，我悄悄让助理到里屋去看监视器，自己便搬了个沙发墩儿，坐到薛妈妈对面。我的位置也挺麻烦，太往左，薛妈妈和我交流时脸太侧，太往右，又容易挡住她。我们三人虽是临时组合，但配合得挺默契，在薛妈妈毫无察觉的情况下，一切准备就绪。

我对薛妈妈说：“薛妈妈，咱们今天先不采访，只做采访前的准备，先聊一聊以后采访的内容，您就给我讲故事，讲您自己的故事，讲和贺老总的故事。您是怎么参加革命的，怎么和贺老总相识、结婚的，又是怎样适应他的个性共同生活的，我都想知道。”

薛妈妈沉吟了片刻，抬起头，非常郑重地说了一个字：“好。”

等了近三年，薛妈妈的话匣子终于打开了。

我是1916年，在河北霸县出生的。我的原名叫王爱真，母亲姓薛，参加革命后我才改名薛明。

我很小的时候，父亲就去世了，母亲带着我和妹妹艰难度日。在旧社会，一个寡妇带着两个孩子，还是女孩儿，那日子过得可想而知。除了经济上的拮据，还常常受人欺负。女人没有地位呀，我就是在人们歧视的目光下，立志读书改变命运，让母亲过上好日子。

我的母亲是个性格坚强、思想开明的妇女。那时候，家里吃不饱肚子，真是吃了上顿不知能不能吃上下顿。只要有点吃的，她都会先尽着我和妹妹，我常常看到母亲饿着肚子。就是这样一种状况，她还是千方百计地找我的叔叔们东拼西凑、省吃俭用供我到学校去念书。看到家里穷成这样还让我读书，我也很懂事，拼命学习。我想好好读书，将来可以找到一份工作，让妈妈能吃饱肚子。

我上的那所小学，有几位进步老师，他们知道我家里的这种情况，也常常帮助我。到了小学毕业，该上中学的时候，这些老师就推荐我考天津的“三八”女中。于是，我就报考了天津这所学校，没想到一考就考上了。当时，天津“三八”女中的校长是中共北方局负责人之一——张秀岩。张秀岩是中共早期领导人李大钊的学生，也是彭真同志的夫人张洁清的姑姑。到了这所学校，我真正开始接受进步思想的熏陶，学校组织的“打倒列强”等活动我都积极参加。

1931年，日本占领了东北，日本人在天津抓了好多民工，在海光寺修筑工事，为他们全面侵华做准备。工事修完后，这些民工就被他们残忍地杀害了，然后又投进海河。那时候的海河啊，变成了“红河”。河面上到处漂浮着各种惨状的尸体。这件事对我们触动太大了。中国人就这样被人宰割啊，不甘心哪！我们气愤得浑身热血沸腾啊！

1935年冬，全国各地掀起了“一二·九”抗日高潮，天津在地下党组织的领导下，也组织了“一二一八”和1936年的“五二八”几场声势浩大的游行。那个时候受整个形势的影响，我们已经不能满足在校园里喊口号了，也走出了校门。那几场游行我都参加了。那个游行的劲头啊，八个人一行，胳膊挽着胳膊，肩膀靠着肩膀，一边走一边唱《流亡进行曲》，两边都有宪兵跟着我们。就这么一边唱一边喊着“打倒帝国主义，打倒日本帝国主义”。一边喊口号，一边发传单，忙活着呢。兴奋哪！气愤哪！

时隔60多年，薛妈妈回忆起那游行的壮观场面，依然充满激情。她的脸上泛着红光，仿佛又回到那个激情燃烧的岁月。在2001年岁末那个寒冷的冬天，从这个年近90岁高龄的老人身上，我依然感受到她的血仍然是热的，是沸腾的。

在这次的一二·九学生运动中，我也受到了深刻的教育，思想上也有了进一步提高。原来只是想读好书养活妈妈。走出校门，参加了这些活动，我一看，还有那么多妈妈没有饭吃。慢慢地，我的这个只想养活自己妈妈的思想淡了，越来越强烈地感觉到只有整个社会的妈妈都解放了，自己的妈妈才能解放，只有走向社会，参加革命才能够实现这个目标。

1936年，我被组织上批准加入了中国共产党。参加了党，我就不再是一个普通的进步青年，就是一个战士了。我的任务是担任天津地下党的交通员，从事天津学联、民先、妇救会的联络工作。大概是7月下旬，日本人轰炸了天津。可是，蒋介石政府不敢抵抗日本人。天津地下党决定组织一个天津流亡学生南下抗日请愿团，我当时被同学们推选为请愿团成员，还担任支部委员。这个请愿团共由18个人组成，主要成员是天津法商学院的地下党员。林彪的老婆叶群也在这个请愿团，她是刚刚从北师大女附中转过来的，我也是通过别人认识她的。当时，我们都是穷学生，南下请愿没有路费，同学们七拼八凑还卖了几辆自行车，凑了不足100块钱，18个人就揣着这点钱上了路。那个时候年轻，什么苦都能吃，什么困难也不怕，一心想着抗日，挽救国家，绝不做亡国奴。

我们一路走，一路散传单，发表演讲，号召大家起来抗日，保卫国家，最后到了南京。这时候，南京聚集了好多流亡学生，他们都是全国各地的救亡骨干。在地下党的组织下，我们在南京展开了大规模逼蒋抗日的请愿活动，好多南京市民也都参加了我们的请愿。这个时候，日本侵华战争已经全面爆发，再不抵抗，全国的老百姓也不答应，老蒋一看没有办法了，只好表示要坚决抗日。于是，我们这些流亡请愿的学生就被南京政府编入了战地服务训练团，反正是吃国民党的粮，干共产党的事。

上海失守，南京眼看就要保不住了，训练团就往江西撤退。到了南昌，同学们商量决定干一些具体事情。我们和新四军驻南昌办事处联系，把我们的想法说了。办事处很支持我们，就把我和叶群介绍到由雷洁琼领导的江西妇女生活改进会工作。那是一个进步的抗日团体，里边有国民党，也有共产党。我的职务是江西丰城县妇女生活改进会副组长兼保育院院长，主要任务是组织妇女慰劳伤员，支援抗战。

在江西大概干了一年，经我再三申请，党组织批准我到延安。就这样，我和叶群又一起结伴来到延安。

到了延安以后，先被分配到党校学习，后来又转入女大学习并兼任支部工作。女大毕业后，组织上让我担任女大长征女干部班指导员。以后，我又参加了清涧县民主选举工作。到了1941年，我被调到西北局延安县任组织部长，我就是在那里认识的贺龙。

“薛妈妈，休息一下喝口水吧。”采访已经近一小时，听到薛妈妈说到贺龙，我便打断了老人家的话。她和贺龙的故事是我们采访的重点，我想让老人家休息一下。薛妈妈起身上了一趟卫生间，我很担心她走进里屋发现机器。我的担心是多余的，从卫生间出来，她没有回卧室，而是径直返回到沙发坐了下来，端起杯子喝了一口水，便对我说：“姚言同志，咱们继续吧。”

“您不累吗？”我问。毕竟是老人，很担心她的身体。

她摇摇头："不要紧，刚才咱们说到哪儿啦？"

"您在延安认识了贺老总，怎么认识的？后来怎么结婚的，能讲详细一点吗？"我说。

"好。"那是薛妈妈今生今世铭记在心的经历，她不用想就接着讲述起来：

贺龙的大名我是早有耳闻，但真正认识有接触那还是在到了延安三四年以后。那时候，我是延安县的组织部长，分管县妇救会。有一天，早上起来我就往山上走，妇救会就在山上，说好去检查妇女们交上来的军鞋。那天天气特别好，山坡上还有个羊倌在放羊。他一边放羊，一边梗着脖子扯着嗓子唱陕北的信天游，特别好听，听得我嗓子直痒。我的嗓子很好，好多人都说我要是从事声乐一定很有成就。我也很爱唱歌，延安那地方陕北民歌好听的多着呢，我就哼着刚学会的两首往山上走。从山下到山上没有多远路，两首曲子下来就到了妇救会。上午刚刚检查完工作，就听见山下有人扯着嗓子喊我。我跑出院子一听是我的领导陈正人。他喊得很急，我以为有什么情况，忙从山上赶下来。老远就看到陈正人正站在路口，我赶紧小跑了几步，到了跟前我问："有什么情况？"

"有情况，有两位首长来，一会儿向他们汇报汇报工作，一块儿吃个饭。"他说。

我一听是这么个事，就松了一口气："哎呀，我以为有什么任务呢，火急火燎的。"

他看了我一眼说："怎么，汇报不是任务？我可告诉你，好好汇报，不能马虎。"

我心里想下级向上级汇报，这是天天都有的事，也没啥大不了，就跟在他后面往窑洞里面走，刚一掀门帘我就愣住了。原来屋里坐着贺龙和高岗，这一下我就有些慌。因为陈正人只说是汇报，我没想到给这么大的领导汇报。以往都是给上级主管部门的领导汇报，像贺龙、高岗他们这么高级别的，还轮不到我们这一级。以前，这两个首长倒是见过。那都是在开大会的时候，他们坐在主席台上，我们坐在下面，我认识他，他不认识我。今天就这样面对面的汇报，我事先没有一点准备。再一看贺龙的脸特别严肃，搞得我刚刚放松的那口气又提了起来。幸亏那个时候我已经有几年的工作经验，心里想既来之则安之，平时给别的领导怎么汇报就给他们怎么汇报吧。等我汇报完，贺龙又问了问我的一些个人情况，吃饭的时间就到了。当时，延安不管是战士还是干部，吃饭都很简单。吃完饭，他们就要走。临走的时候，贺龙对我说：“哎，我那儿有一个天津的厨师，会做天津包子，不晓得做的是不是天津包子，以后你可以到我那儿去玩，看看这个天津包子做得地道不地道，你不是天津人吗？”

后来想起来，我才明白那次他来的目的，还有请我去吃天津包子的用意。可是当时我满脑子想的都是工作，从来没动那方面的脑筋。

过了一段时间，延安开始整风，彭真起草了一个四三决定，各县派人到西北局学习文件，延安县就派我去这个学习班。有一天，陈正人又来找我，说贺司令员从前线回来了，他对这一段的学习情况不太了解，咱们是不是给他汇报汇报。我还没反应过来，贺龙已经到了门口。他还是一身前线的打扮，军装、草鞋，大白天还背着个手电筒。我一看，首长来了，忙给他倒了一杯水，就开始汇报。等我汇报完，他也没有多待，站起身就告辞：“哎，我还有事，我走了。”说完他一撩门帘就出去了。

这次见面，我也没有往别处想，可是心知肚明的陈正人，看到我这方面反应迟钝，他急了。有一天，他就来找我摊牌。他说：“薛明哪，我们对你非常了解，包括你的家庭情况，组织上都很清楚，你的这些情况我们也给贺司令员说了，想让你和他认识认识、接触接触。我们这个贺司令员打了多少年的仗，一肚子感情表达不出来，你看你是不是考虑一下这个事情。”

我一听有些犯难。对于贺龙，有关他的好多传奇我早有耳闻，在我心目中，他是我非常敬重的一位领导，是一个很高大的英雄。我对他怀有深深的崇敬，但崇敬并不等于爱情，要结合成夫妻，不光有对党的忠诚和共同的理想，还要有男女之间的爱情，我觉得我和他还没有到那个程度。

我说："我一点思想准备也没有，再说我们之间也还需要了解，现在工作这么忙，我没时间，他也没时间。"

陈正人说："那就先抽时间了解了解。"

我们两人说着话已经到了贺龙窑洞门口。陈正人说："你进去谈一谈吧。"

大概是听到门口的说话声，贺龙在屋里问："是老陈吧？"

"是啊，薛明也在这儿，我们两人还说看看你呢。"

"那就进来吧。"

我们两人进了屋，陈正人说了句："薛明你先坐，我还有点儿事，一会儿再来。"就先撤了。

如果先前陈正人没有和我说这个事，我可能还会和以往一样自自然然，可是现在既然已经知道贺龙的心思，我就再也不能平静地面对眼前这个男人。一个未婚女性的矜持和羞涩，让我不知说什么好。我一言不发地坐在那儿，倒是贺龙大大方方先开了腔。

他说："陈正人是不是都给你讲了，我对你印象很好，党性很强，又是科班出身，不像我，军人出身大老粗一个。不过咱们可以互补，你自己的个人问题考虑了没有？"

"我暂时不考虑。"我说。

"那你什么时候考虑？"他追问。

"再过三年吧。"我想三年以后什么样就很难说了，那不就没什么事儿了嘛。

"现在不考虑？"贺龙又问。

"不考虑，我现在有好多事要做。"

看到我挺肯定地回答，他没有再问下去，想了一会儿，他倒了一杯水递给我。

"喝水，三年，三年以后……行，那咱们就等三年。"

那天，天气特别热，远处还响着雷，我听着雷声越来越近，担心一会儿雨下起来，路不好走。因为延安的路都是黄泥巴路，一下雨就成了泥塘，于是就说："要下雨了，一会儿下雨我就走不了啦。"

他说："那走吧，我送你。"

贺龙、薛明在延安

我们两人一前一后走出窑洞，走了没多远，大雨就夹着雷电劈头盖脸地泼了下来。顷刻间，黄泥土路就变成了泥塘。我的脚陷在泥泞里拔不出来。我正在那儿左摇右晃，走在前面的贺龙转身发现了：“哟，怎么成这个样子。来，我拉你一把。”

说来也巧，也许是天意，就在他伸手拉我的一刹那，一个巨大的闪电正好照亮了贺龙。他当时穿着一双长筒皮靴，白衬衣扎在裤子里，两条长腿，步子迈得很大。就在那一刻，我正好抬起头看到闪电中的他，我觉得贺龙很帅。

他把我拉出来之后就没再送，指指前面：“哎，那前面就到了，不送了。”说完扭头转身迈着大步就走了。看着他的背影，我突然有了一种感觉，觉得自己今生今世恐怕和这个男人分不开了。假如他当时继续送我或拉着我走，我不一定喜欢他，我觉得那不是贺龙，贺龙不是这个样子。那一天，我觉得他很帅。

以后这个事就在西北局传开了，说什么的都有。

“他们在一起散步了，贺老总还亲自送薛明。”

“听说还拉了手。”

“那不压根就成了吗？”

对于大家的议论，我没有做任何解释，尽管在心里已经无法忘记这个人，但是内向的性格，让我把对他的感情没有轻易表露出来。因为，我觉得我们俩做夫妻的感情还不成熟，我觉得还需要时间。

一天，彭真来了。

1942年8月1日，贺龙与薛明结婚时留影

正在屋里和我聊天的几个同志一看那架势，就很明白他是干吗来了，一个个地起身离开了，屋里只剩下我和彭真。

彭真说："我今天专门找你谈话，要专门给你解决问题。"

我说："我也是有些工作上的问题不懂，正要请示你。"

彭真挺厉害，提高嗓门说："你别给我来这一套，我今天就要打开窗户说亮话。老贺谁不知道，大家都知道。但是，老贺没有时间跟你坐在这西北局的窑洞里谈恋爱，他要到前方打仗，你叫他去想，不可能，他没那么多时间去猜你的心思。我觉得你们两个人可以做夫妻，你有什么问题给我说。"

我还想打哈哈："我有问题，四三决定好多地方我就不懂，我来这儿是学四三决定的。"

彭真说："我今天就不跟你谈四三决定，就是希望你们俩成功。"

我觉得彭真说得也有他的道理。正值抗战时期，前方战事频繁，花前月下的不太实际。

过了不久，我和贺龙在大家的安排下就结婚了。我们结婚很简单，本来我没有打算那么快就结婚。那天正赶上西北局和陕甘宁联防军都在开会，我是准备离开西北局回县委机关的，陈正人一看我要走，就叫人搞了一些红枣、花生，也不知道从哪里弄了两瓶酒。正好分管西北局的林伯渠、李富春也在那里开会。大家就说："薛明，趁首长们都在，今天我们高兴，在这儿一块儿吃顿饭，算是把事办了。"

我一看大家已经张罗上了，再矜持下去也有悖于大家的美意，最主要的还是对贺龙这个人已经有了感情，所以这个时候我接受了大家的安排，也接受了贺龙对我的那份情感。

薛妈妈一口气讲完了她与贺龙元帅从相识、相恋到结婚。她停了下来，长长地出了一口气，便沉默了。

我看到她的脸上泛着一层红晕。在刚才讲述贺龙雨中送她时，我从她的眼里捕捉到闪闪发亮的光芒，就像看到了当年那道照亮贺龙的闪电。我想她与贺龙的婚恋，可能是她深藏于心最珍贵的记忆。她很少和别人谈起，今天一吐为快，那情感终于得到释怀，让老人似乎又回到了从前。看着老人充满幸福的脸，我没有立刻打搅她。那一刻，我忘记了薛妈妈所经历的种种不幸，我感受到了她的幸福。

过了一会儿，我站起身给薛妈妈倒了一杯水递了过去。因为采访任务还没完成，我不得不把她的思绪从遥远的延安窑洞拉回到眼前这间不大的房间。那时候，我觉得自己有些残忍。

“薛妈妈，喝口水休息一下，您看您讲得特别好，让我感到身临其境。我们正好带着机器，要不先试着录一段，不好以后再重来，您看行吗？”看到老人家已经完全进入状态，我趁机提出要求，有点得寸进尺。因为我考虑机器在里屋毕竟有些受限制。

这一次，薛妈妈同意了。

十分钟后，机器重新架好，我坐到薛妈妈对面，接着开始我的采访。

“薛妈妈，您和贺老总一个个性张扬鲜明，一个温柔内向含蓄，像你们这样一对性格迥异的夫妻在一起生活，少不了磕磕碰碰，您怎么去适应呢？”

老人沉吟了一下接着讲起来：

要说一开始就很和谐，那不是真的，也有一个磨合、了解、互相适应的过程。有一次，一连开了几天会，我看他那几天那么忙，就想让他放松放松。等他开完会回来，我就提出去散散步，他挺爽快地答应了。我们俩带着警卫就出了门。前面一个警卫，后面一个警卫，我们俩一前一后居中。那天，天气不错，还有晚霞，延安的黄昏还是很美的，我的心情也不错。

走在后面的警卫对贺龙说：“首长，我又发了一把手枪。”

一说到枪，贺龙就来劲：“哪国造的？”

警卫员说：“德国造的。”

“用过没有？”

“还没有。”

“那试试。”说着就是“砰”的一枪。

我正在前面走得好好的，突然被背后一声枪响吓了一跳。我忙回头，就见他冲着我摆摆手：“没事，没事。你走你的，没事。”

在他眼里，军人打枪是再正常不过的，可我实在享受不了这种屁股后面放着枪的“闲情逸致”。本来散步是一个放松心情，很悠闲的事，哪有打着枪散步的？再说我陪着他散步，他倒让我走我的，没他我一个人散什么步。本来挺好的心情全让枪打跑了。

还有一次，礼堂里有演出，我们约好一起去看戏。傍晚，他在机关食堂吃完饭没有回家，直接到了礼堂休息室等我，他想和我一起进剧场。可是，他左等右等也没见我的人影。其实，我这时候还没离开家，我是想等到天黑再去，演戏要有气氛，天黑灯一亮，气氛才能出来。还有一个原因是我不想让别人看到我们，怕别人议论说我找个老干部，好像我攀高枝。到天刚一擦黑，我兴致勃勃地来到礼堂，没承想一见我他就发了脾气。

1947 年，贺龙与薛明、儿子和女儿在山西兴县蔡家崖

“你怎么现在才来，请都请不来，架子好大呀。”贺龙劈头盖脸地给了我一下。

“我想等天黑开了戏再进去。”看着他铁青着脸，我连忙解释。

“你这个小资产阶级尾巴呀，没丢，我看我现在应该割割你的小资产阶级尾巴。”

这阵暴风骤雨让我觉得很下不了台。我想，结婚以前谈得好好的，怎么刚结婚就要割我的“尾巴”，我觉得挺委屈。当时屋里还有几个人，大家对他的脾气秉性都很了解，也都为我担着心，怕我受不了会跟他吵起来，一场夫妻之间的战争蓄势待发。这时候，我冷静下来，笑了笑，拉起身边的两位女同志的手，像什么事也没有发生似的：“哎哟，星星出来了，不早了，快进去看戏。”就进了礼堂。看我进去了，他也没了脾气。

说实话，在众人面前他这样给我下不了台，还口口声声要割我的什么“尾巴”，作为新婚不久的我，当时心里确实很委屈。但是，我没有像一般女人那样为了挽回自己的面子跟丈夫使小性子，我要考虑维护他，要顾全大局，不能和他对着吵，我只能以柔克刚。我了解他的个性，当初也正是他与众不同的个性吸引了我，要接受这个人，就要接受他的一切，包括他的坏脾气。所以每次他的火气上来了，我从来不跟他接火，他的“炸药包”也就无法引爆，慢慢地他对我也没了脾气。夫妻在一起生活，既然走到一起，就要互相包容。

新中国成立以后，生活相对稳定，但是他肩上的担子更重了，作为妻子的我，从没有想丈夫做高官，自己跟着享清福。我知道他走到今天非常不容易，我给自己立了两条原则：一、在生活上尽其所能给予他最好的照顾；二、在工作上绝不干扰他，吹“枕边风”，不拉丈夫的后腿。这两条看似简单，可要做到也是非常不容易的。

贺龙有糖尿病，保证他身体健康，才能够使他承担工作的重担。在这方面我动了很多脑筋，也下了很大功夫。每天要给他炖个猪蹄，吃完猪蹄，再将骨头过秤，把骨头的热量刨出来，要达到医生要求的标准。如果达不到或超了，就得想办法解决。这样的小事看起来不起眼，但它琐碎，而且要长期坚持，就非常不易。光我一个人做到不行，还要和身边工作人员一起做。我经常把他的身体状况写在纸上，放在办公室，大家可以随时沟通，掌

1951 年，贺龙与薛明在重庆北碚

握他的身体情况。

那时候，毛主席习惯白天睡觉晚上办公，所以好多会都是在夜里开，大家只好随着他老人家的作息时间生活，这样贺龙因工作常常半夜或凌晨回家，他不回来我不睡觉，无论多晚都在灯下等他。听到他的车响，厨房的炒勺也会紧跟着响起来。每天回到家，无论什么时候，贺龙见到的第一个人肯定会是我。

在工作上，我也想办法减轻他的工作量。他每天收到很多文件，中央的、国务院的、军委的，还有有关部委的等。如果这些文件每天全部看完，需要大量时间，而贺龙还要开会和处理其他事情。我把秘书们组织起来阅读大量文件，要求他们将文件口语化。因为贺龙不喜欢听别人给他念文件，自己又看不过来。于是，每天趁他散步的空当，安排秘书给他讲文件。讲文件和念文件不同，秘书把文件像讲故事一样，讲得很生动。这样他在散步的时候，既得到休息又听了文件。

在我们共同的生活中，贺龙担任的职务高，工作比较忙，他不可能对我和孩子给予更多的照顾，但是他心里有我和孩子。他知道我喜欢吃醋溜白菜，尤其是里面那个经过油炸的小辣椒，酸中带辣我特别喜欢。每次吃这个菜的时候，他总是提前把这个小辣椒挑出来放到一边，对孩子们说:“这是你们妈妈爱吃的，一会儿给你妈妈。”要是赶上我正好在场，他会直接把辣椒夹到我碗里:“哎，这个是你的。”

20世纪50年代末贺龙、薛明夫妻合影

20世纪50年代末60年代初，贺龙参加外事活动和各种宴会比较多。按上级要求我也要陪同出席，我最头疼发愁的事就是着装打扮。那个时候生活讲究简朴，做上两件旗袍就算是很奢侈了，化妆品一样也没有。平时我们都是素面朝天，可是出席宴会就不行了，尤其在那些打扮的五颜六色的外国夫人面前，就显得反差很大。现在到处都有各种化妆品卖，那个时候可没有这么方便。再说，平时不用这些东西，就算是能买到，利用率不高，放到那里也挺浪费的。我就想了个办法就地取材，用根火柴划着后再吹灭，用火柴棒上燃烧过的黑灰描眉毛。我觉着效果也挺好，每次化好淡妆跟他出门的时候，他都会用欣赏的眼光看着我，我感到他也很满意。

工作之余，我们在家也搞些小活动，比一比谁做的棒子面粥好吃。一人做一小锅，做好了同时端到桌子上来，孩子们来当评判，往往是我赢得多，他输得多，我们挺高兴，孩子们也挺乐和，约好下次再决高低。

新中国成立初期全家合影

我和贺龙在性格上一个粗犷，一个细腻，一个直率，一个含蓄，生活在一起免不了磕磕碰碰。在外面他是领导，但在家里，他就是一个丈夫、一个父亲。他不会因为他是元帅，就在家里发威不讲理，他是一个知错就改的人。记得那还是我们在昆明的时候。有一次，我带着女儿小明在花园里织毛衣，小明那时也就是三四岁，孩子天性好动，就把我打毛衣的绒线球拿出来揪着玩儿，越揪越长老也揪不完，结果揪出的毛线打了结。那天贺龙不知因为什么事心情不好，看着小明在那儿没完没了地揪毛线，心情越发地烦。他从放毛线的筐里拿起一个竹尺子，拉过女儿就是一通打。我在一旁看到他打孩子心疼坏了，可是这时候他正在气头上，我跟他去理论时机不对，要是等到事后，又担心孩子打坏了。我只好一句话不说，上前抱起孩子就走，一边走一边哭，一直哭到卫生间。到了卫生间脱下孩子的裤子一看，孩子嫩嫩的小屁股被打得青一块紫一块，我就哭得更厉害了。小孩的脸变得快，等我给她洗涮完，她倒什么事也没有了，跑到外面玩儿去了。可我还没缓过劲儿来，就把自己关在卫生间里一个劲儿地哭。这时候，他可能火也消了，也冷静下来，看到我还关着门哭，就赶紧向我承认错误。可是一想到孩子被打得青一块紫一块的小屁股，我就心疼还是哭。他只好哄我，一直哄得我不哭了肯原谅他为止。

这件事就这样过去了，我知道他这个脾气也就没再往心里去。过了不久，他要到北京出差开会，突然决定要带小明一块儿去北京，让她到北京玩玩儿。这在过去是从来没有过的，贺龙一辈子南征北战东奔西跑，从来没有因工作出差带孩子出去。孩子自然不会问为什么，只知道爸爸要带她去北京，高兴得手舞足蹈。可是我心里明白，这是他对小明上次挨打的补偿，是真心实意地改正自己的错误。我心里得到了很大的安慰，对他的人品性格有了更深的了解，也增加了我们夫妻之间的感情。我们俩虽然性格不同，但是我觉得只要有了爱，性格的反差倒成了完美的组合。

贺龙知道我这个人比较内向，感情细腻，性格含蓄，我就是对他有意见，也不直来直去。有一年快到中秋节，他出差在外还没有回来，我就领着孩子们到照相馆照了一张相，然后托人给他捎去。他拿到照片也没明白我的意思。过了一段时间他回来，我就问他：

1964年，全家在广州合影

“你看这个照片照得怎么样？”

“挺好，挺好。哎呀，又走不了几天，还捎什么照片，这不就回来了吗，小资情调。”

“你没有发现照片有什么缺点吗？”

他拿着照片左看右看：“没什么毛病，表情都很好，焦点也没虚，挺好。”

“不对，这个照片有缺点，你看这个日子，八月十五，缺谁了?”

这个时候，他才明白我这是给他提意见了，以后他就比较注意，节假日尽量和我们在一起。

有时候他回来要是碰上我不怎么说话，他就怕自己是不是无意中又是哪儿伤害我、惹我生气了，就会半开玩笑半认真地说:“哎，伙计，你怎么不说话呀，我是个军人出身，是个直来直去的炮筒子，有话你就说，你要是生我的气就当面讲出来，我是不琢磨这些事，我没那么多时间，要是你对我有意见闷在心里，生了气得了病，死了怪可惜的。”

临近中午时分，考虑到老人的身体状况，我们结束了采访。

到此，我们拍摄的16位老妈妈全部完成了采访，我终于可以长出一口气了。

除了采访薛妈妈，我们还采访了与她有关的人，如小明姐、黎明姐，以及身边的工作人员，还有在薛妈妈家里生活过的人。

说起在薛妈妈家里生活过的人，前前后后20多人。在贺老总和薛妈妈身上有着共同的品格和情怀，那就是善良和宽厚。在他们这个家庭里，先后抚养和照料了20多个老战友、老部下、烈士以及同事的孩子。而这些孩子生活在这个家庭里都会得到薛妈妈夫妇一视同仁的照顾。我们采访了曾在他们家里生活过的人，他们回忆起那段日子，至今仍然非常怀念，对薛妈妈对他们的养育之恩也充满了深情。

出于对薛妈妈的爱护，我们在采访时没有涉及“文革”、贺龙元帅与鹏飞大哥去世这几个敏感话题，主要考虑老人各方面的状况，我们从其他有关人员的采访以及资料中获得了这些情况，对薛妈妈的人生轨迹有了一个大概的了解。

从新中国成立到“文革”这十几年，是薛妈妈一家最温馨的日子。20世纪60年代中期，“文革”开始了，脾气耿直的贺龙受到冲击，而薛妈妈也因延安整风时揭发过那个“林副统帅”的老婆叶群而遭到迫害。

从小生活在薛妈妈家的陈洪生，至今还记得贺龙与薛妈妈最后离开东交民巷八号院的情景。

陈洪生的父亲是贺龙的老部下，新中国成立后在一个部门担任领导，20世纪50年代因病去世。临终前，贺龙问他有什么要求，他拉着贺龙的手将孩子托付给贺龙。不久，陈洪生的父亲病故，贺龙就将陈洪生接到家中，兑现了自己的承诺。从此，贺龙的家就成了陈洪生的家。

据陈洪生讲，“文革”开始不久，他和同学们一起串联，来到了洪湖这个当年贺伯伯带领红军闹革命的地方，并特意从那里买了一包莲子带回去给贺伯伯，想让他高兴高兴。要是在过去，贺伯伯会很高兴地接受。可是那一次，贺伯伯只是拿起莲子“哦”了一下，便没有再说话。过了几天，陈洪生从外面回来，被薛妈妈从楼上叫下来。一楼客厅里只有贺龙与薛妈妈两人，贺龙正在穿衣服，薛妈妈对陈洪生说：“中央决定让我们休息一段时间，我们马上就走，你自己继续住在这儿，没事儿，这儿就是你的家。”说完以后，他们就出门坐上早已等候在门口的车离开了东交民巷八号，贺龙从始至终没有说一句话。他们是被周恩来总理接走保护起来的，因为这里已经成为“革命小将”的战场，东交民巷八号再也不是他们那个温馨的家了。这一次的离开，贺龙从此就再也没有回来。他们先是被安排在国务院招待所，后因那里也不得安宁，周恩来只好把他们夫妇又接到中南海自己的家里，在西花厅专门为他们搭了一个床。不久，由于林彪等人的诬陷和迫害，周恩来也无能为力，只好又将贺龙夫妇转移到北京西山卧佛寺象鼻子沟，让他们在那里等待形势好转，再接他们出来。连周恩来自己都没想到，他为贺龙这次安排的地方，竟成了贺龙最后的归宿。

1966年4月，贺龙与薛明在成都

贺龙夫妇离开东交民巷八号院时，除了陈洪生，他们自己的孩子一个都不在。孩子们也不知道父母被带到哪儿去了，是什么人带走的也不清楚。他们四处打听父母的下落。听小明姐和黎明姐讲，一天，一个叫杨德忠的辗转找到黎明，声称是受总理之命，让她给父母写封信，由他负责转交。孩子们终于知道了一点父母的消息。

那时候，住在西山的贺龙夫妇，由于走时没有见到孩子们，两人十分挂念，但是为了不让对方难过，彼此谁都不提这个话题。

有一天，薛明到院子里晾衣服，刚走出房门，一眼就看到台阶上有一封敞着口的信。她警觉地看看周围没人，急忙捡了起来，只见落款写着自己的小女儿贺黎明的名字。薛明拿着信跑进屋，激动地告诉丈夫：“你看，孩子来信了。你快看，孩子来信了！”

“什么，信？谁的？谁的？哟，是幺女的，幺女来信了，快看看。”贺龙也很兴奋，拿着信的手在微微颤抖。

薛明连忙打开信，她一眼就认出女儿那娟秀中还带着稚气的笔迹。女儿在信中写道：“爸爸、妈妈，我最亲爱的爸爸妈妈，您们好！……哥哥姐姐他们现在到船上劳动去了，有台风他们都不晕船，他们劳动很好，我也很好，请您们放心，不要惦记我们。请爸爸妈妈多保重。”

女儿的信不长，寥寥数语，却像一股清泉流入他们几乎熬干的心田。终于知道孩子们的下落，夫妻俩悬着的心也踏实了许多。那一天，是薛明夫妇自“文革”以来最舒心的日子，尽管依然惦记着孩子们，但毕竟有了他们的消息，知道他们还活着、还健康，这对当时身陷囹圄的薛明夫妇来讲，已经是很满足的了，还能要求什么呢？他们虽说不知道这是周恩来当时煞费苦心的安排，但他们明白能在那样一种情况下得到孩子们的下落实属不易，他们只能满足。他们像藏珍宝一样将女儿的信收藏好。以后，只要一想孩子们，薛明就会拿出这封信，贺龙就在一旁说：“念念，幺女的信，念念给我听。”夫妻俩从这封信里得到了极大的安慰。

贺龙与薛明在西山一待就是两年半。在这两年半的时间里，没有任何人来看望他们。贺龙始终坚信自己是清白的，几十年的戎马生涯浴血奋战，就最能说明自己对党对人民的忠诚。他相信问题终究会搞清楚，党和人民是了解他的，他天天都在等待和盼望着总理来接他们。每天他坚持听广播了解国内形势，学习毛主席的著作，甚至还练起了书法。他从自己的处境，联想到当年洪湖“肃反”扩大化，感到历史的悲剧正在重演，而且愈演愈烈。他看到了问题的严重性，含泪将自己的思考向中央写了一份报告。可惜在那个疯狂的年代，他的这份报告变成了他“反党反人民”的“新罪证”。

贺龙与薛明始终也没能等来总理接他们，他们知道总理一定也很难，但黑白不会永远颠倒，只要坚持就一定能看到光明。

贺龙在西山与世隔绝，他们不知道外面的一点消息。但是，从对他们的迫害越来越严重的情况来看形势不容乐观。1969 年 3 月底，对他们更加惨无人道的迫害开始了。他们被限量供水，每天夫妻俩只有一小壶水，这对于贺龙这个患有严重糖尿病的病人来说，无疑是雪上加霜。看到丈夫忍受着痛苦，薛明心里又着急又心痛。她多次向看押他们的人提出改善生活条件，得到的只能是一通呵斥。薛明只好用脸盆去接雨水，来补充生活用水。而自己不到口渴难忍就不喝水，尽量将水留给丈夫。

由于贺龙的糖尿病得不到治疗，加上长期营养不良和恶劣的生活条件，他的身体每况愈下，脚肿得使那双柔软的“懒汉鞋”已经穿不进去了。薛明只好用剪刀把鞋剪开，好让他的脚能够舒服一些。而贺龙似乎感到自己的日子不多了，他越来越频繁地呼叫着薛明的名字，不让她离开自己，薛明也寸步不离地守候着他。想起当年敌人曾悬赏重金要丈夫的人头，也曾几次派杀手对他行刺都没能得逞，相反贺龙的英勇善战使敌人更加闻风丧胆，而现在……薛明想不通，也不甘心哪。面对敌人，他们从不畏惧，他们可以去战斗，可眼前却让他们有些迷惘，面对敌人不能还击，这对于一个战士来讲，太痛苦了。她不禁为丈夫的状况揪着心，她希望这一切很快就会过去，然而她担心的一天还是来到了，那是薛明生命中最黑暗的一天，与丈夫生离死别的情景令她永远都无法忘记。

1969 年 6 月 9 日，由于头一天由专案组派来的医生为贺龙输了一整夜的葡萄糖，致使原本就患有严重糖尿病的贺龙中毒，不得不送往 301 医院抢救。那天一大早，医院的救护车就来了，听到要送自己去医院，已经奄奄一息的贺龙首先想到的是妻子。他对妻子的处境不放心哪！他紧紧拉着妻子的手问：“我去医院，那你呢？你怎么办？”这时候的薛明多想与丈夫厮守在一起啊！她知道此时丈夫比以往任何时候都更需要她在身边，她预感到丈夫在这个世界的日子已经不多了，此时的分离很可能就是今生的永别。可是，由于众所周知的原因，薛明却不能随丈夫去医院。望着昔日那个叱咤风云、生龙活虎、威风凛凛的丈夫，现在已经生命垂危，她却没有回天之力，薛明心里那个痛啊！但是，她不能让丈夫看到她的伤心，她知道此时丈夫的心与她同样的痛，她不能再让他为自己担忧。薛明拉着丈夫的手，在他耳边轻轻地说：“你有病，需要到医院治疗，这病会好的，你要好好听医生的，啊！”

妻子的话并没有给贺龙多少安慰。此刻，他已经很清楚自己的状况，对于生死，早在参加革命之初他就已经把它置之度外，时刻做好了这种准备，战场上多少回出生入死，他的命早就死过多少次，又捡回来多少回了，他已经没有什么可惧怕的，眼前他最放心不下的是他那温柔贤惠的妻子，是那曾无数次包容过他的坏脾气的妻子，他想用最后一点力气来保护她，他想在自己生命就要终结的时候，再尽一次做丈夫的责任，自己欠她的太多太多。贺龙紧紧握住妻子的手不放：“你呢？你呢？你怎么办？”

“我不离开你，放心，我跟着你。”

听到妻子的回答，贺龙放心地闭上了眼睛。

救护车载着贺龙呜呜而去，那救护车哀鸣的声音，一声声像把利刃划在薛明的心上。她冲着越来越远去的救护车与丈夫做着最后的诀别：“再见吧，再见！”她挥着手，心里默默地喊道，救护车带着她最亲爱的人渐渐远去，薛明忍了半天的泪水破了堤似的倾泻而出。心哪，早已被这巨大的悲痛碾轧得粉碎。

多少年以后，当薛妈妈向人们谈起这段往事的时候，已经显得很平静。心已痛过，那痛足以让她能承受任何不幸。这也许是丈夫给她留下最宝贵的东西，在心痛中变得更加坚强。她知道那正是丈夫所期望的，她希望丈夫的灵魂不再有牵挂。在她的心里，丈夫永远是那个电闪雷鸣中高大英武的英雄，那巨大的闪电已经将丈夫永远地烙在了她的心中。

当满天的阴霾被驱散后，薛妈妈终于迎来了漫天彩虹的晴空。她先后历任总参政治部顾问、党委委员、总参谋部军事检察院检察长，并当选为第四届全国人大代表、第五届全国政协委员，第六、七届全国政协常委，中共十二大代表……

薛妈妈离休后，虽然离开了工作岗位，但是她的心却一天也未曾离开过，仍然默默地为国家为人民做着力所能及的事情。小明姐向我们讲述了这样一件事情。

1998年，中国南方洪水泛滥，贺龙的家乡湖南桑植县也同样受到了水灾，灾情严重。接到桑植县委书记和县长的电话，薛妈妈心情很沉重。那是丈夫的家乡，她一定要为滋养抚育丈夫的那块土地做一些事情，因为那块土地和人民对他们有恩。那一年，正值第七届“贺龙杯”高尔夫球赛，举国上下团结一心在抗洪救灾，这一届的球赛怎么办呢？薛妈妈终于想出一个既能救灾又能如期举行球赛的好办法。她建议，把这一届球赛办成一个赈灾的义赛。她的建议一经提出，立即得到了国家体育总局和大赛组委会的支持。与此同时，她还让子女们也积极投入赈灾活动中，为爸爸的家乡做些事情。

于是，在薛妈妈的统率下，全家总动员男女老少三代人都投入了抗洪救灾。女儿们将自己企业生产的棉衣、棉裤、棉被、卧具等共27吨救灾物资用最短的时间筹备好，但是运输又成了问题。在海军担任副司令的儿子贺鹏飞，向海军提出请求支援，立即得到批准，派了三架运输机，把这27吨救灾物资运到离桑植县最近的张家界机场。

那天，薛妈妈和儿子鹏飞在家坐镇，女儿小明、黎明带着第三代到张家界机场等候。临出发前，全家老小穿着迷彩服合了一张影，薛妈妈也穿着迷彩服精神抖擞，那迷彩服里跳动着的依然是一颗战士的心。

从女儿们出发的那一刻起，薛妈妈就一直守候在电话旁。女儿们提前赶到千里之外的张家界机场，等候运输机的降落。张家界机场四面环山，几架运输机又是第一次降落在这个机场，是否能安全降落，大家都还提着心呢。

当云层中传来飞机的轰鸣声时，小明拨通了母亲的电话，开始了一场特殊的现场直播：“妈妈，听见声音了，飞机来了……正在机场上空盘旋……快落地了……第一架飞机轮子着地啦……第二架落地了……第三架也安全落地了。妈妈，你听见飞机的轰鸣声了吗？放心吧，三架运输机全部安全降落。你听，你能听到机场的人们的欢呼声吗？”

据小明介绍，那一次，仅薛妈妈一家就筹集了将近两百万元的钱和物资，捐到了贺龙的家乡。我想，对于贺龙家乡的人民来说，他们优秀的儿子贺龙，从来就没有离开过他们，他仍然心系故土，报效家乡。

人生最最不幸的事是幼年丧父，中年丧夫，老年丧子，偏偏这些不幸都让薛妈妈摊上了。2001 年 3 月，薛妈妈最心爱的儿子贺鹏飞因突发心脏病猝死，年仅 55 岁。

那天晚上，贺鹏飞早早洗漱完，准备上床睡觉，因为第二天他要主持一个会议。上床之前他照例是到战士的宿舍转一圈，这是他多年养成的习惯，那些满脸带着稚气的战士，在他眼里不仅仅是他的兵，更像是他的孩子。看到战士们准备休息，他才放心地回屋睡觉。接近午夜，贺鹏飞的爱人发现丈夫有些异样，平常爱打呼噜的他，那天显得特别安静，几乎是一点动静也没有。一种不祥的预感涌上心头，摸摸丈夫的手已经冰凉。她这时意识到预感已经成为现实，急忙叫醒家里人打电话叫医生。黎明平时是个特别胆小柔弱的人，可是那天为了救哥哥，也不知道从哪里来的力气和胆量。她不顾一切地给哥哥做心脏挤压按摩，但是这一切都太晚了。当医生赶到时，人早已不行了，送到医院无论采取什么抢救措施，都已是回天乏术了。从发现异常到医院抢救，直至医生宣布人已死亡，总共几小时。贺鹏飞走得匆匆忙忙，他没有给他至爱的亲人们留下一句话。而他那白发苍苍的老母亲啊，一直就守候在他的身边，眼睁睁地看着死神将儿子鲜活的生命无情地夺走。如果说，30 年前贺龙元帅的去世是薛妈妈生命中最黑暗的一天，那么，儿子鹏飞的离去则是她生命中最残酷的一日。她的心与 30 多年前丈夫去世一样，再一次地被悲痛碾轧得粉碎。

然而，剧痛并没有把薛妈妈压倒，生活的不幸，使坚强像基石一样，支撑着她生命的大厦足以承受任何灾难，薛妈妈没有流泪，或许她的泪水早已流干，或许她已伤心到了极致，欲哭无泪。她镇定地处理着儿子的后事，镇静得有点让女儿们感到有些害怕。儿子后事的每一个环节，都是她亲自做出决定，直到参加完与儿子的最后告别。本来亲人们都担心她的身体，毕竟是 80 多岁的老人，孩子们主张她不要去参加遗体告别，怕她年迈受到刺激。可是，她不同意。她说:“我要去，你们不让我去，我就会生病。”话虽简短，但很坚定。

最后告别的时刻来到了，几乎所有认识薛妈妈的人都为她揪着心。医生、护士做好了一切抢救的准备，大家将坐着轮椅的她缓缓推进告别大厅。

一进大厅，就看到儿子鹏飞静静地躺在鲜花丛中，薛妈妈的呼吸急促起来，心在抽搐，但是她很快就克制住情绪，极力地使自己平静下来。

“儿子，妈妈来看你了。”薛妈妈在心里跟儿子说。

轮椅被推到儿子的遗体旁，薛妈妈伸出颤抖的手抚摩着儿子冰冷的脸颊。

“这就是自己唯一的儿子，这就是每天陪伴在自己身边孝顺的儿子，这就是英年早逝的儿子啊!”薛妈妈将脸伏在儿子耳边喃喃地述说着：

“儿子，我们都来了，来送你……妈的好儿子，什么都不想了，你先走吧……我们送你……好儿子，没有辜负党和军队的培养，没有辜负爸爸的培养……你的孩子都好，放心吧，放心，啊！你先走啦……再见。”

此情此景让在场的所有人潸然泪下，有的失声痛哭。那不仅仅是看到白发人送黑发人的心酸，更多的是被眼前这位柔弱的老人所表现出来的坚强而感动。

也许是人们怕薛妈妈太难过了，也许眼前这一幕让在场人的心难以承受，人们轻轻地将坐在轮椅上的薛妈妈推走。当轮椅就要走出告别大厅的那一刻，薛妈妈突然回过身来，用尽力气最后一次呼唤自己的儿子：“鹏飞，再见!”

那一声伤心的呼唤，让任何人听了都会心碎。

那一声深情的呼唤，饱含了一个母亲对儿子全部的爱。

不久，又到了“贺龙杯”高尔夫球赛，鹏飞大哥是北京市高尔夫协会主席，许多人担心他的去世恐怕会影响球赛的举行，体育总局来征求薛妈妈的意见，薛妈妈表示：“今年不但要办，而且要比往年办得更好。战争年代，没有说前面一个人牺牲了，后面的仗咱就不打了，这仗咱们还要打赢。”

当有关薛妈妈的所有采访完成之后，2002 年年底，我到薛妈妈家去送撰稿根据素材写好的本子，请薛妈妈审看并签字。那时，薛妈妈已不住在海运仓的招待所，而是由部队给她在京郊的一个花园小区租了一栋别墅。那是个比较高档的小区，租金不菲。

那天，小明姐不在，由黎明姐陪着薛妈妈。薛妈妈让人端上一盘切好的西瓜。因为和薛妈妈很熟了，我也就不客气地吃起来。吃完西瓜，就和薛妈妈聊天。我观察到薛妈妈这次的房间挺大，比起海运仓和北新桥的住处好多了，周围环境也不错。但是，我感到她似乎并不快乐。果然，一会儿薛妈妈的话验证了我的猜测。

“姚言啊，你这一段跑哪儿去了，也不来看我。”薛妈妈说。

我忙解释：“对不起，这一段忙着抓撰稿，另外每篇稿子都得请老妈妈们签字，所以没顾得上。”

“唉，你看，我现在住的这个地方，离城里太远，和谁也不能来往，不方便呢。”

“妈，这儿空气好，就当是疗养了。”在一边看电视的黎明姐接上话茬。

“这么远，别人来看我找不着，我去看人家也不方便。”薛妈妈说。

“怎么不好找，姚言这不找着了吗，你要去看谁咱也有车，挺方便的。”黎明姐说。

“哎呀，关键是这个房租太贵，都是用美元哪！”薛妈妈心疼地说。

黎明姐笑了：“我就知道你是这个原因，这是国家对老同志的一种关怀，你有什么不安心的，再说这是暂时的。咱们的房子修好就搬回去了。唉，这老人家有福不会享，真是没办法。”

薛妈妈不说话，我看得出，她很无奈。

这次看到薛妈妈以后，我就很少再见到她。因为老人家岁数大了，我去看她，唯恐打乱她的生活秩序。但我常和两位大姐联系，除了对她们在工作上给予我的帮助心存感激，对于这两位漂亮的大姐，我也挺喜欢她们。

2004 年 10 月 30 日，我再一次来到北新桥薛妈妈的家。这一次，我是带着片子和那台老式家用录像机，请薛妈妈全家看片子审查。

从我第一次见到薛妈妈之后的几年里，她都是处在搬来搬去的漂泊状态，现在她们的危房修缮一新，看到她终于有了一个安稳的居住环境，而且房子也比先前敞亮得多，真为她高兴。

片子开始不久，坐在一边的黎明姐就不住地抹眼泪。片子没看完，她已经躲到一边无法再看下去了，她一定是想起父亲的含冤罹难，想起了哥哥的英年早逝，想起了过去那些曾给过她幸福也曾给过她痛苦的日子。

薛妈妈这两集，我自己看过好多遍，但每一次都让我掉泪。片子放完后，我抬起泪眼望望薛妈妈。她很平静，即使是看到最后与儿子告别的镜头，她仍然显得很平静。看到她这样，我抱着薛妈妈哭了。我知道薛妈妈那平静的外表下，是怎样的倒海翻江。我多希望她能够将心中的悲痛和对亲人的思念宣泄出来呀。我抱着她的双肩哭着说："薛妈妈，您为什么这么坚强，您为什么要这么坚强啊!"

薛妈妈拍拍我的手："我只有坚强，不然后面的日子怎么往下过，我别无选择。"

面对着眼前这位白发苍苍的老人，我的心里充满了崇敬，无比的崇敬。

我想起薛妈妈曾说过的一句话："战争年代，没有说前面一个人牺牲了，后面的仗咱就不打了，这个仗咱们不仅要打还要打赢。"

薛妈妈啊，虽说您人已苍苍老矣，但您仍然是一位战士!

2011 年 8 月 3 日，薛妈妈去世，享年 95 岁。

她的一生都是在忙碌中度过

——陈云的夫人于若木

在北京市东城区南锣鼓巷巷口，有一个不到十平米的小花店，从我们剧组的驻地到那里也就三四百米，1999年年底，这个不起眼的小花店便成了我经常光顾的地方。11月的一天，太阳刚刚露脸，我又一次踏进小花店的门，店主人将我头天晚上预订的花——一束带着水珠的向日葵递给我，它是我们即将要采访的主人公于若木妈妈最喜爱的。

于若木妈妈住在中南海。那是一幢挺大的灰色平顶房，与中南海里其他古建筑不同，是新中国成立以后才盖起来的。比约定的时间提前十几分钟，我们的车就已经到中南海于若木妈妈的住所前。院子门口是一大片草坪，其间有不少打理得非常漂亮的松柏。虽已是深秋，但中南海里依然不缺少绿色。也许是这个缘故，那里的鸟特别多。鸟儿也真会找地方，凭着它们的一双翅膀，自由而有些放肆地在中南海里任意飞翔，根本不理会自己栖息的地方是十几亿人口的心脏。与工作人员电话联系后，没两分钟，一位战士就从大门里出来将我们领了进去。

走进那所有些神秘的灰色建筑，穿过厚重的大门，紧接着是一个长长的走廊。走廊的一端放着一个简易的按摩床，走廊的地上，不规整地堆放着一些旧报纸。工作人员领我们走进客厅，让我们在那里等候。趁着这个空当儿，我观察了一下房间。房子很高，约有四米，也很宽敞，起码有一百平米，只是墙面有些发黑，许多地方已经有了裂缝，窗帘也非常旧，甚至可以说有些破旧，质地也是多年前的的确良，已经褪色，几乎看不出来原来的色彩。在屋子里沿着三面墙摆放了一圈老式沙发，正对着门的那面墙，立着一尊陈云同志的半身塑像，给这间屋子增添了几分肃穆，与其说这是一个客厅不如说它更像是一个会议室。

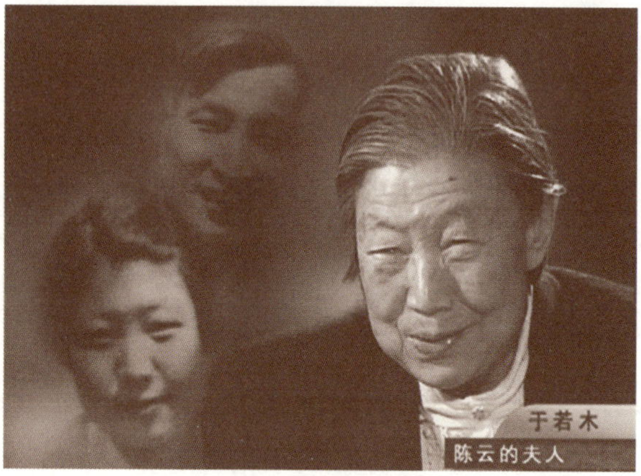

于若木在接受剧组采访

片刻，在工作人员的陪同下，于妈妈来了。老人虽然因脊椎有病，背有些驼，脖子也有一些直不起来，但她那温文尔雅的气质依然在，脸上带着亲切温和的微笑。她一边与剧组的同志们握手，一边打着招呼问候："你们好，欢迎，欢迎。"她说话的声音不大，几乎可以说有些轻声细语，却透着热情，我对她的第一印象：这是一个文静端庄的知识型女性。

一切准备就绪，于妈妈便坐在镜头前开始接受采访。她依然是轻声细语娓娓道来。在她平静柔和的话音里，那些在白色恐怖下的地下工作，那些延安时代的艰苦生活，还有战争时期与丈夫分分离离的岁月，以及"文革"中遭受迫害的日子，在她的叙述中都似乎变成轻松的话题了，只有谈到她与丈夫陈云第一次相见时，老人控制不住落泪了。对于她，所有艰难困苦都已成为过去，唯有与丈夫携手走过的近六十个春秋，让她刻骨铭心，对丈夫的崇拜与热爱让她永远不能忘怀。

于若木，原名于陆华，1919 年 4 月 15 日出生在山东济南如意街七家村一个有着爱国进步思想的家庭。父亲于丹甫是满清末年中国第一批留日学生，毕业于著名的日本早稻田大学，是山东近代教育的奠基人。兄弟姐妹五人，也都是学识渊博又有着进步思想的人士。于若木的二哥毕业于燕京大学文学系，是左翼作家联盟的成员，后加入中国共产党。受哥哥影响，于若木从少女时代就喜欢阅读进步书籍，而她的语文老师就是中共地下党员周小舟。周小舟经常挑选陈独秀、李大钊、鲁迅的文章给学生们阅读。受此影响，于若木在作文中常常流露出对反动政府的不满和追求光明的渴望。她的这些思想倾向，引起了周小舟的注意。当于若木从山东女子学校考入北平市立女子一中（现在的北京一六一中学）时，周小舟将她的情况介绍给女一中地下党支部负责人郭明秋。

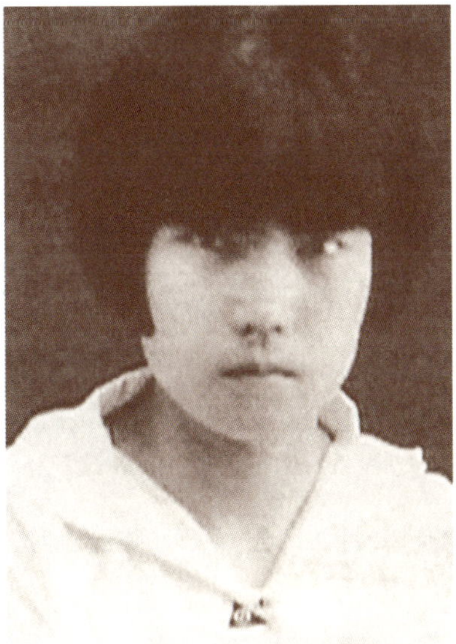

少女时代的于若木

郭明秋对这个追求进步的学生给予了特别的关注和引导，经常给她一些革命的书籍。《1925到1927年的大革命》一书，就是于若木第一次接触的革命书籍。从这本书里，于若木知道了第一次大革命的情况，对党有了进一步的认识。

不久，在中国共产党的领导下，著名的一二·九运动发生了。于若木立即投入这场运动中。通过这次运动，她对革命有了更深刻的认识，并光荣地加入了共产主义青年团，并在郭明秋的领导下成立了共青团支部。

那时，于若木的家在什刹海北河沿。由于有家庭的掩护，于若木的家就成了地下交通站，中共北方局的一些文件、指示，就是通过这个交通站转到北平市委的。

1936年9月，17岁的于若木被批准加入中国共产党。

1937年，根据组织安排，于若木来到延安被分配到陕北公学学习。从白色恐怖的北平来到朗朗晴空的延安，于若木感到一切都是那么亲切与新鲜，她如饥似渴地学习，严格要求自己。

一天，于若木与同学们正在窑洞里听蔡畅大姐讲课。忽然天上传来飞机的轰鸣，大家以为又是国民党的飞机来轰炸延安，纷纷跑向隐蔽的地方。正当大家分散隐蔽的过程中，飞机的声音越来越近，飞机也越来越低，这时候有人喊着："别跑了，别跑了，不是敌机，是自己的，是苏联飞机。"后来才知道原来那天苏联飞机送陈云与王明、康生从新疆回到延安。

1937 年 12 月 9 日至 14 日，陈云出席在延安举行的中共中央政治局会议

一场虚惊之后，紧接着同学们接到通知，到学校的操场上集合，欢迎陈云他们归来。欢迎会地点就设在陕北公学，几张八仙桌拼在一起算是主席台，毛主席、朱老总、张闻天等领导人站在桌子上，迎接飞机的降落。毛主席称那次是"喜从天降"。在欢迎的人群中就有后来成为陈云夫人的于若木，那是她第一次见到陈云。

第二次见到陈云，是在不久之后的一次会上。那天晚上，成仿吾校长在一个天然的石窑洞里召开学校党员大会。当时陕北公学的学生党员不是很多，也就 30 多人。大家聚在昏暗的麻油灯下正准备开会，陈云走了进来。他这时已是中共中央书记处书记、中央组织部部长。成仿吾向大家做了介绍之后，陈云便开始向大家做政治报告，主题是讲党的知识分子政策。当时国内许多进步学生纷纷投奔延安，陈云给大家讲党对知识分子的重视与爱护，欢迎更多的知识分子到延安来。这次报告让于若木对陈云的沉稳老练以及政治上的成熟留下了深刻印象。

不久，组织上要从陕北公学挑选一名政治可靠、条件合适，并懂得一些护理知识的人照顾陈云。因为当时陈云经常流鼻血，身体十分虚弱。经过挑选和考察，历史清白、政治可靠、性格温和的于若木被选中。以后，于若木便从陕北公学搬到中央组织部的招待所值班，照顾陈云的生活起居。

来到陈云身边，于若木非常高兴。她曾亲耳听过陈云做报告，对他很是崇拜。因此，虽然她没有学过护理，但她尽心尽力地照顾着陈云，两人很快就熟悉起来。陈云常常和她聊天，问于若木在什么地方上的学，家里还有什么人，喜欢读什么书，都读过哪些书，同时也把自己的一些情况向于若木做了介绍。于若木觉得这个领导一点架子也没有，平易近人，非常亲切。

大约两个月后的一天，于若木照顾陈云吃完药正准备回值班室，陈云喊住了她，请她到房间里坐一坐。于若木以为是自己工作哪里没有让首长满意，有些诚惶诚恐，心里打着小鼓坐了下来。

陈云说："我看你这个人很老实本分，很朴实，我自己也是一个老实人，你愿意和我做朋友吗？"

一点思想准备也没有的于若木，被这突如其来的话问住了。在于若木心里，陈云是中共高级领导人，在政治思想水平、革命斗争经验以及能力才干等方面，都是自己不能比拟的。她一直非常崇拜陈云，这个崇拜除了作为一个青年学生对党的领导同志的崇拜，更有一个不成熟的青年对于30多岁的中年男人的崇拜，崇拜他的成熟老练。现在听到陈云向自己提出这样一个问题，于若木的心剧烈地跳动起来。因为崇拜，于若木从没有想过会把自己的一生与眼前这个沉稳真诚的男人联系在一起。她对他细致入微的照顾，除了完成党交给的任务，当然也有自己的情感在里面。崇拜也是一种爱，由敬爱转为男女之间的情爱，是很容易接受的。只是于若木觉得有些突然。面对着陈云向她提出的这个问题，性格内向的她低着头沉默了。她在认真地思考，毕竟是人生中的一件大事。陈云很理解于若木的心情，他没有让她立即回答。他告诉于若木，是否可以征求一下家人的意见。这时候，于若木的二哥也到了延安。于若木接受了陈云的建议，将此事告诉了哥哥，得到了哥哥的支持。于是于若木和陈云正式地确定了恋爱关系，两人还互赠了礼物。陈云送给于若木一本自己常用的列宁著作《帝国主义论》，而于若木送给陈云的则是大哥

抗日战争时期，陈云在延安

从英国带给她的那个十分珍贵的计算器。在那个特殊环境、特殊年代，他们没有什么值钱的东西，唯一能代表心意的就是自己的心爱之物。

不久，在延安杨家岭中央组织部一间不大的房间里，陈云娶了比他小15岁的于若木。一向不事张扬的陈云，花钱买了些花生、糖果，请了住在那个院子里的二十几人在一起热闹一番，算是完成了自己的终身大事。

1938年3月，陈云同于若木在延安结婚

后来从重庆回来的同志听说陈云、于若木结婚，便闹着要陈云请客。陈云当时刚刚从国外回国不久，他告诉于若木自己手里还有一些美元，在大家的要求下，陈云答应请客，但答应是答应了，从小过惯苦日子的他，养成了简朴节约的习惯，一直到最后他的“婚宴”也没兑现。

婚礼简陋，生活也很清贫，但是心中有了对丈夫的爱，于若木觉得每一个日子过得都充满了阳光，无论做什么都充满了欢乐。从她当年给在英国的大哥于道泉的信中，我们可以看到一斑：“……虽然他大我15岁，但我对自己的婚姻很满意。他是一个非常可靠的忠实的人，做事情负责任，从不随便，脾气很好，用理性处理问题而不是感情用事。”“你问我们小家庭的生活吗？这里无所谓‘家庭’。陈云同志在工作，我在学习。他住机关里，我住学校里，每星期六我到他那里住一天，这是延安所谓的‘住礼拜六’……”当时，于若木已从陕北公学转到党校，吃住都在学校。结婚以后，于若木并没有因为嫁了个“高官”而特殊，依然像往常一样，只有星期六才回家与丈夫团聚。短暂的一天，温馨而又忙碌，于若木常常把丈夫的衣服带回学校，利用休息时间在延河边上把衣服洗干净，到星期天回家时再带回去。他们仅有的一床被子，里面的棉花已经变成一团一团的，于若木用了一个晚上将被絮重新絮匀。原本是大家闺秀，婚后却成了操持家务的能手。抗战不久，廖承志送给陈云六双袜子，这在当时物资极其匮乏的延安，无疑是一笔不小的财富。那时候出门办事，没有什么代步工具，全靠两只脚。因此，这六双袜子就更显得珍贵。为了让这六双袜子结实耐穿，于若木将每一只袜子又加了一层布袜底，增强它的耐磨度，使这六双普通的袜子居然穿了整整八年。而每年给陈云发的棉衣，于若木也会重新把它全部拆开，创造性地进行改造。把前胸后背的棉花再絮得厚实一些，让身体虚弱的丈夫穿着舒适暖和。后来，延安开展大生产运动，于若木又积极响应党中央的号召，“自己动手，丰衣足食”。她纺得一手好线，那一团团棉花经她的手，就纺成又细又匀可以用于缝纫机用的机子线，价格也比较高。于若木全家的日用开销，全都是通过她的双手纺线换来的。为了改善生活，增加陈云和孩子们的营养，于若木还在自己居住的院子里种上了西红柿。她和陈云的警卫员换工，她帮警卫员织毛衣，警卫员帮她开荒。她还亲自去淘大粪，给自己种的蔬菜施肥，她种的西红柿总是又大又红。她用勺子将西红柿的汁舀出来喂自己年幼的孩子。也就是从那时起，于若木开始注意营养的补充，为自己老年研究营养学埋下了伏笔。

1938 年 9 月 29 日至 11 月 6 日，陈云出席在延安举行的中共扩大的六届六中全会

就这样，在国民党蒋介石的严密封锁下，中国共产党人靠着自己的双手，虽是粗茶淡饭，但也丰衣足食。而于若木也凭着自己对丈夫的爱和一双勤劳的巧手，把自己的小日子过得有滋有味。

经过艰苦卓绝的抗战，中国人民终于迎来了抗日战争的胜利。1945 年，中共中央政治局开会决定，由彭真、陈云、程子华、林枫、伍修权等人组成东北中央局，立即赴东北开展工作，建立根据地。9 月 15 日凌晨，刚刚散会，陈云就带着妻子匆匆为他准备的简单行装，与其他几个同志一起坐上了苏军返航的飞机，奔赴东北，开展新的工作。而于若木因带着年幼的女儿和出生不久的儿子，暂时留在了延安。

几个月后，待襁褓中的儿子稍稍大一点，于若木就带着 4 岁的女儿和不满周岁的儿子，跋山涉水经张家口来到哈尔滨。还没等安顿下来，由于战事紧张，陈云接到调令，立即赴南满担任分局书记。于是，于若木又将刚刚打开的行李重新捆上，跟随丈夫踏上了到南满的路程。

由于种种原因，当时陈云他们去南满，从哈尔滨出发需经朝鲜绕道而行。于若木夫妇带着孩子们坐着闷罐车走走停停。大人还好说，两个年幼的孩子在闷罐车里，没有座椅，吃、喝、拉、撒都在车上。但是于若木觉得在当时来讲，条件已经是非常不错了，起码有个车坐，不用风餐露宿，加上又有丈夫在身边，她感到很踏实。到了平壤之后，陈云考虑到南满要指挥作战，环境不安全，拖儿带女恐怕会影响工作，便将妻儿暂时留在平壤，自己一人前往南满赴任。

1946 年，陈云同萧劲光在东北合影

刚刚和丈夫会合，现在又要面临分离，还要独自带着两个不懂事的孩子，在异国他乡这样一个陌生的环境里生活，于若木心里不免有些难过，有些舍不得。但她深知丈夫的决定，一定是经过深思熟虑的。为了不给丈夫增加拖累，于若木还是听从了丈夫的安排留在了平壤。

在平壤的五个月里，丈夫不在身边，所有困难都要于若木独自面对。除了人生地不熟和语言问题，生活条件也极其艰苦。寒冬腊月，冰天雪地，屋里却没有火，两个小家伙常常冻得鼻涕眼泪一起流。于若木怀着对丈夫的思念和对再一次团聚的期盼，把每一个日子都过得充实忙碌，同时也锻炼得更加坚强起来。

半年之后，陈云在南满成功地指挥军队击退国民党的进攻，于若木又带着一对儿女去与丈夫重逢。

全国解放了，于若木终于可以安心地守在丈夫身边悉心照料他。由于战争艰苦环境的摧残，陈云的身体一度非常虚弱，特别容易感冒，常常这场感冒刚刚治好，下一场感冒又来了。为了让陈云提高身体素质，苏联医生建议让他到青岛疗养一段时间。那时，陈云还没有配备专职的医护人员。每次生病，都要临时找医生护士。于若木为了更好地照顾丈夫，每当护士给陈云打针时，她都在一旁仔细观察，认真询问，哪个部位合适，怎样扎针不疼。然后就悄悄地在自己身上试验，等她觉得有了把握以后，才开始给陈云打针。没过多久，于若木打针的技术已经是非常娴熟，不用再请外面的护士了。

20 世纪 50 年代，中国到处一派建设热潮。北京修十三陵水库时，身为国家工作人员的于若木，并没有因为丈夫的位高权重而特殊。每次到十三陵水库义务劳动的日子，她都不等天亮就早早起床，与同事们一起，蹬着自行车骑四小时准时来到工地，并且一干就是一个多月。

三年困难时期，于若木在国家科委政策研究室工作。由于工作的原因，她和许多科研单位保持着联系。当看到许多人因营养不良而得了浮肿病，于若木心里特别着急。她与同事们积极寻求办法，请教有关专家，当听营养专家讲到，浮肿是因为人体蛋白质摄入量不足而引起的，只要每人每天吃二两大豆，就可以解决浮肿问题，于若木便建议专家写个材料。她将材料送给陈云。陈云看后，接受了专家的建议，立即起草电报发往东北，将东北的大豆迅速调入关内，解决了一大批群众的浮肿问题。

1951 年全家福

1964 年，于若木调到中国科学院植物研究所植物园，任党总支书记兼副主任。她一门心思扑在工作上。由于单位较远，为了不影响工作，于若木每天吃住都在单位，只有星期六才骑着自行车回到城里的家。因为路远，有时候骑到半路累得实在走不动了，就下车买点东西垫垫，吃完后继续往家骑。

陈云在中南海勤政殿

骑车上班，是于若木多年来一直坚持的习惯。无论丈夫的官做得多大，也无论上班的路有多远，她始终如一风雨无阻，从不用陈云的车接送自己上下班或办私事。即使是“文革”后，已是快60岁的她，依然如此。

有一次，已经调到科学院工作的于若木，骑车到位于三里河的单位上班，走到西单忽然被一个冒冒失失的小伙子迎面撞倒，那个小伙子急急忙忙把她扶起来，让她坐在马路沿上，说了一声：“你在这儿休息休息，我有事先走了。”说完便扬长而去。于若木坐在长安街的路沿上，休息了一会儿，当她起身站起来的时候，一阵钻心的疼痛使她不得不又坐下。过了一会儿，看看时间不早了，她咬咬牙重新站了起来，用一只脚蹬着车子去上班，晚上又用一只脚蹬着车子回来。妹妹于陆琳发现姐姐的脚肿得厉害，便带她找了一个老中医，一检查脚已经骨折，这下才休息了一段时间。要不是妹妹发现得及时，她原本打算继续用一只脚蹬车上班。

于若木就是这样时刻把自己当作普通百姓，把自己放到一个最恰当的位置。她曾说过：“我与陈云同志，无论从能力上、资历上和地位上都有很大差别，这个差别对我来说，是一件感到很不舒服的事情，我只有努力向他学习，用他的思想行为来解决自己的一些思想问题，努力使自己的行为更端正。”

除了对自己要求严格，于若木对孩子的教育也从不放松。陈云曾要求于若木一定不要娇惯孩子，要让他们学会自立自强，学会独立生活的技能，做一个普通人融入社会。于若木根据丈夫的要求，亲自教孩子一些生活的技能和常识，如洗衣服、做饭，甚至缝衣服，于若木都亲自手把手地教孩子缝制。每个星期六，当孩子们从学校回来洗完澡换下脏衣服，于若木都要求他们自己洗干净，然后再返回学校。有一次，大女儿伟力因为急着去看电影，偷了一个懒，没有洗换下来的脏衣服，想着放在家里下次回来阿姨肯定就替自己洗干净了。不承想，于若木知道以后，愣是不让阿姨替女儿洗。结果一星期以后，当伟力从学校回到家，看到自己的一堆脏衣服还是原封不动地放在那儿，只好自己乖乖地洗了。即使到了晚年，对疼爱有加的孙子孙女，于若木也从不娇惯。一件衣服，伟力的孩子穿完，一定要留下来再给弟弟妹妹的孩子穿。

1966 年，“文化大革命”开始了，于若木与植物园的职工一起被下放到湖南衡东国家科委的“五七”干校劳动，而丈夫陈云则到了江西，夫妻俩天各一方。这时候的于若木已年近半百，但她从不让同事们照顾她，每天坚持和大家一起种菜施肥。“庄稼一枝花，全靠粪当家。”那时候，有几个厕所都是分配到组的，葡萄组、木本组等每个组负责淘一个厕所。组里年轻人看她岁数大，本来不想让她干，但于若木毫不示弱，和年轻人抢着淘大粪，从来不怕脏不怕累。

一天，国家科委的一个同志突然得了重病需要开刀，但是卫生院里没有与病人相匹配的血浆。那天，正好是于若木在连队值班，接到干校校部打来电话询问他们连队有没有人能够献血。放下电话后，于若木首先想到自己是 O 型血，可以去献血，全然不顾自己已经是 50 多岁的年纪，怕万一不够用，又叫上另外几个 O 型血的职工赶往卫生院，准备随时给病人输血。到了卫生院，由于病人病情复杂，需要转到省城长沙医院，所以医生没有让于若木献血。

1970 年 6 月，干校开展“一打三反”运动，发动大家揭批问题。于若木想到 1962 年困难时期，她陪陈云到上海出差，住在一个宾馆，发现宾馆的装修与过去完全不一样，一打听，才知道原来前不久，江青来此住过。为了保护自己的眼睛，江青下令对宾馆进行一次豪华装修，仅窗帘就用绿色丝绒装了好几层，就连桌面也都用丝绒包了起来。当时于若木很气愤，老百姓连饭都吃不上，可江青还这样讲排场，奢侈浪费。于是，于若木就此事写出了针对江青的第一张大字报：《铺张浪费，挥霍无度的盖子必须揭开——江青是党内最大的剥削者、寄生虫》。大字报一经贴出，于若木便被“专了政”，失去了人身自由。关押期间，于若木并没有因此而退缩。这个平时看上去温文尔雅，说话轻声细语的人，不仅表现出她身上那种山东人的直爽豪放，更表现出一个共产党员襟怀坦荡的大无畏精神。她在一次思想汇报中写道：“我和江青之间无个人冤仇，我和她的斗争是两个阶级、两种世界观的斗争，是不可调和的。”为此，她遭到了更为严重的迫害，但她并没有被吓倒。她毫不屈服地在第三次材料中写道：“江青这个走资派就是党内最大的隐患，是名副其实的赫鲁晓夫……”因此，她被戴上反革命帽子，并被宣布开除党籍，撤销党内外一切职务。尽管如此，于若木并不孤立。许多群众和同事并没有因此而疏远她，大家无声地用行动暗中帮助她、关心她、支持她，悄悄地给她送药、送饭票，劳动时尽力给予照顾。在群众温暖的关怀中，于若木度过了那段最阴冷黑暗的日子。

1972 年，于若木随干校一同回到北京，但仍然被限制自由不准回家，每天的工作依旧是打扫厕所、清理楼道。女儿陈伟力几经周折才打听到她的消息，经过有关部门的批准，才允许她们母女俩见面。

1973 年，在江西下放劳动的陈云回到北京。他做的第一件事，就是向上级有关部门打听妻子于若木的情况和下落。又是几番周折，于若木在丈夫的努力下，终于被允许回到家中。

黑夜过去是黎明，漫长的十年过去了，于若木用自己的铮铮铁骨，赢得了人们对她的崇敬。中科院党组做出撤销对于若木一切处分的决定，号召全院职工向她学习。

步入老年的于若木，潜心营养学的研究，致力于改善国民体质，这也与她和陈云的结合有着重要的关系。于若木最初来到陈云身边，是组织上让她照顾体弱多病的陈云。在长期与陈云的生活中，为了提高丈夫的身体素质，增强抵御疾病的能力，加上在科学院工作的便利条件，以及不耻下问的学习精神，于若木逐渐对营养学有了浓厚的兴趣，日积月累也摸索出一些经验，为她日后研究营养学打下了坚实基础。1983 年，于若木在《红旗》杂志上发表了自己的第一篇关于营养学的文章《营养——关系人民体质的大事》，从而正式进军营养学专业的研究。她先后担任中国食品工业协会顾问、中国营养学会荣誉理事、中国学生营养促进会会长、中国保健食品协会名誉会长、中国绿色食品协会名誉会长。

1995年，90岁高龄的陈云与世长辞。陈云能以体弱多病的身体，支撑了生命90年漫长的岁月，与于若木对他的悉心照顾分不开的。

1983年7月28日，陈云在中南海住所

采访完于妈妈的第二天，我们又去拍摄于妈妈在家里的一些活动。那天她的妹妹于陆琳也来了。于陆琳当年是和姐姐于若木一起结伴去的延安，新中国成立后一直从事教育工作，后来担任一所大学的校长，也是一位资深的教育家了。我们采访了于妈妈的女儿后，也采访了她。那天，于妈妈与妹妹一起到院子里散步。临出门前，于妈妈从一个特别陈旧的壁柜里拿出一个带有葵花图案的披肩，一边往身上围一边对我们说："向日葵，这是我最喜欢的，挺漂亮吧。"

穿好衣服，两位老姐妹出门来到院子里，沿着草坪上弯弯曲曲的小径，一边聊天一边散步。天气有些凉，两位老人没有走一会儿，就回到卧室里，我们也一路跟着进了卧室。

卧室很大，但显得有些杂乱，地上到处都是旧报纸，还有许多有关营养学方面的书刊，一些营养品和饮料也没有秩序地堆放在地上，我猜那可能是厂家送来请于妈妈品尝鉴定的。在几十平米的卧室里，却看不到什么像样的家具。沿墙放着一溜书柜，靠墙角的地方有一张书桌，书桌上没有书，却摆满了各种各样药瓶子似的保健品，包装各异，品种繁多。在屋子靠南边的墙旁有一张20世纪六七十年代的旧式木板床，两个单人沙发摆放在离床不远的地方，周围满是报纸书籍，沙发后面有一个巨大的地灯，看样子这里是主人休息阅读的地方。屋子中间还有一个两抽屉的小桌子，桌子的一角绑着一个木棍，上边挂着一个灯泡，可能是桌子太小怕放台灯占地方，所以主人才想了这么一招。桌子四周拉了一圈铁丝，铁丝上挂满了写满英语单词的卡片。我注意到于妈妈的床上用品，是一个特别普通的尼龙床罩，薄薄的，一看就知道是很廉价的那种。我有些好奇地走过去，轻轻地掀起床罩，床罩下面铺着一个大街上常见卖的那种蓝白格的床单，再往下是一床棉褥子，褥子是裸着的，没有褥里褥面。我估计那原先是床旧被子，可能是太旧了主人舍不得扔，让它继续发挥余热，做了褥子。褥子的最下面是一个军绿色的厚厚的棕垫。这床上面的用品我很熟悉，都是20世纪六七十年代普通人家随处可见的。现在进入21世纪，人们的生活得到很大的改善，五花八门、五颜六色的床上用品已不再是寻常百姓家的什么奢侈品，而于妈妈家却依然用着这么陈旧过时的东西，真让人难以置信。无论从经济条件、社会和政治地位，还是于妈妈本人的审美品位，不说时尚豪华，起码舒适的席梦思床垫和漂亮大方的床盖铺一床是不成问题的。但是于妈妈已经习惯过一种简朴的生活。于妈妈的卧室给我印象最深的当数那张极为普通落伍的床和那个挂满英语卡片绑着一根木棍吊着一个裸灯泡的小桌。假如它在一个生活拮据的普通人家的话，也还说得过去，可是这却是在共产党的高级领导干部的家，如果不是亲眼所见，很难让人相信，可它千真万确地展现在我的眼前。于妈妈的简朴让我不由得从心里又多了几分崇敬。

于若木在庐山

几个月后的一天，我应邀到于妈妈家，老人拿出相册让我看，她指着照片上一个十三四岁的美丽少女，特别骄傲地介绍着："这是我们家的小公主，你看多漂亮啊，不仅学习好，还弹着一手好钢琴。"她说的这个小公主，是儿子陈元的女儿丹丹。陈元的第一任妻子因病去世，丹丹是他的第二任妻子生的。我看得出来老人对这个孙女很是喜爱，于是就提出下次丹丹来的时候能不能拍一些祖孙俩在一起的镜头，老人很爽快地答应了。过了约半个月，当我们再一次去于妈妈家拍摄时，于妈妈打电话将丹丹接了过来。

果不其然，当丹丹走进屋来，我们在场的人眼睛一亮，那是一个非常清纯美丽的少女，像一朵带着露水的花蕾。无论从哪个角度看，她都无可挑剔。不知是看到有剧组的人在场，还是她本来的性格就含蓄，丹丹有些羞涩拘谨。她说话轻声细语中带着一些稚气，从祖孙俩的对话中，可以看出，丹丹由于学习忙不是常回奶奶这里。丹丹一边帮奶奶整理着报纸，一边向奶奶讲着学校的事情。我注意到，那个绑在小书桌上的木棍已经不在了，可能主人觉着太有碍观瞻了。那天，于妈妈的大女儿伟力大姐也正好来看母亲，祖孙三代聊了一会儿，吃饭的时候就到了，丹丹拉着奶奶的手，往厨房走，我们紧跟在后。从卧室到厨房要穿过几间屋子，所有经过的地方除了日常生活用的电器，几乎再也看不到一件时尚豪华的物件。拐来拐去穿过几间房来到厨房，家里的炊事员已经把菜炒好。他们家吃饭实行分餐制，晚餐是三菜一汤：一个烧鸡块、一个炒豆腐、一个炒油菜，还有一个高汤，汤很简单，酱油水里漂着几片西红柿和紫菜。炊事员把炒好的菜分成四份，并分别盛在四个盘子里。丹丹很懂事，看到汤很烫，便要帮奶奶盛，可于妈妈还是坚持要自己盛汤。端着盛好的汤，祖孙俩走进旁边的餐厅，伟力大姐与爱人已经坐在桌前了。餐厅不是很大，约有十平米，正好够放一张桌子。简易的餐桌四周摆放着几个红色的折叠椅，四个人便坐下吃起来。我看到桌上还有两个盘子，一个里面放着三个苹果，另一个则放着一个西红柿，丹丹将那个放西红柿的盘子拿到于妈妈面前。那三个苹果想必就是丹丹和伟力大姐夫妇的了。“奶奶每天还要吃两个胡萝卜。”丹丹说。看来于妈妈非常注意营养的均衡，荤素搭配科学膳食。

于若木与孙女共进晚餐

吃过晚饭，丹丹就回家了，她还要写作业。于妈妈对我们说，孩子们都很争气，学习用功，从不以干部子弟自居，有的孩子一直到毕业，同学们都不知道他们的背景身份，直到报纸、电视报道陈云同志时发表的一些孩子们与爷爷在一起的照片，大家才知道他们的爷爷原来是国家领导人。伟力大姐告诉我们，父母不仅自己生活简朴，对他们要求也十分严格，衣服都是大的穿完，再传给小的，能自己做的绝不买。伟力大姐她们从小就由于妈妈手把手地教做饭洗衣这些基本生活技能。于妈妈常教育他们，严格要求自己，学习父亲艰苦朴素的作风，不要给父亲丢脸，要对得起人民和党给予的一切。

与重孙女在一起

在我们的采访中，曾经听到这样一件特别的事情：20 世纪 90 年代，喜欢集邮的薄一波的儿子薄熙成，有一天逛集邮市场，无意中在一个摊位上发现一个信封，那是抗战时期 1939 年 6 月从西安寄往英国伦敦的，里面装有三封信，分别是陈云、于若木、于陆琳写给于若木在英国的大哥于道泉的，内容主要是围绕于若木与陈云的婚姻情况。当时于若木的署名是陆华，那是她到延安之前用的名字。婚后，陈云也一直以陆华称呼她。信中于若木向哥哥谈了自己的婚姻："……虽然他大我 15 岁，但是我对自己的婚姻很满意。他是一个非常可靠的忠实的人，做事负责任，从不随便，脾气很好，用理性处理问题而不是感情用事……"字里行间流露出对婚姻的满足与幸福。而陈云的信除了谈对抗日形势的看法也介绍自己的情况："……我是江苏人，出身于贫苦的家庭，五岁时父母均去世，依舅父而生。自高小卒业而后，无力继续学业，即在上海书店为学徒有七年余，十余年东奔西走直至如今。前年冬由欧返国，病中与陆华认识，于客岁三月结婚。我们在政治与性情上一切均很合适，唯年龄相差太远，今年我已 35 岁……"陈云给于道泉的信，体现出他对婚姻的严肃态度，以及对妻子家人的信任与尊重。这三封信历经战火，远渡重洋又承载着岁月的厚重，居然能保留下来，真是一个奇迹。它也许比那枚30年代的邮票更有价值。薄熙成发现这弥足珍贵的三封信后，立即以两千元的价格买了下来，在陈元生日时，作为生日礼物送给了他，陈元将它转送给母亲。

2000年最后一天，接到时任全国妇联宣传部部长王乃昆的电话，想去看看几位老妈妈，让我安排一下。打过电话以后，上午我便陪着妇联的王部长、朱晓征处长，中央党史研究室秘书长黄小同以及该室第一研究部的刘益涛主任、袁丁大姐等一起到中南海去慰问于妈妈。说是慰问也没有什么慰问品，只有我从山西带过来的大红枣和一束鲜花。见到妇联和党史研究室的同志，于妈妈非常高兴，连声道谢。她说："我们只是做了我们应该做的，都是些凡人小事，就像那首歌里唱的，'军功章有你的一半，也有我的一半'。战士都是如此，我们也是普通人，党和人民没有忘记我们的付出，谢谢你们还记得我们这些老同志。"因为还要看望其他老妈妈，我们只在那里坐了半个多小时。走时，于妈妈拉着大家的手有些恋恋不舍，一直送到大门外。车子走出很远，我看到老人依然站在寒风中向我们招手。

后来因为工作的原因，我又多次去过于妈妈家。每次都很匆忙，没有机会与她聊天，直到2004年3月的一天，我正在外面办事，接到于妈妈的电话，让我到家里坐坐，顺便把她提供的照片取走。第二天上午如约来到中南海，在客厅里等了几分钟，于妈妈满面笑容地来到我面前。我挨着于妈妈坐下后，老人让工作人员送来几瓶矿泉水放到我旁边的小茶几上。看来于妈妈的记性很好，她还记得我一年四季都有喝凉水的习惯，所以天气虽然很凉，但她没有让人沏热茶。

大约聊了一小时，看看时间不早了，为了不影响老人休息，我起身准备告辞。于妈妈让我等一会儿，她站起身走出客厅。片刻时间，她手里捧着一些资料又走了进来："姚言同志，这些资料你千万不要给我弄丢了，尤其是这本书，我们家只剩下这一本了，还有这本画册，是我今天刚从孩子们家里要来的，用完赶快送回来。""放心吧，于妈妈，过几天就给您还回来。"

我接过于妈妈手里的资料，顺手给她打了一个借条，这是我从每一位老妈妈那里拿资料时必须做的。我知道这些资料的珍贵，那是她们的过去。这些照片里有她们的青春、爱情和理想事业，每一张照片后面都有着一段令她们难忘的故事。每一张薄薄的照片在她们心中都有着沉甸甸的分量。而时光不会倒流，历史也不会重演，那些微微泛黄的老照片，经历过战火的洗礼和“文革”的浩劫能够得以保存下来，是多么弥足珍贵。每一次从她们手中接过这些资料，总是觉得有些诚惶诚恐，因为我接过的不仅仅是照片，更是一份信任，心里不免觉得更多了一份责任。

2005 年 3 月底，我接到于妈妈的电话，约我晚上八点到中南海去放片子。我照例向《国际广告》的刘立宾社长要了一辆车，早早吃过晚饭就带着儿子陈昕抱着机器乘车来到中南海于妈妈的住所。

工作人员把我们带到客厅，我和儿子就开始接线试机器。不知什么原因，线接好后，图像却出不来，急得我出了一头的汗。工作人员也在一旁帮着找原因，几个人鼓捣半天也不行，我最怕的是录放机出毛病，因为现在临时找一台很不容易，这种淘汰的电器还真不好找。后来我让工作人员换一台电视机，终于搞定了，这时候已经是九点了。

那天看片子，除了于妈妈，还有伟力和伟华两位大姐，有伟华姐的儿子小欣，还有几个我不认得，不知是工作人员还是她们家里的第三代。于妈妈家里的人都特别朴素，根本分不清哪是家里人哪是工作人员。片子开始后，我就在于妈妈身后坐下来将片子看完，从于妈妈的脸上，我看出她挺满意，子女们也没有提出什么原则性的意见。大家议论了一会儿，已经是夜里十一点半了，谢绝了于妈妈派车送我们的好意，我忙和儿子收拾机器告辞。

从于妈妈住的灰房子到中南海西门，还要走一段路，初春的夜晚，天气不是很冷，微风掠过，吹着柳枝摇摇摆摆，湖面泛着鱼鳞似的波光，整个中南海里静悄悄的，喧闹了一天的鸟儿也进入梦乡，夜色中除了路灯只有忠于职守的哨兵警惕的目光在闪闪发亮。我和儿子一个抱着录放机，一个提着摄像机走在中南海的林荫道上，虽然已近午夜，但我却没有一丝困倦，儿子也是个“夜猫子”，这个钟点正在兴头上，他一边走，一边环顾四周，突然他叫了我一声：“妈妈。”我以为有什么事，本来松弛的神经一下子绷了起来：“什么事?”他指指四周：“中南海小区物业管理不错，咱有钱了要在这儿买套房可是挺好的。”儿子的话差点儿没让我笑得背过气去，尤其他说话时那副认真的神态，我捂着嘴，极力不让自己发出声响，要知道这夜半三更的，在这个地方整出任何动静，那后果可想而知。笑罢，我说："儿子，你也太不关心国家大事了，你知道这是什么地方，这是十几亿人口的心脏，是国家领导人办公和居住的地方，管理国家的方针政策都是从这儿出来的，你居然要在这儿买房子，你以为你是谁呀。"儿子一脸的诧异："啊？原来是这样啊。"那神情中多少还有一丝遗憾。

那次见于妈妈之后，直到她去世，我就再也没有见到她。2006 年 1 月拿到审查通过令后，根据上级有关部门的指示，播出顺序按老妈妈们参加革命的时间先后而定。于是，我又开始奔波于老妈妈们家，确定她们参加革命的准确时间和工作简历，顺便收集一些印画册的补充资料。1 月底我到与于妈妈毗邻而居的钟月林妈妈家里取完资料后，又径直来到于妈妈家。那天我没有见到她，接待我的是伟华大姐。伟华姐我见过几次，是非常朴实的人，朴实得以至于剧组的同志头一次见她时，以为是他们家里的阿姨或是工作人员。除了朴实，她身上还有一种书卷气质。伟华姐在北京一所中学教高中历史。据说还是离市区较远的学校。其实，以父母的地位和关系，她完全可以到市里一所近一些、条件好、待遇高的学校，或是做一些领导工作，但是她没有，她像许多普普通通辛勤耕耘的教师一样，依然做她的教书匠，一如她的母亲当年骑车上班一样，做一个普通人。从这里面我们可以感受到父辈对他们的言传身教。我把来意向伟华姐做了说明。伟华姐有些面露难色："这个事我妈妈最清楚，我们不能随便说，可是她现在正在生病，我得问问她才知道。"我当时以为于妈妈可能也就是患个头疼脑热，所以没有太在意，也没有好意思问生了什么病。因为几个月前我见到她，还挺精神，只是有些消瘦，我想不会有什么大的毛病。隔了几日，我又到钟月林妈妈家还资料，办完事，克荒大哥听说我要去于妈妈家，便热情地带我从他们家的一个小门直接走到于妈妈家。这次接待我的依然是伟华姐，听说她好像已经退休了，所以回来的次数比较多。伟华姐见到我，挺抱歉地说："你要的我妈妈的简历我还没有顾上问，她一直病着，要不这样吧，我这儿有几本书，里边有她的工作简历，还有一些照片，你拿去看看是否有用。"那天，伟华姐跟我聊了一会儿片子的情况，走时一直把我送出大门。我几次想向她询问于妈妈的情况，可是因为怕有什么忌讳，还是没有问出口。一个多月以后，我听到于妈妈去世的消息。这让我心里很难过，要知道她病得这么重，我真应该去医院探望她老人家。遗体告别那天，碰巧我正在片子的新闻发布会上忙活着，也没能最后送她一程，留下了深深的遗憾！

2006 年 5 月中旬，为了配合宣传发行，我带着《南方周末》的记者石岩，还有负责发行的零频道老总郑琼一起到于妈妈家。下午，我们三人按约定的时间准时到中南海。这是于妈妈去世后我第一次走进这间灰色的大屋子，客厅里一切依旧，只是在陈老的塑像旁多了一张于妈妈的相片，茶几上也摆放着一张于妈妈的生活照。除此之外，看不出和于妈妈在的时候有什么两样，可是我却觉得少了什么。伟华姐告诉我，她最近比较忙。按国家规定，于妈妈去世半年以后，她们就要把这座房子腾出来。她正在整理父母留下的遗物，好多东西都要捐到博物馆，真正属于她们的东西非常少。石岩问伟华姐，妈妈走后，最想妈妈什么。伟华姐沉吟片刻，轻轻地说："妈妈太累，快九十岁的人，还老是不停地到处奔波，父亲百周年，她每件事情都亲自参与，她太累了。"

是啊，于妈妈太累了。她从不因丈夫的位高权重而放松对自己的要求，不管上班的路有多远，她都坚持骑自行车；退休以后，她也从没有坐在家里享受清闲，而是进军新的领域——营养学。于妈妈老年主要从事营养学的研究，尤其是中小学生的营养问题。她认为增强体质要从娃娃抓起，对于有关的企业，她总是不遗余力地去扶持帮助，国内好多研制开发儿童营养品的单位都留有她的足迹。另外，针对中国国情，豆制品的研发也是她关注的一个重点。她认为贫困山区的孩子大多营养不良，主要是蛋白质不够，而大豆含有丰富的蛋白质，且经济实惠容易推广。她常常到有关企业搞调研，我们曾跟着她到北京一家豆制品加工厂，80 多岁的高龄，仍然楼下楼

于若木在中学食堂调研

上、车间厂房几乎每一个环节都仔细询问，亲口品尝。在她身上，我们看到的是一种深深的社会责任感。为了这个责任，已经垂暮之年的她，又开始学习英语。在她的房间里到处可以看见书写流畅工整的英语单词和写满营养知识的卡片，甚至卫生间里都有。就这样日积月累，于妈妈把各种维生素、氨基酸，以及各种微量元素的英文名字、拉丁文名字全都背了下来，足见于妈妈对知识的渴求依然一如既往地执着与专注。为了民族的解放和崛起，她的一生都是在忙碌中度过的，从不让自己坚实的脚步停下来。现在她终于可以安息了。

就要离开于妈妈家，我知道这也许是最后一次到这里。半年以后，它将不再是于妈妈的住所了，想到此，我不由得又打量了一遍房间，当我的目光再一次落到于妈妈的遗像上，心里一阵难过，想起就在几个月前，她还对我说："姚言啊，片子什么时候播出，一定通知我啊。"可是，我却没能让她看到播出，一种深深的歉疚充满全身，我抱着伟华姐哭了："对不起！对不起！对不起！"

于妈妈虽然离我们而去，但她的音容犹在，精神长存。

与丈夫牵手同行

——杨成武的夫人赵志珍

2000年4月初的一个清晨，像以往一样，来来往往的车辆行色匆匆，奔驰在北京的大街小巷，如同血液在血管里流淌一般，整个城市充满了活力。阳光明媚，树枝在微风中懒懒地摆动着逐渐变得柔软的腰肢，像是个刚刚起床的小姑娘。在人行道边的砖缝和泥土中，点点稚嫩的新绿正用积蓄了一个冬天的力量破土而出，露出一片生机盎然。春天就在这不经意中显现出来。

相敬如宾

位于西长安街301医院的一间病房内，如春天的万物复苏，今天解放军原总参谋长杨成武将军大病初愈，他的夫人赵志珍到医院接他出院回家。此时，两位白发苍苍的老人正坐在一起吃水果。夫人赵志珍用叉子叉起一块西瓜喂到杨老嘴里，杨老也叉起一块喂到夫人嘴里。赵志珍吃了丈夫喂过来的西瓜，杨老紧接着又叉起一块喂了过来，赵志珍笑了，不肯吃，要丈夫自己吃，可是杨老执意不肯。老两口你让我，我让你，让旁边每一个看到这种情景的人，既感动又羡慕，那相濡以沫的浓浓情意，就像一杯酿放了多年的老酒，醇厚甘甜。

吃罢了水果，告别了医护人员，车载着两位老人静静地行驶在宽阔的长安街。这段住在医院的日子，虽然有亲人和医护人员的精心呵护，但让杨老觉得生活好像缺点什么。现在，望着车窗外春意盎然充满着一片生机的世界，他的脸上露出了孩子般的笑容。

车子驶到府右街就向北拐去，经过热闹的恭王府，一直驶向什刹海附近的柳荫街尽头，杨老与赵志珍妈妈的家就坐落在绿树成荫的小巷深处。

这是一座二层黄色的小楼，院子里种满了花花草草。跟在杨老家的史秘书后面，走进小楼，一进门往右手一拐，就是一间大厅，大厅里照例是摆放了一圈沙发。靠墙一圈的护墙板上，有许多大大小小的镜框，里面都是杨老和赵妈妈的生活照。除了镜框里的人不一样，与我到过的其他老妈妈家别无二致。客厅里除了沙发和电视，没有其他摆设。

又回到久别的家，杨老心情格外好，看到我们，他脸上露出一丝疑问。赵妈妈告诉他，我们是来拍摄他们的。他坐在轮椅上向我们招招手表示谢意："谢谢你们，谢谢你们。"因为生病的缘故，他说话有点儿口齿不清，但我们还是听懂了他的意思。也许是在医院里住着太过憋屈，杨老想到院子里转转，家人把他推到院子里，赵妈妈指着院中正沐浴在春风中的花花草草对老伴说："你看你走的时候，还是冬天，现在花都开了，欢迎你回家。"听着妻子的话，看到院中已经抽绿的树枝和在阳光下早开的花朵，杨老脸上再一次露出笑容。想着老人刚刚出院，需要休息，我们没有在那儿待太久。

5 月下旬的一天上午，我们正在人民大会堂拍摄纪念李富春、蔡畅百周年活动，突然接到史秘书电话，说上午赵妈妈及家人陪杨老游北海公园。听到这个信息，我连忙告诉他，我们上午有一个重要活动要拍摄，现在抽不开身，但是很想把赵妈妈他们的游园拍下来，因为老人们出来的机会不是很多，能不能请赵妈妈他们下午游北海。经过史秘书协调，我们如愿以偿。

下午，赵妈妈一家午休过后，两个女儿和几个工作人员与赵妈妈一起推着杨老来到北海公园。春末夏初，正是气候宜人的季节。走在北海的林荫道上，与许多普普通通来这里游园的家庭一样，他们一边说笑着，一边慢慢前行。没有人认出他们，更没有人想到那个坐在轮椅上的老人，曾是17岁就担任团政委，在长征途中连闯四道封锁线，血战湘江，四渡赤水，飞夺泸定桥，攻破天险腊子口……为中国革命建立不朽功勋的解放军原总参谋长。杨老坐在轮椅上，虽然不能说话，但与大自然的亲密接触和眼前的一片祥和与安宁都使他的心情格外舒畅。对于这个身经百战的老将军来讲，曾经所有的出生入死的付出，不就是为了今天？置身于充满了欢声笑语的人群之中，将军觉得人们的笑脸比那军功章更灿烂。

在公园中散步

一路上，赵妈妈没有说什么话。她坚持要自己推着丈夫的轮椅，即使是推累了换别人推一会儿，她也要在轮椅旁拉着老伴的手。这么多年，她就是这样与丈夫牵手同行的，只有她最理解丈夫的心情。我不知道此时她老人家在想什么，是在细细地品味着与丈夫在一起的幸福甘甜？还是什么都没有想，只是与那些无数普通的游人一样，在享受着现在拥有的一切，春风、绿水、阳光、空气。金戈铁马驰骋沙场的年华，已成为他们人生路上一道遥远的印痕，而眼前这轮椅碾过的车辙，却依然让我们感到崇敬。

采访赵妈妈是分两天进行的，因为6月1日下午，我们要拍摄林月琴妈妈与孙辈们在一起的活动，所以2日上午，我们又继续着头一天的采访。

1920年，赵志珍出生在河北易县一个十分贫寒的穷苦农民家庭，原名赵秀琴。为了让孩子们上学，赵志珍的父亲卖掉了家里仅有的四亩水浇地，靠给别人放羊的微薄收入维持一家的生计。穷人的孩子早当家。懂事的赵志珍，从小就知道帮父母干活分担家庭的重担，砍柴、挖野菜、摘棉花、做针线活、洗衣服，凡事都抢着做。有时候，她还悄悄跑到地主家的地里去捡丢剩下的红薯和花生来贴补家用。看到懂事的小志珍，祖母格外心疼，常常在晚上搂着劳累一天的小志珍给她讲故事。那是赵志珍童年最快乐的时光，故事里的忠孝结义、杀富济贫让小志珍特别向往。尤其是祖母故事里的英雄岳飞、花木兰，更是她崇拜的偶像，她立志做他们那样的人。赵志珍的童年就是在繁重的劳动和祖母的故事中度过的。

赵志珍正在接受采访

1931 年九一八事变爆发，这时候的赵志珍已经考入北平女子第一中学（现北京一六一中学）读书。日寇肆虐在中国土地上横行的铁蹄，如同在践踏着赵志珍的心。这个听着岳飞、花木兰故事长大的少女，把自己年轻的激情全部投入反帝爱国的大潮中去。

1935 年 12 月，中共地下党组织决定在 12 月 9 日这天，举行一次声势浩大的抗日请愿游行。在黄敬、姚依林、郭明秋等共产党人的秘密领导和组织下，一场蓄势待发的抗日活动就要爆发。12 月 8 日，赵志珍所在的学校接到通知，第二天全市学生将举行大游行，抗议日本帝国主义的侵略行径，激动、愤怒，还有兴奋涌动在她们年轻的心中。当天晚上同学们做小旗，写标语，准备水壶，彻夜未眠。

12 月 9 日，寒风凛冽，气温突降。但是，丝毫没有影响同学们的抗日爱国热情。积蓄在胸中的怒火顷刻间像火山一样爆发出来，人们手挽着手，高呼着口号前行，愤怒的吼声盖过了北风的呼啸，响彻在北平的大街小巷，许多市民也加入游行的队伍中。

头一天，在学生们接到通知的同时，警察也得到消息，为了阻止请愿大游行，一大早各主要路口就实行了戒严。当游行的队伍到来的时候，迎接他们的是警察的大棒和高压水龙头。赵志珍所在的中学跟在北大等大学的后面。看到前面的大哥哥大姐姐们面对警察的大棒和冰冷的水枪，依然高喊着口号没有丝毫退缩，她们深受感动。当前面的人倒下去，她们马上毫无惧色地冲上前。队伍冲散，很快又聚集在一起，她们用自己年轻而尚未成熟的胸膛，抵御着寒风中迎面冲来的刺骨的冰水。衣服湿了，很快结成冰，硬邦邦的像盔甲一样，但胸中的怒火越烧越旺。那一天，赵志珍第一次经受了战斗的洗礼。从那以后，这个从小立志当岳飞、花木兰似的民族英雄的少女，反帝爱国的热情就越发不可收拾。

青年时代的赵志珍

在老师张苏、齐澍容的引导下，赵志珍积极地参加地下党组织的各种抗日救国活动。1936年2月，中共外围组织——中华民族解放先锋队宣告成立，赵志珍的名字出现在首批队员的名单中。同年，17岁的赵志珍加入了中国共产党。从此，她不再只是一个崇拜岳飞、花木兰的小丫头，而是一名胸怀共产主义远大理想的战士。

赵志珍的家乡，地处太行山麓、易水河畔的冀西山区，荆轲刺秦王的英雄传奇就发生在这个燕赵之地。抗战开始后，面临日寇入侵民族危亡的关头，燕赵的人民再一次用血肉之躯筑起了钢铁长城。在北平已经无法读书的赵志珍，重返家乡，与当地党组织取得联系，加入家乡人民抗击日寇的战斗中。

回到家乡，赵志珍听到人们常提起一个响亮的名字——杨成武。那时杨成武是八路军115师独立团骁勇善战的团长。关于他的故事，冀西的老百姓都能说出个一二来。赵志珍从人们的嘴中听到许多有关他的故事。知道他14岁就参加闽西农民暴动，17岁担任团政委，在红军五次反“围剿”中冲锋陷阵，长征中又一马当先率红四团为中央红军做开路先锋，血战湘江，四渡赤水，飞夺泸定桥，巧取天险腊子口。可以说战功赫赫，威名远扬。就在赵志珍回家乡不久，杨成武带领独立团成功地打赢了腰站阻击战，有力地保障了平型关战斗的胜利。杨成武打仗也很有特点，身背三种武器：冲锋枪、驳壳枪、手枪。有时候警卫员还替他背把大刀，子弹打光就用大刀。从小就听奶奶讲英雄故事长大的赵志珍，自然对这个年轻的能打胜仗的团长，怀有一种深深的敬慕和崇拜。

一天，杨成武率队路过易县。易县有个西陵，埋着四位皇帝，杨成武他们就想顺路去看看这个古迹。到西陵的路正好经过赵志珍所在的村子，应地方干部的邀请，杨成武为当地干部做了一次报告。报告是在村子里的一个天主教堂举行的，那是赵志珍第一次真实地看到这个传说中的英雄。不过他在台上，她则在台下，两个人没有什么接触。不久，赵志珍就参了军。因为有文化，参军后赵志珍就当上干部，在团里经常刻蜡版，演话剧。杨成武对这些有文化的干部特别重视和尊重，经常到赵志珍他们所在的西斋堂看望他们，有时也到几位女同志的宿舍转转。赵志珍看到自己仰慕的英雄近在咫尺，心里特别高兴。杨成武询问了她们的情况后，邀请她们到东斋堂司令部所在地去玩儿。以后，偶尔周末的时候，赵志珍她们几个女同志就一起去司令部。最吸引她们的是杨成武那里有好多书，这对她们来讲真是很难得碰上。杨成武对这几个常来借书的女孩子也很关心，常常鼓励她们，趁年轻好好学习，不要虚度年华，还为她们制订了学习计划。就这样，他们慢慢熟悉起来。

1939 年，杨成武（中）与白求恩（右）等在易县

当时，部队打一阵仗就会休整。有一次，杨成武打了胜仗驻扎在北城子村，而赵志珍她们就在不远的马跑泉，这样两人交往就又多起来。逐渐地，这个传奇式的英雄，在赵志珍的心里变得更像是一个亲切的兄长。一

天，赵志珍收到一封信，那是杨成武用了整整一夜的工夫写给她的："志珍同志，我在很久的时候就想和你说一段私话，我们都是共产党的干部，我们的任务，目的是一样的，在以上等等原因下，我今天向你有一个提议——我们亲密地携起手来结成一个异性的朋友，好吧！同意吧？盼你给我一个答复……"

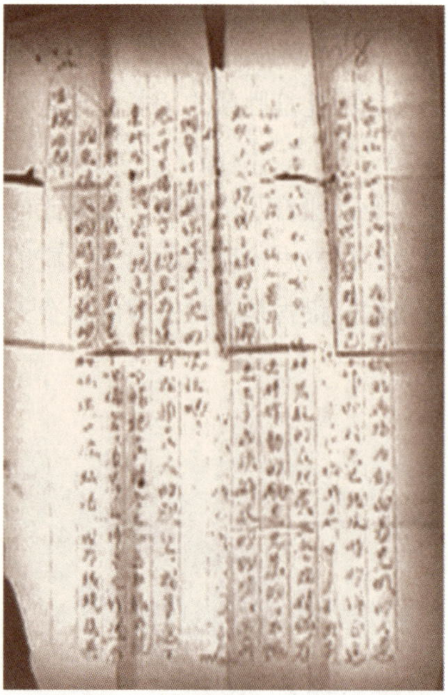

60年前，杨成武写给赵志珍的第一封情书

接到自己一直敬仰的人写来的这样一封信，赵志珍有些"犯傻"。按说十七八岁的年纪，正是情窦初开的时候。可是，赵志珍压根就没有想过那些事。满脑子是抗日第一，抗日高于一切，现在突然接到这封表示爱意的信，她不知道自己应该不应该接受。从内心来讲，她对杨成武在很大程度上是一种英雄情结，从来没有想过也不敢想还会发生这样的情况，这让单纯的她有些发蒙。正当赵志珍不知如何应对的时候，她们的方团长以及政治部主任罗元发找到她。

"怎么样，杨师长提出的事情，考虑了没有？"罗主任问。

"没……没有考虑好。"赵志珍支吾地说。

"有什么问题吗？"

"不知道，我……我从来就没有想过这种事，你不是总说抗日第一嘛。"一向干脆利落的她小声地说。

"抗战要想，这是对的，但这并不影响婚姻大事啊。小日本不打跑，全国人民就都不结婚，那人不是越来越少了嘛。"

在一边的方团长也插进话来："是啊，结婚也不影响抗日，不矛盾。"

"那也应该再处处，我一点思想准备也没有。"赵志珍说。

这回一向沉稳的罗主任急了："杨师长你又不是刚认识，现在是抗战时期，哪有那个闲工夫花前月下，你们互相都了解，我问你，你是不是不喜欢杨师长啊?”他将了赵志珍一军。

“不是，不是，我……我特别佩服他，特别敬佩他。只是，我从来就没敢往这方面想，也没有想过他会追我。”这回赵志珍有些急了。

罗主任和方团长笑了。

“这就对了嘛，敬佩就包含着爱，现在就往这方面想想，打着灯笼都难找的好事。”罗主任说。

罗主任的话说对了，哪一个少女不爱慕英雄?现在心中一直仰慕的英雄向自己求爱，还真是打着灯笼都难找的好事，赵志珍终于点头同意了。

杨成武与赵志珍结婚合影

1938年11月28日，在涞源北城子村，杨成武、赵志珍借用当地一对新婚夫妇的新房，举行了简单的婚礼。

战争年代，婚后的赵志珍生活依旧不安定，丈夫睡觉枪从来都是放在枕头下，一个命令拔腿就走人，聚少离多是那个年代部队许多夫妻的生活状态。1939年，杨成武率部队接连打了两个大胜仗——雁宿崖歼灭战和黄土岭围歼战，共歼灭日军1500人，击毙了日军名将阿部规秀。这是日寇侵华中被我方击毙的日军最高级别的指挥官，极大地打击了日军的嚣张气焰，鼓舞了全国抗日军民的信心。

阿部规秀被击毙，使日军恼羞成怒。他们对驻扎在狼牙山下的根据地开始疯狂的“扫荡”。就在丈夫全身心地指挥反“扫荡”的时候，赵志珍要生孩子了。

那天，赵志珍挺着个大肚子跟着部队走了将近一天。丈夫作为部队的指挥者，身系全体官兵的生命安危，根本无暇照顾就要临产的妻子。傍晚，赵志珍突然觉得肚子一阵剧烈的疼痛，这是临产前的迹象。可是前不着村后不着店，大家叫她再坚持忍耐一下。但孩子要出来可不是谁忍耐一下的事情，羊水很快就破了。幸亏不远处有一个小村子，大家急忙进村找了一户人家准备烧水，水还没开，就接到报告敌人来了，正要包围村子。大家又七手八脚地把赵志珍扶上一匹骡子，走了五六里地，又接到情报，敌人没有来，于是又返回小村子里。这样几经折腾，已经是夜里了。赵志珍又累又疼加上头胎难产，搞得她昏头涨脑的，而此时丈夫却在指挥部队不在身边。就这样，折腾了大半夜，赵志珍终于在这个偏僻的小山村生下了女儿，部队的卫生部长立即将母女平安的消息报告给杨成武。

1939 年 11 月，杨成武组织指挥了著名的雁宿崖、黄土岭战斗，击毙日军“名将之花”独立混成第 2 旅团旅团长、中将阿部规秀。这是杨成武向部队做战前动员

生下女儿才两三天，敌人真的来了。没有担架怎么办？村子里的老乡一听说是杨司令员的婆姨和孩子，二话不说，卸下自家的门板抬上赵志珍母女俩就走。因为孩子太小，山路又陡峭，老乡们把母女俩捆在门板上以免掉下来，几个人轮换抬着。那天夜里，在漆黑的山路上走了几十里。天亮了，敌人的飞机在头上狂轰滥炸，看到身边的炮火，赵志珍让老乡们把她放下，赶紧隐蔽起来，可是老乡们说什么也不肯扔下她自己逃命。他们说，杨司令员和八路军为了我们浴血奋战，我们一定要把司令员的婆姨、孩子保护好。一连几天，老乡们抬着门板走了七个县，爬了两座山。无论敌人的炮火多猛烈，老百姓们始终没有离开赵志珍母女半步。

后来辗转到一个相对安全的村子，离司令部不太远，杨成武这时才顾得上抽空过来看一看刚刚分娩的妻子和未见面的女儿。看到丈夫，赵志珍再也忍不住了，一头扑到丈夫怀里大哭起来。一边哭一边委屈地说：“没有想到结婚生孩子这么苦啊，差一点就见不到你了。”

由于战事频繁，赵志珍与丈夫商量后，决定把女儿易生暂时放到娘家西谷县村。这里离敌人很近，灯下黑可能还安全点。可是不久，就有汉奸告密。一天，敌人突然包围了村子，逼着老乡们交出杨司令的孩子。村里没有一个人说话，敌人无奈就把村长赵中山拉了出来，那是赵志珍的叔伯哥哥。他们把赵中山绑在树上严刑拷打，但赵中山始终不开口，敌人当众将他残忍地枪杀，并威胁全村老百姓，这就是不交出杨成武孩子的下场。敌人的淫威并没有吓倒中国的老百姓，大家仍然一片沉默，而这时，小易生就在人群中，这个还在襁褓中的孩子，正躺在奶娘的怀里吮吸着香甜的乳汁。

这就是我们的人民，朴实得像泥土，实在得像山岩，他们用生命的分量来验证对共产党八路军的血脉情深。

五峰寨与狼牙山是对峙的两座山。当时，杨成武所在部队原本主要在五峰寨与敌人周旋。从小就听祖母讲武侠故事，熟读水浒、三国的赵志珍，建议丈夫模仿三打祝家庄的故事，在地势险要的狼牙山修盘陀路，只要改造好就能充分利用现有条件，有力地打击进攻的敌人。杨成武在做了细致的勘查后，采纳了妻子的意见，也为日后燕赵大地又增添了一部感动天地流传后世的英雄传奇——狼牙山五壮士。

1940 年，杨成武率队来到狼牙山，对那里进行了大规模的改造，在地势险峻、路径复杂的山上修筑防御工事和盘陀路。改造工程刚刚完成，就赶上 1941 年日本人的秋季“大扫荡”。敌人每年进行两次“扫荡”，春季一次秋季一次。为了阻止老百姓收割粮食，秋季“扫荡”一般要比春季时间长。那次反“扫荡”的战斗中，我们五个战士倚仗着改造好的防御工事和盘陀路与敌人捉迷藏，吸引了三千多敌人。日军以为遇上八路军主力，集中力量调集了所有兵力和火力，死死咬住不放。在这五个战士的掩护下，在狼牙山的三四万干部和群众得以安全转移。五个战士打得十分顽强，

1940 年，赵凡、杨成武、赵志珍、曹凌、高鹏、史进前、黄连秋（右起）在狼牙山棋盘陀指挥所前

一直与敌人周旋到弹尽粮绝。为了不当俘虏，他们砸了枪纵身跳下悬崖，敌人这时才知上了当。五壮士的英勇行为，也赢得了对手的尊敬。日军对五个战士的英勇顽强十分佩服，全体排队向自己的对手鸣枪敬礼，以表示他们对五壮士的敬意。

敌人的“扫荡”进行了两个月，杨成武率领部队在五峰寨和狼牙山之间与敌人周旋了两个月。高度的紧张劳累，使杨成武染上了疟疾，打摆子发高烧。当时部队没有什么药，全靠杨成武自身的抵抗力。扛了几天病情不见好转，这时候，部队得到消息，敌人又要打狼牙山，有人建议杨成武，想办法尽快跳出这个圈子，到对面五峰寨的北山。于是，杨成武带了几个战士到五峰寨找了一个僻静的小村庄，想在那里养几天病。赵志珍得到消息，连忙化装成老百姓带着女儿易生赶了过去。她找老乡要了一些草药，缓解丈夫的病情。没想到才两天工夫，就发生了情况。一天，敌机突然来轰炸，赵志珍看着头顶上的飞机，心里正在猜测是不是敌人发现了什么。这时候，二十五团的侦察员来报消息，敌人从汉奸那里知道杨成武的位置，正在往这边包围，请首长赶紧撤离。杨成武看看妻子和孩子正在犹豫，赵志珍想都没想一边抱起孩子，一边往外推丈夫，嘴里催促道：“你走，赶快走，不要惦记我们，部队需要你，我们还可以在这里吸引敌人掩护你，快走。”说完用力把丈夫推出门外。情况紧急，考虑到自己肩上的担子，杨成武别无选择。幸亏此时他正好没有打摆子，在妻子和战士们的催促下，杨成武骑上马很快就消失在大山里。看到丈夫安全离开，赵志珍这才放下心了。这时候，房东过来抱起易生说：“老姑，你还不快走，一会儿就来不及了。”房东的话提醒了赵志珍，她跟在老乡后面就往外跑。由于当地老百姓熟悉地形，等敌人包围了村子时，赵志珍他们已经躲到山洞里去了。日军扑了一个空，只好放了把火把房子烧了，一无所获地回去了。

1944年，抗日战争敌我双方力量发生变化，我方转入攻势作战。中央决定恢复冀中平原的战略地位，杨成武被任命为冀中军区司令员。上任那天，杨成武在易县小兰村和妻子女儿告别。我们从杨成武当年的日记中，可以看到在战争岁月中，为了让更多的家庭团聚和安宁，他们不得不经历无数次骨肉分离的场面：

志珍与孩子们送我到大门前，女儿易生继续往前走，志珍却两手背着，似乎无主意地依傍在门墙上，两眼不敢正视我的身影。在那恋恋不舍的情况下我们暂别了。我说："你们回去吧，以后再见，祝你们好！"志珍只说了一句话："路上要小心些。"她似乎还有很多话要说，但当时的心情是不可能说了。易生追着我，送到土台前。我说："易生，你回去呀。"她一句话不说地大哭起来。年仅五岁的孩子舍不得离开爸爸，不愿分开。我当时钢铁一般硬的心，看着她哭而什么话也说不下去了。我走了几步又回头望她，她仍然站在土台上哭着，没有回去……

这只是战争年代许许多多的战士与亲人最平常的一次离别，而赵志珍作为妻子和母亲经历了比这更心酸残酷的骨肉分离。继易生后，赵志珍又一连生了三个女儿，每次孩子刚满月，就交给老乡抚养。望着襁褓中尚不懂分离之苦的孩子，赵志珍眼泪巴巴的，但是部队哪能拖家带口呢？舍不得也得舍。两个女儿燕生、珍生就是这样分开后再也没有回到母亲身边。1945年，赵志珍又生了一个男孩。对于已经有了四个女儿的杨成武和赵志珍夫妇来说，其高兴程度一点也不亚于打了一场胜仗。赵志珍舍不得送走，一直在身边喂养了四个月。当时，杨成武到了前线，而她则担任留守处政委，工作的繁忙使她没有更多的时间照顾孩子，只好把儿子送到老乡家里。老百姓只要一听说是八路军的孩子，再苦再难也都不计报酬，二话不说就接过来当自己的孩子养。送走儿子那天，赵志珍抱着孩子亲了又亲，抱了又抱，就是舍不得撒手，因为也许这一别，再也看不到了。没想到，赵志珍的担心还真就发生了。不久，儿子冀生就生了病，而且很快就夭折了。据说，冀生原本得的不是什么要紧的病，也就是出个麻疹。出麻疹最怕吹风，可老乡并不懂得这些医疗常识，药也没有。就这样，冀生告别了这个才来到几个月的世界。听到这个消息，赵志珍悲恸欲绝，同时也觉得没有把孩子带好对不起丈夫，但她知道，老乡也是

杨成武、赵志珍与孩子合影

尽力了，在那个年代，带活一个孩子实在不易。孩子死后，赵志珍准备从冀西到冀中，留守处主任提议还是把孩子的事告诉杨司令员，赵志珍说什么也不同意。抗日高于一切，这是她一直遵守的原则。此时，杨成武正在前方，作为妻子，应该帮助他完成任务，家里的一切事情都不能干扰他。可是留守处主任坚持要把这件事告诉司令员，因为毕竟杨成武是孩子的父亲，而且特别疼爱这个儿子。赵志珍没有办法，只好同意给在前线的丈夫发个电报。杨成武接到电报时部队正整装待发，他接过电报看了一眼，把它揣进了衣袋，冲着战士们大手一挥："出发。"就这样，杨成武怀揣着爱子夭折的消息上了前线。他把一个父亲痛失爱子的悲伤化作杀敌的力量，全部倾注到对敌的战斗中去。

1947年4月，杨成武率部参加正太、青沧、再战保北三个战役

1949年，新中国成立，赵志珍首先想到的是把自己分散在老乡家的几个女儿接回来。几经战乱的老百姓，在动乱的年代居无定所，要找回孩子们，也颇费一番周折。在地方政府的帮助下，经过多方打听，寄养在外的五个女儿，只有三个活着回到父母身边。当赵志珍去接孩子的时候，女儿俊生死死拉着养父母的手不放，说什么也不愿跟这个记忆中没有一点印象的妈妈走，在孩子眼里打一生下来就只有奶爹奶娘。看着眼前不肯与自己相认的孩子，赵志珍内心除了感激老百姓对孩子的养育之恩，更多了一份深深的歉疚和心酸。而她的另外两个女儿燕生与珍生早已夭折，赵志珍甚至不知道这两个可怜的女儿尸骨葬在何处。但是，抗日高于一切，革命高于一切，是他们一直坚守的信念。夫妻俩只有互相安慰，就只当是为革命牺牲了。

刚刚为中国革命取得胜利而喜悦的人们，还没来得及享受这胜利的甘甜，抗美援朝开始了。杨成武受命赴朝鲜前线。为保密起见，他的代号为"九号"。从此，无论在家里还是在工作场合，赵志珍都这样称呼丈夫，一直延续到现在，她依然亲密地叫他"九号"。

在赵志珍与杨成武共同生活的几十年里，最难能可贵的是她做了两件看似平常实则不简单的事情。一件是她多年来一直坚持写日记，杨成武每天的活动，都是她记录的内容。而另一件事，就是她将丈夫多年来的日记、讲话稿、来往信件等资料全部保存起来。无论生活多么动荡，就是在最危险的时候，她都跟工作人员交代，什么都可以丢，但这些资料一定要保存下来。后来，抗战到了最危险最残酷的时期，带着这些资料实在有困难，赵志珍只好领着工作人员在太行山找了一个山洞，在洞里挖了一个坑，把这些珍贵资料掩埋起来。新中国成立后，赵志珍重返太行山，找到那个山洞，把这些资料取出来。后来，这些弥足珍贵的资料为编辑《杨成武军事文集》和回忆录提供了四百多万字的第一手材料。如果没有赵志珍对丈夫的那份崇敬与爱，一般人是很难做到这一点的。

杨成武与赵志珍合影

度过了一段幸福时光之后，“文革”开始了。1968 年，杨成武一家被囚禁在河南洛阳龙门香峙。临走那天，杨成武对自己的母亲说：“妈妈，你放心，事情总会搞清楚的，我们要相信党，无论遇到什么事情，我们都不能够改变原来的初衷，我们参加革命的初衷，我至死不会改变。你放心！”

一生戎马生涯的杨成武，在战争年代总是在前方打仗，新中国成立后又因工作繁忙，也无暇在家，一家人很少有团聚在一起的日子，倒是“文革”囚禁的生活，使这个经常分分离离的家聚在了一起。在香峙的日子，最让赵志珍忧心的是几个正当年华的孩子，大的二十出头，小的才十三四岁，正是读书上学的年龄。看着他们每天被囚禁在家无所事事，赵志珍十分忧虑，她萌发了一个想法，在和丈夫商量后，他们决定自己在家里办一所学校，就叫狼牙山革命学校。由赵志珍担任校长，大一点的孩子，一个是清华的学生，一个在哈军工大上学，赵志珍让这两个大孩子当老师，教弟弟妹妹文化课，而自己和丈夫则给孩子们讲革命历史，使囚禁无聊的生活变成充满希望的日子。孩子们也在这紧张有趣的学习中，逐渐长大成熟，他们用每个充实的日子，为自己今后的人生之路夯实了基础。

抗战时期，赵志珍失去了四个亲人：母亲、两个女儿和一个儿子。“文革”中，赵志珍又失去了两个亲人：婆婆和女儿易生。

20 世纪 50 年代夫妻合影

提起易生，就让人想起当年在大山里，冒着敌人炮火，抬着刚刚出生的她，跑了几天几夜的村民；更忘不了为了掩护她而牺牲的赵中山。老区的人民用鲜血和生命相助，让易生这个出生在战火纷飞的女孩儿，得以幸存下来。然而，“文化大革命”中，易生却因“四人帮”的残酷迫害而含冤致死。为此，赵志珍为冤死的女儿写下了一首泣血的吟唱：“阴风凄雨这一天，尖刀绞心泪眼干。四逆逼杀长女易，青春血肉遭草菅……易生易死易春秋，自古血债以何还？”

“文革”结束后，赵志珍又恢复了工作，除了干好自己的事情，她生活的核心依然是丈夫杨成武。她的付出得到了丈夫的赞赏，在她生日的时候，杨成武亲笔给妻子题词：

风风雨雨几十年，海枯石烂意志坚。

居家操劳人人赞，辅佐大事吾内贤。

看着丈夫为自己题写的诗词，赵志珍十分感动，自己在丈夫心目中的地位与分量已跃然纸上，字里行间溢满了丈夫的一片深情。她对杨成武说：“我做得很不够，我没有帮你做多少工作，都是我应该做的，我很惭愧，我做得很不够。”

1998年10月28日，是杨成武84岁的生日，而11月28日则是他们夫妻结婚60周年的钻石婚纪念日。全家人商量，决定把两件喜事合二为一放在一块儿办。那些日子，赵志珍颇费心思地琢磨着送什么礼物才最能表达自己这60年对丈夫的一片真情。苦思冥想终于想到了一件最具有意义的礼物。

全家福

那天早晨，杨成武、赵志珍在子女们为他们梳妆打扮一番后，戴上了大红花。这时候，赵志珍对丈夫说：“我今天要送你一件礼物。”

杨成武：“什么礼物？”

赵志珍拿出一个陈旧的信封，双手将它送到杨成武面前：“你自己看吧。”

杨成武接过信封，掏出里面的信，眼睛湿润了。原来那是60年前，杨成武写给赵志珍的第一封情书。没想到60年里，经历了南征北战、枪林弹雨，它竟然依旧保存完好。这薄薄的一张信纸，承载着60年的人生风雨，也承载着妻子对自己60年如一日的珍重与挚爱。60年的岁月，使这张不同寻常的信纸变得如此厚重，杨成武的双手不由得颤抖起来：“你……你还保存着？”

“是，我一直保存着，60年，60年啦，不管是战争年代转战南北，还是‘文革’时期造反派抄家，遇到什么样的情况，我也没舍得把它丢掉。老伴，这是当年你向我表白的爱情，今天我把它送给你，是表达我对你的感情。不容易啊，60 年，烽火硝烟东奔西跑的，这封信一直没有离开过我，就像你守在我身边。我非常珍爱这封信，我珍爱我们的感情。”

幸福晚年

杨成武拉着妻子的手已是老泪纵横：“不容易，谢谢！谢谢！这么多年，谢谢你为我做的这一切。”

相信任何人在这样的情景下，也会被他们这种淳厚的情谊所感动。喜欢写诗的赵志珍在与丈夫钻石婚之际用这样的诗句来回忆和赞美他们的爱情：

工农奋飞乾坤回，闽西男儿成武威。独立一师战功著，狼烟哀鸿珍追随……真情伉俪系军魂，同志相扶见精神。纯心比玉铸钻石，炽爱秋年炼白金。

采访完赵妈妈，我们又根据秘书提供的名单，先后采访了杨老将军的秘书和一些有关人员。从他们那里，赵妈妈在我们心里更加丰满起来。离休后，赵妈妈与杨老将军把为革命老区人民办实事，作为自己义不容辞的责任。对于战争年代老区的人民用鲜血和生命相助，他们一刻也没有忘怀，除了每年回老区看一看，有时候也让孩子们代他们去偏僻交通不方便的地区，让孩子们知道给予他们生命的人不仅仅是父母，还有那些养育了他们的那方土地和人民。同时，他们也常把老区的人民请到自己家中做客。我从赵妈妈家里提供的资料里看到，当年曾把自己的新房腾出来给杨老将军和赵妈妈结婚的那对新婚夫妇，多年后，被赵妈妈他们请到自己家里。他们还到处奔走为老区筹措资金，架桥修路办水电站。在他们夫妇的带领下，全家先后为亚运会、宋庆龄儿童基金会和闽西、河北、内蒙古灾区捐助十几万元，还为河北、山西、福建、江西等贫困地区筹集资金建成十多所希望小学。

2004 年 2 月，杨成武将军与世长辞。接到消息，21 日我赶到赵妈妈家吊唁杨老，并联系第二天拍摄遗体告别仪式的有关事情。那天，我在家里见到已是将军的大姐和大哥，他们代母亲接待前来吊唁的人。敬献完花篮我找到大姐和大哥，将我们第二天拍摄的要求提出来，大姐很痛快地同意了，并吩咐秘书办理通行证。大姐和大哥两人一直把我送出大门。他们谦和、彬彬有礼，一点也不像是武将军，倒是显得有些书生气。

第二天，我们早早地就进入告别大厅，金戈铁马叱咤疆场的杨老将军此时安卧在鲜花丛中。我看到赵妈妈坐在一边接受着人们的慰问，并一一向他们表示感谢。将近中午，告别的人都走得差不多了。在准备起灵时，赵妈妈在女儿的搀扶下，走到丈夫身边，向共同牵手走过66年人生的老伴做最后的告别。她伏下身子亲吻着丈夫，久久不愿离去。“女为悦己者容”，赵妈妈也不例外，杨老健在时，她总是习惯把头发染成黑色的，而此时，她的一头银发在抽泣中瑟瑟颤抖。

半个月之后，我收到一封信，信封上印有“中共中央军委办公厅”九个醒目的红色大字。我心里一阵诧异，不知是谁来的。我急忙打开来一看，里面是一张印有杨老将军照片的对折卡片，卡片上写着：“姚言同志，感谢你对成武同志不尽的思念，诚挚的爱，赵志珍携子女及孙辈。”看完卡片，心里真的是一片感动，甚至有些受宠若惊。像我这样一个无足轻重的小人物，赵妈妈还挂念在心上，我对她又多了一份崇敬。

半年多之后，赵妈妈的片子制作完成，11月25日，我们如约到家里放片子。那天，我把导演彭辉也叫上一起去赵妈妈家。因为我去的次数多了，秘书与工作人员与我已经很熟了，尤其是史秘书，他待人热情，办事也利索。所以我后来到赵妈妈家，进二道岗时，已不像先前那样麻烦，只要和哨兵说一声，就直接进去了。我们把机器接好后，不一会儿，赵妈妈在女儿的搀扶下走了进来。半年多不见，赵妈妈苍老了许多，早先见她染的黑头发也不见了，取而代之的是一头白发，拐杖也拄上了。我迎上前去向她问好：“赵妈妈，您好吗？”

“不太好。”她说。

“怎么啦？”我问。

陪她一起的女儿接上话：“就是眼睛眼底黄斑病变，眼神不好。”

“没关系，我父亲也是眼底黄斑病变，有一只眼基本看不见，只有光感，基本上算失明，可老头每天哪儿都去，没事。”我安慰着赵妈妈，她眼睛的这个毛病正好和我父亲一样。我父亲眼底黄斑多年，可他根本不当回事，照样到处旅游观光。听了我的话，赵妈妈的女儿马上说：“对呀，你看，我说没事吧，你就是紧张。”扭头又对我说：“你父亲也是眼底黄斑呀，你开导开导我妈妈，她有些紧张，就是怕瞎了什么也看不见，哪儿都不能去。”

大家把赵妈妈安排坐下后，我们就开始放片子。赵妈妈让我坐在她身边，我搬了一把折叠椅，坐在赵妈妈的沙发旁。她看得很认真，有时也向我询问一些情况。当她从屏幕上看到丈夫时，老人满眼的泪水止不住落了下来。片子放完，赵妈妈基本上还是满意的，没有提什么意见。

一年以后，当我再一次去赵妈妈家，她已经从失去丈夫的悲痛中走出来。这位燕赵大地的女儿，又恢复了往日的坚强、开朗、自信。

2018 年 4 月 17 日，赵志珍妈妈去世，亨年 98 岁。

把自己最真实的一面呈现给每一个人

——邓小平的夫人卓琳

2000 年夏季是一个异常炎热的夏天，40 度的高温持续了一个多星期。7 月 7 日一大早，大约七点我们就从剧组居住的亚运村出发，前往北京地安门附近的景山后街。这天，我们有一个重要的采访，采访对象是邓小平同志的夫人——卓琳。

卓琳妈妈的家在北京景山后街一条不太起眼的胡同里，院子离胡同口不是很远，也就五六十米。进胡同口，老远就看见帮我们联系卓琳妈妈的龙平平，他是中央文献研究室“邓组”的组长，此时看到我们忙迎了上来，中央党史研究室的袁丁大姐也在那里等候多时了。车子开进院子，大家就开始忙碌起来。院子里有几名战士和工作人员，帮我们卸东西。

卓琳妈妈家是一个两进院子，外面的小院子是工作人员办公的地方，里面的院子才是卓琳妈妈的居所。院子里满眼的绿色特别养眼，一座灰白色的二层小楼，小楼前有一个花瓣形的水池，几朵睡莲似醒非睡的含苞欲放让人喜爱。走进小楼迎面是一个大房间，卓琳妈妈拄着拐杖迎了过来：“哎呀，你们来了。”老人没有什么客套话，但那份真诚是实实在在的。她身旁的邓琳、邓楠、毛毛热情地和龙平平打着招呼。寒暄介绍了一番后，我们被带到旁边一个房间，那是小平同志的书房兼会客室。约有 30 平米，两边各摆放着一溜黄色的胶合板做的老式书架，靠近门的地方有一张书桌，屋子里还有一圈套着米色沙发罩的沙发。其中的一个沙发前，有一个沙发墩，那是小平同志生前思考问题时，坐在那里放脚的。沙发的后面是两个铁皮柜。房间里朴素简洁，没有一件称得上豪华的东西。一切都是小平同志在世时的模样，只有几盆开得正旺的蝴蝶兰是他去世后才摆上的。

卓琳正在接受剧组采访

趁导演他们搭采访背景的工夫，我和在屋子门口走廊里等待的邓氏三姐妹聊了起来，主要是征求一下她们的意见，确定一下卓琳妈妈的子女中谁来接受我们的采访。我刚把意图说出来，邓楠、毛毛几乎是异口同声地指着邓琳大姐："她，她做代表。"邓琳大姐忙摆着手说："不行，不行，我这个形象不行，还是选一个代表咱们家形象的。"邓楠姐挺活跃："要不咱们举手表决，同意邓琳的举手。"说完她和毛毛一起举起手。邓琳说："我不行，我的脸小时候得过病，有些歪，我不行。"邓楠顽皮地说："我们怎么没看出来。"毛毛姐也在一旁打配合："就是，就是，我们觉得你挺好，举手通过。"邓琳大姐还在推辞："我的脸不好拍，只能一个角度，我学美术的，也搞过摄影，我最清楚。"邓楠："那我们不管，已经举手通过。"看到三姐妹说说笑笑的，我也乐了，先前那种诚惶诚恐全无踪影。原以为这个曾经的中国第一家庭，一定很沉闷严肃，没想到竟是这般温馨快乐且平实。这有些出乎我的意料。邓琳对两位不依不饶的妹妹说："要不，咱们一起接受采访，要上一块上，一人说一段，行吗？"邓琳大姐的这个提议正是我求之不得的。她的话音刚落，我就接过来说："行啊，太可以了，这样最好。”

我们这边刚把这个事说妥，那边的背景也搭得差不多了，三姐妹忙把在旁边屋里休息的卓琳妈妈搀扶过来。邓楠找出一个吹风机，给妈妈吹了半天头。她大概觉得挺满意的，左看看右看看，然后才把吹风机放下。她刚把吹风机放到一边，在一旁的毛毛姐就又拿起来。她对邓楠给妈妈吹得发型不满意，姐妹俩又在卓琳妈妈的头发上做了半天文章，直到满意为止。而卓琳妈妈任凭女儿们在她头上折腾，毫无怨言。

一切准备就绪，我们关了空调，打开聚光灯，开始请卓琳妈妈接受采访。

卓琳，原名浦琼英，1916 年 4 月出生在云南宣威上堡街。父亲浦在廷是一个开明人士。孙中山北伐时，手下有支部队路过宣威，在当地担任商会会长的浦在廷给予了很大的支持。于是他被调到广东，跟随孙中山在广州进行革命运动。革命失败后，浦在廷有些消极悲观，决定放弃革命回到家乡重新开始经商，发展民族工业。他回到云南宣威，开了一家火腿制造厂，并很快成为当时中国著名的“火腿大王”。产品不仅在国内很有名，在海外也销路很广，尤其是在东南亚地区。

浦家是一个旧式的封建大家庭。浦琼英这一辈，仅叔伯姐妹就有 13 个，上面还有许多姑姑、姨姨、婶婶。在这个旧式大家族中，妇女是没有地位的。浦琼英从小就看到在自己身边的姐姐姑姑们因生活不能独立，婚姻不能自主所经受的痛苦生活使她幼小的心里对封

卓琳与两个姐姐（浦家三姐妹）

建制度有一种叛逆。1926 年，由于生意越做越大，父亲浦在廷决定举家迁往昆明。在那里，浦琼英与两个同胞姐姐浦代英、浦石英一起进入昆明第十五小学。之后，又一起考入省立女子学校——昆华中学。

1927 年 2 月，浦琼英的四哥浦承绪从日本留学回来。在日留学期间，浦承绪认识了共产党人艾思奇、廖承志、郑易里，接受了他们的许多革命思想，并加入了中国共产党。他认为革命还是要回到祖国。于是，仅在日本一年后，就回到家乡云南，利用家庭环境做掩护，常把省委书记带到家里来，甚至秘密地将云南省委机关设立在家中。浦承绪还常带回许多革命书籍，并为姐妹三个订了一些由鲁迅、郭沫若主编的进步书籍与刊物。在哥哥的影响下，姐姐浦代英最先接受革命思想，参加了昆明青年学生读书会，经常带着两个妹妹背着家人去贴标语、散传单，把事先写好的传单贴到人家的墙上，或塞到门缝里，有时干脆直接用粉笔写在门上。

1931 年 9 月，擅长短跑的浦琼英，作为云南省体育代表团少年组六十米和一百米短跑的选手，随团一起赴南京参加全国运动会。当时从云南到南京还需要办理护照，因为他们从昆明出发，需经越南的海防到香港，然后再从香港经上海最后到南京。在香港，他们听到了一个震惊国内外的消息，日本在东北发动了九一八事变。这样一来，运动会有可能被取消。为了证实这个消息，代表团继续北上，抵达南京，情况得到了证实。无奈之下，领队对运动员们说，愿意回去的，大家一块走，人多安全；不愿意回去的也可以投亲靠友，大家自由选择。浦琼英想：“好不容易绕这么一大圈出来了，就这么回去不心甘。”于是，15 岁的她独自做出了到北平去念书的决定。她给家人写了一封信，得到了父亲的同意。这一年的秋末，浦琼英来到北平。

初到北平，浦琼英暂时借住在远房表姐李含珍那里，后来又搬到基督教女青年会宿舍。她在春明女中补习了一段功课后，考入了北平第一女子中学（现在的北京一六一中学）。在那里，她开始了无拘无束、自由自在的生活。每天除了认真学习和看一些课外书外，就是约朋友一起听京剧。浦琼英家里有一部留声机，喜爱京剧的父亲买了许多京剧名家的唱片。受父亲的影响，浦琼英也喜欢上了听京剧，在家时，每天放学回到家，她都要听上一段再复习功课。现在到了北平，浦琼英自然不会放过听京剧的机会。她还有两个也喜欢听京剧的安徽朋友，是夫妇俩，男的叫方真，女的叫李朴。一到星期六，他们就约好一起买票去听戏。那段日子，浦琼英生活得很快活。

我的家在东北松花江上，

那里有森林煤矿……

我失去了我的家乡，整天到处流浪，

流浪，流浪，

哪年哪月，我才能够回到我可爱的家乡……

随着越来越多东北流亡学生的到来，浦琼英的快乐生活也在那一声声悲愤的歌声中结束。1935 年 12 月 9 日，在北京的大街小巷，在新华门前请愿的学生中，在高喊“打倒日本帝国主义”口号的游行队伍里，19 岁的浦琼英发出了自己愤怒的吼声。在与手持木棍、高压水龙头的军警搏斗的人群中，也出现了浦琼英年轻的身影。

1936 年，20 岁的浦琼英以优异的成绩考上了北大物理系，成为云南省第一个考上北大的人。这一年，姐姐浦代英、浦石英也来到北平上学，姐妹三人又聚在了一起。大姐浦代英在地下党的引导下参加了民先组织。

1937 年 7 月 7 日，卢沟桥事变爆发。不久，日本侵略军便长驱直入占领了北平。愤怒、恐慌、悲痛充斥着北平每一个角落，北平是无法再读书了。姐妹三人商量决定到延安去，可是二姐浦石英此时正住在医院里，而大姐到延安的心一刻也不能等了。无奈之下，浦琼英决定自己留下来陪伴二姐，等病稳定一些，再和二姐到延安与大姐会合。

大姐走后，为了避免日本兵的侮辱，浦琼英把二姐从医院里接出来，和几个朋友躲进一户有钱人家的宅院里。住了几天后，大家觉得这样躲着也不是办法，应该想办法离开北京。可是当时无论是南下还是西行，铁路线都已中断。他们制定了一个路线，先想办法去天津，然后乘船到青岛，从青岛再到济南，从济南再想办法到西安，从西安到延安就相对容易些。于是，他们脱下学生装，换上老百姓的大褂，什么行李也没有带，揣着钱便离开了北京。

好不容易辗转到了西安，他们找到八路军驻西安办事处。因为没有介绍信，八路军办事处不接待，几个人委屈地在办事处大哭了一场。后来有人告诉他们，胡乔木在西安附近开了一家抗日学生招待所，是专门接待到延安的学生的，于是几个人这才到那里住下。一路车船劳顿，原本身体有病的浦石英先天性心脏病复发了。看到二姐虚弱的身体，浦琼英问二姐："我们现在有三种选择，一是在西安上联大，二是回云南上联大，三是到延安，你说哪个好？"浦石英说："当然去延安，我们千里迢迢从北平到这里，吃了那么多的苦，不就是为了去延安吗？"浦琼英担心地说："听说延安条件很差，生活非常苦，你的身体受得了吗？"浦石英坚定地说："我就是死也要死到延安，爬也要爬到延安。"浦石英看到二姐这么坚决，就说："那好，你既然有这样的决心，那我们就去延安吧。"

经过审查，姐妹俩被批准到延安，同行的还有30多人。因为浦石英身体不好，不能步行，大家给她雇了一头毛驴。七天后，她们终于到达延安。

这时候，先期到达延安的大姐浦代英，正在抗大学习，与康克清住在一起。而浦石英、浦琼英则被分配到陕北公学，开始了一种全新的生活。

延安生活条件艰苦，住的是土窑洞，一日三餐都是小米饭，这对于吃惯了白米饭的浦琼英来说非常不习惯。离开北平时，浦琼英姐妹俩带了些钱，到延安时还有些剩余，浦石英怕妹妹乱花，就都要过来保管起来。一天，浦琼英下了课找到姐姐，向她讨要钱。

"石姐，把钱给我。"

"你要钱干什么？"浦石英问。

"一天三顿都是小米，我实在不习惯吃不饱，我想到外面的饭馆吃一顿。"

"我们出来带的钱不多了，你这么花，几天就会花完，不行，不能给你。"石英没同意，那是她们最后的一点家底。

"那每天只给我一毛钱，我就到门口吃碗面，总可以吧。"琼英说。看到妹妹日渐消瘦的脸，石英心软了，终于做出了妥协。

就这样，每天晚上，琼英都会来到学校附近的一家小饭馆，要上一碗面，直到她渐渐适应了延安的生活。

三个月后，姐妹俩从陕北公学毕业了。姐姐石英分配到学校的小卖部工作，而妹妹琼英则被安排到学校图书馆。那时候每个星期，学校都要搞一次大扫除，浦石英总是独自一人去扫又脏又臭的厕所。琼英看到了，有些看不过。

“别人都在打扫操场，怎么你总是非要扫厕所？你身体不好，厕所里臭烘烘的，空气又不好，影响你的健康，再生病怎么办？”琼英说。

“我自愿的，你别管我。”石英似乎不领情。

下一次的大扫除，琼英看到石英照例又默默地去打扫厕所。石英对自己的严格要求，同乡张煜看在眼里。一天，她来找石英姐妹俩，仨人闲谈。张煜说：“石姐，你可以写入党申请书了。只要你申请，肯定能通过。像小琼英这样，她还差得远呢。”

听了张煜的话，琼英非常不服气，倔强的她把头一扬：“哼，你说我不行，我偏要努把力，入党给你看看。”

说到做到是浦琼英的风格，从此以后她犹如换了一个人，各方面都严格要求自己，工作上也努力积极上进。不久，她就和姐姐石英一起被批准加入中国共产党。

入党以后，由于琼英聪明好学，性格又活泼开朗，被组织上选调到一个特别训练班。在特训班里，她改名为卓琳。

卓琳与战友合影

特训班结束后，卓琳分配到延安保卫处工作。在这里，她结识了吕璜、邓涛，三人结下了深厚的友谊，并约定：抗日不胜利，谁也不结婚。谁承想一向说话算话的卓琳，这一次却首先打破了约定。

1939年8月，邓小平从太行山回到延安，参加中共中央政治局扩大会议。开会期间，他和分管保卫处的邓发住在一个窑洞。两人同姓，过去又曾在上海一起共事，私交甚好。看到年已35岁的邓小平还是单身一人，邓发便萌发了为邓小平物色对象的念头。于是，邓发领着邓小平在会议之余，到处转悠，而且专往女同志多的地方去。好多不知就里的人怀疑“诡计多端”

的邓发要搞什么“阴谋”，还有人担心邓小平会“交友不慎”。就这样，转悠了几圈下来，保卫处活泼聪慧的卓琳吸引住了邓小平的眼球。于是邓发请住在保卫处附近的曾希圣出马说媒。因为卓琳是曾希圣家里的常客，比较熟。成人之美的事曾希圣很乐意做。这天趁卓琳来串门的机会，曾希圣把卓琳叫到一边：“卓琳，有人可是看中了你，想跟你结婚，你愿意不愿意呀？”“不愿意，不愿意。”曾希圣话音刚落，卓琳就直摇头，“我现在可不想结婚，我才23岁，工作几年再说。”

抗日战争初期的邓小平

曾希圣并没有罢休，再一次见到卓琳，他又旧话重提。这一次，他告诉卓琳，看上她的人是邓小平，还告诉她那是个经过长征的老同志。哪承想，不提老同志也罢，一听曾希圣提老同志，卓琳更不愿意了。原来，当时延安流传着一个笑话：一个老干部和一个知识分子结婚了，晚上，夫妻俩到延河边散步，女的说：“哎呀，你看今天的月亮多美呀。”男的看了看说：“月亮有什么美不美的，不就是那样吗，我看不出有什么好来。”这个段子在延安流传很广，在那些从全国各地到延安的学生眼里，这些长征的老干部都是工农出身，没有文化没什么情趣，很“土包子”，搞革命还行，可要找爱人还是要找一个知识分子。卓琳当时也是这个想法，所以当曾希圣一提出邓小平的名字，卓琳就一口回绝。其实，卓琳并不太清楚邓小平是何许人也。

对于媒人的两次说媒失败，邓小平并没有灰心。他不是一个受到挫折就后退的人，而是属于定好目标就勇往直前。他说：“我看，还是我亲自找她谈一谈，可以不可以？”

于是，还是在曾希圣的家，两个人见了面。前几次见面，都是邓小平关注卓琳多一些，而不谙世事的卓琳却从来没有注意过邓小平。这一次，是两人第一次单独面对面。邓小平毕竟年龄大些，处理事情成熟老练。他诚恳地对卓琳说：“我这个人，年纪大了，以前有过两次婚姻，这个情况他们都跟你讲了吧，现在在前方作战很辛苦，一直也没有时间考虑婚姻大事，这次想利用开会的机会解决一下这个问题。认识你以后，我觉得我们很合适，想跟你结婚，曾希圣夫妇和你谈了，你不愿意，我现在亲自跟你谈一谈。我这个人不太爱讲话，年龄也大你12岁，这是我的不足，我希望在别的方面能够弥补。”

邓小平一席直来直去的话倒让单纯直率的卓琳没了主意。这天晚上，卓琳久久没有入睡，毕竟是人生大事。她想：“这个人托人说了几次，都让我拒绝了，现在又亲自找我谈，还说了自己的缺点，说明他很有诚意，他还是个留学法国的，也是个知识分子，我要是再拒绝，是不是不太好。”她又想：“唉，反正早晚都要嫁人，管他呢。这个人还可以，有文化，又这么诚恳，就嫁了吧。”不过，她在同意邓小平求婚的同时，也提出了一个要求，那就是结婚后尽快离开延安。她怕别人笑话她也嫁了个“老干部”。对于这个条件，邓小平痛快地答应了。

邓小平用自己的真诚打动了卓琳，他们结婚了。

1939年9月，正是一年收获的季节，邓小平与卓琳也收获着他们的爱情。在延安杨家岭毛泽东的窑洞前，两张桌子拼起来，一场别开生面的“婚礼”在这里举行。婚礼一共有两对新人：一对是邓小平与卓琳，一对是孔原和许明。毛泽东、刘少奇、博古，以及张闻天夫妇和李富春夫妇参加了那天的婚礼，吕璜、邓涛作为卓琳的闺中好友也被邀请来了。大家喝的是延安本地产的烧酒，吃的是红烧肉熬白菜。卓琳穿着一身新做的卡其布制服，不知是喝了酒的缘故还是由于兴奋，脸上泛着红光。整个婚礼充满了欢声笑语与祝福。

1939年，邓小平与卓琳合影

结婚不久，邓小平便履行自己的诺言，带着卓琳离开延安回太行山。临行前，好友吕璜、邓涛来为她送别。当她们来到战友们临时腾出来给邓小平夫妇做新房的窑洞时，从卓琳脸上洋溢的那幸福的神情，看得出她对自己的婚姻非常满意。不一会儿，邓小平过来和她们打招呼，手上还拿着一支眼药水。他走到卓琳身边说了声："点眼药。"卓琳正和好友聊得热闹，便要他等一会儿。邓小平体贴地说："现在到时候了，你还是点了好。"卓琳顺从地让丈夫点完药。看到邓小平对卓琳这样好，吕璜、邓涛心里也就放心了。这时候，她们注意到，婚后的卓琳在爱情的滋润下，变得越来越漂亮可爱了。

当邓小平带着新婚的妻子卓琳回到太行山时，战友们看到一对新人都由衷地为他们高兴。彭德怀说："哎呀，邓小平，你可真会找老婆。你看看，你们长得像兄妹似的。"

在太行山，卓琳在八路军总部担任妇女训练班的队长，负责给各县、区、乡培养妇女工作的骨干，而邓小平则在辽县桐峪村一二九师师部。夫妻俩不是常见面，只有邓小平来总部开会，他们才会短暂地团聚一下。时间一长，卓琳就有些想念丈夫。当邓小平再一次回来时，卓琳就向他提出了一个要求。

"咱们结婚就是夫妻，可是老这样分居，还是没法沟通，不利于相互了解，你能不能回去以后，经常给我写写信。"卓琳对丈夫说。

"写什么？"

"就写你每天都在干什么。"

"好吧，我回去让秘书给我打个底稿，印上十几份，每个月给你寄一份来。"

卓琳一听忙摆手："哎呀，那就算了吧。"

可是，卓琳觉得夫妻之间只有经常在一起，才能加深了解，增进感情。于是，她又对丈夫说："叫你写信你也不写，可夫妻老不在一起，互相不了解，不是个长久办法，我看我们还是在一起共同生活吧。"

就这样，在卓琳的要求下，通过组织批准，卓琳终于来到丈夫身边。想起从延安临来时，康生找她谈过一次话，要她在前线不要乱说话，因为现在她是邓小平的妻子，以免影响领导人的形象。可是，卓琳天生性格开朗，爱说爱笑，还喜欢行侠仗义。不让她随便说话，尤其是看到不公平的事，要想叫她保持沉默很难。于是，她对沉默少语的丈夫说：“你的性格是不爱说话，可我很爱说话，现在嫁给你，我有什么想法和看法就不能到外面随便发表意见，憋在肚子里又难受，所以我只能跟你说，我把我的思想讲出来，你一定要耐心听下去，觉得哪里话说得不合适，说错了，你可以批评我，我就改，但我说话你得听下去。”丈夫听完她的话点点头：“可以。”就这样，多少年来，他们之间形成一种习惯，无论卓琳说什么，邓小平都十分耐心地倾听。有时候，卓琳说完总要追问丈夫：“你有什么意见？”邓小平说：“没有。”卓琳不相信：“我的话总是有不合适的地方，你给我提出来。”邓小平说：“我没意见，提不出来。”卓琳：“那你理解我的想法就行了。”他们就是在这样共同的生活中，通过不断的沟通，互相理解。

邓小平、卓琳夫妇与战友夫妇合影照

邓小平工作虽然忙，但也有闲暇的时候。每当有空闲时间，夫妻俩就吃过晚饭步行四里地从司令部走到政治部去打扑克，那还是邓小平在延安开会时学会的，他们常爱玩打百分。

在一二九师，在丈夫身边，卓琳在思想上也逐渐成熟起来，尤其通过整风运动，学习了刘少奇的《论共产党员的修养》，对她触动很大，觉得那上面指出的许多缺点，都像是针对自己的。卓琳认真地总结自己的过去，认识到自己虽然参加了革命，也入了党，但并不等于就是一个合格的党员，身上自由主义倾向和浓厚的小资产阶级思想意识还没有完全克服。卓琳开始更加严格地要求自己，并真正地成为了自觉改造的革命者。

时间在忙碌中流失，1941 年，中国的抗日战争进入了最艰苦的岁月，日军对太行山根据地开始疯狂的“扫荡”。卓琳与战友们一起，背着炒面、床单“跑扫荡”，饿了吃一口炒面，渴了喝一口溪水，困了就在石头上铺块床单睡一觉。就是在这风餐露宿的日子中，卓琳生下她与邓小平的第一个孩子——女儿邓琳。

邓小平、卓琳夫妇与子女在太行山

邓琳生下第七天，部队又要行军，没有办法，初为人母的卓琳，不得不忍痛将女儿寄养在山西黎城一个老百姓家。丢下30斤小米，当作孩子的抚养费，卓琳又随着部队出发了。

随后的几年里，儿子邓朴方、二女儿邓楠相继出世。由于生活的动荡，卓琳不得不忍痛将孩子们寄养在老百姓家。这时的卓琳，已经有了一些经验。以前他们讲阶级成分，把邓琳寄养在一个贫下中农家里。可是，后来发现贫下中农自己都吃不饱，哪还有条件养别人的孩子。所以邓琳的身体一直不太好。看到这种情况，卓琳想自己出生在富裕人家，不也出来参加革命了，因此他们不再严格地讲阶级成分，只要奶水好生活条件说得过去的进步中农甚至开明地主家，都是卓琳寄养孩子选择的对象。邓朴方和邓楠比姐姐幸运得多。

1945年8月15日，日本宣布投降，历经战乱的中国人民终于迎来抗战的胜利，饱受骨肉分离的卓琳也把三个孩子接到了身边。谁知刚刚没过几天安稳日子，蒋介石又挑起了内战，邓小平又带着队伍上了前线，而卓琳作为家属队则在后方，当前方部队停下来休整时，才把家属队接到部队。而这一次，卓琳无论怎么艰苦，都下决心把三个年幼的孩子带在身边。她想弥补一下做母亲的对孩子的缺失。一路上，家属队每路过一个地方，就找一个小学校，往教室的地上铺些干草，孩子们就睡在上面。早上不等贪睡的孩子睁开眼，大人们就又忙着收拾东西，匆忙给孩子擦把脸，然后胡乱往他们嘴里塞点儿炒面或饼干一类的东西，就又爬上卡车出发了。半路孩子要撒尿，大人们就将孩子伸出车槽外把尿，女孩子没有这个优势，只好拿个罐子接上尿以后再往外倒，那真是一个很特别的队伍。那时候，有些干部就把自己的警卫员派过来，帮忙拿东西照顾孩子。可是卓琳总是独自一人照顾三个还不能自理的孩子，亏得她动作麻利，从来没有影响队伍的出行。但有时因为拿不了那么多东西，只好忍痛割爱。后来，卓琳见到丈夫，不免有些抱怨：“你有那么多警卫员，也不派一个帮我们拿拿东西。”邓小平说：“这个我没有想到。”卓琳说：“那我不离开你了，到时候你又想不到，让我们困难。”看着倔强甚至还有些任性的妻子，邓小平这个指挥千军万马的男人也没了主意，只好同意。其实最主要还是他理解了妻子一人带着三个孩子奔波的艰难。

邓小平、卓琳与童年时的邓琳、邓朴方、邓楠

解放重庆后，邓小平担任西南局第一书记，卓琳也带着孩子来到重庆。刚刚诞生的新中国百废待兴，干部们都纷纷下乡开展工作，常常好长时间回不了家，自然是无暇照顾和教育孩子。看到这种情况，组织上决定办一所学校，解决干部们的后顾之忧，并由卓琳担任校长。卓琳不负众望，从找资金到孩子们的吃、喝、拉、撒、睡，甚至校服的设计，都是卓琳亲自操办，很快学校就建立起来。这些跟着父母动荡惯了的孩子，开始并不适应学校的生活，很是调皮。卓琳决定先从纪律抓起，首先拿自己孩子“开刀”。那时，邓朴方十分淘气，仗着母亲是校长，常常带头“闹事”。中午午睡，老师在，邓朴方就闭着眼装一会儿，老师一走，就领着孩子们“大闹天宫”。“擒贼先擒王”每到这时，卓琳就守在儿子身边，按住他的手脚，用手巾蒙在他脸上，对儿

子说："你不好好睡觉，我就不走，你别再打歪主意。"邓朴方无奈，只好乖乖就范。其他孩子一看，也都不敢再捣乱了，秩序就这样开始慢慢走向正轨。

1952年，邓小平被任命为中央人民政府政务院副总理、中央财经委副主任兼财政部长，正式调入中央，全家也跟着来到北京。

解放战争中的邓小平

丈夫担任国家领导人，许多单位都邀请卓琳去工作，待遇和职位都很不错，但是卓琳却一一谢绝，她心里自有一番打算。原来，卓琳看到当时有一些领导同志的夫人在外单位工作，公安局为了保护她们的安全，就暗中派人保护她们上下班。卓琳想，与其这样给组织上添麻烦，不如就给丈夫做秘书，反正他一个秘书也不够，这样虽然默默无闻，却比较实际些。邓小平同意了妻子的选择。

做邓小平的秘书，并不是一件轻松的事，尤其是小平同志后来担任总书记，文件最多最全。小平同志有个习惯，看完文件后，急需办理的、重要的就直接交给秘书，而一些不太重要的，他看完就塞到纸篓子里。刚开始，卓琳不熟悉丈夫的这些习惯。有一次卓琳收拾办公室，发现桌子旁的纸篓子里有好多纸，起初她以为是废纸，拿起来一看，吓了一跳，原来是一些文件，上面有小平同志写的"已阅"。于是，卓琳赶紧对其他工作人员和家里人说明："这个纸篓我来收，我知道收的是什么东西。"然后，她对每份文件的内容、处理意见等，都一一做了登记。仅是每天处理这些文件，就是一件繁重的工作。卓琳专门腾出一间屋子摆放文件，不许任何人进去，并把这些文件分类装订成册。每到十天半个月，就将整理好的文件送往机要办公室。在中央存档的文件中，有好多都是卓琳整理成册上

卓琳与儿子邓朴方

交的，足见卓琳工作的质量。她把自己学理工的科学严谨用在了秘书工作中。在担任总书记的十年里，邓小平只有王瑞林和卓琳这两个秘书。

卓琳聪慧而且好学，对科学知识有着强烈的求知欲，青年时代就以优异的成绩考上北大物理系。因为日本侵略者的入侵，虽然没有完成学业，但对于知识的渴求却从来没有中断。不仅如此，她还把这种孜孜不倦的精神传给了子女。在孩子们很小的时候，就对他们进行科学启蒙。每周孩子们从学校回到家，她都要利用周末，给他们讲一些科学知识，什么核裂变、天体宇宙、物理现象、化学反应等。有一件事，邓楠记得尤为清楚。上中学时，有一次，邓楠要参加数学竞赛，当时数学习题集非常难买，邓楠从老师那里借回一本，但她一下子又做不完。卓琳便在工作之余，愣是把厚厚的一本习题集全部工工整整地抄了下来。在她的教育下，孩子们个个学习优秀，也都学业有成，除了邓琳学美术、邓榕学医，受母亲影响，其他三个孩子全都考上了北大物理系，与母亲成了校友。

1961 年 2 月，邓小平、卓琳和孩子们在云南欢度春节

除了在学习上对孩子们要求很严格，在生活和思想上，卓琳同样不放纵、不娇惯。每个周末，孩子们回家，都是和普通老百姓一样去挤公共汽车。她也从来不给孩子们灌输等级、待遇，就连他们的父亲什么职位，也没有告诉过。当时孩子们在八一学校上学，那是一所干部子弟学校。孩子们在一起，免不了爱攀比，谁父亲官大，谁家车高级。有一次，一个同学问邓楠："你爸爸是谁？"邓楠因为不知道自己父亲是干什么的，以为父亲官做得小，没好意思说出来。这时候，旁边一个同学说出了邓小平的名字，邓楠从那个同学惊讶的表情上，才知道原来自己的父亲可能官做得不小。

"文革"来临，邓小平首当其冲地受到冲击。看到铺天盖地的大字报，孩子们开始有些紧张，父亲到底有没有问题，他们心里没有谱。可是，卓琳相当镇静。对于“文革”是怎么回事，她那时还不太清楚，但丈夫是什么样的人，她心知肚明。她把孩子们叫到一起，给他们讲父亲的历史，讲他是怎样为革命工作的，让孩子们坚信自己的父亲对党是忠诚的。在那个特殊的年代，卓琳始终和丈夫保持着政治上的一致，孩子们也没有一个出来揭发父亲的。堡垒没有从内部攻破，邓小平的家依然坚如磐石。

20世纪60年代初邓小平全家福

不久，孩子们被造反派赶出家门，家里只有邓小平、卓琳夫妻俩，这个平日里充满孩子们欢声笑语的屋子显得空荡荡的异常冷清。夜深人静，到处一片漆黑。黑暗中，只有邓小平吸着的香烟忽明忽暗地闪动，香烟一根接着一根，那亮光常常闪动到深夜，那是夫妻俩在思念孩子久久不能入睡。

有一天，那香烟闪动的小红点，由一个变成两个。原来，卓琳思念孩子心情烦躁，也学着抽起烟来。她舍不得抽整支的，只抽丈夫剩下的烟头。看到妻子一个接一个地抽，邓小平有些替妻子担心。

“你怎么也抽起来了，我看你怎么得了，你心脏不好，比我还抽得厉害。”

卓琳：“孩子不在身边，我不抽烟我干什么，你不也在抽吗？”

邓小平劝说妻子：“我看你呀，将来比我的烟瘾还大，以后戒不了怎么得了，我劝你还是不要抽了。”

卓琳：“我是因为想念孩子才抽烟的，只要能够见到孩子，我这个烟瘾马上就戒了。”

卓琳后来没有食言，与孩子们团聚后，就再也没有吸烟。

对于丈夫的信任足以抵御那劈天盖地的政治风暴，然而有一件事的发生，却几乎把坚强的卓琳击垮。1968年的一天，住在北大的女儿邓楠忽然跑回来，神色慌张地喊道："妈呀，哥哥出事了，他从楼上跳下来，可能要瘫痪了。"原来，受父亲的牵连，在北大上学的邓朴方和邓楠都被造反派关了起来。不久，邓楠被放了出来，可是邓朴方却没有那么幸运，他依然被限制人身自由，并受到非人道的折磨。"士可杀，不可辱。"不堪屈辱的他，决定以死来抗争。趁旁人不注意，他纵身从关押他的三楼跳了下去，结果造成高位截瘫终身残疾。听了女儿的述说，卓琳犹如五雷轰顶万箭穿心，整整哭了三天三夜，原本就有病的眼睛更加严重。邓朴方从楼上摔下来后，被送往北大校医院。卓琳到医院去看他，到了医院后，她没有马上进病房，而是跑到休息室痛哭，她实在无法控制自己的情绪。陪同她一起去的人劝道："你不能这样，你现在这个样子，让孩子看到更难过，你还怎么安慰孩子啊！"卓琳慢慢擦干眼泪，稳定住自己的情绪。为了鼓励儿子坚强地生活，她在儿子面前没有掉一滴眼泪。

不久，邓小平夫妇接到通知，下放到江西劳动改造。卓琳除了带了一些简单的生活必需品，只将邓小平常看的书装了几箱子。那天，她和丈夫，还有老祖（一直与他们生活在一起的邓小平的继母），坐上接他们去机场的车。车子拉着窗帘，在城里绕了好几圈后才开到飞机场。到了江西，他们被安排到新建县步校的一幢二层小楼里。每天老祖在家做饭，卓琳夫妇则在当地的一个拖拉机厂劳动。拖拉机厂离他们住的步校步行大约有半小时的路程，每天早晨吃过早餐夫妻俩就往拖拉机厂走，无意间，他们还发现了一条捷径，只不过没有道。可是，春去冬来，走的次数多了，

"文化大革命"期间的邓小平与卓琳

竟走出了一条小路来。这就是后来人们称之为“邓小平小道”的地方。卓琳在厂里的任务是拆线圈，这个活相对来讲轻松一些，可以坐着干。而邓小平则是当钳工，站在那里一锉就是一整天。那时候，邓小平已经是60多岁的人了。一天，卓琳发现丈夫脸色苍白，头上冒着豆大的汗珠。卓琳忙劝丈夫：“你坐下歇歇，那么大岁数了，怎么也不知道偷点懒。”邓小平摇摇头：“你知道我为什么不坐吗？我一坐下就起不来了。”

邓小平、卓琳在江西新建县望城乡和妹妹邓先芙、女儿邓榕留影

日子就这样一天天在繁重的劳动中度过。这时候，他们接到孩子们小姑的来信，说邓朴方现在被送到福利院，境遇十分不好，十几个病人挤在一个房间里，想翻身也没有人管，吃饭也不能自己吃。听到这个情况，夫妻俩商量，无论自己多苦多累，一定要把邓朴方接到身边。邓小平立即给毛泽东写了一封信，表达了要把孩子接到自己身边照顾的愿望，毛泽东同意了他们的请求。不久，邓朴方来到了父母的身边。

照顾一个高位截瘫的病人，不是一件轻松的活，更何况是两个年过半百的老人。每天卓琳夫妇在工厂里劳动一天，回来还要做饭、洗衣，照顾病人。这时候，老祖去照顾生孩子的小姑，已经离开江西。所有这一切的事情，都要靠卓琳、邓小平夫妇自己做。尤其是卓琳，为了让丈夫能够多休息，承担起了更多的家务。每当邓朴方看到母亲拖着疲惫的身子从工厂劳动回来，进门又不停地给他擦洗翻身，做饭送水，还要处理排泄物，他的心里就十分难过，后悔当初自己的一个轻率决定，不仅给自己带来终身的不幸，还连累父母家人。而平时外向的卓琳，此时却把一切痛苦埋藏在心里。在儿子面前，不论多苦多累，她始终表现出一种乐观的状态。只有在忙碌了一天，夫妻二人拖着沉重的双腿上楼时，卓琳才会对丈夫说一声：“老兄，拉我一把，实在爬不动楼了。”

在江西的日子，他们过得很苦。为了给插队劳动的孩子们补贴生活费和来探亲的路费，他们几乎不吃肉。平时烟瘾很大的邓小平，这时候烟也少抽了一半。他们还想办法在院子里种上蔬菜贴补家用，有时甚至馊了的稀饭舍不得倒，煮一煮又接着吃。就这样，卓琳伴着邓小平度过了那段艰苦的时光。

1973年年初，邓小平即将复出时在望城乡留影

“文革”后期，邓小平重新受到起用。为了扭转因“文革”而停滞的经济局面，他大刀阔斧地抓经济搞整顿。在他主持工作的阶段，中国经济很快就有了些起色。可是不久，天安门事件爆发，邓小平再一次陷入政治困境。这时候的卓琳及时和儿女们打招呼：“你们在这个时候对父亲的最大支持，就是不要因为你们引起任何问题，来给父亲制造麻烦。”在母亲的关照下，孩子们“夹着尾巴”做人，没有给“四人帮”留下任何把柄。

1976年4月以后，邓小平夫妇被关在东交民巷十七号院，他们再一次失去人身自由。不久，卓琳患上病毒性角膜炎，必须住院治疗。一听说让自己离开十七号院去住院，卓琳怎么也不同意，不是她舍不得这个院子，是不愿意离开邓小平。那个时候正值“四人帮”一手遮天，在那种险恶的政治环境下，她怎么放心让丈夫单独住在这里。可是医生告诉她，不去住院，眼睛就有失明的可能，无奈之下，卓琳怀揣着对丈夫的思念与担心离开那里住院治病。在医院里，她的眼病一天天好起来，可是她的

1980年，邓小平、卓琳在中南海瀛台

心病却越来越重，那就是对丈夫的牵挂。一天，从一个医生那里，卓琳得知毛泽东身体非常不好，已经两次病危抢救。她必须把这个信息想办法告诉消息闭塞的邓小平，好让他有所警惕。因为，一旦主席有什么变故，“四人帮”一定会有所行动。恰好这时，家里的一个警卫来看她，卓琳迅速写了一张字条：“千万不要离开你现在住的地方，不管什么人让你出去都不要离开，我争取尽快出院。”她让来人把这张字条尽快地交给邓小平，丈夫只要看到这张字条，一定知道怎么做。

浩荡的东风吹散了乌云，阳光洒满大地。“文革”结束后，邓小平肩负着人民的重托，又开始了中华民族的伟大复兴事业。而不论邓小平如何起起落落，卓琳都荣辱与共，默默地坚守在丈夫身边。她从与邓小平结婚那天起，就放弃自己的事业和前途，把辅助丈夫做好工作，照顾好他的身体，当作自己的责任和事业。几十年来，她坚守着这个阵地，在这个岗位上，她干得很出色。

邓小平再一次复出后，许多同志请卓琳出来任职。面对着众多具有诱惑力的职位，卓琳依然婉言谢绝。卓琳没有飘飘然，她很清楚自己应该做什么。在她的心里，丈夫享有至高无上的地位。无论邓小平从南方到北方，从沿海到内地，从国内到国外，卓琳都默默地跟随在丈夫身边，不张扬，不骄狂，平易近人，稳重端庄。

1988年8月，邓小平和卓琳在河北省北戴河金婚留影

在邓小平家里，父亲是全家的重点，母亲是全家的核心。因为邓小平工作繁忙，也不爱讲话，而卓琳开朗善言，容易和孩子们沟通，常常和孩子们打成一片。除了平时孩子们的学习教育是卓琳主抓的，吃喝拉撒也都是卓琳主管，用她自己的话讲：“我们家的进出口业务归我管。”而邓小平对妻子十分信任和放心，很少干预妻子的家政。为

了让丈夫工作之余心情放松得到休息，只要看到邓小平有空闲，卓琳就到处找孩子、孙子们，让丈夫充分享受那种儿孙绕膝的天伦之乐。吃饭的时候，也是全家人一天里最重要的聚会。大家在饭桌上无所不谈，政治、艺术、文学、趣闻，畅所欲言。在这方面，卓琳不愧是一个营造温馨家庭气氛的大师。即使是在“文革”中，在母亲的影响下，孩子们也都是笑口常开，充满了乐观精神。亲情、欢乐伴随着邓小平走过了 93 岁的人生。

在邓家，曾有过这样一段对话。邓小平说：“我看人死了烧成灰，放进马桶里用水一冲就行了，可以节约好多地方。”卓琳：“那多浪费，还是埋到果树下，可以做肥料。”孩子们说：“那谁敢吃啊，勾魂！”从这段话中，我们可以看得出邓小平、卓琳夫妇对于死亡的泰然。

1997 年 2 月，邓小平与世长辞。卓琳把孩子和亲戚家人们召集到一起，非常动情地说出了一番话：“你们的父亲去世了，他这一生都是为了这个国家，都贡献给了国家，我们作为他的亲人，也要像他那样，不要给中央提非分的要求，只能低于中央的标准提我们的意见。当初我和两个姐姐出来参加革命，是有我们的追求，有我们的理想，我们是为了妇女解放，为了中国的前途，为了抵抗日本帝国主义。你们的父辈没有为了个人的荣华富贵活着，而是为了国家为了人民奋斗了一辈子。希望你们不要靠家庭，不要靠这些背景做一些对不起人民的事，要靠自己的努力，做一个对国家有贡献的人。”卓琳语重心长的话使在场的每一个人都非常感动。

香港回归，是邓小平生前完成的一件大事；到香港自己的土地走一走，看一看，是他的心愿，可是他没能坚持到那一天，仅仅差五个月，这让许多爱戴他的人无不为他惋惜遗憾。1997 年 7 月 1 日，在香港回归的庄严时刻，人们看到卓琳出现在中国政府代表团中间，她是代表丈夫来见证这个伟大时刻的。

采访完卓琳妈妈，已经中午十二点多了，采访基本上还算顺利，中间休息了两次。头一次大家正在聚精会神听她叙述的时候，她突然话头一转来了一句：“给我口水喝行吗？”原来老人家看见旁边一个人在喝水，想起自己口渴了。她那孩子似的率真把大家都逗乐了，工作人员马上给了她一杯水，喝完水大家让她休息一会儿。她站起身，拄着拐杖一边往外走，一边对大家说："我去上卫生间，女同志有解手的跟我走，我们家分男厕所女厕所。"屋子里又是一片笑声。在采访中当谈到小平同志时，卓琳妈妈总是习惯地称呼他"老爷子"，在一旁的毛毛姐提醒着："妈，这会儿不能说老爷子，要称小平同志。""噢，要说小平同志，好。"刚答应还没一分钟，紧接着，又说成"老爷子"。急得毛毛姐在旁边又一次提醒道："妈，不能叫老爷子，要说小平同志。""噢，好，知道了，是小平同志。"可一张嘴她就又说成"老爷子"。毛毛姐开始还很有耐心，不停地纠正她，每次卓琳妈妈答应得特别好，可一转脸就又说成了"老爷子"，最后毛毛姐无可奈何地笑了，只好随她去。我们大家都挺理解，毕竟是一个近 90 岁的人，让她突然对自己叫了几十年的称呼改口，实在是有些难为她。

7 月 9 日，我们又一次来到卓琳妈妈家，按照事先的安排采访子女。那天，除了卓琳妈妈最小的儿子邓质方不在北京，其余四个在北京的子女全部接受了我们的采访，这在当时，对他们家来讲，也是头一次，足见母亲在孩子们心中的位置。三姐妹先接受了采访，朴方大哥最后。他们主要谈母亲在他们成长道路上，对他们的指导、教育和帮助以及母亲陪伴着父亲荣辱与共度过的一生。母亲对他们而言不仅是给予生命的人，也是他们成长过程中的良师益友，母亲对他们事业上的选择和引导，在关键时刻政治上的点拨，都使他们在走好人生的每一步时受益匪浅。

在采访子女的时候，卓琳妈妈偶尔从隔壁她的房间过来，站在窗户外的走廊里，看着她的孩子们。我们请她坐在门口，她摆摆手说："我不在这儿，万一他们说我的坏话，我听不见。"说完就回自己房间里去了。直到我们采访完子女，她才又过来和我们聊天。她指着桌子上摆放着的几个玩偶给我们一一介绍，那是几个拟人化的猪："这是老爷子过生日的时候，孙子们送的，这个戴帽子的猪是老爷子，扎花的那个猪是我。"在一旁的毛毛姐指着另外五个小猪说："这是我们兄妹五个，都成小猪啦。"卓琳妈妈又指着桌上四个小玩偶："这是孙子辈的，四个孙子孙女。"我看到那是一个羊、一个鼠、一个虎还有一个牛，估计是孙子们按自己的属相挑选的。从这些晚辈送给爷爷的生日礼物中，我们再一次感受到卓琳妈妈家温馨民主的气氛。那天拍摄结束，我们和卓琳妈妈及家人一起合影留念。朴方大哥风趣地说："我们这时候主要是充当道具。"

仅隔了一天，我们就又一次去卓琳妈妈家。这一次，是想拍摄一些卓琳妈妈的日常生活。这一天，卓琳妈妈特意穿了一件淡粉色的上衣，在邓琳大姐的陪伴下来到院中散步。在小楼的门口，有几株长得茂盛的石榴树，上面开着几朵红花，有的已经结出几个青涩的石榴。邓琳大姐说她们家的石榴成熟以后又大又甜特别喜人。母女俩在石榴树下逗留了片刻，就向院子里的小石径走去。卓琳妈妈告诉我们，每天早晨起床后，她都要在院子里走一圈。她走得慢，一圈下来大约30分钟。两个人正边走边说，迎面朴方大哥开着电动轮椅过来，邓琳大姐以为他要过去，忙示意母亲让路："妈妈，我们往那边拐，让胖子先过去吧。"胖子，是朴方大哥的乳名。"你们前面走，我没事，我在后面。"原来朴方大哥是来陪母亲聊天的。过了一会儿，他们走到院子里花瓣形的水池前停了下来。这时候，毛毛姐也过来了，几个人站在水池前，大概是想找个话题，毛毛姐提议："妈，你去胡噜哥哥的脑袋。"

朴方大哥觉得有些不好意思，说："哎呀，别胡噜了，都老头老太太了。"

卓琳妈妈耳朵不好，没听清他们在说什么，问了一句。邓琳大姐向她重复了一遍。

邓琳："毛毛让你胡噜大胖子的脑袋，大胖子不乐意，说都老头老太太了。"

"什么胡噜呀！"看来卓琳妈妈还没明白什么意思，又问了一句。

"胡噜表示亲切呀！"邓琳大姐边说边比画了一下。

这回卓琳妈妈搞明白了。她上前摸了摸儿子的头，也许是面对镜头，朴方大哥显得特别不好意思，甚至有些羞涩："哎呀呀。"

"哎哟，牙要掉

卓琳与儿子、女儿在一起

喽!”邓琳大姐在旁边起着哄,逗着弟弟。

卓琳妈妈却特别自然。在她眼里,儿女们再大也是孩子:“儿子啊,都有白头发了,白头发的儿子。”

朴方大哥:“我呀,现在白头发挺多的。”

卓琳妈妈似乎在安慰儿子:“我也多。”

朴方大哥笑了:“那你多大年纪了。”

毛毛姐:“你是 84 岁了,可以了,这后头还有黑头发呢。”

邓琳大姐摸着母亲的头发:“黑头发还挺多的,几乎一半一半,真不容易。”

这时候太阳开始有些烤人,朴方大哥怕母亲太热,提议换个阴凉地。于是几个人离开那里往屋里走去。快到门口,卓琳妈妈可能是触景生情,嘴里不由得又提起小平同志健在时的情景:“以前老爷子在的时候,每天都要围着这个院子散步,转哪转哪,吃完晚饭,一家人就坐在这个门口谈天说地。”言语和神情中充满了对丈夫的怀念。

在院子里晒了半天,一走进灰色小楼顿觉凉爽了许多。我们跟在他们身后来到卓琳妈妈的卧室兼起居室,那是一间很大的屋子。据卓琳妈妈介绍,过去,这间屋子是小平同志的会客室兼会议室。有时候,也在这里打桥牌。现在卓琳妈妈每天大部分时间都在这里度过。睡觉、会客、听评书京剧,和子女们聊天,这里几乎是卓琳妈妈的多功能房间。我打量了一下房间,屋子里靠着北面的墙,摆放着一大一小两张床,估计是卓琳妈妈与照顾她生活起居的人住的。屋子中间用两个藤椅茶几隔出了一个活动空间,那是老人家平时听评书和京剧、会客的地方。沿着南面的墙,则摆放着一溜书柜,里面有好多有关研究《红楼梦》的书籍,以及一些评书的录音带,还有孙辈们送给她的小礼物。邓琳大姐告诉我们,卓琳妈妈特别喜欢《红楼梦》,多次为《红楼梦》的研究捐款。

说起捐助,乐善好施、助人为乐也是卓琳妈妈一个很可贵的品质,而且是由来已久。先不说当年,在日寇入侵的危险时刻,她主动留下来照顾生病的二姐石英。我们曾采访过卓琳妈妈的老战友黄镇夫人朱琳,她告诉我们,1942 年“跑扫荡”,朱琳怀孕,正赶上丈夫黄镇不在身边,她怀着孩子,妊娠反应特别厉害,一边行军一边吐,走一路,吐一路,人几乎不成样子了。这时候,她碰到卓琳,那时卓琳也已经做了母亲,生完孩子没多久,正是大人孩子需要营养的时候,加上那一年闹蝗灾和旱灾,粮食奇缺,可是一看到朱琳的情况，卓琳二话没说，用自己攒了几个月准备给女儿买营养品用的津贴，全部拿出来买了十斤挂面送给朱琳。在今天看来，十斤挂面没什么，可是在那个年代，用朱琳的话来讲“她等于是割自己的肉来帮助我”。

1996年，太行老区遭遇百年不遇的大水，卓琳妈妈知道后，立即从存款中取出一万两千元捐助到灾区；在她的老家云南，我们还看到卓家三姐妹共同捐助的树林；在贫困山区，我们采访到卓琳妈妈资助的贫困学生；在希望工程、残疾人福利事业，我们都能找到卓琳妈妈的名字。她的钱有相当一部分用在需要帮助的人身上，而自己仅留下一小部分做生活费用。2008年5月，邓小平同志的家乡四川发生了大地震。地震不久，灾区就收到卓琳妈妈寄来的10万元救灾捐助款，那是她一生的积蓄。她几乎没有打算给子女们留下一点资产，她甚至填写了眼角膜捐献书，决定在自己百年之后将有用的器官也捐献出来。但是，她给子女留下的却是比金钱还要贵重的品质。所以在毛毛姐她们讲述母亲捐助的事情时，我们一点都不感到惊讶，似乎那是她本就应有的性格。

那天，我们本来还想拍一下被邓家三姐妹戏称为“沙龙”或“论坛”的晚餐，那是卓琳妈妈家最具特点的。因为那是她们家一天最热闹、人最全的时候，可惜那天邓楠大姐到国务院开会不在，孙辈们也都没有来，所以没有拍成。说好以后有机会再拍，可惜因为好多原因一直没有拍成，留下了遗憾。

一连几天的采访拍摄，我对卓琳妈妈的印象可以用朴方大哥的话来概括：“她对待所有的人，包括对待父亲、对待我们，对待她所接触的每一个人，从来没有一点虚假，没有任何矫揉造作的成分，她把自己最真实的一面呈现给了每一个人。”

90多岁的卓琳妈妈，生活在儿孙满堂的家里。家，依然是那样温馨，那样充满欢乐，只是她常常会思念丈夫，怀念与他相厮守的每一个日日夜夜，无论是那些艰难的岁月，还是幸福的时光，都将永远珍藏在她的记忆里。

2009年7月29日，在丈夫邓小平去世12年之后，93岁的卓琳也与世长辞。遵照她生前遗愿，她的骨灰撒进大海。她的孩子们说，父母将在大海里相会，并在波涛中得到永生。

革命人永远是年轻

——王稼祥的夫人朱仲丽

在北京什刹海临近平安大街的老龙头胡同，有一扇不起眼的大门，这里住着王稼祥的夫人朱仲丽。

初次见到朱仲丽大姐，是在 1999 年 11 月下旬。深秋的风将街道两旁树木的叶子吹得所剩无几，满地的落叶到处游荡，光秃秃的枝条也开始变得有些僵硬起来，使繁华的都市显得有些萧瑟。老龙头胡同狭窄弯曲，胡同里大多是些老房子，以灰色为主，且很破旧拥挤。当我们走进朱仲丽大姐的院子时，眼前豁然变得开阔，与门口狭窄的胡同相比，院子里宽敞了许多。虽然因为深秋的缘故，满眼已是残花败柳，但我还是从院里在秋风中微微颤抖的一草一木，感觉到主人对花卉草木的喜爱。沿着石径的小路，我们走到一座黄色的老式别墅前。一个女孩给我们打开房门，门口的走廊上已经摆放了一大堆拖鞋。在我们拍摄的十几位老妈妈中，这是我们唯一进门要换鞋的，看来这次要拍摄的主人公与其他老妈妈有所不同。加之临来前，党史研究室和文献的同志一再嘱咐我们，朱仲丽不喜欢人们称呼她“朱妈妈”，要称呼“朱大姐”。我心里对她不免多了几分好奇。

屋子的客厅很宽敞，除了摆放了一圈沙发，还有两张小桌子，一架已经失去油漆光泽的钢琴矗立在墙边。沙发罩与窗帘也不是以往在其他老妈妈家见到的那种千篇一律的米色，而是大花图案的，布的质地很普通，也就是市面卖几块钱一米的那种，但还是让人觉得有些与众不同。在客厅与书房之间的一个空地，还摆放着一个沙发躺椅。客厅的门口有一个花房，里面的架子上放满了各种花卉。总之，与外面的瑟瑟秋风相比，屋里使人感到暖意融融，充满了温馨。大家七手八脚刚把机器设备抬进来。一位老人就从里屋走了进来。陪我们一起来的撰稿、中央文献研究室的乔东光老师忙向大家介绍一番。朱大姐果然与众不同，她穿着一件大花上衣，佩着一条拖到脚踝的黑色长裙，灰白的头发卷着大波浪，虽然满脸的皱纹透露出这是一个耄耋老人，可她适中的身材和浑身充满的精气神，还是叫人不敢相信这是一位已经 85 岁的老人。

朱仲丽正在接受剧组采访

因为屋子宽敞，没有太费事我们就做好了采访的准备，朱仲丽大姐用手捋了捋头发，就坐在镜头前娓娓道来。

1915 年，朱仲丽出生在湖南。她的父亲朱践凡与毛泽东的第一任夫人杨开慧的父亲杨昌济同在日本东京弘文学院留学。在那里两人受日本维新思想的影响，很是谈得来，由此结下了深厚的友谊。朱仲丽的祖父是清朝的兵部尚书，家里良田万亩，房屋几条街。朱仲丽的祖母是小老婆，在家里没有地位，常常受了欺负还要忍气吞声。朱践凡看到母亲受封建社会的压迫，心里常为母亲愤愤不平，从日本回国后立志要解放妇女，在家乡办了一所女子学校，让那些裹着小脚、扎耳朵眼的女孩子走出家庭，走向社会学习文化。

他的想法遭到了一向受封建礼教束缚的母亲的强烈反对，父亲更是不支持他的做法，好在妻子十分理解并全力协助他。

办学校首先遇到的一个大问题就是经费。虽然家里富甲一方，但是由于没有得到父母的支持，经济上得不到他们一分钱的援助。朱践凡把分给自己的那份田地卖掉，妻子也把出嫁时的陪嫁捐献出来。家里能卖的都卖了，还是不够办学。于是，妻子就到处找亲戚朋友借债，终于勉强凑够了办学的资金，朱践凡邀请自己的好友杨昌济、徐特立等前来教学，并为学校取名为周南女子学校。学校上的第一堂课，就是男女平等四个字。

在周南女校，那些平日里受到歧视的女孩子，第一次感受到做人的尊严，听到了闻所未闻的道理。从这里毕业的学生后来许多都成为中国妇女革命的领袖和先驱。向警予、蔡畅等都是周南女校的学生。而幼年的朱仲丽在家庭和学校的熏陶下，也在不自觉中接受着革命的启蒙。

1927 年大革命失败，朱践凡自然上了国民党的黑名单。学校是不能再办下去了，家里的房子，还有辛辛苦苦办起来的学校全都充了公。朱践凡带着全家逃到上海，在那里以妻子的名义开了一家小酒店，成为党的秘密联络点，为那些经过上海到中央苏区的同志进行联络。谢觉哉、蔡畅、聂荣臻、萧劲光等一批党的重要干部都是通过他们的联络点奔赴中央苏区的。

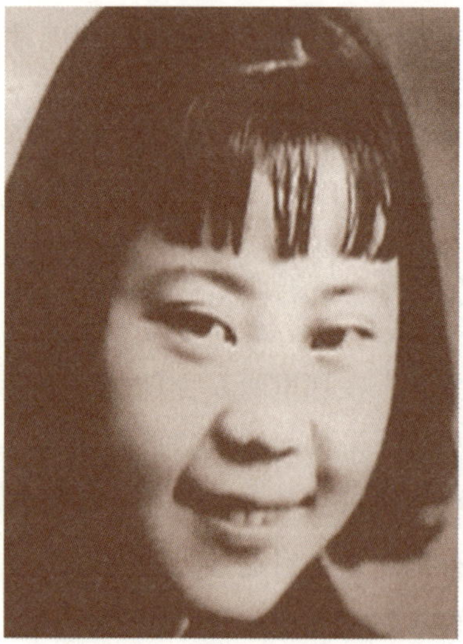
青年时代的朱仲丽

1930 年，朱践凡因患肺炎没有钱医治离开了人世。那一年朱仲丽才 15 岁，正在读中学。父亲去世后，家里的日子更加艰难起来，党组织得知她们的境遇，立即派邓中夏找到她们，安排朱仲丽的姐姐为地下党做翻译，同时发展朱仲丽为共青团员，掩护姐姐工作。

半年后，地下党组织遭到破坏，许多党员被捕，17 岁的朱仲丽也没有幸免。在国民党的法庭上，敌人看到她年纪小，企图从她身上打开缺口，找到邓中夏这条线。那时姐姐与萧劲光已结为夫妇。敌人拿出一张照片，指着上面倒在血泊中的红军战士，一边威胁一边诱导企图让她承认照片上的人是萧劲光，并交代出邓中夏。朱仲丽任凭敌人威逼拷问就是死不承认，一口咬定不知道。这时的朱仲丽已经做好牺牲的准备。后来在党组织的积极营救下，朱仲丽终于走出牢房，重新回到学校。

1936年年末，21岁的朱仲丽从医科大学毕业。当时正值抗战时期，无须多思考，朱仲丽毫不犹豫地选择了到延安，好像冥冥之中早已为自己安排好这条路。这时，姐姐和姐夫肖劲光已经到了延安，知道妹妹也要来延安，便托她顺便把自己留在娘家的儿子一起带过来。朱仲丽领着外甥，跟随组织上派来护送她们的一个红军战士踏上了赴延安的路。

从长沙绕道到延安，几乎天天都有敌人的飞机在轰炸。一天，火车刚刚驶入郑州火车站，刺耳的防空警报就响了起来。朱仲丽拉着小外甥跳下车就跑，找了个安全的地方隐蔽下来。敌机走后，他们重新回到了车站。炮火之后的车站已是面目全非，火车已不知去向。跟随他们一起来的红军战士也和他们走散了，急得那个战士到处找他们。费了一番周折，终于又聚在一起，这才重新踏上去延安的路程。

从1937年动身，一路上颠簸辗转，到延安时已是1938年年初了。到延安的第一件事，朱仲丽就带着母亲亲手腌制的咸鱼腊肉，由姐夫肖劲光的警卫员领着去见毛泽东。原来，朱仲丽小时候，毛泽东曾在周南女校住过。那一年，她才刚刚8岁，梳着两根小辫，每天背着书包去上学。毛泽东见到她，常常夸她辫子打得好，还说她很幸运，没有缠小脚，又能够读书。毛泽东的夸奖，给小小年纪的朱仲丽留下了十分深刻的印象。这一次，母亲知道女儿要去延安，特意让她给毛泽东带去他爱吃的家乡腊味。

从姐姐住的窑洞到毛泽东的住处，高高低低地也走了好一阵，事先毛泽东已经知道这天朱仲丽要来，但当见到已经长成大姑娘的她还是很惊讶。他打量着依旧梳着两根小辫儿的朱仲丽高兴地说："这个伢，长这么高了，学会给我敬礼了，还是一个响当当的医生。"

朱仲丽笑着说："我从医科大学毕业，现在已经是个医生了。"

毛泽东站起身一边在屋里走来走去，一边对眼前这个还满身带着学生气的女孩说："你一毕业就到了延安。这很好，延安很需要像你这样有文化、有专长的知识分子。你来这里当大夫，是当个卖狗皮膏药的大夫呢，还是要做一个什么样的大夫？”

“我不当卖狗皮膏药的。”朱仲丽脱口而出。

为八路军机关干部做报告的王稼祥

毛泽东再一次地打量她：“哦？那你想当一个什么样的大夫？”

朱仲丽想了想：“我要当一个人民的大夫。”

“好啊。那什么是人民的大夫？”毛泽东问。

“嗯……嗯……就是……反正不是卖狗皮膏药的。”朱仲丽想了半天回答不上来。

看着因为回答不上来脸有些泛红的朱仲丽，毛泽东笑了：“人民大夫，就是要处处为人民着想，为病人着想的大夫。”

毛泽东的话似乎点燃了朱仲丽心中的热情，她连连点头：“对，我就是要当那样一个大夫！”

听到朱仲丽的回答，毛泽东满意地笑了。

之后，朱仲丽被分配到延安边区医院，做了一名外科医生。医院住院的病人不多，也就二三十人，可那时的延安学医的人也不多，所以，朱仲丽作为大夫，不光给病人做手术，有时候护士的工作甚至是卫生员的活也得做。每天早晨根本顾不上吃早饭，就要到山下窑洞里去查病房。每当看到自己亲手治好的病人健健康康地出院，朱仲丽的心情就格外高兴，年轻的她一边唱一边跳，浑身都有使不完的劲儿。

不久，白求恩大夫来到延安，毛泽东立刻接见了他，要他先在延安休息两个星期，然后再到晋察冀。白求恩没有休息，而是利用这两个星期来到边区医院。白求恩也是一个外科大夫，朱仲丽所在的外科自然成为他首先要去的地方。这天，白求恩来到医院查病房，朱仲丽在一旁给他挨个介绍病情。第二天，白求恩为一个病人主刀做手术，朱仲丽给他做助手。她抓住这个难得的学习机会，眼睛不眨地把白求恩大夫的每一个处理细节都记在脑子里。

一天，刚刚吃过早饭，边区医院急匆匆来了个人，是程子华到医院来找朱仲丽。

“朱大夫，我牙疼得厉害，吃不下睡不着，你能治吗？”他捂着半个肿脸说。

朱仲丽给他检查了一下：“哎呀，你这个牙全烂完了，要拔。”

程子华一听连连点头：“拔拔拔，快疼死我了。牙疼不是病，疼起来要了命，拔。”他口齿不清地说道。

“这样吧，你先吃点消炎药，等炎症消下去才能拔。”

所谓消炎药，也就是用阿司匹林漱漱口。能享受这样的待遇，在当时的延安已经是很不错了。程子华走后，朱仲丽开始琢磨：“哎呀，这拔牙怎么个拔法，用什么拔呢？”当时，整个延安没有一套牙科器械。朱仲丽听说长征中，也有人因为牙疼拔过牙，那时候是用马尾巴，一头拴在牙上，一头系了个秤砣，把秤砣往下一垂，牙就掉下来了，很有创意。朱仲丽想一定要想个办法，解决这个问题。

过了几天，程子华的牙炎症消下去了，他又来找朱仲丽请她拔牙，正巧这天白求恩大夫也来了。当他看到朱仲丽手里拿着个钳子，消了毒之后，就往程子华嘴里伸，不由得大吃一惊。但他没有吭声，他想看看在一无所有的情况下，朱仲丽是怎么拔牙的。由于药品紧缺，麻药一般都尽着做手术用，像拔牙这样的治疗，就不能用麻药。程子华张着个大嘴，朱仲丽把钳子套在他的病牙上，第一次朱仲丽大概考虑到没有打麻药，所以没有敢使劲，结果没有把牙拔出来，但还是把个程子华痛得直喊。朱仲丽想横竖也是个疼，不如痛快些，她心一横，眼一闭，猛地一使劲，利利落落地就把那颗病牙拔了出来。一直站在旁边的白求恩没有想到在延安竟然是这么拔牙，十分感动，觉得共产党这种在一无所有的情况下还能办事的精神太了不起，这使他受到很大鼓舞，从而坚定了帮助共产党的决心。

1938 年初冬，在延安召开党的六届六中全会，许多党的高级干部从各自的工作岗位上回到延安。王稼祥——这个注定要在朱仲丽生命中出现的人物，也从莫斯科赶了回来。朱仲丽被组织上指派为会议的保健大夫。

一天，朱仲丽在外科窑洞前的土坪上等着会议结束。临近中午会议开完了，毛泽东第一个走出会场，后面依次是朱德、周恩来等。那天毛泽东特别高兴，嘴里抽着烟，笑嘻嘻地走到朱仲丽跟前。

“来来来，给你们介绍介绍我的小老乡。”他对着身后一大堆的人说。

朱仲丽从来没有这么近距离地接触这么多的大首长，不由得脸腾地一下就红了。王稼祥看到了，就在一旁打趣道：“不要脸红啊，有什么不好意思的。”

毛泽东把朱仲丽拉到王稼祥面前：“来，认识认识，这是我们延安医院的朱大夫，年轻有为啊，科班出身，二十来岁就是外科大夫啦，很不简单哪。哎，这个大夫可不是卖狗皮膏药的呀，我们这些人都归她管。你以后也会和她打交道的呀。”

王稼祥与毛泽东在延安

毛泽东一边说着，一边又把身后的人一一做着介绍。朱仲丽就是在这个时候，通过毛泽东的介绍与王稼祥认识的。

这次的见面，因为有些害羞，朱仲丽面对一大群领导也没记住几个，对王稼祥也没有什么特别的印象，只知道这个戴眼镜的领导，是共产国际的代表，刚刚从苏联回来，仅此而已。可王稼祥却对梳着两条小辫儿的朱大夫印象不错，他向别人打听，知道朱仲丽是后方留守团肖劲光的小姨子。于是，王稼祥就给肖劲光写了张字条：“肖劲光同志，你能给我一匹好的蒙古马吗？另外，有时间带你的姨妹子来坐一坐。”肖劲光接到字条很是纳闷了一阵子，他琢磨半天也搞不清楚，难道这个蒙古马和自己的姨妹子有什么联系？后来还是细心的老婆、朱仲丽的姐姐看出名堂，肖劲光才恍然大悟，原来是王稼祥这个老夫子看上了年轻漂亮的姨妹子。

那时候的朱仲丽才 21 岁，风华正茂的年纪，就已经是独当一面的外科大夫。人长得又漂亮，在延安那个地方特别扎眼，很多人都知道她，还有人以看病为名悄悄去看她，可谓追求者甚多。可是朱仲丽却有自己的主意，她对延安许多人的恋爱方式无法适应。当时，长征刚刚结束，部队干部年龄都不小了，婚姻就成为一个急需解决的问题。可是，前方战事吃紧，干部们都要奔赴各个根据地打仗，根本没有时间花前月下，许多人的婚姻都显得匆忙。往往是头天见面认识，第二天就问："你爱我吗？"第三天就是："我们结婚吧！"然后组织上一登记，就算是把人生大事办了。朱仲丽对这种"闪电"式的婚姻不能接受，加上她那时满脑子想的都是工作，所以尽管她条件很好却依然待字闺中。

长征中的王稼祥

知道了王稼祥的心事，肖劲光也很够意思。当朱仲丽到家里来看姐姐，他就对姨妹子说："走，带你出去玩玩儿，别总闷在家里。"天性活泼的朱仲丽高兴地跟在姐夫后面，来到王稼祥的住处。人到中年的王稼祥，个子高高的，穿着皮靴马裤，嘴里含着雪茄烟，鼻梁上架着一副黑边眼镜，说话时轻声细语，帅气中透着一股书卷气。这在当时延安八路军众多的工农干部中，就显得有些与众不同。朱仲丽他们在王稼祥那里谈天说地聊得挺投机。临走时，王稼祥把他们送到院门口，对朱仲丽说："你常过来走走，我有点病，你是大夫，多过来走走。"单纯的朱仲丽信以为真，满口答应着："好的，好的。"

不知是巧合，还是王稼祥给当时医院负责人傅连暲打了招呼。不久，卫生处就给了朱仲丽一个任务：经常到王主任那里去看看，他身体不太好。那时朱仲丽已经入了党，知道王稼祥在遵义会议上有贡献，长征中受过伤，对他很敬佩。加上王稼祥坦诚待人、满腔热情，又很会掌握尺度，从来不谈感情，每次去只是邀请朱仲丽下围棋，一边下一边就着围棋上"政治"课。

"你知道毛主席讲的根据地好比围棋上的什么吗？"王稼祥轻声细语地问。

朱仲丽一愣，摇摇头："不知道。"心里想："根据地就是根据地，跟围棋有什么关系。”

王稼祥指着棋盘上的棋子说：“你来看，围棋中的这个‘眼’就等于我们游击队的根据地，围棋没有这个‘眼’你就不能赢，我们如果没有根据地也一样打不好。”

王稼祥形象的比喻，使朱仲丽很感兴趣。她觉得和眼前这个成熟而又温文尔雅的男人在一起，自己在思想、生活经验等方面都有很大收获。不知不觉中，朱仲丽去的次数多起来。但每次两人在一起，王稼祥对感情方面闭口不提。就这样交往半年之后，天气到了烧火的季节，两人的感情也到了火候。

一天，朱仲丽如约来到王稼祥的住处。她熟练地拿出棋盘棋子，拉开架势准备与王稼祥对弈。可是这天，王稼祥却似乎并不像往常那样。朱仲丽叫了他好几次，他也没有坐下来，只是在屋里转来转去不知干什么。朱仲丽正觉得纳闷，王稼祥坐到她旁边，拉起她的手突然问了一句：“我们什么时候结婚哪？”朱仲丽想都没想嘴里就冒出一句：“这么急干吗。”说完这一句，朱仲丽自己也愣住了：这么急干吗，这不是就等于同意结婚，只是不要这么急嘛。她也不知道怎么嘴里就突然会冒出这么一句，好像两人已经是相恋多年的情侣，在商谈婚嫁大事。“哎呀，这个人真‘狡猾’。”朱仲丽想。其实对王稼祥这种求婚的智慧，朱仲丽心里感到甜滋滋的，两个人的感情早就水到渠成了，所以朱仲丽的那句“这么急干吗”似乎早就在嘴边上等着。听到她的回答，王稼祥笑了：“行了行了，你同意结婚就好了，随便哪一天。”

王稼祥与朱仲丽的结婚合影

接着就是两人一起翻日历，正好离正月十五不远，就把日子定了下来。不久，组织上就批准了他们的请求。

毛泽东不知从哪里知

道了这个消息，见到王稼祥总打趣道："什么时候看新娘子呀，我认识啊，还是我们湖南老乡哦。"

担任中央组织部部长的陈云见到朱仲丽就说："你这个朱慧啊（朱仲丽原名），真厉害，还没结婚就开始管制稼祥同志。"

原来，王稼祥抽烟很凶，朱仲丽考虑到他的身体，从健康的角度出发，就给他提了个条件：不戒烟不结婚。谁知这个条件传得满城都知道了，结果最后王稼祥的烟没戒，倒是婚礼如期进行。

所谓婚礼，其实非常简单，买了些花生、瓜子、红枣，都是延安当地的土特产，沏上些茶，陆陆续续来了些人，说上几句祝福的话，仅此而已。

婚后，朱仲丽依然搞她的医务工作，而王稼祥还是忙自己的党务大事，两个人各忙各的。王稼祥经常忙得半夜三更才回来，朱仲丽也是一个急诊就叫跑了。日子就是这样在忙忙碌碌中挺充实地度过。

有了老婆，生活就是不一样，虽然工作还是那样忙，烟也照样抽，但消瘦的王稼祥渐渐胖了许多，面色也红润了起来。毛泽东见了常笑眯眯地对王稼祥说："你有一个老婆啦，把你照顾得不错，人长丰满了，模范夫妻呀。"

说起模范夫妻，朱仲丽夫妇当之无愧。从他们认识到王稼祥去世，夫妻几十年两人从没有红过脸，更别说吵架。朱仲丽对自己的婚姻生活总结：第一，朱仲丽是个大夫，在她眼里，王稼祥是个病人，因为长征中受过伤，她对丈夫十分爱护；第二，在朱仲丽心里，王稼祥是属于党的，她很尊敬他，照顾丈夫也是完成党的一项任务；第三，王稼祥无论从人品还是性格来讲都非常好，也很有修养，从来不在小事上计较，对妻子也很体贴尊重，两个人既有夫妻间的共同生活，也有各自的个人空间。这

王稼祥与朱仲丽在延安医院合影

一点别说在当初的那个年代，就是现在社会进入高度文明阶段，也不是许多夫妇能够做到的，那需要夫妻双方相互信任、理解、尊重和独立。所以他们一直生活得十分幸福。

有一天，朱仲丽病了。浑身没有一点力气，一见饭就想吐，原来她怀孕了。妊娠反应特别厉害，开始是吃什么吐什么，后来是吃不下吐胃黏膜，再后来就是胆汁和血。每天小腿上挂个吊瓶，输生理盐水和葡萄糖，可是人还是瘦得跟猴子一样。到了三个月头上，医生一看这种情况，再这样下去，恐怕孩子没生出来，大人就先不行了，建议把孩子刮掉。手术一做完，朱仲丽立马就活了过来。看到自己这种状态，朱仲丽就有了一个念头。当王稼祥再一次到医院看望她的时候，她把自己的想法告诉了丈夫。

“稼祥，你看，我这怀个孩子，简直像过鬼门关哪，耽误我工作不说，身体垮成这样。我想跟你商量一个事，孩子我是不想再生了，你看我是不是把输卵管结扎了吧。”朱仲丽可怜巴巴地望着丈夫，因为这毕竟是夫妻两人的事，再说丈夫年纪也不小了，很想要一个孩子。

望着几个月来被折磨得已经是皮包骨头的妻子，王稼祥心疼地想都没想就做出了回答：“行，结扎就结扎了吧。”

“那我们以后就不会再有孩子啦。”朱仲丽心情复杂地说。

“没有就没有吧，大家的孩子都是我们的孩子。”王稼祥安慰着妻子。

“那你同意啦？”

“同意。”语气中没有丝毫的犹豫。

对于自己的选择，丈夫给予了理解和尊重，朱仲丽十分感动，她把头深深地埋进丈夫的怀里。

在延安，有一件事是朱仲丽不会忘记的。朱仲丽喜欢跳舞，而王稼祥喜欢看书。那时，延安虽然条件差，但革命的乐观主义使延安到处不乏欢歌笑语，舞会也是当时经常举行的娱乐活动。而朱仲丽的舞跳得好，在延安也是有名的，她几乎是场场不落，王稼祥对妻子的这个爱好从不干涉。有一段时间毛泽东患肩周炎，卫生处想了好多办法也没能治好。后来大家商量了半天，觉得让毛泽东活动活动可能对缓解他的病痛有帮助。于是，教毛泽东跳舞的任务就成了卫生处领导交给朱仲丽的一项任务。农民出身的毛泽东，起初对跳舞并没有兴趣，甚至有些排斥。朱仲丽费了很大口舌才把他拉到舞场，毛泽东站在旁边问道："这个跳舞有什么好处啊？"

朱仲丽说："最直接的好处就是锻炼身体，活动下肢，尤其是小腿，您总是坐办公室写文章，这个活动对您最合适。其二，还可以和大家多接触，也是交际的一种方式，所以它也叫交际舞。"

1941 年，王稼祥和夫人朱仲丽在延安

尽管毛泽东不是特别情愿跳舞这项活动，但还是在朱仲丽的说服下，开始学了起来。

"主席，跳舞的时候，腿要放灵活，不要像士兵操练，要把脚尖稍稍踮起来些，擦着地踩着音乐的节奏，这样就会好些。"朱仲丽操着湖南话说。

"主席，男步还要引领舞伴，还要转圈，来，朝左转，再转。"朱仲丽耐心地示范着。

"想不到跳舞还有这么多的讲究。"毛泽东开始有了兴趣，"你的权力还真大，叫我朝前，我就不能往后啊，舞场上你是我的指挥官。"毛泽东又风趣地说。

没用几次，毛泽东就掌握了基本舞步，也喜欢上这种在愉快的音乐声中锻炼身体的活动，顽固的肩周炎也好了许多。

以后，这种活动一直延续到新中国成立后。每逢周末，中南海也都举行舞会，毛泽东也常常参加，直到"文革"前夕，中南海的舞会才终止。

1943 年的一天，毛泽东突然来到王稼祥的家，朱仲丽感到很意外。因为她知道，毛泽东是很少串门的，现在亲自登门，一定有什么事。果然，扯了两句闲话后，毛泽东让王稼祥起草一篇文章，纪念中国共产党成立 22 周年。他给文章定了一个框框，纪念党的生日和总结经验教训。王稼祥接受了这个重要任务。之后，毛泽东笑着对站在一边的朱仲丽说："这一下稼祥同志要花苦功了，你赞成不赞成啊？希望你朱仲丽医生能够批准。"这时候的朱仲丽已不像初到延安时见到毛泽东那样紧张，也笑着开起玩笑："我还敢不赞成，只能够支持协助。您放心吧，保证他身体好。""好，那就把稼祥同志交给你啦。”谈笑中，毛泽东回去了。

那段时间，王稼祥天天伏案到深夜两三点，写完了就改，改完了又写，几易其稿，终于完成了七千多字的《中国共产党与中国民族的解放道路》一文。在这篇文章中，他提出了毛泽东思想这个概念。而朱仲丽的后勤保障工作也做得非常到位。

1946 年夏季，鉴于王稼祥在长征中所受到的伤病，组织上送他到条件相对稳定的苏联去治疗，朱仲丽身兼妻子和大夫的双重身份陪同前往。

当时，由于战争的原因，许多中共领导人的孩子被暂时寄养在苏联。他们多年没有回国，对祖国正在发生的翻天覆地的变化基本不太了解。朱仲丽夫妇一到苏联，就去看望这些孩子，孩子们也常来打听祖国的情况。朱仲丽夫妇就像见到自己的孩子一样十分高兴。从孩子们的交谈中，他们也意外地获悉了毛泽东的夫人贺子珍的情况。

王稼祥与朱仲丽在莫斯科

原来，贺子珍到苏联后不久，她和毛泽东的第六个孩子出生了。几个月后由于一次流感，只有半岁大的儿子夭折。之后，又从延安传来毛泽东与江青结婚的消息。这接二连三的致命打击，使在异国他乡的贺子珍孤独的心灵受到严重的创伤。原本性格刚烈倔强的她变得更加暴躁。加之语言不通沟通不畅，与苏方人员频频发生摩擦，苏方认定她由于精神遭受刺激患上精神分裂症，将她送进距莫斯科几百公里的伊万诺夫精神病医院。

得知贺子珍的遭遇，王稼祥夫妇立即向苏方提出，把贺子珍接到条件较好的莫斯科医院治疗，他们的这一请求遭到苏方拒绝。无奈之下，经过协商，朱仲丽又提出自己以一个医生的身份去看望贺子珍。这一次苏方同意了。

于是，在王稼祥夫妇的一再要求下，苏方安排了会见。当他们来到贺子珍和女儿娇娇面前时，几年未见的贺子珍一眼就认出了王稼祥："王主任。"贺子珍激动地喊了一声，上前紧紧握着王稼祥的手，眼泪流了出来。看到她精神正常、神志清楚，王稼祥夫妇甚感欣慰。在和贺子珍的交谈中，王稼祥了解到她和女儿娇娇的困境，也没有感到她精神上有什么不正常，就问贺子珍今后有什么打算。她毫不犹豫地说出了两个字："回国。"王稼祥立即打电报给毛泽东，告诉他贺子珍身体没问题，很好，并把贺子珍的处境和要求电告中央，请示是否可以在自己回国时，把贺子珍母女一并带回来。毛泽东立即回电："完全同意，谢谢你。"并指示在东北解放区的蔡畅，请她妥善安置回国后的贺子珍。

就这样，1947 年秋天，当王稼祥、朱仲丽夫妇回国时，把贺子珍与女儿娇娇也一起带回国，并按中央的指示把她安排在哈尔滨。

对于王稼祥夫妇，贺子珍一直感激在心，几十年后当她再次见到朱仲丽时，仍然念念不忘地说："我感谢你，忘不了你们。"

从苏联回来，王稼祥就留在东北局工作，而朱仲丽也被安排到哈尔滨市立第一医院任院长。那是一个有 50 多张病床的医院，在那个时候已经算规模不小。医院的工作人员大都是日伪时期留下来的旧人员。东北刚刚解放不久，人心浮动，人员成分复杂，对共产党是否能够管理好国家，许多人拭目以待，也有一部分人甚至抱着幸灾乐祸的心态等着看共产党的热闹。刚刚 32 岁的朱仲丽，深感自己肩上的责任重大，如何把医院管理好，使那些持观望态度的旧人员能对共产党的领导信服，这实际上已经超出管理医院的范畴，而是一场政治仗。当时医院包括朱仲丽在内，总共只有三名党员。他们成立了党支部，医院的一切事情都在党支部的领导下进行。朱仲丽身为院长，每天不管工作多忙，都坚持亲自查病房。她还经常召开生活检讨会，请大家给自己提意见，给医院的工作提意见和建议。同时深入群众调查研究，积极主动地帮助他们解决生活和工作中的困难。渐渐地，那些旧医护人员开始主动地参与到医院的管理中来，对共产党的领导也有了信心。医院人心稳定，那些旧医务人员，甚至一些医术不错的名医都坚持留了下来，没有跑往外地和国外，而是选择在共产党领导下，为解放区工作。

1948 年，在中国革命胜利的前夕，王稼祥、朱仲丽夫妇来到中共进驻北京前的最后一个落脚点——西柏坡。中国共产党要在这里召开一次历史上非常重要的会议，毛泽东称之为“进京赶考”之前的中共七届二中全会，各路精英聚集在西柏坡。

西柏坡是个不大的村子，一下子来了这么多人，住房就显得异常紧张起来。王稼祥夫妇到西柏坡时，已经没有空房间，总司令朱德硬是把自己住的窑洞腾出一半，中间挂个帘子才算是解决了他们的栖身之处。朱老总还把自己唯一的一床被子也拿出来，王稼祥夫妇说什么也不要，这样一床被子被他们推来推去。正好被毛泽东撞上了，他充满信心地说：“这种没有被子盖的局面不会太久了。”现在的人哪里能想到就要执掌全国政权的共产党的高级领导竟会没有被子盖呢？

王稼祥与朱仲丽在西柏坡

开完了党的七届二中全会，毛泽东把王稼祥叫去谈话，告诉他不用回哈尔滨了，有两个工作可以做。一个是任中央宣传部部长，一个是做驻苏大使，两者选其一。王稼祥说考虑考虑再答复。

回到住处，王稼祥吃饭时一直没有说话，脑子在思考着。朱仲丽不知丈夫是不舒服还是有心事，便问他：“稼祥，你怎么啦？”

王稼祥将主席的话告诉了妻子，之后他分析道：“这两个工作都比较适合我，在延安这几年我一直担任宣传工作委员会的副主任，积攒了许多经验。但是做大使也有自己的优势，我是在苏联上的大学，又在共产国际干了那么多年，对苏联的情况和人员比较了解。”想来想去他最后还是觉得到苏联做大使更合适一些。于是，王稼祥成为新中国成立之初，中华人民共和国驻苏联的第一任大使，同时兼任外交部副部长，朱仲丽也随同丈夫前往莫斯科。

到苏联后，朱仲丽利用这个机会，走进莫斯科医科大学读医学管理。就在这年年底，毛泽东也来到莫斯科。

毛泽东这次到苏联，是他有生以来第一次走出国门。他来此的目的，除了祝贺斯大林 70 岁生日，还有一个重大的事情，那就是签订《中苏友好同盟互助条约》。毛泽东的到来，使王稼祥夫妇格外高兴，同时也感到肩上的责任重大。王稼祥对妻子说："你是现有的中国大夫，什么也别多说，赶紧到毛主席那里去，负责主席的健康，我这里没关系。"当时，毛泽东住在斯大林别墅，朱仲丽也跟主席的其他工作人员一起，住进了斯大林别墅。

一天，斯大林在克里姆林宫请毛泽东吃饭，因为高兴不胜酒力的毛泽东多喝了两杯，脸色立刻变得红彤彤的。席间毛泽东小声地问身边的王稼祥："稼祥同志，我现在有点醉了，能不能早退？"王稼祥回答："可以，已经上水果，快结束了。"然后，王稼祥对斯大林说："毛泽东主席有些不舒服，想先回去休息了。"于是，他们陪着毛泽东回到住地。一进房间，毛泽东就躺下来，一起出席宴会的李富春、王稼祥有些担心，便派朱仲丽进去看看主席是不是哪儿不舒服。朱仲丽走进毛泽东住的房间。

"主席，你好吗？"朱仲丽问。

看着朱仲丽拿着个听筒，夹着个血压计，毛泽东笑了："你要量血压你就量吧。"

血压量过之后，朱仲丽心里踏实了："挺好，高压 120，低压 70，脉搏 88 下，一切正常，还有什么不舒服吗？"

毛泽东笑起来："我很好，就是有些不胜酒力啊。"

朱仲丽走出毛泽东的房间，等候在屋外的李富春、王稼祥等人立即围上去问："主席怎么样？"

朱仲丽："一切正常，就是稍稍喝多了点，已经睡了。"

听了朱仲丽的话，大家才放下心来。

1950 年 2 月 14 日，新生的中华人民共和国与苏联签订了《中苏友好同盟互助条约》，斯大林、毛泽东出席了签字仪式。当天晚上，中国驻苏联大使王稼祥在大都会饭店举行了盛大的庆祝酒会。从来不出席外国使馆招待会的斯大林，这次也破例参加了酒会。他与毛泽东热烈地拥抱在一起。作为大使夫人，朱仲丽亲身经历了这个历史性的重大时刻。

1951 年，朱仲丽随王稼祥回国，在卫生部做妇女儿童保健工作。不久，苏联支援中国一批医疗设备，要在中国开办一家医院。朱仲丽不仅专业对口，而且也有与苏联方面打交道的经验，周恩来总理点名要朱仲丽去做红十字医院的中方院长兼党委书记。她在那里一干就是10年。

在红十字医院，由于工作的需要，医院为她配备了一辆车，朱仲丽的家住在中南海，本来每天中午完全可以回家吃饭，但是她没有回。为了能利用中午的时间找人谈话解决工作中的问题，每天早上上班时，她都把头天的剩饭和剩菜装在一个罐子里，到中午在医院热一热吃。同住在中南海的蔡畅和邓颖超每次看到她提着个小罐子去上班，总会打趣地说："大妹妹，又提着罐子上班了。"

20世纪50年代，中南海每到周末都有娱乐活动，放电影、演戏、办舞会。朱仲丽和王稼祥一个爱跳舞，一个喜欢看电影。两人各干各的，互相尊重对方的兴趣爱好，充分享受各自的生活空间。平时，朱仲丽十分注意照顾丈夫的饮食起居。王稼祥肠胃不好，朱仲丽总是嘱咐工作人员把饭煮得软一些。有营养的东西，她也尽量先尽着丈夫，这好像是天经地义的一种习惯。有时候，王稼祥工作的时间太长，她就会喊他休息，或是给丈夫唱支歌，或是拉丈夫出去散步，总是想办法逗丈夫开心。王稼祥一般也很"听话"，一看到妻子向自己走来，就会放下手中的文件，笑眯眯地看着妻子，等妻子一离开，马上又埋头在一大堆文件里。在经济方面，王稼祥充分信任妻子，他从不管钱。两人每月的工资，朱仲丽的是自己管自己的，而王稼祥的工资都是发到秘书手里，由秘书安排支出，用不完再交给朱仲丽，王稼祥从不过问工资的支出，家里有多少存款。两人的亲戚有的生活困难，朱仲丽总是从他们结余的工资里给予支助。对此，王稼祥十分赞赏。他说："你照顾他们，就是替党解决困难，为党做了工作。因为，你不接济，党也得管哪。"

1955年的王稼祥

"文革"开始时，王稼祥担任中央书记处书记、对外联络部部长，主管中共中央外事日常工作。不久，王稼祥便受到冲击，妻子朱仲丽也受到牵连被停职。乐观的朱仲丽在王稼祥被罢官挨斗的日子里，没有离开他，而是更加体贴地照顾丈夫。原本不会做饭的她，为了丈夫也学会了做饭，心甘情愿地给王稼祥当起了"大厨"。每天清晨，朱仲丽提着篮子挤上公共汽车，跑到蔬菜品种比较多的崇文门，亲自为丈夫采购他爱吃的蔬菜和食品。王稼祥比较喜欢吃豆制品，当时因为好多豆制品厂都在停产闹革命，豆制品不太好买。朱仲丽就提着篮子走街串巷地去找。有时候为了一块豆腐，要找上好长时间。运气好的话，能买上两三个品种，为此，她就会高兴得合不拢嘴。在王稼祥人生的这个非常困难时期，她不离不弃，始终用温柔体贴的关爱，温暖着丈夫。她没有对丈夫说什么豪言壮语，但王稼祥从妻子精心为他做的饭菜里，感受到了妻子向他传递的爱。

20 世纪 60 年代的王稼祥与朱仲丽

后来，王稼祥、朱仲丽被下放到河南信阳。正好赶上冬天，天气非常冷。屋里又没有暖气，只有一张棕绳做的绷子床，铺着一床薄薄的褥子。朱仲丽用手一摸就觉得不行。她二话没说，就带着一同到河南的外甥女出了门。她们跑到街上好不容易找到一个拉平板车的，好说歹说才把车借到手，又跑到附近的农舍，从农民那里要了一堆稻草。朱仲丽亲自拉着平板车，在坑坑洼洼的乡间小路上深一脚浅一脚，终于把稻草拉回他们居住的小屋，铺到绷子床上。看到王稼祥睡得暖暖和和的，她的心才踏实下来。

1974 年 7 月，王稼祥得了肺炎，一直高烧不退，信阳条件有限，经过有关部门的协调和批准，同意朱仲丽陪着丈夫回北京治疗。在朱仲丽和医院大夫的共同治疗和护理下，王稼祥的肺炎没用多久就痊愈了。哪知道正当朱仲丽暗自庆幸的时候，一个对她致命的打击发生了。

“文革”时期的王稼祥与朱仲丽

那天，王稼祥的生命体征一切都正常，血压、体温都没有问题，精神也不错。可是第二天一清早，到平时该起床的时间，王稼祥却没有醒过来。尽管医生全力抢救，还是没有挽回他的生命。他是因心力衰竭，脑供血不足，在睡梦中离开了人世，没有来得及给爱妻留下只言片语便匆忙地走了。

当朱仲丽还没有从失去丈夫的痛苦中走出，新的创痛又接踵而至。先是 1976 年 1 月，朱仲丽十分崇敬的周恩来总理去世；而后是 6 月，长辈般可亲的朱老总也离开人间；再往后是 9 月，朱仲丽最敬爱的毛泽东主席也与世长辞。这接二连三的突发事件，让原本因失去丈夫而变得十分脆弱的朱仲丽无法承受。那些日子，她几乎是天天以泪洗面。为了排遣这种痛苦，朱仲丽学会了织毛衣，一件件图案和花色各异的漂亮毛衣织出来了。然而，这丝毫没有减轻她的悲痛。这种状况被邓小平知道后，便派自己的妻子卓琳来看望她，并让她放下工作，好好休息。在卓琳的开导下，朱仲丽决定放弃医院的工作。在家休息调整了一段时间后，闲不住的她总觉得有什么事情可以做，于是，她想到了丈夫生前有一个任务没有完成，那就是写一篇批判王

晚年的王稼祥与朱仲丽

明的文章。她把丈夫写的自传找出来，从中将有关王明的部分摘出来加以整理，写出一篇文章，题目是“毛泽东的革命军事路线与王明的教条主义军事路线之间的斗争”。朱仲丽都没想到这篇文章居然整篇发表在《人民日报》上。这一下，让朱仲丽对写作产生了浓厚的兴趣，并从此一发不可收，已经63岁的她在新的领域里开始辛勤耕耘。先是写一些文章发表在报纸上，而后，就是写回忆录和自传体的小说。由于过去长期大负荷的工作，朱仲丽的腰有严重的腰肌劳损，一坐久了就腰疼，于是她就站着写。那时家里有一个绿色的铁皮柜，刚好高度合适，朱仲丽在那里一站就是十几小时。后来实在站不住了，她就找来一把带扶手的椅子坐着，把洗衣板架到扶手上面，伏在洗衣板上写作。

正在写作的朱仲丽

20世纪40年代在延安时，王稼祥、朱仲丽的窑洞与毛泽东、江青的窑洞相邻，八年的邻居生活让她对江青的为人十分了解。“文革”后，朱仲丽根据亲身经历，将她所知道的江青写成一部37万字的小说《爱与仇》。书写出来后，不知道能不能出版，就把小说交给了邓小平，邓小平把它转到当时的文化部部长黄镇那里。不久，这部小说就出版了，还被评为当代百部小说优秀作品。之后，她写了两部有关江青的书《女皇梦》和《江青野史》。廖承志看到后很高兴，马上表示帮她联系发表。在公审江青时，香港一家报纸连载了《江青野史》，在当时影响很大。

一分耕耘一分收获。20多年来，朱仲丽在写作领域里已经是硕果累累，她写了近20部长篇小说，五六百万字。写得顺畅的时候，一天就写一万多字。她成为中国作家协会会员。朱仲丽从写作中得到了乐趣，她彻底地从心里的阴霾中走了出来。

1996 年，已是 81 岁高龄的朱仲丽，又向自己发起新的挑战。她成立了北京珠珊文化发展有限公司，开始涉足影视拍摄和制作。2006 年，根据她的自传体小说《皎洁的月亮》改编的 25 集同名电视连续剧拍摄完成，并在中央台和全国各电视台播出，这一年朱仲丽 88 岁。

采访完朱仲丽大姐，时间已经不早了，我们收拾东西就撤走了。没隔几天，我们又一次来到她的家，这次主要是拍摄一些朱仲丽大姐的日常生活，没有灯光也不用支采访背景，拍摄就简单多了，大家都挺轻松。朱大姐先为房间门口花房里的花浇了水，然后就叫工作人员把她以前编织的毛衣拿出来一大堆。她如数家珍地一件一件在身上比画着，那五花十色的毛衣特别漂亮，可以说不是一般水平，真叫人不敢相信是她一针一针编织出来的。展示完毛衣，老人大概来了兴致，打开录音机，房间里顿时充满了悠扬的乐曲声。她走到个子高高的摄像李向明面前，邀请他一起跳舞。望着她娴熟的舞步，优美的舞姿，和随着舞步而飘逸的长裙，谁能想到眼前这位翩翩起舞的老人竟已 84 岁高龄。

跳了约半小时，老人大概是累了，她吩咐一边的工作人员："小敏，麻烦你帮我把那个剩饭热一下。"

过了一会儿，那个叫小敏的姑娘用毛巾裹着一个搪瓷缸子走过来。朱大姐接过搪瓷缸子坐在桌前吃了起来："中午没吃饱，差一口，这一跳舞就觉得有些饿了，剩菜煮饭很好吃。"

说老实话，初见朱仲丽大姐，给人感觉是个对生活挺讲究的人，她家里的窗帘、沙发套等尽管质量品质一般，但款式花色一看就是精心挑选的。屋里的家具摆设虽说陈旧，样式却很西式。穿戴上，从延安时的工装裤到如今已是八旬多还穿着大花上衣和黑色长裙，从中可以看出主人的品位追求。可眼前，朱仲丽大姐捧着个已经掉了瓷的搪瓷缸（现在已经很少有人用这种搪瓷缸），津津有味地吃着剩菜煮的饭，让我对她有了一个全新的认识。她的外甥曾介绍说生活中朱仲丽大姐给人的印象好像很西化，在中国人眼里，尤其在过去的年代，西化往往被认为是追求生活享受，是资产阶级的腐朽生活方式。许多人以为朱仲丽大姐一定生活奢侈、娇气、吃不得苦，其实她是一个能讲究也能将就的人。家里的几个20世纪50年代的沙发已经磨损得不成样子，有的弹簧也坏了，大家都主张更换新的，她却不同意，找人把弹簧修理了一下，又亲自挑选花布，自己动手裁剪，没用多久，一套漂亮的欧式沙发套就做好了，套在破旧的沙发上还特别合适，一直到现在仍然还在用。

在朱仲丽大姐的生活里，似乎没有“我不会”这三个字。小时候，姐姐有一架钢琴，她会弹出许多优美动听的旋律，朱仲丽特别羡慕，也想像姐姐一样学习弹钢琴。可是姐姐不让，还总是把钢琴锁起来。后来，又因为工作忙，没有时间学。直到退休以后，60多岁的朱仲丽才买了一架旧钢琴，开始学习弹钢琴，也没有拜师，纯粹是自己一人在那儿琢磨，居然也能像姐姐一样，弹出优美流畅的曲子。那天朱仲丽大姐兴之所至，给我们弹了一首《蓝色的多瑙河》。

以后，我们又跟踪拍摄了几次她参加的一些社会活动。2001年8月，我独自一人来到朱仲丽大姐家给她送解说词的稿子，请她审审是否有失实和不妥之处。她向我了解了一下拍摄进展情况后，站起身走到书架前，指着满架子的书说：“姚言同志，你看这里都是我这几年写的书，我自己还成立了一家影视文化公司。”

她的话让我大吃一惊，我以为自己听错了，问了一句：“影视公司？”

“是呀，就是和你们一样，是拍电视的。”她说。

我还是有些不太相信：“那您是担任顾问，还是……”

“我是法人，是我自己的公司。”她看出我的疑问，以十分肯定的语气说。

“那您准备拍影视剧吗？”我的问话里分明还是透着一种疑惑。

“拍。而且我准备改编我的小说。”说着，她从书架上拿出一本书，“我知道毛主席很多别人不知道的故事，我想拍一部‘毛泽东的故事’，肯定好看。我还想把这个《皎洁的月亮》也拍成电视剧，就是经费困难，你接触的人多，看看能不能帮我找找资金，投资赞助都行，我们可以联合。”

我张着嘴有些吃惊地望着她，实在无法相信这些话是从一个年近九旬的革命老人嘴里说出来的。

那天从朱仲丽大姐家里出来，她送了我一本《皎洁的月亮》，那是她让我帮她找投资用的。我以为她也就是那么一说，加上工作又忙也就没把她的话当回事。难以置信的是两年后，她竟然就真的把它拍成了25集电视连

多才多艺的朱仲丽

续剧，并在全国电视台播出。她还满怀对丈夫的怀念，拍摄了电视剧《啊！王稼祥》，并获得当年的电视剧“飞天奖”。

40 岁以上的人大约都听过《革命人永远是年轻》这首歌：“革命人永远是年轻，他好比大松树冬夏常青，他不怕风吹雨打，也不怕天寒地冻，他不动也不摇，永远挺立在山岭。”在朱仲丽大姐身上，几乎所有与她打过交道的人，都从她那里感受到什么叫革命人永远是年轻。她的那种活到老学到老，敢于挑战新事物的精神，有时候真是让一些年轻人在她面前也都觉得汗颜。

在朱仲丽大姐身上，你丝毫感觉不到她已到了垂暮之年，倒是她对生活的热爱以及火一般的热情，感染着每个认识她的人。我想起有一次我们到她家拍摄，她为我们高歌一曲，而她唱的是当时最流行的歌曲《窗外》。我至今还记得满头白发的她，手里拿着麦克风轻松愉快地唱着：“再见吧，心爱的梦中女孩，我将要去远方寻找未来，假如有一天我荣归故里，再到你窗外诉说情怀……”

那时候，我明白衰老永远不属于她。

2015 年，朱仲丽大姐驾鹤西去，而那时人们正着手准备为她过百岁生日，她的亲人们只有在遗憾中深深地怀念她。

勇敢面对生活

——罗瑞卿的夫人郝治平

1978年8月仲夏的一个夜晚，一辆黑色轿车静静地驶出德国海德堡骨科大学医院。

轿车的车窗用窗帘遮盖得严严实实，使看起来普通的轿车平添了几分神秘。原来，车中坐着的是时任中国共产党中央军事委员会秘书长罗瑞卿的夫人郝治平。

郝治平此次来德，是陪丈夫到世界著名的德国海德堡骨科大学医院治疗在“文革”中不幸致残的双腿。今天，郝治平心情格外好，因为上午的手术非常成功。想到丈夫今后将不再坐轮椅去视察高山哨所，不再拄双拐去检查边疆海防，她仿佛又看到丈夫那矫健、伟岸的身躯活跃在工作岗位上，郝治平就不由得笑出声来。是啊！人们常说“苦尽甜来”，她与丈夫经历了太多太多的磨难，承受了太多太多的不幸。现在所有的苦难都随着时间的流逝，被统统抛弃在脑后，她只期待着丈夫的双腿能尽快恢复，她要和丈夫一起安度幸福的晚年。

车子穿过小巷行驶在流光四溢、灯火辉煌的街道，虽然已近午夜，但街面上仍被五颜六色的灯光映照得如同白昼一般。隔着深色的窗帘，望着繁华、美丽的街道，郝治平心中有一种冲动。自从到德国半个月以来，每天陪着丈夫检查身体，听取医生讲解治疗方案，郝治平还没有机会在这个曾经有着日耳曼帝国辉煌的国度转转。她叫司机将车停了下来，想在这异国情调的街道上走走，释放一下心中的喜悦。可是当一只脚落在地面上的时候，她又改变了主意："不，这美好的夜晚，我不能独自享受，等瑞卿腿好以后，我们携手共度良宵岂不更好。"想到此，郝治平刚刚迈出的腿又缩了回来。

1978年8月1日，罗瑞卿与郝治平在海德堡骨科大学医院病房内合影

车子驶过热闹的街道，在一家僻静的旅馆前停了下来。为了给国家节约外汇，郝治平和丈夫商量后，没有住豪华的星级酒店，而是在离医院不远的地方，找了一家不大的旅馆。旅馆虽然不大，但很干净、安全。人逢喜事精神爽，虽然今天陪丈夫一整天，但她丝毫没有倦意。工作人员将房门打开，郝治平刚刚洗漱完，躺在床上还没入睡，一阵急促的电话铃声骤然响起，在这寂静的夜晚显得格外响亮、刺耳。"这么晚谁会往这儿打电话？"一种不祥的预感突然掠过她的心头。她快步走过去拿起电话，听筒那头传来在医院值班人员焦急的声音："快！首长情况不好，请您赶紧过来。"放下电话，门口也响起了敲门声。郝治平顾不上关灯，匆匆忙忙与前来的工作人员驱车向医院驶去。

罗瑞卿、郝治平与医疗小组和工作人员在一起

从旅馆到医院也就短短十几分钟的路程，但此时却让郝治平觉得是那样的漫长，漫长得像是走了一个世纪。

当郝治平推开病房的门，只

见满屋子的医生、护士正在紧张而有序地抢救，丈夫脸上已没有了刚才分手时的微笑，面色苍白，似乎看不到任何生命迹象。郝治平觉得两腿发软，身子直往下沉，一旁的工作人员连忙将她扶到墙边的椅子上坐下。这时一直在医院值班的工作人员走过来，低声向她汇报情况："首长今天手术很成功，晚上您离开后他喝了药准备睡觉，忽然觉得胸闷气短，医院立即组织抢救，一点没敢耽误。"

郝治平："不是说手术很成功吗？怎么？……"

工作人员："不是手术问题，是心脏。"

郝治平："手术前检查过，心脏没有问题，没有问题。"

工作人员：……

忽然，郝治平看到紧张抢救的人们停了下来，她想站起身看看躺在病床上一动不动的丈夫，可此时却怎么也站不起来。

陪同罗瑞卿到德国治病的医生卢世璧与德方的主治大夫向郝治平走来。主治大夫用低沉的德语向郝治平述说着情况，郝治平虽然听不懂，但她已明白发生了什么事情。泪眼婆娑的她没有再听翻译说什么，她无法相信眼前发生的一切。刚才还和她谈笑风生的丈夫，怎么一眨眼工夫就离她而去了呢？不是说这是世界一流的医院吗？不是说手术很成功吗？她不明白，她无法接受这个事实。这是为什么？就在今天上午手术做完，他还用英语向大夫说"谢谢"；就在下午他还和自己憧憬着未来，畅谈他的远大抱负；就在傍晚他还满脸愧疚地对自己说，这辈子欠了她太多，等腿治好后一定好好照顾她；几乎就在刚才，他还深情地劝自己早点回去休息，等过一段能站起来陪她在这异国的土地上走走……怎么……怎么这些就都不算数了呢？瑞卿为人从不失言，这次怎么就……

在工作人员的搀扶下，郝治平艰难地走到病床前。此时，医护人员已经将抢救器具卸去。罗瑞卿静静地带着一脸的遗憾躺在那里，郝治平握着丈夫渐渐变凉的手，她的心在一阵阵地抽搐。她恨自己为什么没有回天之力，来挽留丈夫生命的脚步；她生平第一次埋怨丈夫，为什么这次没有遵守诺言，因为她和丈夫曾经有个约定，一同走完人生的尽头，可是现在他却抛下她一个人走了，把她孤零零地留在世界上。撕心的疼痛，让她感到生命的一部分也随他而去。她后悔为什么会同意丈夫到德国来治腿呢？早知道结果是这个样子，说什么也不来。悔呀！郝治平后悔死了！

夜已经很深，整个城市都在沉默中，天空黑得像是穿上了丧服。郝治平全然没有一点睡意，巨大的悲痛几乎要把这个坚强的女人打垮，这是她一生中最难熬的一夜。

1978 年 8 月 4 日，一架银灰色的飞机从德国海德堡机场起飞，飞向遥远的东方。飞机上承载着的是中华人民共和国的优秀儿子——罗瑞卿。罗瑞卿的灵柩停放在布满鲜花的机舱正中，灵柩上覆盖着中国共产党党旗，与他相濡以沫、相依相伴 38 年风雨人生的夫人郝治平默默地守候在旁边。此时的郝治平已没有眼泪，一夜之间仿佛衰老了许多，一双眼睛充满了哀伤。她曾设想过许许多多与丈夫治好病后一起回家的场景。当然，她也做好最坏的打算，如果腿治不好她仍然推着轮椅陪丈夫回家，但是，她就是不曾设想过以这种方式护送她的瑞卿，她至亲至爱的人。

就是在这机舱里，十几天前，她和丈夫相对而坐。因为她晕机，丈夫非要和她换座位。丈夫的腿不方便，可他硬是用手支撑着站起来，艰难地绕过茶几和她换了座位。这活生生的记忆呀，让郝治平的心潮再一次难平。

舷窗外，脚下的云层在翻滚，头顶是深蓝色的苍穹，郝治平的心头像那云层一样翻滚着、涌动着。那无际的苍穹将她的思绪带回遥远的过去，带回到那如歌如泣的岁月。

1922 年，河南临章县一个普通家庭诞生了一个女婴。在过去那个重男轻女的年代，女孩的出生并没给这个家庭带来多少欣喜。幸运的是父母比较开明，到了上学的年龄，小治平便背上了书包走进学堂。在小治平幼小的心灵里，上学应是人一辈子最重要的事，她学习努力成绩一直名列前茅。12 岁那年，小治平以优异的成绩考入开封省立女中，成为当时临章县第一个，也是唯一一个到开封上学的女孩。郝治平正是花季般的年纪，怀揣着对未来梦一般的幻想来到了远离家乡的开封。

然而，随着日本侵略者的隆隆炮声和铁蹄声，小治平上学读书的梦想被炮声击碎，被铁蹄踏平。看到日本侵略者在自己的国土上烧杀抢掠，小治平坐不住了，小治平的心燃烧起来。像千千万万热血青年一样心中燃烧着复仇烈火的她，决心投笔从戎北上抗日，要找八路军、共产党。

一天，郝治平与同学王军霞在街头看到人们围着一张布告议论着。两人急忙挤进去，原来是一张写有“抗日民族大学”招生的布告，两人高兴极了。“抗日民族大学”又能抗日还能上学，真是太好了。两个花季少女高兴得跳了起来。报名去！两人一路小跑找到报名处，郑重地在报名表上签上了自己的名字，这是1937年初冬，郝治平15岁。

从报名到报到这一个月里，郝治平瞒着父母悄悄地做着准备。好不容易盼到年三十的晚上，正当人们合家团聚吃年夜饭的时候，郝治平便迫不及待地跑到王军霞家。当她们拿着简单的行李准备出发时，不巧被王军霞的母亲发现。当时王军霞的父亲刚刚去世，母亲哭着不让王军霞走，望着泪流满面的母亲，王军霞只好放弃与好友同行的计划。无奈之下，郝治平只好一人搭乘阎锡山的运兵车，离开了生她养她的故乡，告别了疼她爱她的父母，独自一人踏上了抗日的征途。

当郝治平满怀希望投奔山西运城的“抗日民族大学”时，才知道这不过是阎锡山挂羊头卖狗肉的一块招牌，其目的是打着抗日的牌子，招揽年轻有为的人才，发展和保护自己的地方势力。一个多月以后，也就是1938年年初，郝治平与几个志同道合的同学结伴而行，离开这所“抗日民族大学”，奔向向往已久的革命圣地——延安。

从山西运城到陕西延安几百里的路，中间除了翻山还要过河。寒冬腊月穿着单薄衣裳的他们，怀揣着一颗决心抗日的火热的心，开始了艰难的跋涉。一路上到处是日本侵略者洗劫后的悲惨景象。残垣断壁冒着黑烟，尸骨遍地。人们跑的跑散的散，能见到的活人很少。郝治平他们走得又饿又累，真想找到一户人家休息一下，喝一口暖肚的热粥，烫一烫满是血泡的双脚。一天，好不容易看到一个村子，大家便加快了脚步，可进了村庄一看，却又是空无一人。连日的疲劳，使他们顾不上许多，推开一扇窑洞门想进去歇歇脚，郝治平跟在后面刚要往里走，就听见前面的人惊叫一声跑了出来。原来，窑洞里躺着一具已经冻得硬邦邦的伤兵尸体。无奈之下他们只好捡了几个冻土豆，用火烤了烤就着开水算是充了饥。

记不清是走到第几天，他们来到黄河边。河面上结着薄薄的一层冰，他们沿着河边走想找一艘小船过河，郝治平不小心一脚踩到结着薄冰的石头上，一下子人就滑到河里，紧跟在她身后的一个山东大哥眼疾手快一个箭步冲过去，一把将16岁的小姑娘郝治平从河里拎了出来。不一会儿郝治平身上的衣服就冻成了冰疙瘩。大家急忙找了个山洞，捡了些干树枝点着，七手八脚忙着帮郝治平烘烤衣服。想着由于自己的原因，连累大伙耽误了行程，一路上再苦再累都没有掉眼泪的郝治平此时哭了起来，大伙像对待小妹妹一般安慰她。衣服终于烤干了，大家又沿着河边边走边寻找过河的船只。日本人的飞机每天就在头顶上轰鸣，两个女同学终于无法忍受这种又苦又累又危险的生活，结伴去了西安，只剩下郝治平他们六人坚持寻找船只到延安去。

一天，在河的一个凹湾处，终于发现了一只破旧的船，但不管怎样破，它终归是一只船。可是船工说什么也不肯摆渡。一是头上时时有日本人的飞机，二是船的状况实在不佳，船工唯恐出事不安全。郝治平他们围着船工死缠硬泡做工作。后来，听说他们是到延安抗日的，船工终于点头同意了。

船到河中心，突然，原来修补过的地方又漏了，郝治平他们急忙掏出身上所有能盛水的东西，茶缸、脸盆、帽子等凡是能用上的几乎全用上了往外舀水。就这样，船工划着船，他们舀着水，这只小小的破船承载着他们对延安的向往驶向对岸。

当他们要给船工钱的时候，船工说什么也不要。他说："你们是去抗日的，我也是中国人，也有一份抗日的责任，就算我为抗日出一点力吧！"

经历了千辛万苦，郝治平他们终于来到了延安，来到了他们日思夜想的地方。

东方红，太阳升，

中国出了一个毛泽东……

悠扬的信天游回荡在延安的山山水水之中。

红日照遍了东方，

自由之神在纵情歌唱……

这激昂的歌声使每个到延安的青年荡气回肠。

到延安的这一年，郝治平16岁，还是在母亲面前撒娇的年龄。可是，在中华民族生死存亡的关头，青春年少的她选择离开父母温暖的怀抱，毅然决然地投身革命。

白羊肚毛巾土窑洞，山丹丹花开遍地红。延安的一切都是那样美好、新鲜，可是白天的欣喜、兴奋还没散尽，晚上延安的土炕就给了郝治平一个下马威。原来，郝治平他们到延安时正值严冬，当时每天都有大批革命青年投奔延安，原来的房子住不下，便又盘新炕。白天因天冷，炕刚盘好就冻住了，和干炕一样。可到了夜里，人躺在上面用热身子一焐，冻了的炕便化了，湿漉漉、黏糊糊的，让人无法入睡。想起一个月来的艰苦跋涉，脚上除了血泡就是冻疮，好不容易到了延安，以为熬到头了，没想到又睡这湿乎乎的土炕，让这个16岁的小姑娘一下子想起了妈妈，眼泪便不由得掉了下来。委屈归委屈，但她却不后悔。“出来就是为了抗日的，这点苦都吃不了还怎么抗日。”倔强的性格和坚定的追求给了郝治平战胜一切的勇气与力量。挂着泪水的她终于睡着了，在这延安的土炕上度过了她参加革命的第一个夜晚。

1938年5月，罗瑞卿在抗大第四期开学典礼上讲话

新的生活开始了。每天当嘹亮的号声响起，郝治平就和大哥哥、大姐姐们一起出操。开始，人们看到她年纪小，脚上又有严重的冻疮，都劝她不要出操，可是要强的她坚持和大家一样，无论干什么从未因年龄小而放松对自己的要求。不久，由于表现出色，她光荣地加入了中国共产党。这时她到延安仅三个月。

几个月后在陕北公学的集训结束了，郝治平被分配去学医，可她却坚决要求到抗大，也许这就是人们常说的千里有缘来相会。其实那时候，她并不知道“抗大”具体是个什么单位，更不知道日后成为她丈夫的罗瑞卿就是“抗大”的副校长。但在她眼里，“抗大”应该是抗日第一线。她背井离乡、历经千辛万苦，就是出来抗日的，不达目的绝不罢休。组织上看到她态度坚决，终于答应了她的请求，将她分配到抗大二团。

在郝治平的战友、同事中曾流传着郝治平三追罗瑞卿的佳话。从陕北公学到“抗大”就是人们传说中的一追。

不久，党中央、毛主席要求把“抗大”办到敌人后方去。由于路途艰苦危险，女同志一律不准去。这下可急坏了抗日心切的郝治平。“在延安见不到敌人怎么抗日？我一定要到前方去。”她找到当时负责她们的领导郭林祥，坚决地表示自己抗日的决心：“不是说男女平等吗？为什么不让女同志去？这是对女性的歧视，是封建思想，我保证不会做累赘。要不是为了抗日，我也不会来参加八路军共产党。”连珠炮似的话语和坚决的态度使郭林祥感动了，最终还是答应了她的要求。

在郝治平认为自己正向抗敌前线一步步迈进的时候，却不知月下老人正将她与罗瑞卿两人的红线也在一点点拉近，这也是人们笑谈郝治平二追罗瑞卿的佳传。

从延安到太行山，一路上“抗大”就像一部播种机，走到哪儿，就将抗日的火种播种到哪儿。

部队到了晋察冀，郝治平被调到女兵连当排长。当时，贺龙在晋察冀，他听说罗瑞卿的“抗大”有女兵连，就想要一部分留下来帮助工作。郝治平她们一听就急了，生怕自己留下来去不了敌后。于是，她和连长程克一起去找校领导，因为女兵连直接归罗瑞卿管。到了罗瑞卿办公室恰巧他不在，两人便留下一张字条，表明自己不愿留下，想继续跟着“抗大”的决心，然后署上名字便走了。这成了郝治平的第三追。

任“抗大”副校长时的罗瑞卿

这一次郝治平与罗瑞卿虽然没有见上面，但罗瑞卿知道女兵连有一个叫郝治平的女战士。后来，有一次因为黄河涨水过不了河，部队在河边村子里住下来休整。一天傍晚，郝治平独自在河边散步，恰巧碰到也是一人散步的罗瑞卿。两人迎面走来，郝治平认得罗瑞卿，可罗瑞卿却不知对面走来的这个英姿飒爽的女战士，就是曾经给他留过字条的郝治平。罗瑞卿问郝治平叫什么名字，郝治平回答后敬了个礼就走了，留下若有所思的罗瑞卿琢磨着这个似曾听过的名字。这次的邂逅，使充满青春活力、文质彬彬的郝治平给罗瑞卿留下了深刻的印象，并引起了他的关注。多年以后说起这次偶遇，罗瑞卿还埋怨郝治平当时太高傲，一句话不说敬个礼就走了。郝治平说："你那么大的领导，我一个小兵，我不敬礼就走还能怎么样？"

就这样，郝治平随着"抗大"从陕北延安到太行山。每天天一黑，部队就开始行动，一直走到第二天天亮。一路上还常常要穿过敌人的封锁线。那时，同蒲路两旁都是沟，晚上行军，一不小心打瞌睡就会滚到沟底，扎得满身都是刺，还不敢出声，因为敌人的巡逻车就在附近。有一次，过封锁线的铁道，许多没有见过铁轨的女兵们感到稀奇，纷纷停下来用手摸一摸铁轨。这时候，就听到带队的罗校长挥着手轻声喊着："快，别摸了，快走！"听到罗校长的催促，大家才又跑起来。这一夜，真是又累、又困、又渴，但大家仍然斗志昂扬，没有一个叫苦掉队的。

经过艰苦的行军跋涉，"抗大"终于来到太行山，来到左权县（当时叫辽县）。"抗大"原来的两个女兵连合成了一个，由于斗争环境太残酷，中央决定"抗大"不再招女兵连。这时的郝治平已是连指导员了。

抗日战争时期的罗瑞卿和郝治平

"抗大"毕业后，经野战政治部介绍，郝治平到北方党校学习。在此期间，罗瑞卿经常去讲课，好学的郝治平常常提问，一来二去两人彼此也就熟悉起来，开始有了一些书信来往。罗瑞卿在给郝治平的信中称她为"紫萍"，而自己则署名"洛水清"。当时，郝治平有一个同学叫杨济清，郝治平常到她家去玩儿，经常在那里碰到罗瑞卿。单纯的郝治平还觉得挺奇怪，怎么老是碰到罗校长。殊不知这是同学有意在牵线。时间长了，二人关系渐渐密切起来。在铜峪通往北方党校的小路上，经常能见到两人的身影。罗瑞卿坦然地向郝治平讲了自己过去失败的婚姻，并郑重地向她提出结婚的请求。郝治平说不行，要等到党校毕业才考虑结婚。罗瑞卿问何时毕业，郝治平说4月3日，罗瑞卿说那就定在3日结婚。

冬去春来，当满山的杏花盛开的时候，郝治平与罗瑞卿的爱情之花也开了。

4月3日，刚刚从北方党校开完毕业典礼的郝治平，在几个好友的簇拥下向铜峪走去，向她的新郎走去。没有父母亲人在身边，这些患难与共的战友就是她最贴心的娘家人；没有迎亲的鞭炮和花轿，这太行山烂漫的杏花就是对他们婚礼最好的祝福。

从北方党校到铜峪这条路不长，不一会儿就到了。老远，郝治平就看到一个高大、伟岸的身影在路的那一头伫立。郝治平的心一阵狂跳，脸也热了起来。那是就要成为她丈夫的人，要和她共度一生的人，那个让她魂牵梦萦的人啊！

罗瑞卿在村口已等候多时了。他实在不能坐在屋里等，他想早一点见到他的新娘，见到他至亲至爱的人。

村口聚集了许多老乡，他们都听说那个高个子首长今天要娶媳妇，共产党的大官娶媳妇是什么样？没有见过，今天要见一见世面哩！可当他们看到郝治平穿着简单朴素的军装，两手空空与一群青年男女走过来时，着实地让他们觉得见了一回世面。“哪有不戴花不穿新衣不坐花轿的新媳妇哩！最不济的穷人家嫁闺女娶媳妇，也要扯上二尺红头绳扎上哩！咦呀呀，没见过，共产党尽玩些新道道，没见过！”

就这样，在众人的议论中，八路军野战政治部主任罗瑞卿把自己的新娘迎进了门，在办公室兼卧室的窑洞里度过了他们新婚的第一个夜晚。

多少年后的今天，铜峪村上了年纪的老人说起罗瑞卿和郝治平的婚礼还津津乐道。

第二天，郝治平回到党校取自己的行李。原来以为罗瑞卿结婚再简单也会准备两床被子，所以郝治平来时什么也没带，哪想到罗瑞卿结婚与没结婚的唯一变化，就是多了一口人。郝治平只好回去取自己的行李。可当她回到党校时，却怎么也找不到自己的被子。后来才知道，郝治平一走，同学们就将她的行李拆开，你拿被面，她拿被里全瓜分了。幸亏后勤部了解情况后，给他们补发了一床被子。不然，郝治平和高大魁梧的罗瑞卿挤一床被子，那可就惨了。

第二年的1月，郝治平生下了他们的第一个女儿。10天后，敌人对太行山进行突然袭击，开始了“大扫荡”。

那天天不亮，得到敌人“扫荡”的消息，部队就开始转移。郝治平把刚刚出世才十天的女儿包起来，绑在牲口驮架上的筐里。因为还在月子里，所以她骑着马走在队伍的最后。离开铜峪时，炮弹已经在离她不远的地方落了下来。1月的太行，异常的冷，刚刚生完孩子的郝治平，眉毛、头发全结了霜。当时罗瑞卿带着队伍在前面，放心不下刚生产的妻子和才出世的孩子，罗瑞卿跑回来，把自己马上的一块油布搭在孩子的筐上，给女儿挡挡风寒，话都没顾上说一句就走了。后来，路太难走，通信员就把孩子背在背上。为了躲避敌人的炮弹，通信员背着孩子跑到路边老乡平时用来避雨的洞里，没想到洞让敌人的炮弹炸塌了，把两人埋了起来。大家顾不得头顶上狂轰滥炸的敌机，七手八脚把他们刨了出来。郝治平这个年轻的妈妈，多想打开襁褓，看看自己的孩子有没有受伤，再给娇儿喂上几口奶水。可是，她不敢，也不能。因为到处都是炮弹的爆炸声，天又是出奇的冷。无奈，这个年轻的妈妈只好揪着一颗心继续往前走。

天将黑的时候，走到一个窝铺。所谓窝铺也就是山上有几户人家，部队在这里停了下来。早已等不及的郝治平用自己冻得已经僵硬的手，急急忙忙打开襁褓，只见孩子全身发紫，又是屎又是尿，一点反应也没有。郝治平只觉得这孩子是没了，就伤心地哭了起来。房东老太太是个有经验的妇女，她看了看孩子，安慰她别着急。老太太用温水给孩子洗干净，然后，把孩子放到热炕头上，两手不停地在孩子身上来回摸着。半天，孩子哇的一声哭了出来。女儿终于活过来了。郝治平长长地出了口气，顾不上羞涩，撩起衣襟赶紧给孩子喂奶。没吃几口，队伍已经走得差不多了。为了不掉队，不等孩子吃饱他们就又上了路。

就这样，部队走走停停，终于在麻田住了下来。有了这一路的经历，郝治平考虑到行军打仗无法带孩子，在和丈夫商量后，便把孩子托给老乡抚养。刚把孩子送去不久，5月反“扫荡”又开始了。临出发前，郝治平去看孩子。老乡说："你们去打日本人吧，孩子交给我们，把心放得宽宽的，有我们在，就有孩子在。"朴实、善良的承诺使这位年轻的母亲心里有了一份踏实。

1943 年秋冬，罗瑞卿和郝治平回到延安在王家坪桃园合影

在这次反"扫荡"中部队被敌人包围了。一天，罗瑞卿带着通信班、朝鲜义勇队、日本反战联盟这些有枪的同志去牵制敌人，杨立三带着后勤部突围。结果，罗瑞卿带的人枪太少，敌人一听枪声不像主力部队，便返回来追郝治平他们。当时，郝治平是连指导员，连里有个 13 岁的娃娃兵。郝治平见他年龄太小，担心他跑不动，就让他拉着自己的衣襟别撒手。可是，跑了一阵，这孩子就慢了下来，而且越来越慢，郝治平拼命地拉他走，可就是拉不动，旁边的人告诉郝治平，那孩子已经死了。这时，她才发现那个小战士早已没有了呼吸。这就是战争年代的残酷，活下的就活下来，死了的也就再也见不着了。

后来，大家太累都停下来不走了。杨立三是个有经验的老红军，他警告大家这个地方不能停，赶快走，可大家还不愿走。郝治平也实在走不动了，杨立三把自己的马，也是队里唯一的一匹马给郝治平骑。郝治平说什么也不肯，说："这队伍没我它还是个队伍，可要没有你，就不是个队伍了。"杨立三见她执意不肯骑，只好让她拉着马尾巴。于是，郝治平拉着马尾巴上山，拉着马尾巴下山。又上山，又下山，就这样整整走了一天。晚上，队伍到了一个山凹凹里便歇了下来。5 月的太行还是很冷的，杨立三将马身上的一块毛毯拿下来，盖在郝治平身上。刚刚坐下就听见不远处有人喊："赤茜，赤茜。"那是郝治平当时的名字。没有经验的郝治平有一些紧张："敌人怎么会知道我在这里?"杨立三安慰她："别急，再听听，这不像敌人。"喊声越来越近。原来是刘伯承的一二九师派人来找他们。有了武装，郝治平他们心里踏实了许多，她急忙打听罗瑞卿的下落，来人告诉她，罗瑞卿他们在前面的小村子等他们会合。于是，他们急忙往小村子赶。

到了村子，见到罗瑞卿，劫后余生的夫妻俩见面的第一句话就是："你还活着?""活着。"那时就是这样，见上了就见上了，见不上也就见不上了，说没有就没有了。夫妻俩有时在一起，有时不在一起，什么时候见，不知道；还能不能见，也不知道。孩子也一样，交给老乡，回来时有没有，在不在，也不知道，没有了也就没有了。聚少离多，生死也就是一瞬间。但是，为了天下老百姓不再骨肉分离，这些中华民族的优秀儿女，甘愿承受着这聚聚离离、牵肠挂肚的日子。

送走抗日的硝烟，迎来解放的炮火。当新中国的脚步越来越近的时候，郝治平主动请缨，到华北野战军子弟小学去教书，去教那些在前方浴血奋战的将士的孩子。而这时的罗瑞卿虽战事繁忙，但战斗间隙也忘不了忙里偷闲回家看看，或骑马或坐吉普车。总是深夜来，天不亮就走，每次回家孩子们都睡了。早上，不等孩子们醒来，罗瑞卿已经出发。所以，孩子们常常见不到爸爸，只能在睡梦中享受父亲的亲吻。

1949 年春天，刚刚解放了太原，还没顾上喘口气的罗瑞卿，接到毛主席发来的电报，让他速到北京。于是，郝治平跟着丈夫来到了这个让她向往已久的古都。

1949 年 7 月，罗瑞卿任公安部部长

到京后，毛主席、周总理找罗瑞卿谈话。周总理说："中华人民共和国马上要成立了，需要一个公安部长，中央决定由你来担任。"罗瑞卿感到很突然，说："我已经想好了，要去打仗，进军大西北。"毛主席说："你们都想好了要去打仗、进军，那咱们的中华人民共和国还要不要成立啊!"在毛主席、周总理的动员下，罗瑞卿接受了组织的安排，出任了中华人民共和国第一任公安部部长，并在这个岗位上一干就是 10 年。

1949 年到 1966 年，是罗瑞卿与郝治平最幸福、最安定的16年。他们在各自的岗位上勤奋地工作着。但是，有一个工作郝治平始终没有投入热情，那就是当“夫人”的角色。当时为了外交工作的需要，有关部门搞了一个“夫人工作组”以适应一些外交活动的需要。每参加一次活动着装要从头换到脚，还要向自己单位的领导请假，而请假的理由是去当夫人。郝治平想不通，干了多年革命，现在居然当起夫人来了。后来，周总理、陈毅老总，还有邓大姐给她们做工作、上课，讲夫人在外交工作中的重要性。在外事活动中，别的国家领导人都有夫人陪同，唯有中国总是光杆一个人去，夫人工作也是一项很重要的工作。道理郝治平很明白，但情绪总是不高。

1960年，周总理出访缅甸，组织上决定由陈毅夫妇与罗瑞卿夫妇一同前往。当时，郝治平不太愿意去，认为自己从小参加革命，闹到今天，倒闹成了什么“夫人”，想不通。一天晚上，周总理来电话要找郝治平。当工作人员请她接电话时，郝治平以为他们听错了：“不会吧，总理怎么会找我有事呢？一定是你们搞错了，是找首长（罗瑞卿）的吧？”工作人员说：“就是找您的。”郝治平这才将信将疑地接过电话。电话那头传来总理亲切的声音：“听说你不愿出国，不愿当夫人，有思想问题，对吗？”郝治平说：“有。”周总理：“给你们做了这么长时间的工作，还想不通，你邓大姐因为身体不好不能去，你年轻，让你出去见见世面，作为夫人是去搞外交工作，人家在外交中非常注意夫人的作用，我们既然同人家搞外交，也需要有夫人啊！这是多好的机会啊，还有什么想不通的。”听了总理一席话，郝治平十分羞愧，连忙说：“总理别说了，我明白，我想通了，我去。”总理说：“想通了好，赶紧做准备。你是第一次出国，先做几套衣服。”

几天后，邓大姐亲自来“检查”准备工作。邓大姐问：“衣服做了吗？”郝治平告诉邓大姐做了两件旗袍。邓大姐说：“两件怎么够？”郝治平说有换洗的就行。“不行不行。”邓大姐连说两个不行，“这是外交工作，不比在国内。”回去后不久，邓大姐便让人将自己一件黑色的、带有蝴蝶图案的缎子旗袍送过来，郝治平非常喜欢。在一次出国前的舞会上，郝治平穿上了它。一进门就碰上了周总理。周总理高兴地称赞道：“好漂亮的旗袍，穿上它成蝴蝶夫人了嘛！”郝治平连忙说：“总理，这可是邓大姐的衣服啊。”总理说：“是吗，她有这么漂亮的衣服，我怎么没见过啊。”在总理和邓大姐的鼓励与帮助下，郝治平渐渐地进入了“夫人”的角色。临行前，邓大姐交代了她一件事，请她“管管”总理，提醒总理注意休息。郝治平欣然“受命”。

出国后，总理的活动一个接一个，每天一早出去，晚上很晚才回来。郝治平这才意识到“夫人”工作，也是一件很辛苦的事。一天，结束了紧张的工作，代表团的同志回到驻地。望着走在前面的周总理疲惫的身影，郝治平想起了邓大姐的嘱托，便说：“总理，你的工作太紧张了……”不等郝治平说完，周总理便回过身说：“是不是你邓大姐让你来关照我的？我没事。”事情一被周总理点透，郝治平就不便再说什么了。晚上她找到陈毅的夫人张茜，商量着找一个什么理由，才能让总理休息。第二天，她们找到总理，对他说：“总理，人家的夫人都是早上出去，中午回来换换衣服，补补妆，你看，我们跟着你早上出去，晚上回来，跑得汗流浃背的，衣服也没法换。”总理听了想了想说：“有道理，好，中午我们也回去休整休整。”就这样，郝治平她们巧妙地让总理每天中午得到了休息。

1954 年，罗瑞卿全家在北京缎库胡同合影

1965 年年底，罗瑞卿接到通知，到上海去开会。那时郝治平已经是罗瑞卿的办公室主任，随从他一同到上海。这次下了飞机没有像往常一样安排他们住在锦江饭店，而是将他们送到一座单独的小楼。郝治平觉得很奇怪，将心中的感觉告诉了丈夫，罗瑞卿叫她别胡思乱想，要服从组织安排，相信自己相信党。但接下来发生的事情却让罗瑞卿、郝治平始料不及。几天后，“批罗”开始了。

每天早晨，罗瑞卿就被有关部门派来的车子拉走，去接受批判，留下郝治平一人在屋里提心吊胆地等待。晚上，罗瑞卿又被车子送回来。郝治平看到过去那个英俊、伟岸的丈夫，现在却身心疲惫地连上楼都要妻子来扶，看在眼里疼在心上。吃过晚饭，罗瑞卿又要写检查。每到这时，他都将窗帘拉得严严实实，不让任何人进去。郝治平偶尔进去送水，看到丈夫总是泪流满面。她知道此时的他，内心正受着怎样的痛苦和煎熬啊！

1961 年，罗瑞卿与郝治平在北京家中

紧接着史无前例的“文化大革命”开始了。

在一次次非人道的批斗下，罗瑞卿终于不堪忍受，决心以死来与之抗衡，但是没有成功，他活了过来。

郝治平得知后到医院去看他。那一天是 4 月 3 日，他们结婚的纪念日。郝治平从满院盛开的海棠花中，折了两枝开得最好的，藏在衣服里，又用一块粉色的手绢包了一个毛主席像章。到了医院，郝治平将包着的毛主席像章打开，给丈夫别在胸前，又将海棠花捧给他。罗瑞卿望着娇艳的海棠花，看到爱妻日渐憔悴的脸，心在隐隐作痛。此时，他明白妻子给自己这两样东西的含义。他强忍泪水拉着妻子的手：“你还记得？”郝治平：“记得。”罗瑞卿没有再说话，因为外面有人监视。此时，也无须再说话，还有什么语言能有两个人的心贴在一起更有力量呢？他们就这样互相拉着对方的手，默默地相望。从此以后，那块粉红色的手绢便再也没有离开过罗瑞卿，一直陪伴到他走完最后的人生。直到他去世，郝治平才从他胸前的口袋中取出来。把它带到身上，因为，她从那块手绢上依然能感受到丈夫那温暖的体温和淡淡的气息。

在郝治平妈妈家客厅的墙上，挂着一张董寿平的“杏花图”并有魏传统的题诗：

铁窗外，杏花开，
一年一度报春来，
悄然劝节哀。

夏日静，秋低徊，
寒冬信息舒心怀，
新松费寻猜。

这幅字画里记载着郝治平的一段不同寻常的经历。

20 世纪 60 年代罗瑞卿、郝治平合影

那是 1968 年年初，作为罗瑞卿的夫人，郝治平理所当然地不能幸免，也被关进了监狱。

每天都是掺杂着石头子的米饭，加上水煮的烂白菜或糠萝卜。不准读书，不准看报，不准翻身，不准随便说话，不准……甚至有半年之久没有放过风。非人的折磨，并没有把郝治平吓倒。她坚强地面对着、承受着，默默地等待着春天的到来。

一天，一个战士来牢房巡视。这是一个东北口音的小伙子，郝治平以前没有见过。他巡视完牢房，问郝治平叫什么名字，然后，走出去轻轻地关上牢门。郝治平以为他没听清楚，就将名字写在一张字条上，从门缝送出去。不一会儿，那个战士写了张字条送了进来。郝治平急忙拿起来一看，只见上面写着："作为个人，我很敬佩你。"寥寥几个字，却像一股巨大的暖流，温暖着郝治平的心。她哭了。当年，在离开妈妈毅然决然参加革命时，她没哭过；在战争艰苦的环境中再苦再累，她没哭过；在与亲人的无数次生死离别时，她没哭过；在受到批判过着非人的生活时，她也没哭过。可是今天，短短几个字，却让她的眼泪止不住地往外涌。要知道，在那个疯狂的年代，写这几个字，是要冒着多大的危险，又是需要多大的勇气啊！它让身陷囹圄的郝治平更加坚定了信心，看到了希望。

那以后，只要门口响起三声轻轻的敲门声，郝治平就知道是那个战士值岗了，自己可以多往外看一看。今天，享受自由的人们，是无法体会当时郝治平享受往窗外看的自由，那是怎样的一种惬意啊！

有一天，郝治平透过铁丝网，看到一枝粉红色的杏花正在盛开。啊！春天来了。看到了杏花她就想起了丈夫。因为杏花盛开的时候，正是她与丈夫结婚的日子。如今，几十年的风风雨雨，战火硝烟，花还在开，地球依然在转，生活仍在继续。她想起了丈夫和孩子，心里充满了希望，有了活下去的勇气。

终于有一天，这位战士要调走了。临走前，他悄悄地来与郝治平告别，郝治平想知道他的名字，但这位战士只轻轻地回答："我不能说。""文革"结束后，郝治平曾多方打听，也没能找到他。为了纪念那段不同寻常的日子，她请人作了这幅字画，纪念这位敢于在那种极其严峻的环境中，给予她真诚关照的战士，即诗中所提到的"新松"。

1974年，在和丈夫被分别监禁了八年之后，郝治平终于出狱了。

出狱的当天，郝治平就提出要去看望丈夫罗瑞卿，可是被告知罗瑞卿刚刚服了一种药，三天后才见效。如果见面太激动，会影响药效。后来才知道是医生怕罗瑞卿心脏不好，突然一激动会出问题，想让两人先有点思想准备。于是，郝治平只好度日如年地等待。医生和工作人员不断地分别给他们下着"毛毛雨"，以免在他们见面后，因太激动而出问题。其实，他们俩就住在一个招待所里。

1975年8月1日，罗瑞卿与郝治平在北京京西宾馆

三天终于过去了，"毛毛雨"也下得差不多了，两人都做好了充分的思想准备。见面开始了，医生拿着急救箱跟在一边。当郝治平推开房门时，罗瑞卿已经坐在那里。尽管做了充分的思想准备，尽管一再地提醒自己，不要因太激动而影响丈夫的身体。但当她看到丈夫那空荡荡

的裤腿时，郝治平还是忍不住哭了。

八年天各一方的分离，八年刻骨铭心的思念，八年身陷囹圄的日子。人一生有几个八年？抗战八年虽然艰苦，但他们的心不曾苦过，怀揣着解放全中国的理想和目标，那苦也就变得有丝丝甜意。而今这八年，虽然他们仍然有着坚定的信念，但这信念中却有些许的迷茫，有一点点的不明白，有一点点的不理解。那苦也就感到涩涩的，只有往肚子里咽。郝治平尽力地让自己的心平静下来，她抚摸着丈夫空空的裤腿安慰着他："没有腿不要紧，只要心脏还在跳动，就可以为党工作。"

在回家的路上，车子路过天安门时，罗瑞卿想下来看看。郝治平劝道："你行动不方便，再说好多人都认识你，围起来不好，我们让车子开慢点，好吗？"罗瑞卿点头表示同意。就这样，当车缓缓地驶过天安门时，罗瑞卿举起了他的右手，神情庄严地向毛主席画像敬礼，直到天安门从视线中消失。

1976 年，饱受动乱蹂躏的中国，结束了它噩梦般的十年，开始了新的春天。

经历了这十年的生离死别，郝治平与罗瑞卿更加珍惜对方，更加努力地工作。罗瑞卿说要把耽误的时间补回来。要把 72 岁当作 27 岁，为人民多做工作。不久，罗瑞卿参加了党的十一大。

十几天后，会议结束了。这天，郝治平亲自下厨做了两个菜，等待丈夫回来。可左等右盼也不见人影，于是，便打电话问他："会都结束了，怎么还不回来？""我又有工作了。"罗瑞卿在电话那头兴奋地说，郝治平问："什么工作？"罗瑞卿回答："军委秘书长。"郝治平笑了："军委秘书长也得回家呀。"罗瑞卿说："好多委员和军区司令员找我解决问题，我不能不管。""我去帮你吧。哪怕做个记录。"郝治平知道罗瑞卿多年没有职务所以没有秘书。"不要，我自己记，心里更有数。"就这样，72 岁的罗瑞卿以 27 岁的姿态全身心地投入工作中去。

1978 年，郝治平检查出癌症，这已经是第二次了。第一次，还是在监狱的时候。那一次，郝治平没有告诉丈夫，自己悄悄地做了手术。几年以后，当罗瑞卿知道了这件事，心疼地痛哭了一夜。这一次，郝治平决定还是瞒着丈夫，她不想让自己的疾病影响他的工作，更不想让丈夫担心。她知道丈夫肩上的担子重啊！于是，郝治平自己跑医院，检查、化验，为第二次手术做准备。尽管郝治平的保密工作做得很好，但还是让罗瑞卿看出了问题："你怎么老去医院?""去做体检。"郝治平打着马虎眼。罗瑞卿看着妻子若无其事的样子，心里反而产生了怀疑。不久，他从医生那里得知妻子的病情。他知道郝治平瞒着他，是不愿让他分心和担心。为了成全妻子善良的愿望，罗瑞卿只好装作不知道，可他的心，却经常为妻子的病在发痛。他对孩子们说："老天不公，让你妈妈又长了癌。这辈子都是她照顾我，我要好好把身体养好，去照顾她。"

20 世纪 70 年代，罗瑞卿、郝治平合影

郝治平的病，还有繁重的工作，促使罗瑞卿做出了到德国治腿的决定，以便今后更好地工作和照顾身患疾病的妻子。哪想到啊，风萧萧兮易水寒，壮士一去兮不复返!

"首长，飞机马上要降落了。"耳边一声轻轻的呼唤，将郝治平从深深的回忆中惊醒。舷窗外，已经依稀可见烟雨蒙蒙的大地。"回家啦，我的瑞卿!"郝治平轻轻呼唤着她的至亲："到家啦，我的亲人!"郝治平声声呼唤着她的至爱。

飞机在西郊机场徐徐降落，机场上站满了冒雨等候的人群。郝治平与罗瑞卿的孩子们来了；邓小平偕夫人卓琳及全家来了；各军区负责人来了；首都各界群众代表来了；那些曾与罗瑞卿一起出生入死的老战友也来了……

天下着雨，那是苍天也为罗瑞卿的离去惋惜啊！机场上被浓郁的肃穆和悲痛笼罩着。当郝治平的双脚踏上了国土，紧紧握住一双双温暖的手时，蕴积在心中的悲苦哀痛便如那滂沱的大雨倾泻出来。

送别了相依相伴、共同走过 38 年风雨人生的丈夫，郝治平就觉得自己生命的一部分，也随他而去。每天清晨，醒来的第一件事就是到丈夫的房间走走，似乎想看看他是否起床；每天深夜，睡前的最后一件事也是到丈夫的房间转转，似乎想瞧瞧他是否睡好。孩子们看在眼里，急在心上，他们劝母亲：“妈妈，你不能这样，为了能更好地照顾你，让你能健康，爸爸搭上了一条命。你这样，太让爸爸失望了，你一定要好好活着，这才是爸爸的愿望。”孩子们的话让郝治平振作起来。那个坚强的她，又出现在人们面前。

1985 年，郝治平参加机关组织的旅游。一天，她拉肚子，同事们劝她休息，可她还是和大家一起去了，仍然是有说有笑，非常活跃。晚上，回到旅馆，她才告诉同事们，那天是老罗去世的纪念日。她说，每年这一天，她不能一个人在家，就是生病也要和大家在一起。她想让老罗放心，她现在生活得很愉快，身体很健康，她是按照老罗的愿望在生活着。

这就是那个 16 岁离开父母毅然参加革命的郝治平；这就是那个执着的、坚持要到抗日前线的倔强的郝治平；这就是那个身陷囹圄，仍对生活充满希望的乐观的郝治平；这就是那个曾患两次癌症又痛失亲人，却依然勇敢面对生活的坚强的郝治平。

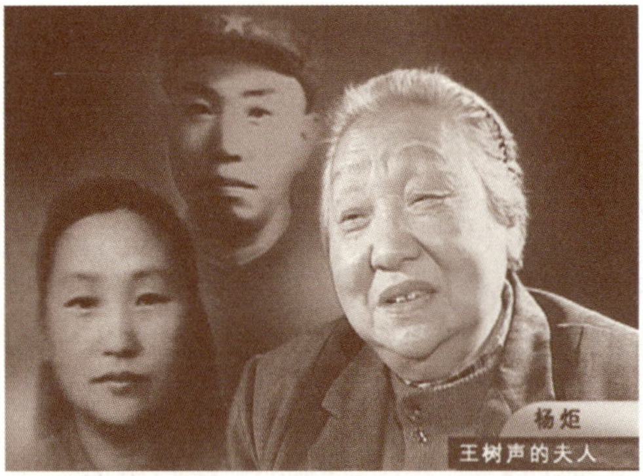

"比起刘英大姐她们，我没做什么贡献"

——王树声的夫人杨炬

杨炬妈妈是我们开机拍摄的第一位老妈妈。之所以选择她作为开机的对象，一来她在我们拍摄的老妈妈里面年龄比较小，那年她 78 岁；二来她那时正在老年大学学习国画，这个活动我们正好可以拍下来，而其他老妈妈那时大部分还没有联系妥当。

1999 年 10 月底的一天，天刚放亮我们便驱车赶到杨妈妈家。杨妈妈的家在解放军报社的院内，那里最早是解放军总军械部所在地。杨妈妈的家是离南门院子不远的一所灰色平房，平房有些陈旧，门窗都还是 20 世纪 50 年代的老款式，与院中那些漂亮的高楼形成鲜明的对比。按了门铃后，一个年轻的工作人员开门，热情地请我们进屋。由于去得早，太阳还没有出来，屋里显得很暗，剧组十几个人一下子就把杨妈妈家不到二十平米的客厅挤得满满的。客厅里除了几个陈旧的沙发和一个茶儿，还有一个比较旧的电视，再也没有其他陈设。片刻，一位慈眉善目、皮肤白皙的老人走进客厅，她笑眯眯地与大家打着招呼。老人说完转身走出客厅，我和剧组的同志忙跟了上去，我们之所以来得这么早，就是想把她在家里的生活状态也拍下来。

走过黑暗狭窄的过道，紧挨着客厅的就是杨妈妈的卧室和书房了。那是一个带卫生间的里外套间，外屋稍稍大一些，有十七八平米，一张双人床占了屋子不少的空间，床尾摆放着一对单人沙发。床的左侧因为是通往书房的路，所以除了一个陈旧的平柜，没有摆放什么东西，只有一些小板凳之类的。床头的上方挂着一幅王树声将军的照片。

杨妈妈走进里屋的书房，书房不大，一张写字台几乎占了大半个房间，墙上挂满了老人画的画。杨妈妈一边从书桌上清理着自己上课要带的东西，一边喊着："小张，帮我把这个笔洗冲一冲，要不赶不上要迟到了。"先前给我们开门的青年跑进来，接过笔洗又走了出去。收拾完画具，杨妈妈对着满墙的画端详起来："我要挑一张交作业，哪一张好呢？"望着满墙的画，我看得出来，她是一个认真用功的学生。老人左看右看似乎对哪一张都不是特别满意，最后她从一大堆的画中取下两张大概是她认为还说得过去的习作放进书包，对洗完笔洗的小张说了一句："走吧。"两人一前一后地出了房门。

杨炬正在接受剧组采访

杨妈妈就学的老年大学，是部队为退下来的老同志开办的。跟在杨妈妈身后，我们来到教室门口，杨妈妈在自己的座位上坐了下来，一边和周围的同学打招呼，一边从书包里往外掏画具。杨妈妈刚刚整理好学习用品，一位40多岁的男士走上讲台："同学们，开始上课了。"刚才还在喧闹的教室立刻安静下来，望着这群白发苍苍的学生，我有些感慨，脑子里冒出了一句话："活到老，学到老。"我想，对于这些戎马一生的老人来讲，他们手中的画笔不亚于当年肩上沉甸甸的武器，每一堂课、每一次作业都一如当年的一场战斗，我不禁对他们心生几分敬意。再望望杨妈妈，她正聚精会神地听着老师讲课，不时地做着笔记，那份投入、那份认真让人感动。

隔了几天，我们再一次来到杨妈妈家，这一次主要是采访她，就在那间不大的客厅里，杨妈妈把她的故事向我们娓娓道来。

杨炬，1921 年深秋出生在湖北南漳城关镇，父亲是一位教书先生。家里的生活虽不是很富裕，但比起那些吃不上喝不上的穷人，日子总还算过得殷实，杨炬也就有幸入学接受教育。校园的生活，使她的童年变得充满了阳光。在这个鄂西北的山城，杨炬度过了 13 年的幸福时光。

13 岁那年，杨炬小学毕业，家里为她定下一门亲。男方家虽不在城镇，但家境富裕，也算是个不大不小的地主家庭。这在当时那个小山城里，是许多姑娘梦寐以求的出路和归宿。可是 13 岁的杨炬却不这样想，做少奶奶不是她的人生追求。她不想按父母为她安排的人生去生活，不愿就这样在浑浑噩噩中度过自己的一生。但是，不做少奶奶，自己的出路又在哪里？刚刚迈进少女时代的杨炬还没有想好，她还不懂得妇女要独立、男女要平等这些道理，只是从学校一位女教师的身上，懵懵懂懂地感觉到自己很向往那种独立自强、自由自在的生活。不久，杨炬以优异的成绩考入了襄阳省立中学。

襄阳省立中学是湖北省一所重点学校，有许多优秀人才和进步青年。杨炬在这里接受了反帝反封建进步思想的影响和启蒙，对父母给自己包办的婚姻越发不满，一向在家人眼里懂事听话的她，对此开始了反抗。每到假期回家，她总是对母亲说："我现在可不嫁人，我可不去做少奶奶啊。"母亲骂道："死丫头，定好的一门亲，多好，好多人想攀还怕攀不上呢，不去不行。"

就这样，杨炬年年推，父母年年骂，转眼就到了 1938 年，杨炬中学毕业了。这时候，日本帝国主义已经开始全面侵华，举国上下，抗日的呼声越来越高涨，偌大的中国再也放不下一张平静的书桌。原打算报考师范的杨炬看到学是不能继续上了。可是不上学，就得回家成亲做少奶奶，这是杨炬极不情愿的。正好班里一个叫金宇的女同学，也面临着与她同样的处境。于是，二人商量，决定一起逃婚。可是往哪里逃却是个问题，逃到亲戚家，肯定是不行，要不了几天，就会被父母找回去。这时候，她们想起在学校曾听进步教师和学生提起延安，听说那里提倡妇女独立男女平等，还特别欢迎进步的青年学生。而最吸引她们的是可以参加八路军到前线抗日，不当亡国奴。救国抗日是当时每个有良知的中国人的理想。想到此，她们兴奋起来，可随之而来的烦恼是，在这兵荒马乱到处都是日本兵的情况下，两个青春年少亭亭玉立的少女上路，无疑是非常危险的。杨炬想起了哥哥。在家里，哥哥是她抗婚最坚定的支持者，还在上学的时候，哥哥就经常给她一些进步书籍阅读。当杨炬把自己想到延安参加抗日的想法告诉哥哥时，得到了他的赞成，并决定亲自陪伴她们一起去，于是，在哥哥的护送下，杨炬与金宇这两个有着相同境遇的女孩来到了西安。

在陕西旬邑看花宫，这个离西安仅百里之遥的地方，有一个陕北公学旬邑分校。那是在抗战初期，中国共产党为了安排当时来此参加革命的学生们开办的。那时的陕北，是全国许多青年向往的地方，他们虽心怀抗日救国的理想，但从出身背景到文化程度、思想觉悟、理论水平等方面都参差不齐，所以来陕北之初，大部分青年和学生都会先到陕北公学学习一段时间，一方面是对他们考察，另一方面也是为了统一思想提高素质，杨炬她们也不例外。

在陕北公学旬邑分校，杨炬进行了为期四个月的军政理论学习和军事化训练，同时通过了组织上的审查。四个月后，她被分配到延安医科大学的前身——红军卫生学校学习，从此开始了她从医的职业生涯。

到红军卫生学校学习，与杨炬参加八路军到抗日前线要为国捐躯的愿望相差甚远。当初她们决定到陕北投奔共产党，就是想向八路军学习英勇善战不怕牺牲的精神，把日本侵略者赶出中国去。这下子，上前线杀敌为国捐躯的愿望落空了，这让她们感到非常遗憾。但是，这时候的杨炬经过四个月的学习，已不是一个为了“逃婚”违抗父命的女孩子，而是一个有一定觉悟的革命战士，懂得革命的需要就是自己的岗位。所以遗憾归遗憾，她还是服从了组织上的安排，在这所窑洞学校里开始了刻苦的学习。

红军卫生学校女兵多，女孩子一多就热闹。那时的延安虽然生活艰苦，但文化生活还是挺丰富的。每天歌声不断，学校还组织业余剧社，经常进行文艺演出。个头高挑面貌姣好，被同学们私下称为“校花”的杨炬自然是剧团的骨干。不过，她演的角色，不是少奶奶，就是大小姐。

1939 年 3 月，由于各方面表现突出，18 岁的杨炬光荣地加入了中国共产党。1941 年 9 月，她以优异的成绩从延安医科大学毕业，先是在中央军委门诊部工作。几个月后，她又被组织上调到中央办公厅卫生所。在那里，

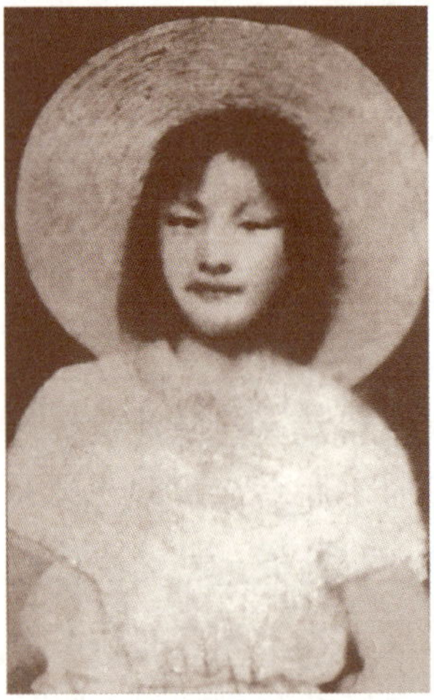

初到延安的杨炬

她有幸接触到许多中央首长。开始，杨炬主要是给中央机关的工作人员看病，偶尔也出诊给首长治疗。从没有接触过中央首长的她，每次一听说要给领导看病，就不禁有些紧张。后来，去的次数多了，首长们都特别随和亲切，杨炬那绷紧的神经才松弛下来。每逢周末，延安都要举办舞会。那时延安条件艰苦没有舞厅，但这并没有难倒乐观的共产党人，找片树林，几件简单的乐器，舞会就开张了。而女同志最集中的医院，常常是主办舞会的同志为大家寻找舞伴的地方。活泼开朗的杨炬就做过朱德、周恩来的舞伴。

1943 年，一个注定要在杨炬生命中出现的重要人物回到延安。他就是原红四方面军副总指挥王树声，他是随八路军大批高级将领从抗日前线回延安参加整风运动的。此时，38 岁的王树声已是太行军区副司令员。王树声曾有过两次短暂的婚姻，一次是家里疼爱他的老祖母给他包办的一门亲事，对方是一个小财主的千金，两人因志向不同而分道扬镳。还有一次，是战友们撮合的一个妇女主任，由于相处时间短，缺乏了解，仓促结婚后，两人才发现彼此性格不合，这段婚姻没有维持多久，经组织批准，他们就分手了。以后一直因战事紧急无暇顾及自己的终身大事，加之前线女同志凤毛麟角，很少有机会接触到合适的，所以见杨炬之前，王树声仍孑然一身。回到延安，王树声看到许多老战友、老部下都已成双配对，而自己出来进去总是形单影只，不免觉得有些孤寂。为了给自己早点找个老婆成个家，王树声也动了

1939 年冬，晋冀豫军区司令员王树声（左一）在辽县芹泉村

一番脑筋。延安女同志扎堆的地方当首数医院，要是能在医院里找一个终身伴侣也不错。正好他的战友唐明春的爱人也在医院工作，于是，王树声向唐明春坦露了自己的想法。不久，唐明春就将“侦查”的结果告诉他，医院门诊部有一个叫杨炬的军医，人品、个头、长相都没得挑，重要的是她还待字闺中没有对象，王树声听了喜出望外。以后每到周末，从不参加舞会的他总往舞会上跑，不过他不是跳舞。戎马半生的王树声在唱歌跳舞方面实在是没有天赋，学也学不会，他到舞会只是去看杨炬，越看越觉得那就是自己想要的人。战场上勇于进攻的王树声，决定向杨炬发起进攻。

一天，杨炬在门诊部里上班，刚刚送走一个病人，诊室里又来了一个中年人。杨炬像往常一样，照例是先询问了他单位、年龄，哪儿不舒服。王树声想了想，慢慢地脱下袜子，吞吞吐吐地欲说又止。杨炬开始以为他有什么难言之隐，或是担心这个女医生又是个年轻姑娘会嫌他脚有味，便微笑地说：“你哪儿不舒服？脚怎么啦？没关系，来，伸过来我看看。”王树声说：“我，我这个脚后跟裂口子了。”杨炬又好气又好笑，心想：“给脚后跟看病，脚后跟裂口子算是个什么病啊。”心里这样想，可她是医生，既然人家是来看病的，就得尽医生的职责。“我看看。”杨炬依然带着微笑。可是王树声没有把脚伸过去，相反，他把袜子又穿上了。“怎么？不看了？”杨炬问道。王树声看了她一眼，终于结结巴巴地从嘴里迸出一句话：“杨……杨……杨医生，我……我对你……你的印象很好。”话音刚落，杨炬“噌”的一下就站起来，狠狠地看了他一眼，把手中的钢笔往地下一扔，转身走进里屋的换药间，再也没出来。看到杨炬这个态度，平时足智多谋、勇敢善战的王树声手足无措，站在那里没了主意。不过他并没有放弃，而是决定换一种战术，迂回一下，采取“围而不打”。于是，杨炬周围总有一种声音，无论是身边一起工作的同志，还

抗日战争时期的王树声

是常来门诊部看病的一些首长，诸如陈赓、薄一波等，总是有意无意地说起王树声，夸他如何如何好，立下多少多少战功。可杨炬任他人说得天花乱坠，依然是我自岿然不动。杨炬心里打定主意，抗战不胜利不考虑婚姻大事。因为她看到延安的女同志带孩子真是太不容易了，吃没吃，喝没喝，就连孩子用的被子和尿布都困难，大人、孩子都受罪。所以她抱定抗战不胜利绝不结婚。以后，只要王树声到门诊部，他前脚进门，后脚杨炬就出门，她对付王树声的是“回避战术”。就这样，两人僵持了一段时间。王树声最后没招了，只好去找杨炬的领导、中央卫生处的傅连暲处长，委托他帮个忙成全一下。

傅连暲受人之托找到杨炬，他说：“杨医生，你怎么搞的，王树声同志是个老同志，是给我们党做出贡献经受过考验的。他年纪轻轻的就带着队伍，打了多少个胜仗，因为工作忙耽误了自己的婚姻，这样一个人品能力都没得挑的好同志，别人打着灯笼都难找，你怎么能这样对待他呢？怎么，你觉得他配不上你？”杨炬刚想辩解，傅连暲根本不给她说话的机会，接着又是一通连珠炮：“我知道，你现在不想结婚，那都是借口，心眼儿里是不是觉得人家是大老粗啊。我告诉你，树声同志可是有文化的，参加革命前，人家还当过小学校长呢。你现在不想结婚不等于现在不谈恋爱，可以先接触接触了解一下嘛。我还告诉你过了这个村可没这个店了，你要不愿意，延安可是有许多好姑娘等着呢。”说完这番话，不等杨炬说话，傅连暲撩起门帘就往门口走，走到门口又回头补充了一句：“这个事，就连周副主席都没少操心。”

不久，杨炬收到王树声的一封信，那是一封用毛笔写的信。看着那封情真意切的信，杨炬心里那道坚固的防线有些松动：“看来这个人还是有文化的，不是个‘大老粗’，大家都说他的好话，人品肯定没问题，起码人缘不错，领导说得对，不结婚不等于不谈恋爱，可以先接触一下，免得日后仓仓促促地找个不了解的，先了解一下，行就行，不行拉倒。”

抱着这个想法，杨炬不再躲避王树声。白天，在杨炬工作的门诊部里，经常可以看到一个“特殊”的病人。这个“病人”隔三岔五地就往诊室里跑，可又不看病，只看医生。傍晚，延河岸边成双成对散步约会的情侣中，偶尔，也能看到杨炬、王树声一前一后的身影。

1944 年，杨炬参加了中央卫生处组织的一个医疗巡回组。当时延安医疗环境恶劣，老百姓少有卫生知识，婴儿的存活率很低，甚至大人都有生命危险。杨炬她们的任务就是在陕北巡回医疗，宣传新法接生和一些卫生常识。这一走就是几个月，刚刚跌入爱河的王树声有些七上八下地待不住，抽了个周末，到街上买了些白面和猪肉，警卫也没带，骑上马就向事先打听好的地址飞驰而去。当杨炬看着满脸汗水、一身尘土的王树声出现在自己面前时，心里一阵狂跳。这时候，她感到眼前这个男人真的很可爱，从心里爱上这个执着甚至显得有些“傻气”的男人。

1944 年中秋节前夜，医疗巡回小组终于完成任务回到延安。第二天，杨炬去看望处长傅连暲，在表扬和肯定了医疗巡回组的工作成绩后，傅连暲说：“你没回来，我这耳朵根子可没清静，王树声同志经常过来打听你的消息，今天你们到哪里啦，明天你们在哪儿待着，他都快比我清楚了，还总问你什么时候回来，问得我都有些后悔，是不是不该派你出去呀。你呀现在赶紧去看看他。”杨炬还有些矜持：“今天刚回来，改天再去吧，反正也不走了，我还是先汇报吧。”傅连暲：“去去去，赶紧给我去树声同志那儿，今天是中秋节，你不去，他一会儿也会来，赶紧走。”

杨炬在傅连暲连推带搡的催促下，第一次来到王树声的住处。刚进门，正碰上牵着马准备到卫生处打听消息的王树声。杨炬想起傅连暲的话，不由得笑了。看到眼前站着自己日思夜想的女人，王树声像做梦似的结结巴巴地：“哎，你、你、你怎么回来了？”杨炬调皮地：“怎么，不该回来，要是不欢迎，我这就走。”听到杨炬的声音，王树声才像是从梦里惊醒般地说：“欢迎，欢迎，快进屋歇歇。”

两人在屋里聊了一会儿，王树声提议：“今天是中秋节，咱们去看看徐老总和贺老总。”杨炬一听去见那么大的首长，有些紧张不敢去：“我可不去，那么大的首长，我害怕。”王树声笑了：“怕什么，老总们挺亲切的，走吧，他们一直特别关心我们俩这个事，我们不去不好。再说，今天过节，也该去看望一下，他们还没见过你呢。”

杨炬跟在王树声后面，两人一起来到陕甘宁联防司令部。担任陕甘宁联防司令的贺龙和副司令徐向前正好都在那里。早就听说王树声找了个漂亮女朋友，还是个医生，现在一看，果不其然，两位老总那高兴劲儿不亚于自己找媳妇。他们倾其所有，瓜子、花生，还有房东刚刚送来的月饼全都拿出来。几个人围桌而坐，徐向前拿出一副扑克牌说："小杨来得正好，打对家。"本来只是来看一看的杨炬一看和这么大的领导玩扑克，这可是自己想都没想过的，不由得有些局促紧张，忙站起身不好意思地说："不行，首长，我还有事，我得回去。"贺老总说："回去干什么，今天过节休息休息，来来来，打对家，正好咱们四个人。"可杨炬还是不给"面子"执意要走。贺老总冲着门口的哨兵喊道："哨兵，把好门，没我的命令，谁也不能出去。"杨炬一看，只好留下来，陪两位老总"打对家"。两位老总一家，杨炬自然是和王树声一家，人是坐在那里了，但杨炬心里可一点都没心思，本来牌技就不高的她总出错牌，结果让两位老总打得落花流水。

时间不知不觉就到了太阳偏西，杨炬瞅准一个空当儿站起身说："天不早了，我该回去了，刚从下面回来，还有好多事要处理。"贺老总笑眯眯地说："走什么，今天是不能走喽，树声同志年纪也不小了，你打算让他打多长时间光棍啊，今天结婚，就在这儿。"就像是事先商量好似的，贺老总话音刚落，徐老总也接上话茬："对对对，今天是花好月圆中秋节，正是结婚的日子，把事办了。"

两位老总的话，让没一点思想准备的杨炬有些措手不及："不行，不行，不行。"杨炬头摇得像拨浪鼓。老总们的提议，离自己抗战胜利再结婚的想法距离太远。

"哎，有什么不行，有什么困难咱解决什么困难，日本鬼子咱都不怕，这娶媳妇还有什么困难克服不了的。"贺老总说。

"我……我一点准备都没有，我……"杨炬一着急不知说什么好，"你看，我这衣服纽扣都掉了，还是用别针别的。袜……袜子也没穿，这怎么行？"

"准备什么，抗战时期，婚事简办，哪有那么多的讲究。"贺老总笑眯眯地说。

"是啊，就把我的窑洞腾出来，给你们做新房。警卫员，赶紧收拾屋子。"平时不紧不慢的徐向前这回动作很快，在一旁配合得很默契。

杨炬一听脸羞得通红："不行，不行，我还没向组织上请示报告呢。"

贺老总："这好办，你们处长老傅那儿我负责打招呼，我这个联防司令的面子他总得给吧。树声这块儿就更好办，徐老总就是他的老上级，这个家他当了。”

“对对对，我这儿全票通过。”徐向前在一边帮腔。

杨炬一看，走是没法走了，反正也是迟早的事，只好听从安排。一直在一旁的王树声乐坏了，没想到今天一不留神竟做了新郎，这正是自己求之不得的，心里美滋滋的，可嘴上还装装样子：“一点准备都没有，怎么也得请二位老总喝杯酒吧。”

贺龙嘿嘿笑了：“你别在这儿给我们装了，准备什么，婚事从简，就这样定了，警卫员，找点酒来，再张罗几个人热闹热闹。”

老总一声令下，司令部的人就忙活起来。收拾房间的收拾房间，张罗饭菜的张罗饭菜，召集人跑到外面去通知人。不到一会儿工夫，王树声的那些老战友，还有一起在中央党校学习的陈赓、陈锡联、陈再道、谭震林等都来了，来得最早的陈赓站在窑洞顶上冲着山上山下一通喊叫，结果，来吃喜酒的人足足坐了好几桌。

结婚后不久，毛泽东就亲自召见王树声，命令他前往中原，组建河南军区。王树声二话没说，背起行囊，带着队伍，告别新婚的妻子奔赴豫西抗日前线。这一别又是几个月，对刚刚新婚的杨炬来说，实在是漫长的几个月。她拼命地工作，以缓解对丈夫的思念。工作之余，杨炬常常一人徘徊在延河边，遥望着远方，回想着和丈夫在一起的日子。

1945 年 5 月，抗日战争已接近胜利，形势有所好转。组织上为照顾解决夫妻分居两地，将一些干部家属送往前线与丈夫团聚，杨炬有幸是其中之一。她告别生活了七年的延安，与另外两名干部家属以及组织上派去的两名护送人员一同上了路。那时候，日本还没有投降，路上到处都是日本人的碉堡和据点。杨炬她们只能白天找个地方睡觉，晚上赶路。遇到情况，就找个可靠的老百姓家暂时隐蔽起来，等敌人走后，她们再继续赶路。就这样，她们走走停停，穿过了敌人一道道的封锁线。历时四个多月，终于在 1945 年秋，在迎来抗战胜利的同时，杨炬与丈夫王树声也迎来他们团聚的日子。

也许，杨炬、王树声这一生与中秋节结下不解之缘。在豫西团聚的这一天，恰巧又是中秋佳节，他们结婚整一周年。望着日思夜想的亲人，两人心情都格外激动。这一晚，他们度过了一个甜蜜的中秋之夜。

但是，历经十四年抗战的中国，并没有因为日本的投降而硝烟散尽。不久，蒋介石发动了全面内战。1946 年 1 月，王树声率部南下，到桐柏山与李先念部、王震部会师中原，牵制国民党军主力。6 月，蒋介石为了北上争夺平津，调动 30 万国民党军队将我中原部队包围得铁桶一般，妄图消灭我中原部队，形势危急！一场惊心动魄的血战就要开始了，这就是著名的“中原突围”。可偏偏这时，杨炬怀孕了。

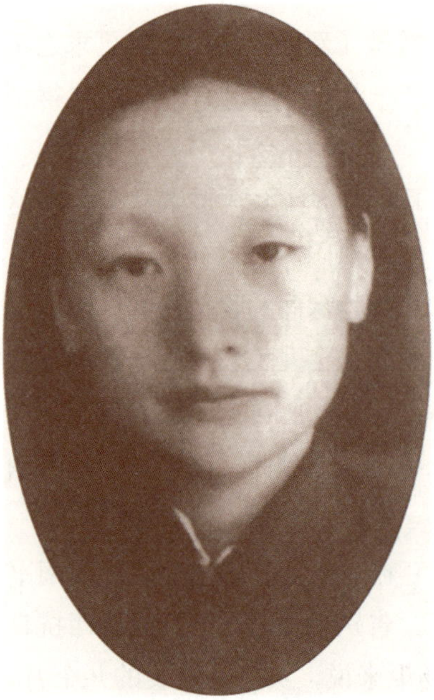
“中原突围”时杨炬的化装照

面对严峻的局势，为了不给部队增加负担，以免影响部队的突围。杨炬与年已 40 岁的丈夫商量，决定打掉腹中的胎儿，轻装行动。王树声同意了妻子这个顾全大局的决定。于是，杨炬买来打胎药，每天由警卫员李树林、白金泉煎熬。可是不知怎么回事，连吃好几服，肚子也不见动静，眼看着肚子一天天大起来，行动越来越困难，突围在即，警卫员李树林不得不“坦白交代”。原来，李树林他们看到首长那么大年纪，好不容易有了孩子，还没来到人世间，就要打掉，实在不忍心把这个小生命扼杀在母亲腹中。于是，就在煎药时，悄悄地把最主要的两味药拿掉，结果造成打胎失败。无奈之下，杨炬只好挺着肚子负重行军，跟着大部队一起突围。每天敌人的飞机坦克，前面堵后面追，四面夹击。杨炬以坚强的毅力，与战士们一起爬山蹚河。有一次，部队穿越平汉铁路，敌人的子弹像雨点一样从山上倾泻下来，情况非常严峻。杨炬挺着大肚子，硬是蹚着稻田里膝盖深的水与部队一起冲出铁路封锁线。后来，看到杨炬实在跟不上了，部队才找了两个战士抬着她。看到身边抬着自己的战士汗流浃背，杨炬心里真不是滋味。当部队过了襄河，望着自己越来越大的肚子，为了给部队减轻负担，杨炬主动向组织提出暂时离开部队。考虑到实际情况，组织上决定，派军区干部李连成和杨梧化装护送杨炬到附近的山东解放区。于是，杨炬化装成国民党军官“团长太太”，李连成摇身一变成了“李团副”，年轻的杨梧便是随身勤务兵。他们一行三人离开大部队，向山东进发。

在延安医科大学时，杨炬曾是业余剧团的演员，这回化装“中原突围”，杨炬演戏的天赋又派上用场。一路上，一个派头十足，时而娇气，时而蛮横的“团长太太”，让沿途的敌人见了不敢阻拦。他们顺利地闯过了一道道封锁线，通过了敌人一次次盘查。辗转武汉、郑州，又下徐州，最后终于在 1946 年中秋节这天到达了新四军军部所在地山东临沂。

当王树声手捧着妻子平安到达的电报，望着天空中那轮皓洁的圆月，仿佛看到妻子的笑脸，心中不禁更加增添了几分思念。

一个多月以后，1946 年 11 月 2 日，杨炬在山东解放区顺利地生下第一个孩子，为了纪念在河南光县平安突围到达鲁南解放区，夫妻俩为这个大难不死的儿子起名鲁光。

没有多久，国民党开始对山东解放区发起大规模进攻，部队不得不向沂蒙山区转移。由于杨炬不是那个部队的编制，领导决定派一个同志护送杨炬母子返回华北局，同行的还有另外一个带孩子的女同志，她们拖着产后虚弱的身体上了路。

一路上，两个还在襁褓中的孩子由一个挑夫一边一个箩筐挑着，而杨炬与另一个女同志一人坐着一辆独轮车。独轮车的另一边，是她们简单的行李。山东的独轮车，轱辘是木头的，上面没有胶皮，走在路上特别颠。对于两个刚刚生完孩子的女性，坐一天下来，浑身的筋骨就如同要散架一般。到了晚上，护送的同志找到当地地方干部，为她们找老乡家安排住处。正值兵荒马乱的年代，为了躲避国民党军队，当地的老百姓逃的逃，走的走，村里往往留下许多无人居住的空房子，杨炬她们就被安排其中。有一次，杨炬推开门，只见屋子中间摆放着三口黑漆漆的大棺材，吓得杨炬好一阵心跳。战场上见到死人是司空见惯，但孤单单地与几个死人同住一屋，就让从医的杨炬也觉得有些毛骨悚然。直到护送的同志确认棺材里没有人，她才松下一口气。

由于产后身体虚弱，加之路途颠簸、营养不良等因素，两位年轻的妈妈没有奶水。孩子饿得哇哇直哭，两个妈妈急得直掉眼泪，没办法，只好一路走一路讨奶水。只要是遇到有人家的村子，她们总要停下来问问，村里有没有刚生完孩子的大嫂，请她们帮着喂喂孩子。看到孩子一路跟着受罪，杨炬产生了把孩子放到老百姓家托养的念头。可是，兵荒马乱炮火连天的，老百姓自己都顾不过来，谁还愿意在这个时候再收养别人的孩子，问了一路也没有人愿意收留，好不容易有一户人家答应收养，可一打听，这个人精神有些不正常。杨炬想想，孩子带在身边，虽说饿点，但毕竟可以和孩子每天在一起，比起每天见不着牵肠挂肚要好些。最后，杨炬还是没有舍得把孩子托养出去。

经过了三个月的辗转，1947 年早春，杨炬她们终于在河南冶陶晋冀鲁豫军区安顿下来。在这里，杨炬又开始了工作，在华北局卫生科当医生。半年后，在武当山打游击的王树声，也来到冶陶治病休养。他第一次见到已经几个月大的儿子，一家人终于团聚了。

这次的团聚，让杨炬又怀了孕。由于有了带鲁光的艰难经历，杨炬不顾丈夫的反对，坚决要将胎儿打掉。作为一个母亲，她不想再看到自己的孩子受罪，这一次，她没有采取中药堕胎，而是找了一根筷子，用刀削成月牙形，将胎儿刮了下来。

1947 年秋，当杨炬一家还沉浸在团聚的喜悦中，挺进大别山的号角吹响了。抱病在身的王树声毫不犹豫地选择了请缨上阵。告别妻儿这一天，恰巧又是一个中秋之夜。望着刚刮完胎儿，身体还没复原的妻子和她怀中未满周岁的儿子，王树声这个铮铮铁骨的硬汉，心里不免也涌上一丝别离的忧伤和歉疚。但战士毕竟是战士，号角吹响就义无反顾。他拿出身上唯一的照片赠予妻子。他对妻子说："你好好工作，好好带孩子，我们不会分开太久，打完仗就又会在一起的。"

丈夫义无反顾地走了。杨炬心里清楚，那是为了以后长久的不分离。望着照片上的丈夫，她感到他依然守候在自己身边，一丝暖暖的柔情涌上心头。忽然她发现，在照片的背后，有几行小字：

久别重逢今又别，
不知人月几时圆。
伤思艰险犹尝尽，
誓将奋斗会中原。
赠给我亲爱的杨炬同志留念。

树声

八月十五于冶陶

丈夫将他的一腔柔情留在了字里行间，杨炬的心中充满了幸福。有这样一个丈夫的疼爱和体贴，还有什么苦不能吃？还有什么委屈不能忍受？离别的忧愁顷刻间被丈夫的爱冲刷得无影无踪，剩下的只有那份渴望再一次相会的期待。

思念在等待中煎熬，这一别就是18个月，杨炬独自带着孩子在牵挂中度过了每一个白天和黑夜。1949年6月，杨炬南下到达武汉。这时候，鉴于王树声的身体长期处于紧张劳累的状况，组织上安排他到武汉休息，顺便也可和妻儿团圆。王树声却拒绝了这次盼望已久的机会。他说：“大别山的土匪不剿灭，我无颜回去见妻儿。”为了照顾丈夫的身体，1949年秋，杨炬带着已经3岁的鲁光，来到大别山与丈夫团圆。10月1日，他们从收音机里听到了新中国成立的消息。

1953年，王树声（右一）陪同毛泽东主席在湖北考察

1950年，王树声被任命为湖北省军区司令员。1955年，王树声出任中国人民解放军总军械部部长，全家来到北京。不久，杨炬就经历了一次痛苦的转折。这一年，根据上级指示，由于进入和平年代，要求部队的女军人全部退役。许多女同志想不通，不想离开部队，组织上的这个决定，迟迟落实不下来。王树声所在部队也面临着这样的局面。为了支持丈夫的工作，穿了18年军装的杨炬，带头忍痛退役转业。这对于一向以部队为家的杨炬来讲，无疑是一个痛苦的决定。但是以大局为重，服从组织安排，是杨炬这名共产党员一贯遵循的原则，她别无选择。

离开自己喜爱的军人生活，离开如亲人般的战友，成为一名赋闲在家相夫教子的军人家属，也许是一些人梦寐以求的生活，但这并不是杨炬的追求。年仅35岁的她，不甘这样在家做“大将夫人”。独立自强是她从小就向往的人生，她觉得自己还能够也应该继续为党工作。于是，瞒着丈夫，杨炬找到组织要求安排工作。根据她的实际情况，有关部门将她安排到海淀区卫生局担任防疫科科长。在这个岗位上，杨炬勤恳努力地工作。一直到1961年，她又重新穿上军装回到部队。先是任军科院门诊部主任，后又调任二炮后勤卫生部防疫科科长。两年后，后勤卫生部改为解放军304医院，杨炬被上级任命为该院副政委。这时候的总军械部已经撤销建制，而王树声也早已调任国防部副部长兼军事科学院副院长、第二政委和党委第二书记。

20世纪60年代初王树声与杨炬合影

丈夫的职位不断升迁，杨炬的生活并不因此改变。她每天照常坐两三小时的公共汽车去上班，不管刮风下雨，她从不坐丈夫的专车。

考虑到王树声居住的地方已经换了单位，生活和工作都不方便，组织上决定根据他的级别建一座新宅。于是，总后营房部派人要杨炬挑选地方。第一次，在西城区找到一处不错的房子，听说是一个自治区的办事处，杨炬觉得让人家搬出来不合适，没有同意。第二次，又找到一个非常好的宅第，那是以前一个什么民主人士的，独门独院现在空着，只要略微修整一下，就可以入住，可杨炬也不同意，说不能侵犯别人的地方，人家总要回来的，违反党的政策影响不好。第三次，好不容易在海军医院附近选中一块地方，离玉渊潭公园不远，鸟语花香空气新鲜，杨炬非常满意。可是就在这时候，她忽然发现附近有炊烟，一打听，那是几家民房，本来已经同意的杨炬又改了主意。一同跟去选址的同志说，这个没关系，可以安排他们搬走。可杨炬说什么也不同意，说盖房子不能影响老百姓的生活，侵犯别人的利益。就这样，选来选去，一直没有合适的地方。直到“文化大革命”王树声去世，盖新房的计划也没有实现。如今，杨炬依然住在1955年老军械部那所简陋的平房里。

1966年，“文革”开始了，许多干部都受到冲击，王树声、杨炬也没有幸免。1971年，九一三事件后，中央决定王树声以国防部副部长的身份参加外事活动。杨炬也随之恢复工作，任304医院副院长。此时，正值“文革”中期，国家的不幸远没有结束，家庭的不幸却接踵而来。先是1971年，当年曾送杨炬去延安的大哥，因抢救落水妇女光荣牺牲。仅仅两个月之后，在南海舰队服兵役的三儿子又突然精神失常住进安定门医院，紧接着二儿子因脑溢血成了植物人。第二年，他们最心爱的大儿子鲁光，在准备结婚的前几天突遭车祸高位截瘫。之后，王树声被检查出食道癌。从此，杨炬就奔波在三个儿子和丈夫的病床之间。1973年，因脑溢血变成植物人的二儿子去世。1974年，自己最亲爱的丈夫因食道癌也离开人世。

20世纪70年代，王树声、杨炬夫妇与子女合影

面对这一个又一个致命的打击，杨炬没有倒下，擦干泪水的脸上仍然挂着微笑。失去了丈夫，她独自支撑起这个多灾多难的家。她主动上交组织上配给丈夫的专车和公务员，每天挤公共汽车到医院看望生病的儿子。她给鲁光送去《钢铁是怎样炼成的》，鼓励他做一个身残志坚的生活强者。

除此之外，在照顾好孩子的同时，工作上，杨炬也毫不逊色，用她乐观的人生观影响着身边的每一个人。一次部队拉练，每天50多里的任务，身为院长的杨炬有严重的关节炎，她完全有理由不去参加，但是她并没有因此请假，坚持与大家一起行军。在拉练的队伍中，她年纪最大，职位最高，可她从没有一点特殊。有时候，实在走不动了，同志们劝她坐一会儿后勤队伍的车，她都摇头拒绝，在路边撅一根树枝做拐棍，继续往前走。有一次，经过一个八九里长的涵洞，洞里面又潮又湿，没有照明，路面凹凸不平，一些同志不免掉了队，也有一些人产生畏难情绪。杨炬一边走，一边鼓励大家，还给大家讲笑话，逗得大家忘记了疲劳。在她乐观情绪的感染下，部队终于胜利完成拉练任务，受到上级的表扬。

1970年5月，王树声（左）同群众一起劳动

杨炬从工作岗位上光荣离休后，除了用更多的时间照顾两个病残的儿子，仍然把生活安排得特别充实，打太极、练气功、学书法、画国画。面对生活中诸多的不幸，她更多了一些坦然淡定。在母亲乐观精神的鼓舞下，身有残疾的鲁光与邓朴方等人一起筹建了残疾人福利基金会，并担任秘书长。杨炬还积极支持儿子筹集资金，在王树声的家乡，湖北麻城建立了树声希望小学，为革命老区的孩子送去一份希望。杨炬以她坚强的意志和乐观的精神，独自支撑着这个灾祸不断的家，并把它演绎成病残儿子们温馨的港湾。

采访完杨妈妈，已经不早了。临近中午开饭的时候，杨妈妈走向厨房，一边走一边小声对我说："今天是我儿子鲁光的生日，我让厨房多做几个菜，表示一下，不告诉鲁光，他知道了不让。"真巧，那天是鲁光哥哥53岁的生日。

厨房里，一个40多岁的妇女正在做饭。杨妈妈走过去问道："今天做什么菜了，多做两个了吧？""嗯，一个鱼，一个牛肉，还有一个冬瓜炒肉，又做了一个汤，够吧。"杨妈妈满意地说："好，挺好，把那个灯也开开。叫他们吃饭吧。"

杨妈妈说完，自己走到橱柜前，拿出几个碗，盛出一碗米饭，又将桌上的几样菜各夹出一点放到碗里，再将盛满饭菜的碗放到桌子的一端："这是鲁光坐的地方。"我注意到，她所指的地方并没有摆放座椅。

不一会儿，一个中年男子开着一辆电动轮椅进了厨房。他开得非常熟练，甚至可以说开得很帅，我想这一定是鲁光哥哥。他把轮椅开到没有摆放座椅的地方，一个潇洒利落的转身就把车子准确地停在那里。这时候，杨妈妈又盛了一碗汤放到他的桌前，这一切都是那样自然，似乎成了一种程序。趁着他吃饭的工夫，我仔细打量着他。应该说，鲁光哥哥长得很帅，尤其是眉宇之间透着男子汉的英气，短短的寸发虽有些花白，但仍然让人从中感到一种坚毅。虽然高位截瘫常年坐轮椅，但他的身材并没有因此而发福和松懈，腰背比同龄正常人还要挺拔。也许是见了我们这些陌生人的缘故，不善言谈的他始终没有说话，一脸的严肃，显得酷酷的。总之，他浑身透着一种硬汉的感觉。怪不得杨妈妈一提起儿子鲁光，脸上总是不由自主地带出一种抑制不住的骄傲。由于鲁光哥哥不能起身，杨妈妈不断地给他碗里夹菜。看到这幅情景，我想车祸虽然给鲁光哥哥造成不幸，但人过半百还仍然能天天得到母爱的亲情，这不能不说也是一种“因祸得福。”

王树声、杨炬与儿子王鲁光合影

那次，鲁光哥哥没有和我们说话，但后来，我从杨妈妈和其他人那里，听到了他的故事。鲁光哥哥在他们兄弟三人中，是最聪明、最有前途，也是深得父母喜爱的一个。尤其是父亲王树声，对他寄予了很大的希望。

但是，一场车祸，摧毁了鲁光的大好前程，也毁灭了他对美好生活的憧憬，他再也不能站起来了。鲁光无法面对这样残酷的现实，本来充满朝气和活力的他，像是变了一个人，每天几乎一句话也不说。看到儿子这种状况，杨炬心里所承受的并不比他轻松，恨不能遭受车祸的是自己。可是，作为母亲，所有的痛苦不能在儿子面前流露，她知道，只要意志不被摧毁，任何毁灭都会重生，她要帮助儿子从灾难和痛苦中重新站立起来。她给儿子送去《钢铁是怎样炼成的》。在儿子面前，她永远都带着笑脸，但在微笑的背后，是一个母亲血淋淋在滴血的心。

看到年过半百的母亲每天奔波于几张病床前，还能够面带笑容。鲁光深深被她的坚强感动，如果自己再这样消沉下去，愧对母亲。鲁光在母亲的感染和帮助下，在意志和命运的抗争中，又找回了自己。他重新给自己的人生定位，与同病房的邓朴方共同筹建残疾人福利基金会，致力于残疾人的事业。心里的疙瘩解开了，鲁光觉得敞亮了许多，坚毅与自信又回到他的身上。

鲁光哥哥是好样的，他没有让母亲失望。

1999 年冬的第一场瑞雪，我们又来到杨妈妈家。那天，我们主要拍摄杨妈妈家的居住环境，导演他们在杨妈妈家的对面，找到一个可以拍摄到全景的角度，好像是个幼儿园，但是需要爬到房顶上。我们没有找到梯子，只在附近找到一个小平板车，导演几个人踩着小车互相拽着攀爬到屋顶。杨妈妈的家，在冬日飘飘扬扬的雪花中，显得十分安谧。在拍摄过程中，我发现在杨妈妈家的客厅窗户后面，有个人一直在默默地注视着我们，透过玻璃，我看出那正是杨妈妈。

拍摄完外面，我们回到杨妈妈家。老人早已为我们准备了热茶，一定要我们先喝点热的暖和暖和。那天，杨妈妈正在整理丈夫的东西，一条长围巾，一支丈夫生前送给她的笔。之后，她将墙上镶嵌着照片的镜框取下来，清理了一下灰尘，里面的照片有些歪，她和工作人员小张把它矫正后，重新挂了起来，那是一张王树声大将穿军装的照片。我曾在杨妈妈家看到过一张王树声大将穿着将军服的照片，照片中的王树声大将非常英武，于是就问杨妈妈为什么不把那张相片放大挂起来。杨妈妈回答没有底版，我说，没有底

杨炬和工作人员在散步

版也没有关系，现在有好多科技手段都可以解决，我请杨妈妈把那张相片给我，我拿去帮她扫描放大，杨妈妈听了特别高兴，立即把那张照片翻出来交给我。那天拍摄完毕，杨妈妈送给我们摄制组一箱水果。

如果我没有参加拍摄这样一部纪录片，可能我永远不会相信一个大将夫人，过得居然是和普通老百姓一样的日子。1999 年初冬的一个早晨，淡淡的晨雾还在空中游荡。我们跟在杨妈妈身后准备拍摄她的晨练，从杨妈妈家到附近的玉渊潭公园，要经过一个早市。老人在早市上一边走一边和陪她的工作人员小张商量中午吃什么菜，顺便还想看看过冬的大白菜和雪里蕻的价格。

杨妈妈：“买什么菜呀？”

小张：“到那儿看看再说吧。”

杨妈妈：“看看有没有雪里蕻。”

小张：“买点菠菜吧。”

杨妈妈：“可以，再问问白菜多少钱一斤，他们说菠菜和白菜都卖到一毛八、一毛五啦，将来要涨，涨到三毛一斤，那储存白菜还是合算些，咱们看看。”

两人来到一个菜摊，杨妈妈：“请问这个韭菜怎么卖哪？”

小贩：“四毛一斤”。

杨妈妈：“多少？”

小贩：“一斤四毛。”

杨妈妈：“哎哟，四毛太贵了，便宜点吧。”

小贩：“你看这个韭菜多好。多新鲜哪。”

杨妈妈：“两毛八吧，好不好。”

小贩：“三毛，最低价啦。”

杨妈妈：“好吧，你给我称上一把。”

一番和小贩讨价还价终于达成交易，杨妈妈又去询问白菜和雪里蕻的价格，她准备储存一些过冬。在她家的院子里，至今还保留有一个菜窖。20 世纪六七十年代，国内许多城市家庭有条件的，都会有一个菜窖，用于存放过冬的白菜什么的，这对当时生活不甚富裕的人们来说，能省一笔不小的开销。随着人们生活水平的提高和高速的城市建设以及物资的丰富，菜窖已经几乎从城市人的眼中消失。可是没想到，身为大将夫人的杨妈妈至今却仍然使用着。多少年来，她一直过着俭朴的生活，对自己手中的每一分钱都格外珍惜。我想，对于一个已经80多岁的母亲而言，两个身有残疾的儿子，恐怕是她身后最放心不下的事。尽可能多地给他们留下一些积蓄，也是她最后为孩子们做的一点事情。

与工作人员去菜市场

离开早市，杨妈妈来到玉渊潭公园。这时候，阳光已经把晨雾驱散，河边的柳树下，杨妈妈迎着太阳开始了晨练。

以后，我们由于忙着拍摄其他老妈妈，一直没顾得上和杨妈妈联系，直到2001年，因为撰稿写出来，要请杨妈妈审查签字，我才又见到她。

那是8月中旬，虽然已经立秋，但天气一点没有要凉快的意思。考虑到杨妈妈与其他老妈妈生活状况不同，我没有买花，而是到超市买了些比较实惠的东西。从超市出来，我提着水果和营养品，来到杨妈妈家。离我们上一次见她，已经一年半多了，她显得比一年多之前苍老了许多，我的心里不知怎么觉得有些酸酸的。杨妈妈依然是满脸笑容，她拉着我来到卧室，问起了拍摄的情况，我一一向她做了介绍。杨妈妈听得很认真，又问我都有哪些老妈妈接受采访。当我把名单告诉她之后，老人似乎显得有些不安地说："哎呀，人家可都是老红军哪，我怎么能和她们一样呢？我这辈子没有做什么，还是把我拿下来吧。"我说："这个名单是有关部门批准的，主要是以丈夫的身份定的。"她听了我的解释，"哦"了一声，随后又说："如果领导审查，要拿掉一部分，就把我的拿掉吧，你别为难。"我说："不为难，不会去掉哪个人，只会在每一集里面做些修改，您看看本子内容有没有失实和不准确的地方，我们会根据这个本子编辑。”杨妈妈：“那好吧。”

当我准备离开杨妈妈家和她告别的时候，她突然让我等一等，然后转身走进厨房。片刻，她手里拿着两盒干海鲜走出来：“姚言同志，我这儿没什么东西送你，这海鲜还不错，也是别人送我的，你给你父母拿回去吧。我的一点心意。”

我有些受宠若惊：“哎呀，杨妈妈，这可不行，我……我……我可不能要您的东西。”一着急，我竟结巴起来。

“那有什么不行的，我不是也收下了你送来的水果吗？”杨妈妈笑眯眯地说。

“那不一样，那是应该的，我是晚辈。”我说。其实我是觉得杨妈妈的生活太不容易。

“没什么不一样的，快拿着，不然我会生气的。”

看到她真像要生气的样子，我只好收下。回去的路上坐在车里，望着手中的海鲜，想起杨妈妈在早市上跟小贩讨价还价的情景，心里面真的很不是滋味。

对于杨妈妈，不知为什么，我心里似乎比对别的老妈妈们更惦念。老人唯一的女儿在国外，她与两个病残儿子生活在一起。杨妈妈自己也是体弱多病，除了患有糖尿病、关节炎，还有肾癌，这些都是我在后来与她的接触中逐渐知道的。可是每次见到她，从她脸上丝毫看不出怨天尤人的情绪，总是笑眯眯的。她的笑脸特别从容慈祥，这让我对她除了崇敬更多了一份心痛与牵挂。这以后，我又去看望过她几次，有时候工作忙没顾上与她联系，就会接到她的问候电话。

2005 年 2 月，杨炬妈妈最疼爱的儿子——59 岁的鲁光因肺癌去世，杨妈妈又一次经历了白发人送黑发人的剧痛。我得知这个消息，是在钟月林妈妈家吃饭时，看到了鲁光哥哥追悼会的讣告。我本来想去看望杨妈妈，可是想来想去还是没有去，甚至连个电话也没有打。打个电话，说几句安慰话并不难，但是那丝毫减轻不了杨妈妈痛失爱子的悲伤，怕是更让杨妈妈难过。我害怕见到一个本来生活就给予了她太多痛苦的人再雪上加霜，老天对杨妈妈太不公。与其看到她痛苦，不如不去，我采取回避的态度，只当是不知道。

回避只是暂时的，过不了多久我就必须面对。本来已经审查通过的杨妈妈的那两集，我们想把鲁光哥哥去世的信息加上去，需要一张鲁光哥哥的照片，我不得不去杨妈妈家。一天，我小心翼翼地拨通杨妈妈家的电话，是她们家阿姨接的。我询问了杨妈妈的身体状况后，得知杨妈妈的女儿从国外回来了。听到这个消息，我长长地出了口气，心里多少有些宽慰。我从阿姨那里要了杨妈妈女儿宁红的电话，就直接与她通了话，她让我第二天到家里去取，我嘱咐她千万不要让杨妈妈知道这个事，我说我还是不见老人家的好。

杨炬八十岁生日时与儿子、女儿在一起

第二天到了杨妈妈家，我见到了宁红，她是家里最小的孩子，也是杨妈妈唯一的女儿。我从宁红手里接过照片，正准备离开，不想杨妈妈这时拄着拐杖站在客厅门口。唉！还是让她老人家知道我来了。这是鲁光哥哥去世后，我第一次见她，人一下子感觉衰老了好些。见了我，老人的嘴微微颤抖着，我走上前去拥抱住她，老人说了一句："我的鲁光走了！"眼泪便流了出来。她哭了，我也哭了。

坐下之后，我不知道说什么好，任何语言在此时都显得苍白。我拉着她的手抚摸着。杨妈妈是为儿子落泪，而我是为杨妈妈哭泣，我的心为眼前这位饱经磨难的老人而痛。

过了一会儿，老人渐渐平静了下来，她深深地叹了口气："唉，苦啊！"这两个字从这位坚强乐观的老人嘴里说出来，我的心再一次被刺痛了。我始终没有说话，因为我找不出一句安慰老人的话，甚至连一句问候的话都没有说，大脑似乎一片空白，我觉得有些手足无措，甚至觉得自己无能。

还是杨妈妈先问候我：“你还好吧？”

我点点头：“嗯，还行，您身体怎么样？”

老人长出一口气：“唉，还那样，不好也不坏。”

这时候，我才想起应该安慰老人几句：“杨妈妈，您得注意身体，过去的都已经过去了，您还得往前走。”话说出来，我都觉得太没有分量，可我也找不出其他更能减轻老人痛苦的语言了。

老人拍拍我的手：“我会的，我还有一个儿子需要我，我没事，放心吧！”

老人是指患病的三儿子，听了她的话，我的心里酸酸的。

那以后，因为片子的审查修改，还要找一些老照片，我没有和杨妈妈联系。一天，手机响起来，我接起电话，电话那头传来一个苍老的声音：“喂，姚言同志吗？”

“是，您哪位？”我没听出来对方是谁。

“我是杨炬，你好吗？”

“哎呀，是杨妈妈，电话里一点也没听出来，我挺好，您身体好吗？”我问道，心里不免有些自责。

“我挺好的，没什么事，好长时间没有你的消息，我打个电话问候一下。”听了杨妈妈的话，电话这头的我觉得脸一阵发烧。

2006年2月19日，太阳无精打采地挂在空中，阳光显得有些慵懒，让人充满倦意，很容易就想起一句老话：“春困秋乏夏打盹，睡不醒的冬三月。”我强迫自己爬出温暖的被窝。这天，有一大堆工作，片子刚刚拿到广电总局的通过令，根据中办和中宣部有关部门定出的按老妈妈们参加革命的先后为播出顺序，我得把每个老妈妈参加革命的简历拿到，再根据简历编排播出顺序。我那天要跑好几家。其中就有杨妈妈。

到了杨妈妈家，老人已经早早地拄着拐杖站在门口。看到我，她迎了上来。我感觉她比先前更消瘦了。老人把我拉到客厅坐下，好像有什么话要说，张张嘴又咽了回去。我忙问她：“杨妈妈，您最近还好吗？没闹病吧，怎么这么瘦？”她说：“还是那个糖尿病，没什么。”我仔细端详着她，我喜欢看她的笑脸，从她的笑容中我总能寻找到我已经故去了的母亲的笑颜，充满慈爱和乐观。可是，那天，杨妈妈脸上却没有一丝的笑意。我心里正在琢磨着，就看到两行泪水从杨妈妈眼里流出来，还没等我询问原因，老人拉着我的手说："你知道吗？今天是我的鲁光走了一周年，看到你，我就想起我的鲁光啊！"老人说完便再也控制不住地哭出声来。我找不到能减轻她痛苦的方式，只好轻轻地拥抱着她，拥抱着老人因悲伤而颤抖的身体。本来想安慰她的我，此时不知道自己是来对了还是根本就不该来。

过了一会儿，老人止住哭泣，擦拭着泪水。我无言地看着她，不知道自己这个时候应该干什么。老人靠在沙发背上，看着天花板，又是一阵心酸袭上她的心头。我再一次听到她凄楚地喊了一声："唉，苦啊！"这喊声的背后，是沉积了几十年不为人知的辛酸。我再也控制不住，只觉得心头一紧，眼泪夺眶而出。

等杨妈妈情绪稍微平静一些后，我把话题引向片子上，她听了点点头说："好，你稍等等，我给你拿简历。"说完，她站起身走出客厅。

我一个人坐在客厅里，视线在屋子里环绕，这套房子从 1955 年杨妈妈搬进来后，门窗就一直没有换过，如今龟裂的屋顶，油漆斑驳的家具，长着霉斑的墙壁，晦暗的地面，已经看不出颜色的木头窗框以及有着宽宽裂缝的木门，使这个屋子显得没有一点生气，置身其中，我不禁有些怀疑，不由得问自己，这就是曾经驰骋疆场的那位大将的府第？透过木门的裂缝，我看见院中干枯的树枝在寒风中抖动，肆无忌惮地发出凄厉的叫声。

一会儿，杨妈妈拿着她的简历走进来，脸上恢复了往日的微笑。她又一次地说："小姚，如果要删掉一些的话，就把我的拿掉，我没做什么，我比起刘英大姐她们，没做什么贡献，拿掉我也没有意见，你不要担心，也不要为难。"

离开杨妈妈家时已经不早了，老人家一定要留我吃饭，因为不想给老人添麻烦，我推辞了。走时，杨妈妈一直站在寒风中目送着我，直到看不见。

从杨妈妈家出来，我感到老人酸楚的孤寂，以后，我打过几次电话，想过去陪陪她，可是电话一直没有人接，我连续几天不停地拨，终于有一天拨通了。从接电话的阿姨那里，我才知道，杨妈妈住院了，我忙问怎么回事，阿姨说，没什么，检查身体。我还是有些放心不下，计划把手中的工作告一段落，抽个时间去看看她。还没等我去，杨妈妈的电话就打过来了。她告诉我，她挺好的，只是正常体检，过几天就出院，不要到医院去探视，挺麻烦的，叫我不要惦记。

转眼到了金秋，好长时间没有去看望杨妈妈了，打好电话后，我就带着一位朋友一起来到杨妈妈家。老人气色不错，看样子已经从失去爱子的痛苦中挣扎出来。朋友惊讶地看着这个“将军府第”半天没有说话，这和她预先想象的相差太远了。她悄悄地在我耳边说：“如果不是亲眼所见，我无法相信这是事实。”

看到我的朋友有些吃惊，杨妈妈笑了笑：“这个房子是1955年的，到现在门窗都没换过，也没有卖给我们，是公房，所以我们也不好改造。”

这套房子在20世纪50年代，还说得过去。可是现在，50多年过去了，与周围那些窗明几净的高楼大厦相比，实在有些相形见绌，可是杨妈妈从没向组织提任何要求，默默地带着两个生病的儿子在这里一住就是几十年。我不由想起杨妈妈三选房址的故事，如果当年她不为别人考虑那么多，现在早不是这个样子。

杨妈妈说要是这个房子可以买的话，就把它买下来。我猜老人80多岁的年纪想买房，一定是想让自己身后那个有病的儿子有一个生活保障，有一个属于自己的家。尽管儿子有国家供养，但那毕竟是有限的，作为母亲，她总是想尽可能让儿子生活得更好一些。

我们陪着杨妈妈家长里短地聊着天，不知不觉就快到中午了，拒绝了杨妈妈留我们吃饭的邀请。我和杨妈妈约好下午带她去钓鱼台国宾馆看一个朋友画画，老人很高兴地答应了。

下午，我带着杨妈妈来到钓鱼台国宾馆十六号楼。那是一座独栋别墅，我的这个朋友应国宾馆的邀请，为钓鱼台画画。与朋友见面为他们介绍完之后，我为杨妈妈搬来一把椅子放到桌前，请她坐下，杨妈妈轻轻地问：“坐在这儿不碍事吧？”在确认不影响朋友作画后，老人才在桌前坐了下来。

屋子里静悄悄的，似乎能听得见每个人的呼吸，杨妈妈聚精会神地在一旁看着朋友挥毫泼墨。那个认真劲儿，让我想起第一次拍摄她时，在老年大学的国画班上，她也是这样全神贯注。坐在一旁望着杨妈妈慈祥平静的脸，我真想时间就这样凝固，我相信此时，她一定忘却了一切烦恼和忧愁，忘却了所有不幸和灾难。

她，真的是一个坚强而又让人心痛的老人啊！愿所有不幸从此远离她。

“和你在一起生活，我觉得很幸福”

——习仲勋的夫人齐心

在我的工作笔记上，2000 年 6 月 2 日，只有简单的两句：“上午到柳荫街杨成武家中采访赵志珍妈妈，下午到齐心妈妈家谈拍摄的有关事宜。”其他别无描述。但第一次见到齐心妈妈的情景，并不因此而淡忘，时隔多年，依然清晰如初。

齐妈妈的家在交道口附近。从交道口的主路拐进胡同，要走很长一段路，在小巷的尽头有一扇红色大门，那里就是齐妈妈的家。一进大门，一位 50 多岁的中年男子迎了过来，和我一起去的撰稿曲老师介绍说那是姚秘书。姚秘书带着我们穿过一个回廊来到会客室，让我们稍等一下，他去齐妈妈的房间通报一下。在等待的工夫，我打量了一下房间。这是一座老式建筑，房间呈长方形，有 30 多平米，木地板虽然看上去很旧，但还是可以感觉出来，它的质地不错。四面的墙没有什么装饰，只挂了几幅习老的照片，与我去过的其他老妈妈家一样。房间里一色儿的老式沙发，除了正中间对着门的是一个三人沙发，其余八九个全都是单人的，米色的沙发套显得屋里有些单调。我的眼光最后落在了靠墙的一架旧钢琴上，看样子，那是一架闲置的钢琴，不知它的主人是谁？我正在琢磨，屋外传来说话声。听到声音，曲老师忙站起身，我猜想一定是齐妈妈来了，忙跟着也站了起来。门开了，一位个子高高的，头发花白但腰板仍然挺拔显得很干练的老人走了进来。她的身旁还有一个与她酷似的中年女性，母女的关系让人一目了然。

“齐妈妈好。”曲老师迎了上去。

“你好，你好。”齐妈妈握着曲老师的手。

“这位是‘开国元勋的夫人们’剧组的制片人姚言。这是齐妈妈，这位是桥桥。”曲老师做着介绍。

“齐妈妈好，桥姐好。”我说，随即向前跨了一步。

齐妈妈握着我的手说：“你好，辛苦啦，坐。姚秘书，叫小张他们端两杯茶。”显然她没有看见我随手放到窗台上的茶杯。

“有了，有了。”我们几乎和姚秘书异口同声。

“噢，请坐，请坐。”说完她在中间的三人沙发上坐了下来。

依旧是对片子的背景和有关情况做了一个介绍，然后是有问有答，齐妈妈和桥姐问得仔细，我的回答也尽可能详细，一问一答中时间就不知不觉地过去了。

不久，曲老师就把稿子写出来了，我开始着手联系安排拍摄事宜。

从 2001 年 1 月 12 日至 18 日这六天时间里，齐妈妈又三次叫我去家里谈撰稿。本来稿子已经基本通过，但是，齐妈妈是个特别认真严谨的人，对每个字、每句话都推敲多次。她精气神特别好，80 多岁的年纪，一谈就是一两小时。我总担心她的身体，可她就像是忘记自己已经是个耄耋老人。

齐心正在接受采访

在我们拍摄的十几位老妈妈中，她们的丈夫大部分都已去世，只有三位健在，习老是其中的一位。那时候，习老住在深圳，为了能够拍摄到齐妈妈与习老在一起的资料，我们决定趁着春节他们全家团圆之际到深圳拍摄。

于是，大年初三，我们剧组的人从四面八方全部赶到深圳集中，初四大约上午九点半我们来到习老一家在深圳的住所——深圳迎宾馆兰苑。那是一幢独栋别墅，是中央特别批准习老在此安度晚年的住所。习老在中国革命的历史上建立了许多功勋，尤其在两个重要时期，一是与刘志丹、谢子长等一起开创陕甘边区，为中国红军提供了一块休养生息的地方，使红军的队伍得以在经历了二万五千里长征后，迅速发展壮大起来。二是在改革开放的紧要关头，向小平同志和党中央提出，先走一步办个经济特区，甘为中国的改革冲锋滚雷做排头兵。邓小平同志的“要杀出一条血路来”就是对时任广东省委书记的习仲勋说的。习老无论是对新中国的成立，还是对中国的改革开放，都做出了不可磨灭的功勋。

这一天，齐心妈妈要代表习老给深圳市的领导和一些老同志拜年。我们本来是要把这个活动拍下来，可是事情就是这么巧，当我们赶到兰苑时，桥姐告诉我们，齐妈妈早晨起床把腰扭了，现在一点都不能动，这样一来，所有计划就全部打乱了。我想不如趁这个空闲拍一些照片资料，完成一点是一点。我把想法和桥姐讲了之后，桥姐同意了。

两天后照片拍完，桥姐告知齐妈妈已经能够下地走路了，老人家考虑剧组工作，决定带伤配合我们。我当然很愿意拍了，因为习老基本上不回北京，要拍习老和齐妈妈在一起的镜头，只有在深圳，如果这次不拍，就意味着还要来一趟。但是我有些担心齐妈妈的腰，怕万一再闪着就更麻烦了，齐妈妈说问题不大，可以轻微地活动。桥姐在一旁也说，剧组那么远来，什么都没有拍就回去浪费太大，我想想也是，也就同意了。

那天，我们先是拍齐妈妈陪习老散步。那是我们第一次见到习老，老人看上去精神很好，说话声音底气十足，见到剧组留着长胡子的摄影陈洪，他喊了一声：“嗨，老同志。”习老的幽默把我们都逗笑了，也驱散了大家紧张的情绪。

习老生活极有规律，每天按钟点散步、听秘书念报纸、打一小时麻将、听音乐等。散步时，齐妈妈总是在习老身后跟着，生怕挡住习老，影响拍摄。散步结束后，两位老人坐在习老房间门口的走道中。走道里摆放着一张单人美式高背沙发，一个小茶几，茶几上摆着一个录音机，那里是习老每天听余秘书念报纸和听音乐的地方。报纸的头版头条、国家的重大新闻、老百姓的民生等都是他每天必须知道的。听完报纸，就开始听信天游。习老是陕北人，信天游是他永远听不腻的乡音，只要那高昂悠扬的歌声响起，习老就觉得自己的根依然深深地扎在陕北黄土高原的泥土里。齐妈妈十分理解丈夫对家乡的眷念，每天都与他一起倾听这熟悉的旋律。她也非常喜欢听信天游，因为，信天游让她想起延安，想起了自己那曾经的豆蔻年华，想起她在那里的每一个日子，还有她与丈夫从相识到牵手的甜蜜。

中午，是全家与工作人员一起吃团圆饭，也是对工作人员一年来对习老的照顾表示感谢。除了近平大哥一家不在，齐妈妈的子女都来了。热闹了一阵儿，大家才就座。桥姐递给父亲一块热毛巾擦手，习老嘱咐女儿：“弄个热手巾给你妈。”老人还挺惦记老伴的。

擦完手，习老看看大家，果断地说：“过去我抽烟，今天说不抽，从此就一根也不抽。”

“你爸爸是有毅力的，他向来说到做到，以前喝酒，那是替周总理喝，工作需要。”齐妈妈赞赏道。

桥姐：“好。来，大家都站起来，我代表亲朋好友、兄弟姐妹祝爸爸妈妈在新世纪健康长寿，天天开心。”

齐妈妈补充道：“向工作人员致敬感谢！”

习老说：“好，给余秘书多倒些白酒，给我也倒杯白的。”

我看到工作人员给习老倒的白的与余秘书的不一样，习老酒杯里的是牛奶。

突然，习老对着正在拍摄的陈洪大叫一声：“哎，老头，你怎么不吃饭？”

习老说话声音很大，冷不丁的来一句，把大家全逗乐了。

远平一边笑一边说：“爸爸，别看人家胡子长，剧组数他年轻了，人家是搞艺术的。”

习老看着陈洪的大把胡子似乎搞不明白，有些自言自语地说：“那么长的胡子他怎么就不剃呢？”

齐妈妈笑得眼泪都快出来了：“你们爸爸总是很幽默，老爱开玩笑。”

桥姐：“还记得吧，小时候，一到周末，爸爸妈妈一边一个摇着绳子让咱们跳。有一次，妈妈不在家，我和安安跳猴皮筋，一头拴在葡萄架上，一头是爸爸拉着，爸爸特别有耐心，拉了好长时间。”

安姐：“那时候，妈妈在党校上班，一个星期才回来一次。妈妈不在家，有时候是爸爸给咱们洗澡洗衣服。”

远平：“我和近平哥可没有你们幸运，爸爸对我们是严格教育，还挨过老爸的拳头呢。”

齐妈妈：“那还不是因为你们调皮犯错误了。”

桥姐：“还有一次，爸爸和咱们玩，让咱四个一起上，结果被爸爸打得稀里哗啦的，咱四个被爸爸全都摞起来了，后来又把近平和远平两人背在背上钻桌子。”

儿女们回忆着儿时趣事，从他们的叙述中，我看到了一个既严厉又慈爱的父亲。齐妈妈听着孩子们的回忆，脸上洋溢着幸福。

这时候，秘书站起来代表工作人员：“习老、大姐，今天是新世纪第一个春节，我们祝习老、祝大姐身体健康、天天快乐。”说完一饮而尽。

习老又喊道：“再给倒一杯。”

大家频频举杯，相互祝愿，浓浓的春意已盎然在每个人的祝福中。

齐妈妈的腰刚刚见好，为了配合我们拍摄，坚持了一天，这让大家心里很感动。

一天的紧张拍摄结束了，原来担心，深圳之行会因齐妈妈的腰伤无功而返，现在终于可以放下心。那天我一沾枕头就什么也不知道了，再一次睁开眼时，已经是艳阳高照。剧组其他人还睡得昏天黑地的，我忙把他们叫起来赶到兰苑。

这天，近平大哥给家里打来电话。近平大哥原计划等慰问完干部和群众就回来看望父母，可是事情一直忙不完，等忙得差不多了，年也快过完又接着上班了。所以，只好给父母打个电话问候拜年。

“喂，儿子，你好啊！今年是回不来了吧？……没关系，你回来妈妈见到你当然很高兴，你回不来，妈妈听了也高兴，这说明工作需要你，你在为国家效力。关键不在于你回来不回来，只要你把工作做好，就是对爸爸妈妈最大的孝心。按你爸的精神，家里大小事都不能让你分心，国家的事为重。这都是一致的……对对对，你说得很对，尽忠就是尽大孝。儿子，爸爸妈妈千言万语，就是希望你把这副重担挑好，挑稳当。不要大意……对对……你的责任重大，但也不要有负担，把身体搞好，安全第一、健康为重，不要有后顾之忧，全身投入……啊……我和你爸爸都挺好，你不要挂念。把工作做好，我和你爸爸就特别高兴……啊？……注意身体，我和你爸爸都全力支持你……妈妈也没更多的话要说，最后祝你春节愉快！家庭幸福！吉祥如意！心想事成！好……我会把你的问候带给你爸爸的。儿子，注意身体啊！”

几分钟的通话很快就过去了，对于一个母亲来讲，过年不能与儿子团聚，听听声音报个平安也是一种安慰。放下电话，齐妈妈来到走道，习老正在那里听信天游，齐妈妈在习老身旁坐下来。

“我跟近平通了个电话，他说过年怕是回不来，他现在正在车上，下乡呢。我问他能不能忙完这一段，抽上一半天回来看看你，他说回不来。”齐妈妈把与儿子通话的事告诉习老。

“不要，不要。”听老伴说让儿子回来，习老一个劲儿地摆手。

“过完年马上要开‘两会’啦，没有时间。他问我需要什么，我说需要他健健康康地为国家出力，为老百姓办实事。”齐妈妈继续说着。

“好！好！”习老直点头。

“只要他能够报效国家，多做工作，就是我们做父母的最大安慰和希望，是不是，老伴？”齐妈妈接着说道。

“对，说得好。”习老频频点头。

“家里的小事不能干扰他。”齐妈妈又接着说。

“大小事情都不能干扰他。”习老强调了一下。

深圳之行，由于齐妈妈的带伤坚持，让我们不虚此行。

齐心在家中与战友聚会

黄河之滨，
集合着一群中华

民族优秀的子孙。

人类解放，救国的责任，

全靠我们来承担……

在炎热的七月，从交道口的一条的深深小巷中，传来高昂激越的歌声。这是一些延安“抗大”的战友们在齐妈妈家聚会。接到桥姐的电话，我就带着剧组赶了过去。那天参加聚会的有齐妈妈在“抗大”的同学刘抗（曾任纺织工业部的司长）、张志专（曾任全国妇联妇女干部学校校长）、易辉（张学良原秘书、西安事变的中共代表刘顶的夫人）、刘勇（第一任炮兵司令、原五机部部长丘创成的夫人）。回忆起过去的延安生活，老人们不由得就唱起了《抗大校歌》。

60多年过去了，每一句词，每一个字，都如此清晰地记忆在她们心中。这首耳熟能详的《抗大校歌》，如同打开记忆的闸门，珍藏在内心深处的往事立即倾泻出来。把这些已是垂暮之年的老人，带回到60年前自己意气风发青春年少时的战斗岁月。

刘抗：“我还记得那时候，你刚刚来抗大，才十五岁。”

易辉：“雄赳赳气昂昂的，背着个枪，很英姿飒爽。”

刘勇：“当时给我的印象，虽然年纪小，长得高，人很漂亮，表现也不错，在班上非常积极，不会就学，很虚心。”

齐心：“那时候，打上绑腿，皮带军衣，很精神。”

刘抗：“你记得吗？还是我教你学会打绑腿的。”

张志专：“后来我是文书，让你当通信员，我写情况，你往营部送，老是回来得特别晚，经常是后半夜。我是刚刚从后方来，哎呀，我还想，这个孩子真了不起，她也不怕狼也不怕特务的。”

齐心：“还有武装汉奸呢，初生牛犊不怕虎，不知道害怕。”

张志专：“后来你和习老结婚，我还去看过你一次，原来想着你嫁了个大官，肯定生活不错，没想到，跟别人一样。那天咱们俩分着吃了一碗饭，记得吧？”

老人们谈论着往事，就像几个闺中密友，一阵笑声飞出小院，在小巷深处回荡。

八月，我们自然又去了北戴河。因为每年这个时候，老妈妈们大都在这里避暑，我和齐妈妈约好到北戴河去采访。

齐妈妈在北戴河的临时住处，是一幢离海滩很近的别墅，过了别墅门口的马路就是沙滩，非常方便。大约是 8 月 5 日，我们先采访桥姐和远平，第二天才采访齐妈妈。

1923 年 11 月 11 日，齐心出生于河北省高阳县东街，从小聪明伶俐，深得父母喜爱，并被送进学校读书。

1937 年，13 岁的齐心以优异的成绩考入北平市一中。7 月 7 日，正在看录取通知花名榜的齐心，听到了卢沟桥的炮声。北平愤怒了！全国军民愤怒了！年少的齐心也愤怒了！二十九路军顽强抗敌，极大地鼓舞了全国军民。北平市民与全国人民一样，掀起了抗日的高潮。齐心跟着姐姐参加了当时平津流亡学生的抗日活动，那群情激愤的场面让人声泪俱下。当时，齐心与姐姐齐云都住在姑姑家。在她们住的南长街口，市民自发地筑起了沙袋，准备与日本侵略者巷战。但是在蒋介石不抵抗的政策下，北平很快就沦陷了。齐云早已参加了党的外围组织民族解放先锋队，担任学生会主席，还是党组织发展的对象。她的政治面貌已经暴露，组织上决定让她疏散。姐姐带着齐心参加了平津流亡学生的撤退。穿过车站日本宪兵的刺刀夹缝，齐心跟着姐姐坐上了离开北平的列车。从此，这个 13 岁的高个子女孩儿，走上了革命的道路。

几百人的平津流亡学生，经过烟台、青岛、济南，最后来到山西太原。一路上，他们住在老乡家。生活在兵荒马乱中的老百姓天天逃难，除了躲日本人，还要躲国民党兵。那种流亡的日子，让齐心十分苦闷。她常常一个人悄悄地跑到树林里，唱着自己改编的救亡歌曲：“我的家在河北大清河上……娘啊娘啊，什么时候我们才能欢聚在一堂……”唱着唱着，眼泪就伴着歌声流淌出来，齐心哭了，她想起了自己的娘。

到太原后，大家就各奔东西。姐姐齐云和地下党组织接上了头。齐心跟着姐姐参加了他们的聚会，还看了同志们给她介绍的《二万五千里长征》和《毛泽东印象记》。大家看着单纯可爱的齐心，很为她的前途担心。姐姐决定把她送到八路军训练班。

1939 年 3 月 18 日，是齐心难忘的日子。这一天，姐姐齐云亲自把 15 岁的齐心送到山西屯留“抗大”一分校。她向学校领导介绍，妹妹是一张白纸，染成什么颜色就是什么颜色，希望组织上严格要求。她还给妹妹介绍了两个自己认识的同志，一个叫易辉，一个是刘抗，委托她们带一带，毕竟齐心那时才是一个 15 岁的单纯少女。安排好这一切，姐姐就要离开。从没有和亲人分开的齐心拉着姐姐迟迟不愿松手。两年来妈妈不在身边，姐姐给予她的如同母爱。不仅如此，姐姐还是她参加革命的引路人。无论是在生活中还是在精神上，齐心对姐姐都十分依恋，但她明白，“送君千里，终有一别”。姐姐还有更重要的事要做，她默默地牢记姐姐的嘱咐，决心努力学习，不辜负姐姐的期望。

齐心确实没有让姐姐失望。在“抗大”一分校，她处处严格要求自己，不懂就问，不会就学，加上她年纪又小，人长得又漂亮又聪明，因此很得同学们喜爱。党组织也对这个积极要求进步的少女给予了关注和培养。

1939 年 7 月，日寇对太行山进行“大扫荡”，全校投入反“扫荡”的战斗中。一分校女生队党支部为了培养和考验齐心，把她调到队部当通信员，直接和营部联系，齐心勇敢地接受了这次的考验。

那时候的齐心正处在青春勃发的花季，高挑的个子，亭亭玉立，一头油黑的短发在军帽下映衬出一张充满着阳光的脸。天生的长胳膊长腿对她这个通信兵，倒是有很大的帮助。只要一有情况，齐心立即背上她那杆长枪，迈开步子就走。当时，他们所处的环境很复杂，不仅有可能与日本人、国民党遭遇，还有可能碰上武装汉奸和狼。但是，齐心毫无畏惧，这个 15 岁少女，常常独自一人行走在深夜的山路上，穿梭在漆黑的风雨中。为了追寻光明和理想，她成了一名勇敢的战士。

青年时代的齐心

1939 年 8 月 14 日，是齐心铭记在心的日子。她光荣地加入了中国共产党，实现了自己的愿望。时年只有 15 岁。

15岁的她，是党组织根据她的表现破格批准入党的。由于年纪不够，齐心的候补期比别人多了一年。齐心没有辜负组织上对她的期望，在艰苦的斗争环境中迅速地成熟起来。

齐心与战友在一起

1940年秋季“大扫荡”时，已经在“抗大”总校卫生处工作的齐心，与战友们和敌人在一座山上周旋了40多天，真正地经历了战火的洗礼。一天，齐心与战友正在长治西火镇召开群众大会，那是一个很大的镇子。开完会，他们正架着砖头烧火煮饭，突然一梭子机关枪子弹扫了过来。通信员报告发现敌情，敌人已经将他们包围了。部队迅速组织突围。当时只有一挺机枪掩护，而敌人则几倍于我方的火力，情况非常危急。从来没有直接面对敌人的齐心表现得十分镇静，甚至有些兴奋，她真正体会到一个战士的心情。战斗中，齐心没有丝毫害怕，勇敢地冲在前面，表现出一个战士的真正品质。

1941年，齐心被组织上送到延安大学中央党校学习。学习结束后，齐心要求到延安大学中学部学习，提高自己的文化水平，经组织批准她如愿以偿。不久，又担任了学生会主席、党支部书记。

1943年春，党组织决定从延大中学部抽调一部分学生党员，到绥德师范和米脂中学以学生的身份进行党的工作。年轻的齐心一去就分到比较活跃的班任党支部书记。齐心整理好行李，就到地委大院去转组织关系。老远，看到大院的院前院后院里院外贴满了“欢迎习仲勋同志来主持工作”的标语，齐心第一次知道绥德的地委书记叫习仲勋，和她一样，也是新调过来的。当时，绥德刚刚解放，正在开展“防奸运动”。习仲勋到绥德师范做了一次动员报告，那是她第一次见到他，齐心对他的初步印象是：这个地委书记真年轻，而且说话有水平。

以后，偶然近距离见到他，是在一个星期天。那天，习仲勋从绥德师范的教员杨斌的窑洞前下来，正碰上迎面走来的齐心。打着绑腿，带着一脸稚气的齐心，英姿飒爽地给年轻的地委书记敬了个军礼，习仲勋微笑地冲着她点点头，两人就这样擦肩而过。但是彼此的光彩也许就是在这一瞬间已经闪亮在对方的心里。而后，许多相识相知的机缘，伴随着工作，使他们有了更多的接触和了解。

随着"防奸运动"的深入和康生在延安大搞"抢救失足者"的影响，绥德的运动开始朝着不健康的方向发展。假坦白，"逼供信"，人人自危，草木皆兵，一时间阴云笼罩在绥德上空。习仲勋及时发现了问题。针对这种情况，他觉得有必要找学校党员谈话，纠正这种倾向。齐心作为党员学生代表参加了这次谈话。

一走进习仲勋居住的窑洞，齐心就看到毛泽东给他的亲笔题词"党的利益在第一位"挂在墙上。大家落座以后，习仲勋首先询问了运动的进展。听完齐心他们的汇报和困惑，习仲勋说："你们应该抵制'左'的干扰，照这样下去，你们也都难以幸免。应该主动帮助总支端正运动，纠正偏差，扭转假坦白造成的混乱局面，使运动健康发展。"随后，他又非常通俗易懂深入浅出地指明了"左"倾将造成的后果。习仲勋的话，如同清醒剂，使齐心他们认识到问题的严重性。同时，他和蔼可亲平易近人的作风，简短深刻的语言魅力，都给齐心留下很深的印象。

随后，根据绥德的情况，习仲勋向党中央和西北局进行了汇报，并建议立即制止"逼供信"的做法，纠正"左"的倾向。习仲勋对"左"倾将要造成的后果，说出了自己的预见和担忧。如果任其发展，那么刚刚经历了长征的红军队伍，势必又要遭受一次洗劫和重创，而长征所留下的干部队伍将会所剩无几。他的话并非空穴来风。早在1935年，陕北根据地开展"肃反"运动时，就曾出现过"左"的倾向。一大批根据地的创建者险遭杀害。所幸毛泽东率领的中央红军赶到，及时制止了这起冤案的发生，挽救了陕北根据地。历史的教训，历历在目，岂能让它重演？

随着运动的深入发展，学校经常开大会，习仲勋作为绥德地区的最高领导，常到学校讲话，而齐心则是学生代表主席团成员，他们见面接触的机会就多起来。齐心对这位年轻的地委书记非常敬服，而习仲勋对这个浑身散发着青春气息充满着革命热情的学生党员也给予了更多的关注。

一天，齐心收到了一封信，开始以为是姐姐来的，可是信封上那陌生的笔迹，让她心中产生诧异。拆开信一看，令她怎么也想不到那竟是习仲勋写来的。信中除了介绍自己的一些情况，还表示了对她的关心，另外就是有关工作上的事情，当前的工作任务、运动当中的部署，以及今后的学习打算等。那时候，齐心虽已年近20，但在感情上还是个比较单纯的女孩子。接到习仲勋的第一封信，她没有往别的方面多想，只觉得是领导对自己的一种信任和鼓励。可是，当她接连不断地收到他的信，使这个从未谈过恋爱的女孩不禁也动起脑筋：“他为什么总给我写信呢？如果说只是因为工作关系，那他怎么不给别人写呢？如果不是因为工作，可他信里除了工作又没有说别的。”当再一次收到习仲勋的信时，带着疑惑，齐心给他回复了一封简短的信，信中提出了自己的疑问：“你为什么老给我写信呢？”马上，她就又收到习仲勋的回信，信中写道：“一件大事来到了，我一定把它解决好……”齐心这时才搞明白原来他们在谈恋爱。

不久，由原“抗大”一分校校长、后担任“抗大”总校教育长的何长工代表组织亲自找齐心谈话，并做他们的介绍人。齐心开始还是有些顾虑，觉得自己与习仲勋在政治地位和思想水平、工作能力上都相差甚远，怕跟不上拖后腿。可是，习仲勋倒是很坚决，他拿出何长工写给他的信。信中何长工向他介绍了齐心的成长过程，他说“齐心是到了边区，到了延安以后长大的”。习仲勋对齐心充满信任和期待。看到习仲勋这么坚决，齐心的顾虑终于打消了。

习仲勋、齐心新婚合影

1944年4月28

日这一天，阳光和煦而耀眼，陕北的春天到处洋溢着温馨、和暖的气息。而在习仲勋、齐心这两个人的心中，彼此才是自己最耀眼最温暖的阳光。这一天，习仲勋、齐心喜结良缘。

婚礼是在绥德地委后院习仲勋的窑洞里举行的，“抗大”总校的何长工、李井泉，绥德地委领导人王尚荣、袁任远等人参加了婚礼。

当晚，在新婚红烛跳跃的火光中，习仲勋对自己的新娘说：“从此以后，我们就休戚相关了，但是，我不愿陷在个人家庭的小圈子里。”齐心听懂了丈夫的话，那也正是自己所希望的。从结婚到1949年新中国成立这五年间，他们一直在各自的岗位上忙碌着，过着聚聚离离的日子。

1945年，习仲勋在党的七大上当选为中央候补委员，随后调任中组部副部长、西北局书记、西北野战军政委。虽然丈夫的职务越升越高，但婚后的齐心，仍然做着自己的普通一兵。她对自己要求更严格了，生怕由于自己的一丝懈怠，跟不上丈夫前行的节拍。她依然是一身军装在身，长期下到基层，做群众工作，先后参加土地征购团、土地改革、生产自救等。在基层的工作实践中，齐心把自己所有的热情都投入陕北农村的那片土地上。不仅与当地的群众产生了深厚的感情，而且得到了锻炼，各方面有了很大的提高，变得更加成熟起来。

习仲勋、齐心与女儿在西安

两地聚少离多的日子，让年轻的妻子十分想念自己的丈夫。1947年，西北野战军在安塞县真武洞召开由五万军民参加的大会，庆祝蟠龙战役大捷。西北局领导为了照顾齐心与丈夫团聚，让她随同慰问团去安塞参加祝捷大会。当齐心满怀着重逢的喜悦突然降临到习仲勋面前时，原以为会给丈夫一个惊喜，谁承想，习仲勋见到齐心，短暂的惊奇之后却发了脾气："这么艰苦你来干什么，现在是战争时期，还搞什么小情调。搞什么特殊？就你有丈夫？那么多干部战士的家属都像你，那还打什么仗？"齐心马上意识到自己到这里来，实在是欠考虑。习仲勋接着说："如果战争十年不结束，我宁可十年不见你。"丈夫的严厉批评让齐心觉得十分惭愧。虽然刚开始觉得有些不近人情，但很快齐心就想通了。"他说得不无道理，为什么自己就没有想到呢？"齐心心悦诚服地接受了丈夫的批评，同时也被他以革命大局为重的情怀所感动。

1949 年春，在新中国成立前夕，习仲勋、齐心婚后的第六个年头，他们的第一个孩子诞生在延安桥儿沟，他们为这个与新中国同年出生的女儿取名桥桥。

战争结束了，齐心又一头扎在新中国的建设中。1952 年秋，习仲勋调到中央任中宣部部长、国务院副总理兼秘书长。齐心也随丈夫来到北京。生下桥桥以后，齐心先后又生下女儿安安，儿子近平、远平。这时，她被安排在离家很远的中央党校。她没有找丈夫开后门调到离家近一点的地方上班，而是愉快地接受了组织的安排。为了不耽误工作，齐心平时吃住都在单位，只有周末才回家，四个孩子一个星期才能见妈妈一面。

虽然习仲勋职务越做越高，但他对妻子和家人要求一直很严。对于这一点，齐心给予了充分的理解。有一年国庆节的晚宴上，齐心见到了周恩来总理。周总理说："这哪里像 35

20 世纪 50 年代全家福

岁，四个孩子的妈妈呢?”以后，总理决定让齐心参加一些外事活动，也可顺便照顾一下习仲勋。可习仲勋从不愿组织上对他过多照顾，更不愿为照顾自己，而让妻子随他出国访问。在习仲勋生前，无论是担任国务院副总理，还是担任广东省委书记和全国人大常委会副委员长，齐心从没有出过国，就连与广东仅一步之遥的香港都没有去过，但齐心从没有任何抱怨。

习仲勋、齐心虽然工作繁忙，但他们对孩子的教育却没有放松，哪怕是点点滴滴的小事都严格要求。据桥桥回忆，小时候，家门口有个电影院，放寒暑假时，孩子们很想去看电影。当时的学生票价是五分钱，一人再吃一根五分钱的冰棍，几个人加起来，就要三四毛。但父母很少给他们零花钱，看电影的经费就要靠自己筹集。于是，有时候孩子们的小脑袋瓜也动些“歪脑筋”。他们想方设法说服爸爸的秘书给予先行垫付，因为家里的钱都是秘书管着。当他们坐在电影院，手里拿着冰棒只顾惬意时，就把爸爸的威严全忘了。等看完电影之后，爸爸的威严又出现在面前，这才有些害怕。因为秘书对孩子们花钱是要记账的，月底父母要检查看谁名下花钱多，合理不合理，如果不合理，就免不了要被爸爸叫去训话。这时候，孩子们就翘着小脑袋瓜盼着快到周末妈妈回来，然后再千方百计从妈妈手里讨要几毛钱还给秘书，直到看着秘书从记账本上划掉自己的名字才舒一口气。其实，看电影这样的事，齐心夫妇并不反对，尤其是在假期。但他们就是要孩子们明白一个道理，钱来之不易，要养成好的习惯，如果花得不合理，从妈妈那里也休想得到一分，那就只好等着挨训。

1958 年，习仲勋、齐心与儿子、女儿在北京

在远平的记忆里，小时候父母很少给他们买新衣服，总是捡两个姐姐

的。上小学后，怕同学们笑话，不肯再穿姐姐的花布鞋去上学，习仲勋让齐心把鞋子“染染穿一样”。

多年与习仲勋一起生活，齐心深受丈夫影响。在他们夫妇看来，国事再小也是大事，家事再大也是小事。有一年，桥桥得了肺结核大吐血，安安则患急性肝炎，两个生病的孩子都需要妈妈在身边照顾，但是正赶上齐心参加“四清”工作队，一去就是九个月。九个月顾不上看望病中的女儿们一眼，这在许多人看来是不可理解的，甚至觉得太缺乏人情。其实，作为母亲，哪有不疼孩子的道理，齐心非常挂念她们，但是她牢记丈夫时刻以革命大局为重的理念。她认为，每个人家里都会或多或少地有这样或那样的事情，如果大家都去顾及自己的事，工作就无法进行。她把对孩子的挂念和关心，化作一封封家书飞到儿女们身边。

在齐心心里，党的话什么时候都是最重要的。只要是组织上的决定，她都毫不犹豫地去执行。可是，有一件事的发生，却着实让齐心犯了难。1962年秋，在中共八届十中全会上，康生向一向光明磊落的习仲勋发难，说他与小说《刘志丹》的作者利用小说为高岗反党翻案。习仲勋受到了审查和批判。面对这样一个局面，齐心困惑了。一边是自己深爱的丈夫，以她对丈夫的了解，说他反党，打死也不信；一边又是组织上做出的审查决定。齐心陷入深深的矛盾中，也感到前所未有的压力。看到苦恼中的妻子，习仲勋反过来安慰她，要襟怀坦白地对待组织的审查，路遥知马力，日久见人心，一切终会大白。话是这么说，但齐心还是难以摆脱心中的痛苦。为此，她主动申请到农村参加“四清”。令她没有想到，这一别就是八九年。

“文革”中，除了远平年纪小在妈妈身边，其他三个大点的孩子全都不在身边。大女儿桥桥在内蒙古建设兵团，二女儿安安在山西运城插队，而大儿子近平则在陕北延川，丈夫仍然被隔离监护，一家六口分散在五个地方。把她的心也分成了几瓣。齐心十分惦记那几个正在农村插队的孩子。孩子们青春年少，正处在身体和思想成长的最重要时期，能不能吃饱，衣服是不是小了，思想情绪如何？尤其是两个女儿，更是齐心挂念在心的。过去因为自己总是忙于工作，很少照顾她们，齐心想起来心里多少有些歉疚，现在自己被停职，正好可以给孩子们做些补偿。

桥桥记得自己在兵团时，每当看到其他战友经常收到家里寄来的包裹，就十分羡慕，但她从不敢有此奢望。因为，她没有父母的一点消息。有一天，她突然接到通知，到队部领取包裹，桥桥简直不敢相信自己的耳朵，在确认没有搞错，确实是自己的包裹后，她飞快地跑到队部，急切地把它打开，原来是妈妈寄来的。里面是两件花布衬衣和一封沉甸甸的信。那是妈妈用布票买来布，利用劳动休息时间亲手缝制的。在衬衣的口袋里，有几块黑色的水果糖。本来特别高兴的桥桥捧着包裹哭了，她觉得自己捧着的是母亲那颗滚烫的心，那黑色的糖块此时含在嘴里与泪水溶化在一起，也变得有几分苦涩。

提起母亲对自己的关心，安安如数家珍，给我们讲了一件她至今难忘的事情。1970 年隆冬的一个清晨，天空飘飘扬扬地下着雪花，一夜的大雪使整个世界变得一片素净。因为天气的缘故安安没有下地干活，她和几个知青披着被子正围着火炉取暖。这时，门突然开了，一阵寒风裹挟着雪花扑了进来，女孩子们尖叫起来。同时被狂风裹挟进来的还有一个浑身都是白色的"雪人"。当"雪人"拍打掉身上的雪花，安安惊喜地认出，那竟是自己的妈妈。看到从天而降的母亲，本来就爱激动的安安，哭着拉着母亲的手直跳，半天都没有想起来赶紧让妈妈暖和暖和。那时候，安安知道，妈妈还没有恢复党组织生活，冒着大雪千里迢迢来看望自己，那是要担很大风险的。但是，大雪也罢，风险也罢，都阻挡不住母亲看望女儿的脚步，她千方百计地来到女儿身边。虽然母亲只待了三天，可这短暂的三天，给寂寞中的女儿带来了欢乐，给寒冷中的女儿送去温暖，给成长中的女儿注入了力量和希望。

1972 年，齐心与子女合影

远平比哥哥姐姐们要幸运得多。"文革"当中，他年纪尚小，所以能够待在母亲身边。那时候的他，正是人们常说的"半大小子，吃塌老子"的年龄，总是吃了上顿就开始盼着下顿。可是，每次跟着妈妈到食堂打饭，妈妈只让他打半份菜，小远平委屈不解地问妈妈，为什么不打一份，就是打两份自己也不会浪费，都能吃了。齐心对儿子说：“你哥哥姐姐比我们艰苦，他们连菜也吃不上，咱们节省着点，哥哥姐姐有困难的时候就能够帮助他们。”小远平听了，似懂非懂地点点头。可孩子毕竟是孩子，吃饭的时候，他总是狼吞虎咽地把盘子里、碗里全部扫得干干净净，就像他自己说的，绝对剩不下。每当齐心看到正在长身体的儿子吃完饭仍然意犹未尽的样子，心里不由得一阵心酸，眼泪悄悄地往肚子里咽。

1972 年冬，在周总理的亲自过问下，齐心才被允许去看望习仲勋。见面那天，齐心带着四个已经长大成人的孩子一起去看望他们的父亲。一家人站在习仲勋的监护室，面对朝思暮想的亲人，习仲勋竟认不出哪个是大女儿桥桥，哪个是二女儿安安。对已长成大小伙的近平和远平更是分不清。他一边擦着泪水，一边拉着几个儿女的手不放，嘴里不停地说：“高兴，高兴。”

1975 年，习仲勋被解除监护，齐心陪着丈夫一起下放到河南洛阳。经过了“文化大革命”，这时候的齐心，政治上更加成熟，她不再为丈夫的事困惑，保护和照顾好丈夫，是她现在最想做的事情。

1978 年，习仲勋恢复了工作，到广东省任省委书记。齐心跟随丈夫也来到广东，在广东省委纪检委工作，后任广州市委组织部副部长。

1981 年，习仲勋调任中央出任全国人大常委会副委员长、中共中央政治局委员、中央书记处书记。齐心也调回北京，先后任国家人事局监察司司长、中纪委七室副主任、劳动人事部老干局局长。1984 年，组织上为了照顾年事已高的习老，将齐心调中办任习仲勋秘书。

丈夫的职位越升越高，但齐心仍然做她的普通一兵。除了做好辅助习老的工作，照顾好他的生活外，她对周围的人，只要能帮，都会不遗余力地去帮。1995 年，齐心因病住院。住院期间，她交了三个朋友。第一个，是她偶然遇到的。一天，齐心吃完晚饭在医院的楼前散步，看到一个六七十岁的老人在垃圾桶里拾破烂，便上前和他攀谈起来。交谈中，齐心得知眼前这位拾荒者，原来是个参加过抗美援朝的战士。他为了不给国家添麻烦，始终自食其力，靠拾荒度日。齐心听了很感动，将自己的茶叶送给他以表对他的尊重。以后，他们经常在一起聊天，聊 20 世纪 50 年代，聊“文化大革命”，聊改革开放。那位老战士还教齐心怎样甩膀子锻炼，一个“高官太太”与一个拾荒者成了好朋友。第二个，是一个养兔子的年轻媳妇，婆婆患病半身不遂常年卧床不起，儿媳尽心尽力悉心照料从无怨言。齐心有感于在社会风尚不好的情况下，还能如此孝敬老人，对她很是敬重，就把家里的鸡蛋送了过去，她们成了好朋友。第三个，是医院的一个电工。一天，她在医院的走廊里活动，看到一个电工干活心不在焉的样子，很是为他的安全担心，电工穿得邋里邋遢，胡子不剃发不理，精神面貌萎靡不振，齐心猜想他一定有什么心事。一问，果不其然，原来，小伙子年纪不小了要结婚，可单位一直分不上房。齐心劝他，房子没解决，精神不要垮，要把心态调整好，一方面好好工作，一方面再积极争取。小伙子接受了她的建议，不久，房子也解决了。再次住院时，又遇到那名电工，与先前相比像是换了一个人，他们因此也成了忘年交。

著名京剧演员杜近芳，由于睡眠不好，长期吃安眠药，形成了一种依赖，以致因此把脸都摔骨折了，无法进行演出。齐心知道后，鼓励她一定要下决心把药瘾戒掉。在齐心的鼓励下，杜近芳住进医院戒安眠药。住院期间，齐心多次到医院看望。戒安眠药的过程是十分痛苦的，有几次杜近芳想放弃治疗，齐心及时给她做工作，使她终于坚持下来，又重新活跃在舞台上。

在齐心家里，无论是冬天在深圳，还是夏天在北戴河，或是春秋在北京，人们常常可以看到一个背有些微微驼，腿稍稍有些跛的高个子老人。老人姓李，原先一直跟着桥桥，1995 年齐心心脏不好，李大姐就开始到齐心身边，帮助她做些家务。后来，李大姐岁数大了，干活有些力不从心，但齐心一家并没有让她告老还乡，而是把她当作亲人赡养起来。

生活中，齐心对自己和孩子很节俭，甚至有些“抠门”。前些年，她很想买个半导体，可去了商店几次徘徊在柜台前，最终也没舍得买。但是，对自己同父异母的弟弟妹妹，却不吝啬。父亲去世，弟妹们尚小，她和已经工作的妹妹，主动承担起抚养他们的责任，一直供养到他们走上工作岗位。邢台地震和抗美援越时，她毫不吝惜地又拿出节省下来的钱，一次三千元，一次是两千元，让桥桥到邮局以一个共产党员的名义，捐往灾区和援越指挥部。

父母的言传身教，潜移默化地影响着孩子们，齐心与习仲勋的几个子女个个都是热心肠，喜欢交朋友帮助别人。

齐心有个老战友叫吴中秋，是 1935 年就参加革命的老红军，曾经和她朝夕相处。但她无儿无女孤身一人，齐心很是挂念，常常想起来就掉眼泪。看到母亲这样，桥桥就把吴阿姨接到自己身边打算赡养和照顾老人，齐心知道后，对女儿的善举拍手称快。吴阿姨在桥桥家生活了一段后，为了不给别人添麻烦，又回到西安。以后，只要有人去西安，齐心和桥桥都会捎去各种营养品或去看望她。

安安天性善良。有一次，一起插队的知青们在当年劳动锻炼的地方聚会。有一个天津女知青，由于与当地人结婚没有返城。如今，这位知青年纪大了，又得了癌症，但家里经济状况不好，无钱医治，每天还要拖着病去放羊。安安知道情况后哭了，她建议给这位知青捐款，并当场拿出身上仅有的两千元。在她的带动下，同学们纷纷解囊。捧着大家捐来的救命钱，那个知青泪流满面，一个劲儿地说：“谢谢，谢谢，谢谢！”

前几年，有一次近平出差回北京，一进门正好碰到李阿姨突发心脏病，那段时间齐心正在深圳陪老伴不在北京，近平二话没说，从衣兜里掏出一千多元钱，全都塞到工作人员手里叫了辆急救车，把李阿姨送进医院。到了夜里，李阿姨还没抢救过来，齐心知道后，打回电话：“使我的工资袋，大家凑钱抢救阿姨。”那次，桥桥、安安、近平、远平四个孩子一个不落地全都出了钱，李阿姨终于抢救了过来。

晚年的齐心，主要从事两件事，一是收集整理习老的资料，为习老的文集、画册、回忆录的出版夯实基础，让习老的这些宝贵财富流传后人；二是配合医生做好习老的保健工作，这不仅仅是组织上交给的任务，也是自己对丈夫的一片真情。在齐心的心里，总觉得丈夫对自己培养这么多年，而自己对他的帮助甚少，现在老伴岁数大了，自己应好好照顾他，以此回报多年来丈夫对自己的爱。每天晚上，齐心睡觉前，总要先到老伴的房间观察一下，看看老伴是否睡了，被子薄厚是否合适。有时候看到老伴开着灯睡着了，她就会小心翼翼地把老伴的眼镜摘下来，手里的文件拿掉，掖好被角关了灯，然后悄悄退出来。当她听医生说由于天热，习老不太愿意出去散步，走路少了腿发软，还影响心脏。齐心听了很着急，可是当时她又不在丈夫身边，于是就给丈夫写了一封信，说服他坚持散步。信的开头，她称呼丈夫“亲爱的仲勋老伴”，末尾落款是“老姐姐齐心”。她觉得习老从小父母早亡，是表姐把他拉扯大的，自己应像老姐姐一样关心爱护他。

1999年4月28日，齐心因为有一些事情要处理留在北京，一大早卧室的电话就响起来，齐心拿起电话，话筒那边传来习老的声音："我们结婚多少年啦?"

齐心笑了："到今天，整整55年。"

习老满意地说："好好，祝你福如东海寿比南山。"

老伴的话很让齐心感动："这么多年，我对你帮助不够，尤其前些年，总是忙自己的工作，对你照顾得不周。"

习老急了："怎么能这样说呢，你为革命做了很多工作，为我做了很多工作，有些还是很重要的工作，像我们这样的婚姻是很少的，我很满意，对我们的婚姻满意，对你满意。"

听了老伴对自己的肯定，齐心心里充满柔情。她对丈夫说："和你在一起生活，我觉得很幸福。"

此时，他们都沉浸在深情和真爱中。

2000年，人类又开始了一个新的千年，在世纪之初的六月，一辆面包车行驶在通往陕北延安和绥德的盘山公路上。车里坐着的正是习仲勋的夫人齐心，她此行的任务是带着子女重返故地，代表年事已高的习老看望当年的乡亲，并对陕甘地区进行考察调研。

习仲勋、齐心在谈话

时值初夏，骄阳似火。而年近八旬的齐心，胸中也如同那似火的骄阳充满了激情。望着那一张张质朴的笑脸，握着那一双双热情而又长满老茧的大手，听着一声声叫着自己名字的乡音，齐心泪如雨下。她没有想到，阔别50多年，许多人竟依然一眼就能认出她，并喊出她的名字。50 多年前，当她把自己的青春播撒在陕北广袤的土地上的时候，并没有奢望收获。没想到而今，生活在这块黄土地上的人们能给予她如此丰厚的回报。这份情，让齐心的心里顿觉得沉甸甸的。她一定要为这块养育了无数红军战士的土地和人民办几件实事，这也是萦绕丈夫心头多年挥之不去的心愿。

经过 20 多天的考察，行程四千多公里，大病初愈的齐心，走遍陕北的山山水水、沟沟坎坎。进农家小院，睡窑洞土炕，吃窝头咸菜。齐心带着第一手考察资料和最直接的感受回到北京，完成了这次承载着丈夫重托和夙愿的陕甘之行。

根据老区人民最迫切的愿望，齐心一回到北京就立即行动起来，联系有关部门，游说仁人志士，很快就将筹集到的 40 多万元资金，送到老区人民手中，实现了自己为老区人民办几件实事的承诺。

北戴河之行，完成了齐妈妈的采访。不久我就听到一个不好的消息，齐妈妈身上长了一个瘤子，有可能是恶性的，幸亏发现得早。后来，我在齐妈妈家，正碰上余秘书从外面回来，一脸的不高兴，我问他发生了什么事，他说：“我去给齐大姐联系医院，就因为级别问题，不能住条件好一点的。习老也是，老爷子从来不替大姐说话，老不让提。你看，这回住院，就差这么点，住不到好病房。”他的语气里有些愤愤不平，但我却从中看到了习老与齐妈妈的高风亮节。

2002 年 5 月，习老去世。知道消息的第二天，我赶到家里去吊唁。

那天是 25 日，一拐进胡同，离习老家很远，看到本来就不太宽敞的小巷里挤满了前来吊唁的车和人。一个胖交警正满头大汗地在疏通道路。看情景一时半会儿，车是很难进去，我让司机把车停在胡同附近，两人抬着花篮往里走。在门口碰到安姐的丈夫龙哥，他正在门口招呼来来往往的人。平时紧闭的大门此时敞开着，一个工作人员上前帮着抬上花篮。习老的灵堂就设在原先的会客室。我去的时候，正赶上彭丽媛在灵堂。她穿着一袭黑色的衣服，脸上没施任何粉黛，虽然没有舞台上看到的雍容华贵，但依然秀丽端庄。

从灵堂出来我找到姚秘书，询问齐妈妈在哪里，姚秘书领着我穿过前院来到后院齐妈妈的起居室。齐妈妈的起居室我去过多次，那是一间坐北朝南的正房，其实说它是间书房似乎更确切些。走进齐妈妈的房间，她正在准备送前去安慰她的老友。看到我进去，齐妈妈把手向我伸过来，我上前抱住她说了一句："您多保重。"她点点头："我会的，我还有好多事要做，谢谢。"

习老一生为人正直光明磊落，与人交往肝胆相照，加上儿女们平时也广交朋友，所以自习老逝世后，每天都有大量的人前去悼念。隔了两天，我带着剧组来到齐妈妈家，院子里的鲜花摞起来摆放已经把前后院子都放满，连房门都快找不到了。外面还是源源不断地有人来吊唁。吊唁的人排着长队，队伍中，有几个我们曾经拍摄过的老妈妈们的子女也在其中。中午，悼念的人群里，走来了一群风尘仆仆的农民，没有什么领导带队，他们是自发地从陕北赶过来的。陕北到北京并不是太远，但交通的不便利让他们走了好几天。他们把千里迢迢从陕北背来的小米、红枣和黄土，放到习老灵前，跪倒在地虔诚地磕着头。他们没有为习老送上一束鲜花，但那熟悉的乡音，那家乡泥土的芳香和小米、红枣的香甜却都是习老一辈子魂牵梦萦的，陕北的人民没有忘记他们的儿子。

不知是谁把这个消息告诉了齐妈妈，她急匆匆地走进灵堂，握着这群质朴的，甚至显得有些木讷的陕北农民的手，一个劲儿地说："谢谢，谢谢。"她对工作人员说："叫近平和孩子们来认识一下老区来的乡亲。"一会儿，近平大哥和桥姐他们姐弟几个就都到了，问清这些农民是哪个村的，齐妈妈说："记住，这是你爸爸家乡的人，是老区的人。"随即又对那些农民说："以后有什么困难就说话，义不容辞。"

下午，我们在后院的石墩上休息，近平大哥和龙哥走过来，近平大哥和我们攀谈起来。他沉稳持重，说话声音不大，不张扬，温文尔雅中却透着一种坚定，让人除了感到亲切之外也感受到一份成熟与踏实。我想起在采访远平时他讲到的一件事情：1975 年，远平正好放几天假，母亲就让远平利用这几天的假期，替她看望哥哥近平。那时，近平正在陕北延川插队。那是一个非常艰苦的地方，周总理去了都掉了眼泪。由于干活踏实又能吃苦，近平被乡亲们推选为大队支部书记。第一次独自出远门的远平高高兴兴来到延川，没想到只三天，他就受不了了。原来，近平睡的土炕只铺了一个席子，席子下面撒了许多六六粉，因为跳蚤臭虫太多。被咬得满身疙瘩的远平加上六六粉的刺激，那疙瘩全都变成水泡，而且还开始流水，大有继续恶化的趋势。

那时候的近平已经在那个环境中待了七年，百十来斤的担子，一挑就是几十里。远平真不知道那七年哥哥是怎么过来的。看到弟弟这个样子，近平只好让他赶紧回北京。

我想眼前的近平大哥的那份成熟与踏实，是他用自己的付出一步一步夯实的。而他每登上一个台阶，齐妈妈都会给这个从政的儿子写信，信中总是千叮咛万嘱咐，鼓励他为党、为国家努力工作。

5 月 30 日上午，是向习老遗体告别的日子，告别仪式是在上午九时进行。不到八点半，大厅门口已经黑压压的一片人，九点以前是中央领导同志向习老遗体告别并看望家属，九点以后才是社会各界。人们井然有序地排着队等待着。九点多一点，告别仪式开始了。走进告别大厅，与人们往常看到的一样。大厅正中悬挂着习老的遗像，两边摆满中央领导同志和中央机关送的挽联和花圈，习老静卧在鲜花丛中，身上覆盖着中国共产党党旗。齐妈妈和子女们送的鲜花摆放在遗体前方。与以往其他遗体告别不一样的，是习老遗体前还摆放着一袋黄土、一袋小米和红枣，我认出来那正是那几位农民从千里之外的陕北背来的。

那天的遗体告别仪式，由于去的人太多，一直进行到下午一点多，而年近 80 岁的齐妈妈，一直坚持到最后。她与每一位来参加习老遗体告别的人握手致谢，直到最后送走与自己生活了 58 年的老伴。

几天以后，我到齐妈妈家看望她，顺便把撰稿写好的解说词送过去请她审看。我看她情绪尚好，只是人显得很疲倦。想到她刚刚送走老伴，怕她太累，便请她别太着急。她说：“没关系，有点事做好。”隔了两日就接到齐妈妈打来的电话，约我到家里谈谈稿子的修改。

走进齐妈妈的书房兼起居室，老人正戴着老花镜伏在桌子上看稿子。她看得很投入，我进去她都没有发觉。我轻轻地叫了一声：“齐妈妈。”她抬起头，视线越过花镜看见我：“哦，姚言来了。坐吧，我还有一点，你先等我一会儿。”

坐在桌子斜对面的沙发上，我默默地注视着齐妈妈。她的脸上看不出太多的悲伤，但显得很憔悴。习老对她来讲可以说亦夫亦兄，亦师亦友。原以为习老去世后，齐妈妈要好好地休息调整一段。因为连日来，看望她的人不断，加上习老病重时的守候和煎熬以及去世后的后事安排，让她无论从精神上还是体力上，都是平时双倍的付出。我没想到齐妈妈这么快就投入工作把稿子看完。看来她是想用工作来减轻对丈夫的思念，所以我从她脸上看到的疲倦多于悲伤。我观察到，齐妈妈的书桌上多了一个相框，相框里的习老正微笑地注视着她。

“对不起，让你久等了。”齐妈妈放下手中的笔对我说。

“没关系。”我说。

“稿子看完了，整体上没有失实的地方，写得不错，你们辛苦了。就是个别地方有些小的改动，来，你坐到我旁边来。”说着她把身后的一把椅子拉了拉。

我忙坐了过去，稿子上齐妈妈用铅笔勾勾画画地改了几处，看来她看得很认真，可以用“推敲”两个字来形容，就连打错的标点符号都修改过来。我很敬佩她的一丝不苟。

不知不觉就到了吃饭的钟点，夕阳抹红了屋子的半边墙。她从稿子上直起腰说：“今天就这样吧，留家吃饭吧。”

我忙摆摆手：“不用，我回去有现成的。”

“不要客气，家常便饭，也没什么吃的。”齐妈妈用不容推辞的口吻说。

晚餐很简单，蔬菜杂粮，芹菜、豆腐、土豆丝还有一个肉菜，主食是紫米红豆花生粥、红薯、豆面窝窝、玉米面饼，都不是山珍海味，但新鲜可口。

2004 年年底，我到广州参加国际电视纪录片节。会议结束后，我没有立即回北京，而是想到深圳去一趟。齐妈妈的片子编好以后，还没有请她审看，这次来广州时我就把片子带过来，计划开完会顺便去趟深圳。我一边拖着行李往火车站方向走，一边拨通了桥姐的电话：“桥姐，我是姚言。我刚在广州开完会，准备到深圳给齐妈妈放片子，请你们审看。”

桥姐一听着急地说：“别来了，别来了，你还没上车吧？”

“没有，怎么，你们没有时间，还是齐妈妈不在？”我问。

“我们就在广州珠岛宾馆，你直接到这里吧。”说完，她把去珠岛宾馆的路线告诉了我。

挂了电话，我庆幸自己早打了几分钟的电话，要是上了车再打，我可就冤大了。过后我才知道，习老去世后，齐妈妈就搬出兰苑，把那里上交了。

半小时后，我就到了宾馆——齐妈妈来广州的临时住所，环境很幽静。

我拉着行李到了桥姐说的那栋楼，一位 30 多岁的工作人员出来，自我介绍是新来的陈秘书，原来的余秘书退休了。他说齐妈妈正和客人吃饭，让他先陪我吃饭，等客人走后再放片子。

吃完饭后不一会儿，我正和陈秘书在大厅里聊天，齐妈妈和桥姐走出了餐厅。我问齐妈妈是不是午休一下再看片子，她说用不着，现在就可以看。

片子放完后，齐妈妈她们基本满意，只是有两幅照片搞错了，那是习老和一个什么人坐在院子里的藤椅上谈话的照片，我们以为是习老和齐妈妈，结果张冠李戴了。幸亏请她们审查一下，要不然错误可就出大了。

桥姐送我从宾馆出来时说，近平在外地，每次回来匆忙，片子没有采访他，有些缺憾。近平大哥那时已调到浙江任省委书记，浙江在长江三角洲占据着重要的位置，加上他办事一向低调不张扬，我就多次听安姐说过，近平大哥每次调任新的岗位或回到北京家中，总要叮嘱大家，不要到他的任职地区经商，更不能打着他的旗号做事，否则他不留情面。严格要求家人和自律，也是近平大哥从政一直坚持的一个原则。在这方面，习老和齐妈妈对自己这个从政的儿子，也经常给予及时的提醒。每次到新岗位，齐妈妈都会代表习老给儿子写信，所以，近平大哥的每一步，都走得坚实，他像自己的父辈一样，永远都将群众的利益和疾苦放在心上。我想，人们从他的政绩中也可看到父母对他的言传身教和影响。

如今，齐妈妈依然住在她的那个深深小巷中的院子里，幸福地安享晚年。

“谢谢啊，你们挺辛苦”

——刘少奇的夫人王光美

她走了！

2006年10月13日凌晨三点四十二分，前国家主席刘少奇的夫人王光美与世长辞，享年85岁。

我是比较早知道这个消息的。在她去世的前十多天，我在中南海一位老妈妈家里吃饭，得知她病危的消息，立即给她的秘书筱苏发了一条短信，她告诉我光美妈妈的病情危重但平稳。国庆期间因惦记光美妈妈的病情，我又给筱苏发了条短信，她说节日期间基本上是光美妈妈的孩子们轮流值班，但病情发展如何她没说，我也就没问。因为怕听到不好的消息，心里只是默默地为她祈祷，希望她能挺过来，但她还是走了。

2006年10月17日一大早，我便到花市去买花，挽联是我在去花市的路上想好的，“母仪天下，永垂青史”。作为一个大国前国家主席的夫人，早在20世纪五六十年代，她的优雅风采和独特魅力便让无数国人倾倒。尽管那时我年岁尚小，但从电影上看到她光彩照人的形象、非常有教养的做派以及与生俱来的气质，都深深地印刻在我的脑海里；而晚年的她，虽已不再年轻漂亮，甚至背已经微微驼起，却主动承担起救助天下贫困母亲的“幸福工程”，让成千上万生活在贫困线以下的母亲得到了救助天下，让那些母亲不再为饥饿发愁，不再为拿不出学费而哭泣。“母仪天下”放在她身上是非常贴切的（至少我是这么认为的）。当我拿起笔写好挽联，花篮已经插得差不多了。一色儿的白菊花，像光美妈妈冰清玉洁的一生。花篮不是很大，却盛满了我对光美妈妈的崇敬和爱。

王光美正在接受剧组采访

车载着我和花篮向位于中南海北面的305医院疾驶，驶进医院大门，一个小小的指路牌不事张扬地立在路边，顺着路标车子转到一座大楼的后边，就看到院子里已经摆放了一片花篮。我急速地用眼睛搜索着，没有看到筱苏。这时两个身穿黑色西装的工作人员走过来，帮我抬起花篮带着我走向吊唁大厅。一进大厅门，一眼就看到刘源大哥。他比以前黑了，人也消瘦了许多，满脸的悲痛与疲倦。大厅正中悬挂着光美妈妈的照片，照片下摆满了人们送来的鲜花。抬眼望着照片上光美妈妈那熟悉的笑脸，耳边似乎又听到她亲切的话语：“漂亮姑娘，你来了。”我的心一阵的痛，泪水噙满了双眼。我紧抿住双唇，不让自己哭出声来，向光美妈妈的遗像深深地三鞠躬。之后，我便向站立在一旁的亲属们走去，我不敢抬眼看他们，因为我知道只要与他们目光相遇，控制半天的泪水就会冲出来。我低垂着双眼轻轻握住刘源大哥的手，低声说了一声“保重”，便往大厅门口走去。走到大厅门口我便看到了筱苏，她人很憔悴，双眼红红的似刚刚哭过。看到熟识的人，泪眼对泪眼，我再也无法控制，扑到筱苏肩头哭了起来。

10月21日，是向光美妈妈遗体告别的日子。那天我五点就起了床，因为我住在北京的东面通州，而八宝山在北京的西面，唯恐迟到错过这最后送光美妈妈的时候。当我赶到八宝山革命公墓的告别大厅时，门口已是黑压压的一片人。

其实，光美妈妈去世，国内官方的报纸几乎没发什么消息，像赵丽蓉、高秀敏、傅彪这些艺人去世报纸都在第一时间铺天盖地地刊登了消息，而作为前国家主席的夫人、“幸福工程”组委会主任以及还有一大堆头衔的光美妈妈，无论从身份还是国内外知名度，都应发一则消息，哪怕是简简单单几行字，可是居然没有。只是再遗体告别的几天以后，我才在报纸上看到登了一则“王光美追思会”的短消息。尽管如此，仍然有许多热爱她的人闻讯赶来，与这位不同寻常的女性做最后的告别。

从告别大厅走出，我的心情异常沉痛，踽踽独行在长安街上。每当我心情不好时，我都会这样，因为在高楼林立的城市，你想找空旷的一块地方宣泄自己的情感是多么地不易。我发现北京的大街路宽车多，但行人却没有多少，人们一般不是坐车，就是骑自行车。我没有立即坐车回家，而是选择在长安街上行走，任泪水在脸上肆意流淌。回想光美妈妈的一生，心中除了对她由衷的崇敬和爱，还有一个女人对另一个女人深深的同情。几年来接触的光美妈妈，在我脑海里鲜活起来。

拍摄光美妈妈开始并不顺利，老人觉得自己资历浅，没什么值得拍的，后来我们通过中央党史办的袁丁和黄晓彤两位同志做工作，光美妈妈才勉强同意拍些活动镜头，但还是不愿接受采访。我想先拍活动，就有机会说服她接受采访，于是同意了。

二〇〇〇年五月的一天，接到筱苏通知，光美妈妈要参加中央文献研究室刘少奇组的一个活动，第二天，剧组如约来到活动地点。

这是一个内部举行的活动，纪念中央文献研究室刘少奇组成立多少周年，其实就是一个聚会。请了文献的一些老同志，还有扮演刘少奇同志的郭法增等一些有关的演员。

临近中午，光美妈妈来了，她唯一的儿子刘源大哥跟在母亲身后，他一身休闲的白色运动装，显得洒脱、帅气。

光美妈妈一进门，演员郭法增就迎了上去，郭法增是扮演刘少奇的特型演员，在好多故事片和电视剧中出演刘少奇。光美妈妈握住他的手开玩笑地说：“哟，这人是谁呀，不认识，头发染了，不认识。”谁都知道刘少奇是一头银发，可这一天，郭法增的头发是黑色的。光美妈妈说完话就佯装生气的样子，丢下郭法增径直走了，大家都乐了。

大家簇拥着光美妈妈坐了下来，郭法增他们这些演员非常活跃，围着光美妈妈要她题字。光美妈妈因乳腺癌做过手术，有一边的淋巴也都切除了，她的右手抬起来很吃力，写起字来抖得厉害，光美妈妈半开玩笑半自嘲地：“哎呀，坏了，我紧张。”逗的大伙又乐了。

我看到她在纸上写下刘少奇的名言：好在历史是人民写的。她一边写一边声明：“这句话是少奇同志说的，可不是我的发明。”

题完了字，光美妈妈从自己随身带的包里掏出一大把削好的铅笔，一边分给大家，一边风趣地说：“这是人民大会堂的铅笔，开会的时候，我就拿回来了，搜集了一大把，占点国家的便宜，来，送你们做个纪念，人民大会堂的，要是喜欢，下回开会我还拿。”大伙又是一阵笑声。没想到光美妈妈还是一个活泼风趣的人。

演员们围着光美妈妈喧闹着毫无拘束，光美妈妈也和他们调侃说笑，直到主持开会的同志让大家各就各位方才安静下来，我看得出，那一天光美妈妈很开心。

趁着开会的时候，筱苏悄悄把我拉到一边，告诉我第二天光美妈妈有个家庭聚会，是她在美国定居的五哥、五嫂回国探亲，六哥王光英做东在鸿宾楼宴请兄弟姐妹，老人们难得一聚，想请剧组的同志帮忙拍摄一下。不等筱苏说完，我就迫不及待地答应下来：“没问题，太好了，我们也正需要。”

说心里话，在我们拍摄光美妈妈的过程中，筱苏给了我们很大的帮助，她总是及时主动地把光美妈妈的一些重要的社会活动和家庭活动的信息告诉我，让我们如愿以偿地拍摄到许多弥足珍贵的资料。拍摄这样一部大型的、又是这样一些有着不同寻常身份的耄耋老人的纪录片，不是哪一个人能完成的，它需要老妈妈本人、子女、身边工作人员、有关部门、各级领导与剧组全体人员的共同努力密切配合。因为我们不可能每个家都派人盯着或天天打电话询问。有人说这部片子的难点不在片子创作本身，而是片子外大量的沟通，我非常赞成。

第二天，也就是二○○○年五月十四，我和剧组的同事们就来到位于百万庄的鸿宾楼。约十一点，来了两个七十多岁的老人，看样子是一对夫妇，俩人进门后没有直接上楼，而是和我们一样在一层的门厅里坐了下来，我猜想这可能是来参加光美妈妈家庭聚会的，便上前与他们攀谈起来。果然，他们是光美妈妈的妹妹和妹夫。不一会儿，担任全国人大常委会副委员长王光英和光美妈妈走进门来，大家一起到了二楼。

说起这次的家庭聚会，至今想起来都让我感动，十几个有着手足情的八九十岁的老人欢聚在一起，那种亲情之间的真实的交流，甚至儿时的顽皮都会毫无掩饰地自然流露出来。在这些老人中，没有什么国家主席夫人，没有全国人大常委会副委员长，没有什么部长、科学家，有的只是兄弟姐妹之间血浓于水的亲情。

六哥王光英是这次聚会的召集人，尽管年近九十，但他还是走来走去地张罗着。不知是谁还没到，他自告奋勇地："我去找找。"说着向二楼外厅走去，虽然精神头很足，但是步履还是有些蹒跚，毕竟已不是当年。在六个哥哥里面，王光英是最年轻的，在妹妹们面前，他又是哥哥，从哪个角度讲，他都当仁不让地承担起了责任。其实他完全可以叫晚辈和工作人员去跑腿，可是他没有，我想那一刻他忘记了自己的年龄，沉浸在融融的亲情之中。

光美妈妈今天话很多，看得出她很高兴。她依次向我们介绍着她的家人："这位是我二嫂，二哥不在了，二嫂她管着我，长嫂比母。"话语中透着亲昵与调皮。

这一次聚会，除了光美妈妈大哥和二哥已经去世，健在的都来了，不知为什么，看着这些坐着轮椅、拄着拐杖，互相搀扶的老人们，我心中突然感到有一种悲壮。我想这次聚会对于他们之中的有些人，可能是最后一次，下一次的聚会，还能有这么多人吗？

介绍完兄弟姐妹，光美妈妈招呼我坐到她的身边："他们扛机器不能坐，你不扛机器，你就别老站着了，来，跟我坐会儿。"我很高兴地接受了她的邀请。说实话，我很想借这个机会与她沟通，谈谈片子的事，谈谈采访的事，因为她今天心情很好，我们又是这样肩挨着肩、手拉着手坐在一起，机会实在太难得了。但是我没有张口，我克制着自己，对拍摄和采访只字不提。因为我知道像这样的耄耋老人，这么众多的兄弟姐妹聚在一起是多么的不容易，我不忍，也不能打搅他们，总还会有机会的，我相信心诚所至。

该到的终于到齐了，有人招呼着大家入席。筱苏过来请我们一起用餐，说是光美妈妈早让安排好的，我婉言谢绝了，不想因我们的存在，影响他们这难得的聚会，开饭的时候我带着人撤了。

第二天，筱苏来电话，说光美妈妈的五哥就要回美国，特别想要一盘这次聚会的带子，因为岁数大了，以后可能没有太多的机会回来，希望能常常看看录像，以解思乡之愁，我爽快地答应了。

“机会来了。”我想。

三天后，我拿着翻录好的带子，直奔木樨地二十二号，在院子门口的花店里，我买了一大捧剑兰就上了楼。

开门的是筱苏：“哎，姚言，你好你好。”

小苏热情地把我带到光美妈妈面前：“光美妈妈，剧组的姚言来了。”

光美妈妈拉着我的手：“哎呀，这姑娘长得漂亮，你怎么长得这么漂亮。”

“姚言是给咱们送带子来的。”筱苏在一旁说。

“哎哟，太感谢啦，谢谢，谢谢。”她拉着我的手一连说了几个谢谢。

“应该的，我还要感谢您配合我们的拍摄，该说谢谢的应该是我们。”

“哦，拍片子，你们拍什么片子啊？”光美妈妈似乎不是特别明白我们这个片子的来龙去脉。也许是岁数大的缘故，加上社会活动和采访她的人也多，所以跟先前黄主任给她介绍的情况对不上号。于是我将片子从创意到立项，从撰稿到拍摄，简要地介绍了一番，她似乎听明白了。

“哦，那应该多拍像刘英大姐这样的老同志，她们都是参加过长征的，我参加革命晚，没有经过她们那么多的考验，我和她们比没做什么贡献。”光美妈妈谦虚地说。

“拍摄名单是经过有关部门定下来的，另外少奇主席是开国元勋，您是他的夫人，所以纳入到拍摄名单。”我做着解释。

“哦，我主要是沾了少奇的光了。”她开玩笑地说，“我就说嘛，我没做什么，干吗要拍我，还是少奇的这个原因。”

接下来，我把已经拍摄的情况，拍摄了哪些人，采访了哪些，都一一做了简单的介绍，我想今天的机会不错，家里没什么人，很安静，没什么干扰，光美妈妈心情也好，可以说服她接受采访。于是，在介绍完情况之后，我抓紧时机：“光美妈妈，根据片子的需要，我们还想请您接受我们的采访，希望您能配合。”

“我这么大岁数，都老奶奶了，脸上都是皱纹，怎么接受采访啊?”

“没关系，其他老妈妈比您岁数还大呢。”我说。

“你这么漂亮，你上不上镜头啊?”

“我不上。”

“你要上，我就接受采访，咱们一块儿上，你陪着我。”光美妈妈说。

我乐了：“行啊，我陪您一起上。”

“好啊，筱苏，现在都是漂亮好办事，这姑娘多漂亮啊，咱们全面配合。”光美妈妈扭头对筱苏说。

“行，全面配合。”筱苏答应着，看得出她和我一样高兴。

我感激地看着筱苏，心里一下子轻松了许多，原打算要费半天口舌呢，没想到这么顺利地就同意了。

后面光顾高兴了，我不记得是怎样从光美妈妈家里出来的。

光美妈妈在我们拍摄的十几位老妈妈当中，是知名度较高的之一。她的一生的荣辱都与丈夫相连，大起大落的人生经历，在她心中是怎样的一种心酸啊，而她平静、从容的外表下，定是那荡气回肠的激情。所以，光美妈妈的采访对她的这两集而言是举足轻重啊！趁热打铁，不久，我们如愿以偿地采访到她。

在未接触到这些老妈妈之前，我与大多数人一样，以为她们一定住着豪宅大院。其实真正走进她们的家，才知道根本不是那么一回事。光美妈妈家的房间都不是很大，客厅顶多也就 20 平米。采访那天，我们把沙发推到一边，撑起背景板，也就没有多少地方摆放机器了。我们只好把机器架在饭厅，但是稍不注意客厅与餐厅之间的垭口就露了出来。6 月的天已经很热，为了提高录音效果，窗户和空调都不能开，屋里还要打上聚光灯，在这样的情况下接受采访，其热的程度可想而知，但是光美妈妈一边叙述一边擦着汗非常配合。在光美妈妈的叙述中，她的人生在我脑海里逐渐清晰起来。

王光美出生于 1921 年 9 月。那时，在政府部门任职的父亲王槐青，正好在美国参加九国会议。会议期间，他接到家里打来的电报，他的夫人董洁茹为他生了个千金，这个消息让他兴奋不已。之前，王槐青的前妻为他生了三个儿子，加上董洁茹已生的三个儿子，他已经是六个儿子的父亲。夫妻俩一直期盼着能有一个乖巧、活泼、漂亮，像天使一样的女儿，没想到这次让他们如愿以偿。因为是在美国开会期间女儿诞生的，王槐青为她起名"光美"。

小光美出生后，董洁茹又一连生了四个女儿。这样小光美不光有六个哥哥，还有了四个妹妹，家里兄弟姐妹共有 11 个。

虽然孩子多，但父亲有着丰厚的俸禄，所以家里的生活还算富裕。母亲毕业于天津女子师范学校，是中国第一批女学生，是个有文化教养又心地善良通情达理的女性，对丈夫前妻所生的三个孩子视如己出，这对光美日后生活的影响非常深刻。由于上过学念过书还当过老师，母亲十分注重对孩子的教育，将他们全部送到学校去读书。无论是在学习上还是在品行上，对孩子们的要求都非常严格。王光美就是在这样一个大家庭里成长着。用她的话来说："到学校是集体生活，回到家还是集体生活，到学校有老师管着，回到家有母亲管着。"

尽管如此，但孩子们却不乏快乐。在母亲尽心的呵护和严格的教育下，天资聪颖的光美学习成绩一直名列前茅，从小学一路升到大学，并几次在全市会考中拿到名次，可以说王光美很顺利地度过了她的学生时代。

1945 年，王光美从北京辅仁大学毕业，并获物理学硕士学位。同年参加工作，就职于母校，成为该校物理研究所的硕士研究生助教。这在当时充满男权的社会里，像她这样的女硕士，又是物理学专业的，真可谓凤毛麟角，前途无量。

年轻的王光美对未来充满了理想和憧憬，一心想像自己最崇拜的居里夫人那样，好好学门专业，认真研究学问，做一个居里夫人那样的女科学家。

1946 年，抗日战争刚刚结束，蒋介石玩起了假和平真内战的阴谋，企图把中国共产党排挤到中国的政治舞台之外。

1946 年 1 月，刘少奇在延安

美国方面为了自己在亚洲的利益，就国共关系进行调解。于是，国共美三方共同组成军事调处执行部，负责国共双方的停战协议的签订和实施。在国共美三方的谈判中，英语流利的王光美被中共方面选中担任翻译。

中共方面选中王光美担任翻译并不是偶然的。在王光美求学的十几年里，正是日本侵华的时候。国难当头，民族危亡，王家的兄弟姐妹纷纷参加了抗日救国的斗争。她的三哥王光超经常为八路军采购药品，并冒着生命危险送往解放区；四哥王光杰则是一位中共地下党员，中共北方局与延安的联系以及敌占区大量的情报，许多就是通过他用秘密电台输送的，他因此还获得“特等功臣”；王光美的四个妹妹也都先后加入了中国共产党，而她的母亲也非常同情革命，曾多次掩护过地下党员。就是在这样一个社会背景和家庭影响下，王光美虽然学业优异，但并不是一味地埋头读书不问国事。早在读大学的时候，她就与中共地下党有联系。当时负责与她联系的是崔月犁（新中国成立后曾担任卫生部部长），崔月犁经常介绍一些进步书籍给她看。为了逃避国民党的检查，王光美总是把这些书和一些休闲书混在一起，或者在这些书的外面再包上一层别的文学书皮。有了这些与中共地下党的接触，选择王光美作为军调处中共方面的翻译就不是偶然的，是经过中共长时间的观察和了解才选定的。

拉锯式的谈判，最终没有按三方的意愿达成共识，谈判终于破裂，大规模的内战开始了，中共方面撤出谈判，王光美也结束了在军调处的工作。当时延安正需要有知识、有文化、有专长的青年，同时考虑到王光美身份已经暴露，无法再在北京待下去，为了她的安全，党组织根据本人的要求，安排她撤退到延安。

1946 年 11 月，王光美告别了亲人，登上了军调处到延安的飞机。那是美方为国共美三方谈判提供的交通，专门往返于北京、南京、延安。机上除了王光美，只有两个乘客，一个是美方的代表，另一个是从南京到延安的宋平。

在王光美准备到延安的同时，美国的一所大学录取她去读博士，通知书也下来了。面对何去何从的选择，王光美的思想斗争也很激烈。到美国读书，意味着金钱、地位、鲜花、掌声，前途不可限量，自己就可以有机会实现当女科学家的梦想；到延安则不然，条件艰苦，前途未卜。当时共产党还不是执政党，虽然对共产党自己很有信心，但将来如何毕竟是难以预料的事情。王光美左思右想最终还是选择到延安。因为在军调处工作的这段时间，与中共一些领导和同志的具体相处中，她从中国共产党身上看到了中国的希望。到美国固然好，但那只是和她个人的前途相关；去延安跟随共产党则是和中国的前途相关，她选择了后者。她要为自己的民族贡献一点微薄的力量。从此，这个曾经一心梦想当“居里夫人”的她，人生轨迹发生了重大的改变。

王光美将自己当女科学家的梦想珍藏在心中的殿堂，踏上了充满坎坷未知的人生之路。

一路上，王光美心情特别激动。延安是她向往的地方，从哥哥们那里，从崔月犁那里，从许多共产党人那里，王光美无数次听到“延安”这两个字。它是那样的熟悉，可又是那样的陌生，那究竟是怎样一块土地啊！为什么那么多人都魂牵梦萦地惦记和向往着它。王光美的心中充满了好奇。

从飞机起飞开始，王光美就一直伸长脖子望着舷窗外。连绵起伏的山峦在脚下缓缓移动，可她的心却跳动得越来越快，带着对延安的向往和好奇，王光美终于来了！

当时，在无数投奔延安的进步青年里，王光美是唯一一位坐着飞机去的，没有经过千辛万苦的跋山涉水。用王光美自己的话来讲，自己是没有经过多少艰难困苦的考验就到了延安。这几乎成了她心中永远解不开的结。为了这一点，她的心里总是不安。为此，她付出了一生的努力，但她仍然觉得做得很不够。

初到延安，王光美看什么都觉得新鲜，只觉得眼睛不够用。从小生长在大都市，过惯了优裕的生活，现在却走进了黄土窑洞，来到了清贫的农家，无论是在生活环境，还是在思想感情上，都是一个脱胎换骨的变化。

不久，王光美被组织上分配到外事局做翻译工作。由于她的专业和工作的原因，使她有不少机会接触到领导同志。至今，王光美还记得第一次见少奇同志的情景。

> 那一次，我们几个同事到朱老总那里去串门，因为和朱老总惯熟了，所以在长辈似的朱老总面前，无拘无束地闹腾了好一会儿，还非要朱老总讲他过去的故事。朱老总被我们缠得没办法，提议带我们到少奇

同志那儿去看看，于是，我们一大群人就跟在朱老总的后面来到少奇同志的住处。

到了窑洞前，还没进门，朱老总就喊了起来："少奇同志，看我给你带来一些新朋友，欢迎不欢迎？"说着就领着我们大伙进了门，一下就把窑洞挤得满满的。少奇正趴在桌子上写东西，看到我们就把笔放下站起身说："欢迎欢迎，就是我这个地方小了点儿，请大家到院子里坐吧。"说完就叫警卫员赶紧搬凳子。

大家在院子里坐了下来，少奇就跟大家一一握手问情况。我因为参加革命时间比较短，又是坐飞机来的，不好意思往前坐，就悄悄在大家后面站着也没敢说话，只是跟少奇握了握手报了个姓名。

此后不久，国民党进攻延安，王光美就随机关疏散到瓦窑堡，以后又到了晋绥。在晋绥，她参加了土改学习班。

一天，少奇从晋绥路过，上级就把我们叫到分局食堂一块儿吃饭。吃完饭，大家在院子里散步，我照例是悄悄地站在一边。没想到，少奇却向我走过来。

"我见过你，上次朱老总带你们外事局的一些同志到我那里去串门，你也在。"少奇操着湖南口音跟我说。

"是，我叫王光美。"我就赶紧自我介绍。

"你现在在这里干吗？"少奇问。

"刚刚参加完土改学习班，准备下去搞土改。"我说。

少奇"哦"了一声接着说："你要是愿意，可以跟我走，先去晋察冀，那儿也搞土改，你是不是跟我去趟晋察冀？"

明眼人一听，就从少奇的话里听出点儿什么来，可我那会儿挺单纯，对他的邀请没想那么多，我就婉言谢绝了。我说："我已经参加了在晋绥的学习，还是不动为好，要不然别人会觉得，我怎么在这儿学习又跳槽跑那儿去啦，脱离集体搞特殊化，谢谢首长。"

那一年，王光美踏踏实实地在晋绥搞了一年的土改。

参加完土改，我就又回到外事局机关。因为工作关系跟少奇就经常见面，有了一些接触。我感到好像他还挺愿意找我说话的，可是我也没往别的方面想。在我眼里，他是领导，年纪比我大，职务也很高。以后就在这有意无意的接触中，渐渐了解他的一些情况，才知道他当时是单身，我刚琢磨过来为什么少奇总爱找我说话。就这么一来二往接触多了，互相也有所了解，我就发现少奇有几个很特别的地方。

不管春夏秋冬，少奇吃完饭，总是习惯拿一个热水袋捂在胃上，我也不好意思问，就慢慢观察，发现那是他胃不好的缘故。

另外，他吃饭也很特别，每次他吃饭，蒸的米饭上总有一瓣蒜，我觉得很奇怪。后来才知道少奇不知从哪儿听说，蒸饭的时候放瓣蒜治胃病，所以他采纳了。

有一天，我吃完午饭路过少奇那里，就走了进去，正赶上少奇刚刚准备吃饭，少奇邀我一块儿吃，我说我刚吃完饭，请他自己吃，少奇听了我的话没有急着先吃饭，而是站起身看了看，走到办公桌前，从最底下的抽屉里拿出一个梨递给我，那意思是我吃饭你看着不合适，这样你吃梨我安心吃饭。从这个小事，我就感到他还挺会照顾人的。

就这样，在越来越频繁的交往中，两人互相观察了解。王光美从刘少奇消瘦的脸上，从他过早就变白的头发，感到他特别疲惫，他的身边需要有人照顾，尤其是一件小事，让她更强烈地感受到这一点。

有一次，少奇邀我去他那里坐坐。待了一会儿，我看时间不早了，就要告辞走。他抬起手腕看表，没戴表，就拉开抽屉拿出表来看，那表早就不走了。我心想：怎么一个负责人的表不走了都没人管，党培养一个干部不容易，尤其是一个高级领导干部，如果少奇只是单纯的有病，那会有医生管，可他不是这样一种情况，他需要的是一种生活上的照顾和调理。我那会儿就想，如果少奇同意，我愿意照顾他一辈子。

其实，在与王光美认识之前，刘少奇曾经有过几次婚姻，并生有五个孩子，均由阿姨和警卫员照管。自从王光美走进刘少奇的生活，孩子们都特别喜欢这个和蔼可亲、漂亮大方的阿姨。每次一听说光美要来，孩子们便早早地等候在门口。王光美到了以后，他们总是寸步不离地跟在她的身后。王光美从孩子们的眼睛里看到了他们对母爱的渴望。刘少奇是个不太善于表达感情的人，孩子们对王光美的接纳和喜爱，对刘少奇和王光美之间的感情也是一个很好的促进。

不久，她接受了刘少奇对她提出的结婚请求。

1948年8月21日，刘少奇同王光美在西柏坡结婚时合影

1948年8月21日傍晚，在河北滹沱河畔。晚霞洒满了河边的西柏坡，炊烟在村庄上空升腾弥漫。劳累紧张了一天的刘少奇，疲惫的脸上透着喜悦和幸福。他放下手中的工作，将警卫员叫到屋里，告诉他们一个吃惊的消息。

"我今天要结婚了。"刘少奇平静地说。他不是一个喜形于色的人，但眉宇间仍然露出喜悦。

"什么？结婚？首长，我们怎么一点也不知道啊，什么准备也没有。"

"我结婚，又不是你娶媳妇，要你准备什么。"一向不善开玩笑的刘少奇今天心情特别愉快。

"那也得热闹热闹，准备庆祝一下吧。"警卫员说。

"没什么准备的，简单一点，只是光美同志不好意思，你们去把她接来吧。"

> 这一说结婚，我们那帮外事局的就热闹起来了。本来在外事局工作的同志大都很活跃，基本上是"洋派"，加上我平时人缘也好，他们听说我要结婚了，而且嫁的还是位大家熟悉的首长，就特别为我高兴，一定要热闹一下。大家七手八脚就忙活开了，反正是不能放过这个展示才能的机会，各显其能都拿出自己的绝活手艺。蛋糕是一定要做的，那是外事局的人最拿手的；沙拉也不可缺少，那是他们最爱吃的；还有人买来一块粉红色的绸缎，会书法的同志在中间写了一个"囍"字，外事局的每个人都在上面签了名表示祝贺。廖承志多才多艺，画了一张画，画的是西柏坡的夜晚，小平房外的夜空，月亮笑眯眯地看着贴着"喜"字的新房。那个时候，全国还没解放，条件很艰苦，虽然结婚没什么钱，但是让外事局这帮人这么一发挥，也搞得丰富多彩挺热闹的。那块有外事局的同志们签名的绸子，我一直还保留着。

结婚以后的王光美，从外事局搬到刘少奇的住地。组织上在刘少奇的办公室旁，给她安排了一个几平米的小办公室，王光美仍然从事自己的翻译工作。

> 我每天完成自己的工作以后，就想着怎么帮少奇减轻工作负担，想想还是帮他看报纸，把一些主要内容摘下来，这样能让他节约好多时间。别的我也没法帮他，因为我那时候还不是他的秘书，他的办公桌我从来不动，虽然我已经是一名共产党员，但是我心里明白，少奇是中央领导，而我是一般干部，不该自己看的东西绝不看，不该自己知道的事情也绝不多问。以后多少年，我都自觉坚持这个原则，信守着这条规矩。

新中国成立后，王光美跟随刘少奇进了北京，回到了她出生的地方。刘少奇有了家，立即将流落在外的孩子们都接了回来。

刘少奇与何葆珍烈士的第二个儿子，原来一直流落在苏北。接到北京后，安排他上学，长年动荡的生活，耽误了学业，学习上遇到了很大的困难，王光美就天天给他补课，担当起家庭教师的角色，使他的学习成绩迅速得到提高。

何葆珍烈士的女儿刘爱琴，一直被组织上寄养在苏联。1949 年，刘爱琴回到了祖国，回到了父亲的新家。那时候，她已经是一个成熟的大姑娘。无论对眼前这位比自己大不了多少的新妈妈，还是对国内新的生活环境，刘爱琴都感到十分生疏。跟其他兄弟姐妹不同，她并不是很快从心里能够完全适应和接受。对于刘爱琴的这些情况，王光美给予了充分的理解。她知道爱琴从小生长在国外，无论从语言、文化、生活习惯等方面，已经是一个十足的“小洋人”。为了让她尽快地适应国内的环境和生活，

1949 年秋，刘少奇同王光美在中南海

王光美给予了她及时的指导和帮助。

对于光美妈妈，爱琴大姐给我们讲述了这样几件事。

我 1949 年回国的时候，中国刚刚从战争的硝烟里走出来，正是百废待兴的时候。我穿着高跟鞋、布拉吉，一身洋装，显得格格不入，特别扎眼。为了让我尽快地融入社会，光美妈妈耐心细致地，一点一点地教我。

有一天，光美妈妈来找我："爱琴，今天有时间吗？"

"嗯，有啊，是不是带我出去玩儿？"我问。

"今天带你上街。"光美妈妈笑着说。

"真的？喔契尼哈拉少（太好了）。"本来中国话就说不好，一高兴我俄语就蹦出来了。

"爱琴，今天我想带你出去买双布鞋。"光美妈妈说。

我一听："啊，布鞋，我可从来没穿过。"

"没关系，你试试我的。"她说完就把自己脚上的布鞋脱下来。

我好奇地把脚伸进去，站起身走了两步。

"怎么样？"光美妈妈问。

我说："没有我的鞋穿上挺拔、精神。"

光美妈妈笑了，她说："以后习惯就好了，你的高跟鞋好看是好看，但是不如布鞋舒服，穿时间长了太累，布鞋又软和又透气，适合平时穿，高跟鞋留着出席活动的时候穿，好不好？"

1938 年，刘少奇在延安接回儿子、女儿时合影

那天，光美妈妈不仅带我买了布鞋，还带我做了两身裁剪合体的列宁装，那是新中国成立初期最时髦的服装。我穿上也挺高兴。

可是过了不久，光美妈妈又发现我的问题了："爱琴，怎么还穿不惯布鞋？"原来我又穿上我的高跟鞋了。

"不是，是布鞋穿脏了，

皮鞋可以擦鞋油，布鞋不耐脏，还不能擦鞋油。没办法，我不能穿着脏鞋去上学。”我说出了原因。

“哦，原来是这样。”她笑起来：“布鞋穿脏了可以洗干净啊。”

“啊！鞋还可以用水洗吗？”我很吃惊。因为在莫斯科穿惯了皮鞋，从来不知道鞋还可以用水洗。

“当然可以，这就是布鞋的又一个好处。来，我来教你怎么洗鞋。”说完，她又手把手地教我。

在光美妈妈的帮助下我很快就适应了国内的生活。在学习上光美妈妈也同样给了我很大的帮助。

我回国的时候，讲得一口流利的俄语，中国话却说得结结巴巴，字更认不得几个，这样我就很难与人正常沟通。光美妈妈找来一些书，其中就有我父亲的《论共产党员的修养》，一个字一个字地教我。在认字的同时，又给我讲一些革命理论，比如什么是阶级，阶级是怎么划分的，社会共分成哪些阶级，等等。每天学习完，我还要认真做笔记写心得，因为那是父亲要求的，他还经常亲自检查我的学习情况。

在父亲的严格要求和王光美的耐心辅导下，聪明好学的爱琴，很快就掌握了母语，并学会了写汉字。她的生活圈子逐渐扩大，并迅速融入社会中去。她与王光美之间，也从刚开始的生疏变成了亲密的“母女”，她称她为“光美妈妈”。

当我生第一个孩子的时候，丈夫不在身边，快到预产期了，光美妈妈就为我要出世的孩子准备好了一切。临产那天，她放下手中的工作，亲自陪我到医院。从检查到进产房，直至分娩整个过程，她都寸步不离地守候在我身边，扶着我，搀着我。第一次生孩子，我心里很紧张。她就坐在产床旁边，握着我的手安慰鼓励我：“没关系，没关系，放松，女人都要有这一关，一会儿就好了。”看到我疼得满头大汗，她心疼地对大夫说：“给她闻点麻药吧，闻点麻药就不那么疼了。”后来孩子终于生下来了，光美妈妈的心才踏实，她又急忙赶回家，给我熬鸡汤送到医院。所有这一切让我感到，哎呀，就是自己的亲妈活着，也不过如此啊！

也不仅仅如此，与少奇结婚以后，王光美共生了四个孩子，加上原来的五个，家里大大小小一共九个孩子。这么大的家，又不是一个母亲所生，如果处理不好，发生“内战”是有可能的。但是，王光美就像当年自己的母亲对待同父异母的哥哥们一样，对九个孩子一视同仁，让母爱的阳光洒满每个孩子的心灵。无论哪个孩子需要帮助，她都尽心尽力。她知道帮助他们就是帮助自己。因为只有这样，家庭才能和睦，而温馨和谐的家庭，会使丈夫能集中精力更有成效地工作。

1949 年进城以后，王光美就从外事局调到刘少奇身边任秘书，在照顾协调好家庭的同时，更重要的是协助丈夫工作，照顾好丈夫的生活起居，这是她不敢有一丝懈怠的责任。

1950 年 10 月，刘少奇在中国人民大学开学典礼上讲话

秘书工作是很细致琐碎的活，事无巨细、方方面面都要考虑严谨周全，王光美在这方面堪称是刘少奇得力的助手。

一次，机要秘书刘振德接到毛泽东办公室的通知，要刘少奇去开常委会。接到通知后，刘振德就到楼上去向刘少奇汇报。当时，王光美正招呼刘少奇吃饭。趁吃饭的工夫，有个小孩向父亲刘少奇汇报自己的学习情况以及学校的情况。刘振德看到小孩也没太在意，便将主席办公室的通知向刘少奇做了详细的汇报，什么时候开会，在什么地方开会，开什么会一一讲明。刘少奇听了没说话，“嗯”了一声表示知道了，但看出来不太高兴。刘振德以为小孩在学校里犯错误惹少奇生气，也没多想汇报完就离开了。他前脚回到办公室，后脚王光美就跟了过来。

“振德，以后有‘小耳朵’在场的时候不要谈工作，开常委会这么重要的事情要注意保密，小孩倒不一定有意去泄密，但他们知道这个事不好。”王光美严肃地轻声说道。

这时候，刘振德才明白，刘少奇当时为什么不高兴。

每次刘少奇出门穿什么，王光美也都要提前安排。刘少奇平时衣着朴素，一身褪了色的平纹布衣，一双布鞋。这身衣服如果是在下乡没问题，但要接待外宾就要从头换到脚，包括头发是否长了，脸是否刮得干净。这些细节，王光美都要亲自检查。

20 世纪 50 年代的王光美

刘少奇工作繁忙，要考虑的大事太多，不可能面面俱到，有些细节有可能忽略。王光美在一旁发现，总能及时地很有技巧地提醒他进行弥补。有一次，刘少奇到地方上视察工作。走时，他和地方干部群众握手告别，有两个县里的基层干部一直陪同，可是在握手的时候，刘少奇落下了他们俩，王光美看到后，立即走到少奇跟前，拉起他的手走过去，握着那两个干部的手告别。虽然只是这么轻轻一握，但那对两个干部却是很大的鼓舞。

在随同刘少奇访问柬埔寨的时候，一天早晨，为了加强两国的友谊，同时表示真诚和尊重，西哈努克亲王的母亲亲自下厨，为中国贵宾熬了桂花粥。从礼宾司得到这个情况后，王光美担心有些同志喝不惯，便提前和随行人员一一打了招呼，这个粥不管能不能喝得惯，好喝不好喝，无论如何都得喝完，以示尊重。

刘少奇和王光美既是上下级关系又是夫妻关系，但据刘少奇身边工作人员讲，在工作中你只能感觉他们的工作关系，根本看不出是夫妻，王光美总是很恰当地找到自己的位置。

由于工作忙，刘少奇几乎没有时间休息。工作之余，王光美就千方百计地想办法让刘少奇紧张的神经得到缓解。吃饭的时候，她往往会打开收音机，放些轻松愉快的音乐；过年过节，她又组织孩子们表演节目，约刘少奇一起欣赏。这个时候，总是刘少奇最轻松惬意的时候，他常常被孩子们稚嫩的表演逗得开心大笑。

为了能让刘少奇多运动，王光美还在家里举行了一场乒乓球比赛，并让孩子们拉着爸爸参加，还设立了奖杯。那是原先参观洛阳轴承厂时，厂方赠送的一个小轴承模型，很像一个奖杯的模样。孩子们很懂事，跟妈妈打的时候，就猛抽狠打，可轮到和爸爸打对手，他们个个手下留情。比赛结束，球技最差的刘少奇倒得了第一，奖杯自然是给爸爸。其实，刘少奇心里明白，那是大家哄他高兴，但他还是很开心地接受了妻子和孩子们的美意。

王光美不仅自己对刘少奇关心照顾，还教育孩子们爱护爸爸，因为爸爸有很重要的工作。当时两人工资加起来虽说有四五百元，但架不住人口多，连孩子带老人十几口，均到人头上也就没多少。每次拿到工资，王光美都先把保证刘少奇营养的费用预留出来。每顿饭后，要保证一个水果。孩子们虽然都处在长身体的阶段，却不能享受这个待遇。时间一长，孩子们在母亲的教育下也都养成了习惯，桌上有好菜先尽爸爸吃。他们家吃饭，刘少奇是一个等级，孩子们是一个等级，而王光美是最末一个等级。刘少奇后来发现了这个问题，怎么也不肯“多吃多占”，要“有福同享”，而王光美则坚决反对“平均主义”。她说服丈夫，给他开小灶，并不是为了他个人，主要是他肩上的担子重，如果身体垮了，还怎么为国家做事。在王光美的说服下，刘少奇才勉强同意。多年的精心照顾，刘少奇顽固的胃病居然调理好了。爱琴大姐曾感慨地说：“光美妈妈不简单，她是全心全意不遗余力地照顾我父亲。”

1954年4月，刘少奇、王光美同身边工作人员合影

在家里，王光美有一个雅号，叫“烩饭厨师”。由于毛主席喜欢在夜里办公，常委会经常是在夜里召开，大家只好改变自己的生活规律，服从主席的作息时间。于是，王光美作为妻子和秘书，理所当然地服从刘少

奇。不管丈夫在家办公，还是出外开会，只要刘少奇不回来，王光美就不会休息，也不单独吃饭。除非接到工作人员的电话，告知当天刘少奇不回去吃了，她这才自己吃饭。由于作息时间的改变，王光美的晚餐，一般都在凌晨一两点。这个时候，工作人员都挺疲劳。为了不给别人添麻烦，她往往让炊事员中午做饭多做一点。到晚上，她就将剩下的米啊、菜啊、汤啊，统统烩到一起，算是自己的第三餐。由此，她得到了“烩饭厨师”的美名。

1960 年 8 月，刘少奇同家人及身边工作人员在北戴河合影

王光美在协助丈夫做好工作，照顾好丈夫的生活之外，对刘少奇身边的工作人员也十分关爱。

1961 年春天，国家还是困难时期。一天吃完饭，光美陪着少奇在院子里散步，看到院中盛开的花花草草，刘少奇说：“现在粮食这么困难，咱们是不是把花园的地翻一翻，种上粮食，也可以解决一点问题。”

第二天，王光美就组织大家把花园的地翻了过来，有两三分地的样子，然后种上小麦。秋后，小麦成熟，收获了一百多斤，王光美没有留下给自己正在发育成长的孩子们，而是将它送给家在农村、生活困难的炊事员郝苗，帮助他渡过了难关。

王光美还特别注意维护刘少奇作为党的高级领导干部的形象，严格要求自己，要求孩子们。刘少奇也给自己的家人制定了严格的规定，王光美在这方面始终忠实地执行。

有一次，一个孩子起晚了，因为怕上学迟到，便要了家里的车送了一下。发现这个问题后，王光美与刘少奇都十分严厉地批评了孩子。从此以后，孩子们再也没有出现过类似的事情。

王光美不仅严格要求孩子，自己也是身体力行。因为工作需要，她有时要单独外出办事，但总是骑着自行车。她觉得家里的车是国家给少奇配备的，自己只是一名普通工作人员。就是生小女儿出院时，因为情况特殊需要车接，她也没有让家里派车，而是从交通科要了一辆车，并按规定交了费用。

三年困难时期，刘少奇满脑子装的就是怎样解决老百姓的吃粮问题。他领着王光美和工作人员一起深入乡村，甚至对老百姓的粪便都要扒开看看，了解他们用什么充饥，是否能够消化。如果有什么可代替粮食的食物，他都领大伙亲自去实践、品尝。有一次，听说木薯可以吃，于是，立即从山上挖来一些木薯，大家一起吃。但他们不知道木薯里含有氰化物，吃木薯必须先用水泡，让氰化物全部挥发掉之后，才可以吃。幸好他们吃得不多，没有造成什么后果。这件事后来被保健大夫知道了，就捅到卫生部，害得他们挨了好一顿批。不过从这件事情可以看出，在困难时期，中国的领导人是和老百姓共同度过的。

在刘少奇身边工作过的人，都知道发生在他们家中“钱柜”的故事。他的机要秘书刘振德是这样给我们讲述的：

> 1963年，光美要去参加“四清”。临走，她把一个装钱的盒子交给了少奇。第二天，少奇把我找去，一边笑着一边把盒子递到我手里说：“这是我们家的‘钱柜’，光美在的时候由她来管，她走的时候交代给我，我现在交代给你，以后你来管这个事情。”
>
> 我接过盒子，听说是“钱柜”，心想：这里面可能有不少钱吧。便说：“哎呀，是‘钱柜’呀，那我得数数，别回头成了‘四不清’干部。”
>
> “不用数了，没多少钱，你全权处理，里面有光美留下的一张条子，发工资后按条子分配。”少奇说完就忙自己的工作去了。
>
> 少奇走后，我把钱数了数，连纸币带钢镚，一共是29块多。另外，还有一个光美写的条子，条子上写明：给炊事员郝苗120元，这是他们全家的伙食费；给外婆150元，那是九个孩子的学费、衣物和杂费；卫士组100元，这是给少奇买烟和营养品的费用；赵阿姨40元，这是保姆的工资；房租、水电60元；党费25元。这样一分配，两人五百块的工资也就所剩无几了。这时候，我才感到光美操持这么大个家有多么不容易。后来，光美“四清”回来，我对她说：“原来不知道你这么难，这一管，才知道你这个家不好当啊，搞不好就出现赤字。”

生活虽然不富裕，但王光美和刘少奇却严格要求自己，从来不多占国家一分钱。即使是对国家规定的补助，他们也是能不领就不领，尽量给国家节约。有一件事在刘少奇身边工作的人员中印象非常深刻，他们曾告诉我们这样一件事情：

那时候，按国家规定，出差有出差补助，夜里加班有夜餐补助。光美完全可以名正言顺地领些补助，贴补家用。因为她经常随少奇同志出差，而且，几乎每晚都工作到后半夜，有时候甚至是通宵。夜餐补助是三毛钱，他们俩加起来，一个月也有18块。现在看来18块没多少，但是，这在当时还算是一笔不少的收入。可是，少奇同志从来不让领，他认为自己一天三顿饭，没有加餐，就不应该领这个夜餐费，所以尽管家里生活拮据，很需要这笔钱，但光美同志从来没有领过一次。我们这些工作人员有时候看不过去了，秘书和警卫在一块儿悄悄讨论，决定背着少奇和光美把这个补助领回来，补贴到伙食里面，就这样秘书悄悄地为他们领了两年的补助。

这件事后来被炊事员郝苗在饭桌上吃饭时说走了嘴，让小孩子听到了，小孩子又无意中把这个事传到光美耳朵里。要是光美睁一只眼闭一只眼，这个补助可能就一直能领下去，可是，光美把这个事及时向少奇同志做了汇报。少奇同志听了非常生气，把秘书叫过去，狠狠地批评了一顿，并责令：“领了多少退多少，一下退不出这么多钱，那就一天天扣。”

后来这个事，还是在光美同志的督促下，一天退六毛，退了两年才把事情解决，怕秘书瞒着不给退，光美还要求秘书退完后，把收条交给她验收。

从1948年到1966年，这18年是王光美、刘少奇夫妇最幸福舒心的日子，王光美在刘少奇的生活中占有无人取代的位置。

1966年“文革”伊始，王光美毫无精神准备，铺天盖地的大字报像乌云一样压了过来，她有些不知所措。因为在这之前，在中南海的舞会上，她和毛主席一起跳舞时，毛主席还向她询问了刘少奇的身体状况。她告诉毛主席，别的都挺好，就是肩周炎常犯。毛主席还说：“太累了，要注意身体，多休息休息。”她还很感激主席对少奇的关心。这才没几天的工夫，怎么少奇就变成党内最大的走资本主义道路的当权派？但王光美毕竟是王光美，她很快就镇静下来。凭着多年对丈夫的了解，她坦然面对着突如其来的变故。在与丈夫朝夕相处近 20 年里，她目睹丈夫为党、为人民、为国家是怎样呕心沥血地付出，亲身体会到丈夫廉洁自律、宽厚待人、心怀坦荡的品质和作风。有谁比她更了解丈夫那片对党、对人民的赤胆忠心？面对压力，王光美没有被吓倒。多年党的教育，让她采取实事求是的态度。因为她坚信丈夫对党的忠诚。王光美用她那瘦弱单薄的身板，为丈夫遮风挡雨。为了保证丈夫的安全，维护他的尊严，她尽量不让刘少奇出去，而她每天自己出门去看大字报。看完之后，用笔一条条记下来。回到家里夫妻俩一起分析，哪些是自己的不对，今后需在工作中改正，哪些是人家提得不对，今后需要避免，对于恶意攻击的就不去理会。当丈夫遇到危险，她毫无惧色挺身而出，绝不让他受到伤害。

有一次，王光美、刘少奇接到一个消息，称女儿出了车祸受伤送到医院，要他们赶快去，夫妻俩顾不得分析消息的真伪，也没有考虑自己的安危，急忙驱车赶了过去。到了地方后，才发现气氛有些不对头，医院聚集了许多人，到处是红卫兵和大标语。王光美忙让卫士带刘少奇赶快离开这里，而自己从容地下了车。为了吸引大家的目光转移注意力，她一下车就一边往人群中走，一边大声地说："你们不就是要找我吗，有什么要问的，来吧。"从而保证了刘少奇安全顺利地撤离。

小时候，乖巧活泼、聪明伶俐的王光美，备受父母和哥哥们的宠爱，在家里总是被呵护的对象。而现在，面对危险，她能够沉着冷静临危不惧，再不是那个娇嫩的小公主，俨然是名战士。这种变化，源于她对丈夫忠贞不渝的爱，源于她对党的事业的忠诚。

不久，王光美与刘少奇被分别隔离。

1967 年 9 月，王光美被带往秦城监狱。走的那天，她没能见到丈夫最后一面。其实，丈夫就关在不远处的房间，近在咫尺却不能相见。王光美不知他身体怎样，精神可好？是否知道自己今天要离开？她慢慢地移动脚步，想多拖延点时间，或许有机会能看到他一眼，告诉他自己要走的消息。

当她走出房间，不由得向刘少奇住的屋子望了一眼。突然她发现，在走廊中央比平时多了一个小马扎，马扎上面整整齐齐放着一摞衣服，她一眼就认出，那是自己的衣服。怎么会在这里？她正在疑惑时，有人让她把那些衣服装起来带走。这时候，她才明白，那一定是丈夫为自己准备换洗的，因为她的衣柜就在丈夫被隔离的房间里。除了他，没有别人知道她这个季节要换洗的衣服是哪些。看样子，丈夫已经知道她今天要走的消息。她的心踏实了许多。但随即那颗刚刚放下的心又提了起来。自己这一走，夫妻俩什么时候才能够再见面？以后有谁来照顾他呢？前一段，他们虽然没有关在一起，但毕竟隔着不远，彼此似乎能感受到对方的呼吸与存在，知道对方还活着，活着就有希望，心里或多或少有些安慰。如今就要天各一方，对于自己将要去哪里，王光美并不惧怕，但她深深地为丈夫的处境担忧。丈夫清廉正直、心怀坦荡，眼里从不揉半点沙子，以丈夫的秉性，他能度过以后那未知的日子吗？她不禁又为丈夫担起心来。

王光美一边想着，一边慢慢地往包里装着衣服，眼睛却不时地往丈夫隔离的房间望去。房间的门紧闭着，没有一丝的动静。王光美屏住呼吸，努力想听到丈夫的气息。她能想象，此时丈夫的心也一定在为她担忧。对于自己，王光美已经做好了最坏的准备，只是放心不下身陷囹圄的丈夫和那些牵肠挂肚的儿女。

正当王光美慢慢地收拾着衣物，思考着用什么办法能见上刘少奇一面时，身后传来了催促声，她只好赶忙收拾好东西站起身往外走。就在她迈步的时候，从刘少奇的房间里突然传来一声轻轻的咳嗽，声音虽然不大，但很清晰。王光美一下子就明白，这一定是丈夫在以这种方式为自己送别。顷刻间，忍了多时的泪水便浸满眼眶。

身后的催促声又响了起来，王光美不得不离开。囚车载着她飞驰而去，这时候的她，怎么也没想到，仅仅在两年之后，丈夫便含冤而去，永远离开了她。那一声轻轻的咳嗽，竟成了丈夫在这个世界上留给她最后的声音，那是他留给自己的绝唱。

"好在历史是人民写的。"这是刘少奇在处境最艰难的时候留下的一句铿锵名言。它充满了一个共产党人对正义、对光明的坚定信念。

1976 年，"四人帮"被粉碎，历史前进的车轮又回到正确的轨道上来。

1979 年，王光美的冤案彻底平反。这时候的她已经在秦城监狱与世隔绝了整整 12 年，正好是一个生肖的轮回。12 年漫长的岁月，四千多个白天和黑夜，她是怎样一分一秒一天一夜地度过的？我很想问问，当她面对着高墙铁窗，她对当年放弃赴美留学的选择后悔吗？我很想知道，在这与世隔绝的12年里，对身陷囹圄的丈夫的担心与思念，对自己那些未成年的孩子揪心的惦记，她都是怎样的煎熬过来的？但是我们没有问她这个话题，不是不想问，而是不忍心问，面对着这样一位受尽磨难的老人，我觉得问这个问题，太残酷了，我甚至觉得有些不人道。因为，那种回忆一定是血淋淋的。所以这12年在我们的采访中是空白的。

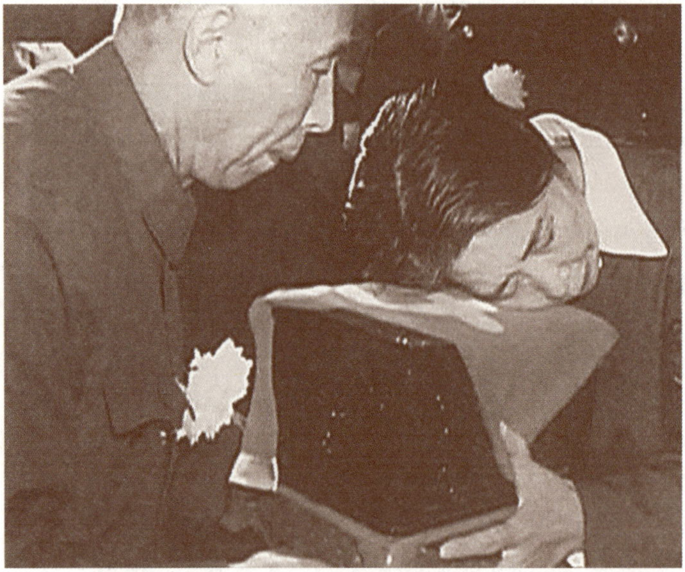
王光美从河南省省长刘杰手中接过刘少奇的骨灰

1980年，中共十一届五中全会做出决定，为刘少奇彻底平反昭雪，全国降半旗致哀，沉痛悼念刘少奇同志。然而，对于王光美来讲，她最亲爱的丈夫已经永远地离开了她，人死不能复生。一条鲜活生命的毁灭，给她所带来怆痛，不是一个红头文件就能够抚平和一笔勾销的。作为刘少奇的夫人，她的心里也许有太多的辛酸和怨气，如果她对此发几句牢骚，甚至骂娘，我想全国人民也一定是能够理解的。然而，在整个采访中，我们没有听到她说过一句对党对国家不满的话，哪怕是对毛泽东，也没有一丝的怨言。我采访过许多经历过“文革”的人，他们提起“文革”的遭遇，都会声泪俱下。但是光美妈妈在讲述“文革”经历时却很平静。对于“文革”中所遭受的种种屈辱和非人的折磨，她是这样认为的：“在翻转这八十年来讲，作为老年回述，我觉得，一个人没受过折磨，他对于社会的认识是不完全的。他受过折磨是特苦了，可是，他在某些方面，就比我们认识更深刻，他理解劳动人民也就更深刻。”

这就是光美妈妈。她用她宽厚仁爱的胸怀，包容了人生道路上所有的不公，用直面人生的态度承受着生活中所有的不幸。

我清楚地记得，在我们采访结束后，趁着剧组其他同志收拾东西的时间，光美妈妈拉着我的手：“来，漂亮姑娘跟我来。”说完，她把我带出客厅，我不知道怎么回事，只好跟在她身后。穿过一道门，我看到一个不大的房间，屋子里黑黑的，大白天拉着窗帘，隐约可见有两个人正在给一个赤裸着上身，剃着光头的人翻身擦背。我很惊讶会在光美妈妈家里看到这一幕，不知道这个躺在床上的植物人是谁。

光美妈妈似乎看出我的疑问：“这是我女儿平平，现在成了植物人，我从来没有和别人说过这个事。她现在虽然有国家管着，但我得操心啊，因为我是她的母亲哪！”

光美妈妈的话让我刚刚采访完的兴奋一扫而光，心头不觉一阵酸楚，我拉着她的手不知道说什么好。我知道任何安慰的话，都无法驱除和减轻她对女儿的那份心痛。

2000 年 7 月底，我们又一次来到北戴河。那天，我刚刚与齐心妈妈的女儿桥姐通完电话，联系好采访时间，手机就又响起来。我接起电话，电话那头是筱苏的声音：“姚言，你等一下，光美妈妈要跟你说话。”紧接着一个熟悉的声音在耳边响起：“漂亮姑娘，你不是还想拍我和子女们在一起的镜头吗？潇潇从国外回来了，你有空就过来吧。”放下电话，我便带着剧组的同志赶到光美妈妈在北戴河的临时住地。

王光美与女儿潇潇及外孙在北戴河

北戴河有许多疗养院，每年的夏天，北戴河就会热闹起来。我们的车在绿荫中穿来拐去，终于找到光美妈妈的住处。还没下车，我就看到光美妈妈和女儿潇潇带着外孙、外孙女在草坪中的水泥路上散步。

潇潇是光美妈妈的小女儿。她继承了母亲优雅大方的气质，但是性格似乎像父亲。我在光美妈妈家里看到过一张潇潇与父亲在一起的照片，照片上的她看上去也就四五岁的样子，长得非常可人、漂亮。如今她已是两个孩子的母亲，她的一对儿女同她小时候一样可爱，只是肤色比较黑，尤其是那个四五岁的小小子，似乎更黑一些。不知为什么，他好像显得不太高兴。由于长期生活在国外，我感觉他对中文不是很熟悉，光美妈妈不时地用英语和他对话，他也一直不搭腔。在一边的筱苏告诉我，他想坐车玩儿，可是妈妈和姥姥却让他散步，所以小家伙有些恼火。我告诉光美妈妈，小家伙想坐车就让他坐，不影响我们拍摄。

一会儿，司机就把车子开来了，小家伙脸上立即就绽放出笑容，飞快地向车子跑去，小孩的脸变得真快。

在老百姓眼里，光美妈妈现在是位慈祥可亲、安享晚年的幸福老人，对于她背后的心酸，几乎很少有人知道。我与老妈妈交往的过程中，目睹了她们的饮食起居，那都是寻常百姓的生活。与普通人不同的是，她们比一般人更能承受不幸。她们不能像老百姓那样随便向人哭诉，所有的泪水只能往肚里吞，她们要维护丈夫的形象，维护家庭的尊严。现在想来，我突然悟到，为什么光美妈妈要把平平的事告诉我？为什么孙子的自闭症她不避讳？她是否在向我传递这样一个信息：不要只拍她光鲜亮丽的一面，要将她生活的另一面也告诉观众，她希望拍一个生活中真实的她。也许她什么都没想，只是出于对我的信任？现在光美妈妈人已西去，我已无法再与她沟通来证实我的猜测了。

从北戴河回来之后，我又去看望过光美妈妈几次。每次见到我她依然记不住名字，只记得“漂亮姑娘”，总让我坐到她身边拉着我的手，让我陪她说说话。2003 年，我的朋友、青年画家吴建潮，知道我拍这个片子，想让我带他看望一直景仰的光美妈妈。在征得筱苏的同意后，我答应了吴建潮的请求。

那天，和我们一同去光美妈妈家的，还有书法家弘涛与《求是》杂志社办公厅主任任治忠。他们都是我的朋友，也是光美妈妈的崇拜者。

吴建潮的画，人民大会堂挂着两幅（一幅是我们常从《新闻联播》中看到中外领导人签字仪式上作为背景的巨幅国画《金山岭晨光》。那夕阳下的长城，令人感到气魄、壮美。一幅是河北厅的《白洋淀的早晨》)。那天，他特意给光美妈妈画了一幅牡丹图。绿色的叶子衬托着白色的牡丹，清雅、高贵。建潮说那牡丹象征着光美妈妈清白的一生。光美妈妈看到专为她画的牡丹图特别高兴，连声感谢。接着，弘涛也将他带来的书法作品展开。弘涛送的一幅字，由于时间仓促没有来得及装裱。他是临时得到消息要求去的，他也是光美妈妈的铁杆粉丝。因为怕仓促之中写不好，他从自己以往的存货中挑出一幅最为满意的。那是他录写的一首毛泽东诗词《沁园春·雪》。临去时，他有些担心，不知自己送的这幅毛泽东诗词，光美妈妈喜不喜欢，他心里七上八下的没有底，看到光美妈妈很高兴地接受了，弘涛悬了半天的心才踏实下来。

光美妈妈的片子，在大家千辛万苦的努力下，终于完成了。

2003 年 9 月的一天，我又抱着那台老式的家用录像机赶往木樨地。自从有了 VCD 和 DVD，这种录像机就逐渐被淘汰，几乎很少有人还保留这种机器，所以不管到哪家放片子，我都用一个大塑料袋装着那台老机器。说起来好多人不相信，认为拍这样一部大型片子，又是这样一种题材，一定条件很好，其实不然。

那天，筱苏提前通知了光美妈妈在京的子女，所以我去的时候，爱琴大姐、刘源大哥、刘亭姐早已等候在那里了。亭亭姐和潇潇都继承了母亲的那份优雅、大方。与妹妹不同的是，她的性格似乎更像母亲，比较活泼健谈。爱琴大姐仍然是那么精神，那么神采飞扬，她一直在北京随叫随到。而刘源大哥则显得和蔼亲切。

把机器安排好之后，我就开始放片子。在长达 70 分钟的播放中，光美妈妈始终没有说话，倒是爱琴大姐和亭亭姐时不时地议论两句。片子放完后，我请大家提意见，亭亭姐快人快语：“挺好的，有些事情我都是第一次听说，要不是你们采访工作人员和妈妈，好多事我都不知道。妈妈真是个贤妻良母啊！幸亏你们采访及时，现在再采访，老太太什么也记不清了。”

爱琴大姐接上话茬：“你那会儿才多大啊，不操那个心。不错不错，这个片子真不错。”

“就是最后有两段把顺序颠倒一下就更顺畅了。”亭亭姐说。

“哎，不用，那样就挺好，人家编导那样处理是有道理的，有人家的整体构思，不用动，挺好的。”刘源大哥说。

“这个片子里有一点我需要解释一下，就是‘文革’的处理，我们没有过多地涉及这个话题，只是提到为少奇同志平反昭雪，人们会联想到少奇同志所受的不公和迫害，敏感话题点到为止，希望你们能理解。”说完这番话，我心里有些担心。对于这个家庭，我相信，“文革”是他们心中永远抚不平的创伤。拍王光美，就不能不说刘少奇，说刘少奇，就避不开“文革”。所以我很担心光美妈妈家，尤其是子女是否能“咽下”“文革”这口气。让我没想到的是，听了我的解释，刘源大哥表示：“能理解，都是众所周知的事，不说也都知道，用不着总挂嘴边上，都过去了，向前看，现在这样处理挺好。”

刘源大哥的话一锤定音，我一直提着的心落了地。

光美妈妈始终没有说话，我这次来感觉她比以前变化很大。以前每次来，她总会拉着我的手，让我坐在她身边陪她说话，然后问东问西特别健谈。而这次，从我进门到片子放完，她一直沉默着，看我的眼神似乎也有几分陌生，人也显得比以前苍老。

“光美妈妈，您说说，对片子有什么意见？”我说。

“谢谢啊，你们挺辛苦。”尽管这样，她依然没有忘记首先表示感谢。

“姚言请你提提意见。”小苏在一旁提着醒。

“我没什么意见，我不是干这个的，我不懂啊。”光美妈妈说。

她的话把我逗乐了：“您看看有什么失实的地方，或有提法不妥当的。”

她想了想：“没有，你们从哪儿知道这么多事情啊？”

一屋子的人都笑了。

亭亭姐：“这是她们采访到的，不是也采访你了吗？”说完她悄悄地对我说：“老太太记不住，有点糊涂。”

光美妈妈似乎想起什么又似乎什么也没想起来：“哦，真辛苦，谢谢，谢谢。”

从光美妈妈家出来，虽然片子很顺利地得到他们一家的认可，但我的心情却高兴不起来。因为我觉得从她的沉默寡言，我感到她真的衰老了许多，尽管这是大自然的规律，可我还是不愿意从她身上看到，我希望她永远都是多年前那个让无数国人为她的风采而倾倒的王光美。

没想到，那竟是我最后一次见到她。

走在行人稀少的西长安街上，手里拿着告别仪式上发的光美妈妈的生平，我不禁为她惋惜。当年，她为什么不选择到美国呢？如果那样，她的人生就不会有后来这些坎坷磨难啊！可是转念一想，那还是现在这个让人崇敬的王光美吗？也许恰恰是当年的这个选择，恰恰是人生的这些磨难，打造出今天这个坚强宽厚、乐观豁达的王光美，塑造了这位不同寻常的伟大女性。难道不是吗？

光美妈妈走了！愿她的灵魂在天国得到安息！

后　　记

一

有人说，拍摄《忠贞》这样一部大型文献片，如何敲开每一扇门是最难的。16位老妈妈，16个漫长而华彩的人生，相当于16部片子啊！从不信任到信任，从不配合到积极配合，我们没有秘诀。真诚、执着、坚守，是我们唯一可以做的。用忠贞的精神拍《忠贞》，是我们坚定的选择。

在片子的拍摄制作过程中，我们租了个没有空调的面包车，夏天，我们每人抱一个用可乐瓶盛满水冻起来的冰疙瘩降温。冬天则把车里的发动机盖子打开取暖。大家没有一个叫苦的。虽然因为经费原因，剧组最后只剩下我和导演两个人。但是我们的背后，却站着许多人。没有他们（她们）的支持和无私的帮助，我们是很难完成的。想起他们（她们），心中充满感激之情。

首先，特别感谢此片的主人公——老妈妈们。是她们不顾自己体弱多病，以八九十岁的高龄，接受我们的采访和拍摄。她们深远的回忆，精彩的叙述，动人的故事，还有她们绚丽的人生，构成了我们这部鸿篇巨制的灵魂。而老妈妈的子女们，还有那些身边工作人员，他们的理解与配合，为我们打开大门，铺平道路，使拍摄能顺利进行。感谢全国妇联、中央党史研究室、中央文献研究室，是他们从立项到片子完成，为这次抢救性的拍摄，给予了极大的支持和帮助。感谢国家广电总局总编室、全国重大题材领导小组。他们的及时指导，严谨把关，为我们把稳了脉搏，确定了方向，使片子得以圆满完成。感谢所有参与撰稿的人员，是他们的劳动为片子的创作夯实了基础。感谢所有接受采访的同志，他们的讲述，使片子更加丰满生动。我还要感谢剧组所有的工作人员，感谢你们对我工作的支持和理解，以及为这部片子所付出的辛勤劳动。特别感谢国家广电总局总编室主任金德龙老师，是他带领着重大题材领导小组的专家们，一次次一丝不苟地为片子把关。即使在“非典”肆虐的时期，也依然如此，而我们每次给他们的“招待”仅仅是廉价的盒饭。感谢《国际广告》杂志社刘立宾社长，是他无偿提供的住所，使我和儿子能有一个栖身的家，让我得以安心地坚守在工作岗位上。感谢导演彭辉，能与我共同坚守到最后，并为这部片子的创作献出自己的才华和智慧。同时，还要感谢山西电影制片厂，以及西藏电视有限公司、成都电视台、山西电视台、成都金龙包机有限公司几家投资方，感谢你们具有远见卓识的投资，更要感谢李水合厂长对我的信任，把这样一部有分量的作品交给我，为我提供施展才华的平台，让我经历了一段与众不同的人生。

要感谢的太多，这些提到的还有那些没有提到的，借此机会一并一一谢过。(附摄制组人员名单)

大型文献纪录片《忠贞》摄制组工作人员名单

总 顾 问：顾秀莲

出 品 人：李水合　李光明　郑抗美　徐大庆　林　平

顾　　问：黄晴宜　云公民　谷安林　苟天灵　黄忠莹

总 监 制：洪天慧　黄小同　田惠爱　梁志祥　唐水江　郝康理　周梦棋

监　　制：王乃昆　刘益涛　王卫国　董育中　韩　辉　严小琴

总 策 划：张小媛　袁　丁　沈大进　李　烈　李　青　王向英

策　　划：王建昌　杨　青　王济华　房迪通　段荣鑫

文稿统筹：龙平平
总制片人：姚　言
总 导 演：彭　辉
撰　　稿：刘亚瑜　赵　越　许高哲　夏杏珍　蔡庆新　罗小明
　　　　　高佩甫　李　静　黄小同　乔东光　迟爱平　王双梅
　　　　　武市红　曲维甲
摄　　像：彭　辉
副 摄 像：陈　洪
导演助理：陈　洪　李向明
摄像助理：俞　鸣　彭　柯　程　禄　钱知天　张洲涛
解　　说：张北丽
灯　　光：陈　洪
外景制片：白大晏　张忻喜
特效制作：黄　峻
后期录音：向海燕
后期助理：彭　柯　夏海军　俞　鸣
片尾曲《忠贞》作曲：梁　军
监　　制：韩乘光
录　　音：杨　刚
演　　唱：常　安　钟惠常　吴哲铭
音乐改编制作：黄　峻
片头制作：紫禁之巅
制片主任：朱小征　宋小辉
制　　片：李金龙　程　禄　小　唐　黄　玲　赵霞飞
技术支持：王和平　万　里　薛英军
名誉制片人：刘立宾　向　斌　郭鲁晋　郭　宁
承　　制：山西电影制片厂　成都电视台
联合出品：中华全国妇女联合会　中共中央党史研究室
　　　　　山西电影制片厂　山西电视台　成都电视台

二

书稿写完时，正值片子在电视台播出，我的心似乎可以放松下来，终于可以向老妈妈们有个交代。

然而，不知为什么，坐在屋里看着电视里播出的《忠贞》，本来应该高兴的我，心情并不觉得舒畅。说老实话，完成这样一部大片，成就感是有的，但每每想起儿子，就把心中的喜悦冲淡一半。这种对儿子的负疚感一直不能得以释怀。所以我想在书的最后，给自己和儿子留一个小小的篇幅，借以释怀一位母亲对儿子深深的歉疚。

接拍此片时，正值我患药物肝炎住院。我和前夫是老夫少妻，那时已离婚六七年了，我独自一人带着儿子。每天输完液，就急急忙忙赶回家给孩子做饭，由于没有大人督促，孩子迷上了游戏机，渐渐地他开始逃学，好几次我都是从网吧里把他拎出来的。后来我索性先把他“押送”到学校，然后再去病房输液。

一天，做好晚饭，估摸着儿子快回来了，我便把饭盛好一边看电视一边等他。《新闻联播》播完了，电视剧也播完了，我拿着遥控无聊地搜寻着节目，临近夜里 12 点了，还没见儿子回来，我再也沉不住气了，给弟弟打了个电话就骑上车子到外面寻找。这一回，我没有奔游戏厅，而是医院的急诊室。因为孩子这一段上学率还是蛮高的，而且他从未晚上去游戏厅，我担心会不会出意外。

一进急诊室，我就先找到登记的护士，询问是否有出车祸的男孩，确认没有后，我就又跑下一家医院。大约跑到第三家，BB 机响起来，我急忙拿起，只见二弟发来一条短信：“孩子已回家。”看到这条消息，我心里放下一块石头，但很快就不安起来。这么晚才回家，是不是老毛病又犯了？我心里一边嘀咕一边加紧往家走。

当我火急火燎地回到家，一进家门，眼前的一幕让我终生难忘：儿子双腿跪在门口的水泥地上，客厅里父亲、大弟、二弟都来了。哥住得很远，也赶了过来，估计刚才大家都以为儿子出什么事了。这时候，哥像一头困在笼子里的狼一样，围着儿子直转，嘴里咬牙切齿地说：“你妈病成这样，你还不懂事，你是人吗？要不是怕你妈难过，我杀你的心都有！”大弟也在一边气哼哼地说：“你妈每天住着院还要给你做饭，你还让她半夜三更地到处找你，你像话不像话？”性格内向的二弟坐在一边闷头抽着烟，老爹也气得走到儿子面前，指着他的鼻子说：“今天不给你妈承认错，你就跪在这儿别起来。”

打从一进门看到儿子跪在地上，我的心就揪得疼。虽然儿子不懂事，但他毕竟还是一个十三四岁的孩子。我恨儿子不懂事，恨他不好好学习，我打他骂他都可以，但我却不愿意别人这样对待他。我知道亲人们为我好，也是为他好。只是这种教育方法对一个刚刚进入青春期的孩子会造成什么伤害，也许大家都顾不上去想。儿子跪在那里，就如同我跪在那里，那种感受无法用语言来形容。我的自尊和他一起受到伤害。如果是别人对儿子做出这些，我会拼着命去保护儿子。可是，现在我不能。因为，我知道我的亲人此时像我心疼儿子一样心疼我，我不能去伤害他们。可是，儿子呢？谁来心疼他！谁去体会和感受一个孩子的自尊?！哦！我怎么办？一边是我的至亲，一边是我的至爱，此时我的心已撕成了碎片。

大家气急败坏地训斥着儿子，儿子自知理亏，跪在地上一言不发，似乎有些麻木，不知此时他的自尊是彻底摧毁了，还是根本就不在乎，至今我不知他那时是何种感受。

过了一会儿，大弟拨通了孩子父亲的电话。

大约半小时后，孩子的父亲敲响了房门。他从一进门就没有说一句话，不用问就知道一定是孩子犯错误了。我们家向来家教比较严，除了我儿子，其他兄弟姐妹的孩子学习都好。前夫拉起儿子说了一声“走吧”，就往门口走。一听到儿子要走，我心里说不出的难受。想到以后每天见不着儿子，我整个人就像要被掏空了似的。我没有丈夫，现在生病住院，又没有了健康。没有健康也就不能工作，不能工作事业也就无从谈起。对于几乎是一无所有的我来讲，儿子就是我的全部。尽管他不太懂事，但他仍然是我的最爱。我泪眼婆娑眼巴巴看着儿子跟着前夫往门外走，我却不能把他留下，我为我自己的无奈、无能、无助感到悲哀！

儿子虽然跟在他父亲身后往外走，但双脚却挪得十分缓慢，看得出来，他不愿离开我。他一定指望着我会把他留下，他一定盼望着我喊他，因为他知道我的生活里不能没有他，我一定会救他的。可是，我没有喊，我一句话也没说。就在儿子将要迈出房门时，他突然扭回头，看了我一眼。那一眼，让我终生不忘。失望、哀怨、恳求、无助，还有怨恨，那眼神像把利剑至今仍插在我的心上。

儿子走出大门后，我再也控制不住，不禁大声哭起来，不，是号。心痛得已经不是心碎两个字可以表达的，在寂静的夜晚，那哭声，就像一头失去狼崽的母狼在哀号，肝肠寸断凄厉而哀伤。

儿子走后，我不用每天再赶回去做饭，身体得到了休息，转氨酶也很快恢复正常。不久，我就到剧组报到，走之前我买了一堆儿子爱吃的零食去看他，他似乎对我很冷淡，话也不多，可从他偶尔向我飘来的眼神中，我仍然看到了一种渴望和企盼，但当时因为时间太紧，不得不依依不舍地离开。

一到北京，我立刻就投入工作中去。我这个人能力一般，但责任心很强，一旦有工作，工作肯定是放在第一位的，工作的责任压倒一切责任。白天根本无暇顾及想念儿子，到晚上做完笔记，把第二天要处理的事按轻重缓急顺序拉好单子，我才躺在床上想儿子。那时候，剧组已经给我配备了一部手机，隔三岔五地总断不了给他打个电话。日子就这样在忙碌的工作和思念儿子中匆忙度过。

一天，安排好一切已经是接近午夜，我躺到床上拿出手机准备拨前夫家的电话。我已经好长时间没有听到儿子的声音了，最近不知为什么，每次电话打回去，他不是睡了就是在洗澡，总接不上。问前夫儿子的情况，他说孩子表现还行，我心里也放心了许多。

电话很快就拨通了，我期盼着这次能和儿子说说话，可一听到声音挺让我失望，话筒里依然是前夫的声音。

“喂，谁呀？”话音有些含含糊糊。听得出来，他已经睡了。

“是我，儿子睡了吗？”我问。

“嗯，早睡了，这么晚打什么电话？”语气中透着些不满。

“能不能把他叫起来接一下电话，我太想他啦。”我说。

“唉！”他突然叹了口气没有说话。

“怎么啦？”

“实话告诉你，他到现在还没回家。”

我心头一紧：“这么晚，会不会出事？”

“出什么事，肯定又在游戏厅。”

怕什么来什么，挂了电话，我的睡意全无，过了十几分钟，我又拨通电话。

“喂，儿子回来了吗？”

“没有。”

电话那头挂了，其实我也清楚儿子这个时候肯定是在游戏厅厮杀，可我心里就是不放心。又过了十几分钟，我重新拨通电话。

“回来了吗？”

“没有，回来我让他给你打电话。”

就这样，我隔一会儿打一个。那时候，我和西藏公司的制片主任宋晓辉，还有剧务小唐住在一个不到十平米的小房间，床头挨着床头。怕影响她们休息，我把电话拿到被子里，蒙着头打。天很热，一会儿头发就被汗水浸湿了。打了有五六次，电话那头终于忍不住了：“你干什么，十几分钟打一次，这都快三点了，还让人睡觉不让啦。实话告诉你，你儿子已经半个月没有回家了。”说完“咔嚓”电话又挂断了。

放下电话，我顿时蒙了。半个月不回家？他在哪儿吃住？靠什么生活？是否出了意外？

想着儿子此时不知在什么地方，而我却无能为力，我又心疼又歉疚，不禁伤心地哭起来，我蒙着头紧咬着枕巾，生怕吵醒同屋的人，泪水和汗水浸湿了大半个枕巾，那一晚，我通宵未眠。

第二天，我依然用笑容迎接着新升的太阳。因为那天有一个重要采访，我不想把坏情绪带给别人，没有人知道在那漫长的一夜我经历了怎样的煎熬。

还好，过了几天，儿子总算蓬头垢面地回来了。

知道儿子回来，我很想回去，可是当时拍摄很紧张，每天除了带队采访，还要联系安排几天的拍摄对象，根本没有时间，加上拍摄这样一部大型纪录片，题材和责任重大，绝不能有任何松懈，我强忍着回家看儿子的欲望，每天依旧奔波在十几位老妈妈家之间。

家是暂时回不去，但电话却不少打，几乎天天晚上安排完工作就会给儿子打电话。每一次电话中，我都会对他说：“儿子，妈妈想你。”我很想听到对方也说一句："妈妈，我也想你。"但是电话那头总是一阵沉默，我不知道儿子是怎么想的。终于有一天当我再一次对儿子说这句话的时候，电话里传来他不满的声音："想我？为什么不回来？"

握着听筒，我不知道怎样给儿子解释，对一个十三四岁正处在青春期的少年，对一个整天只埋头游戏中厮杀的孩子，你给他讲什么开国元勋，讲刘少奇、邓小平、任弼时，讲这部片子有如何重要的意义，他是不会理解的。更何况这是一个八岁就经历了父母离异，渴望着亲情母爱的孩子。他的世界只有那么大，好多事情如果强加给这个正处在反叛阶段的孩子身上，结果只会适得其反。他需要的不是母亲每天的一句空话，而是实实在在的关爱。因为那是他能看得到、摸得着的，才是可以相信的。可是我恰恰给不了他要的，我给不了他一个安全、温暖的港湾，除非我放弃手头的工作，可是我做不到，因为我感到肩上的责任。但是对儿子的责任呢？我体会到那句"忠孝难两全"的分量与痛苦。面对儿子的质问，我无言以对。

以前，孩子到游戏厅，不管怎样从不在外过夜，可是有了这次后，十天半个月不回家，已经是常有的事了。我不知道孩子在外面是怎样生活的？是否安全？交往些什么人？会不会学坏？学业怎么办？这一切问题都会在夜深人静的时候像恶魔般缠绕着我。

2000 年 7 月，是孩子参加中考的日子。我仍然回不去，因为那两天正是拍摄卓琳妈妈的时候。中考是迈向大学的一步台阶，大多家长都会在这天陪着孩子一起到考场，儿子的爹没有陪他去，想着孩子孤零零地奔赴考场的身影，我心里就特别难受，也不知他看到别的考生有家长陪伴是何感受。不久，中考分数出来，孩子没有考上高中，这个结果是早已料到的。从我到北京后，他基本上就没有上几天学。尽管有思想准备，但我心里还是替他难过。那天晚上，我想了许多，主要是想起孩子小时候的事情。儿子从小天资聪明，弹钢琴、画国画、游泳、滑冰样样都出类拔萃，学习也总是前几名。曾几何时，我是那样为他骄傲和自豪。如今这样的结果让我深深地自责，不知不觉泪水伴着我又度过了一个不眠之夜。

紧接着我又带组到北戴河。因为，每年 7 月 15 日到 8 月 15 日，老妈妈们都有一个月的避暑期，到北戴河可以集中拍到她们，儿子的事只好暂且放到一边，8 月中北戴河的拍摄一结束，我立即回太原解决儿子的问题。

补习班很快就找到了，正好拍摄工作暂告一阶段，剧组得以休整一段时间。我利用这个机会在家照顾孩子，儿子那段时间没有逃学，只要我在，他心里就踏实。记得当初离婚时，我曾和8岁的儿子商量，至今我仍然记得我们之间的那次谈话。

那是儿子上小学二年级，那天，我照例骑着自行车到学校接他，儿子坐在我的身后。

“儿子，妈想和你商量一件事。”我说。

“什么事?”

“妈和爸爸要离婚。”怕孩子紧张，我尽量把话说得轻松一些。

“为什么?”

“这是大人之间的事，你以后会懂的。妈妈想听听你的意见。”

“可是，不管爸爸怎么不对，他总是一家人，你要和爸爸离婚，以后谁帮你呀?”儿子严肃地说。

“妈妈有好多朋友，都可以帮妈妈，只是妈妈不知你想跟谁。”

身后一阵沉默。

“爸爸妈妈分开后，家里的钱都给爸爸，因为爸爸年纪大了，妈妈可能没有钱。但是，只要有一分钱，妈妈都会用在你身上的。我不强迫你，你自己选择。不管你选择谁，你记住，爸爸永远是你的爸爸，妈妈永远是你的妈妈。”

他想了一会儿，终于做出了他人生的第一个重大选择：“我愿意跟你。”

可是我却没能守在他的身边，给他呵护和关爱。我辜负了他纯真而稚嫩的信任。

短暂的休整结束。不久，我又开始继续拍摄。接下来的日子，一如以往，孩子又开始半月半月地不回家。

第二年，儿子依然没有考上高中，我只好把他送进了一所民办学校。刚进高中的第一学期，儿子还能克制自己，很少逃学，可是过不了多久，老毛病又复发了，他父亲似乎对他已失去信心。我曾想过把孩子接到身边，可我知道，外地人在北京借读要好多钱。那时我每月工资也就一千多，根本负担不起，加上剧组的工作不敢分心，所以只好打消念头。

就这样，时间一长，大家反而不担心了，知道他不会乱跑，只是不知道他在哪个游戏厅。可是作为母亲，我却从来就没有洒脱过，心里那根弦永远紧绷着。多少次在拍摄现场，听到儿子离家出走的消息，我默默地忍着眼泪，揣起手机继续工作。多少个不眠之夜，因为担心儿子的安危，我蒙着被子偷偷痛哭。

2003 年 12 月初的一天夜里，大约 11 点，我突然接到电话，儿子又是 20 多天没回家，刚才听人说他到一个熟人家要饭吃。我急忙告诉前夫，赶紧赶过去，把儿子带回家。可是十几分钟后，前夫来电话告诉我，他没有抓住儿子，儿子又跑了。

宁可去别人家要饭吃也不回家，这也许就是儿子对我这个常年不回家的母亲的一种惩罚。知道这个结果，从没有失态的我，像野兽一般号叫着，似乎要把几年来压抑在心中对儿子的歉疚、担心、心疼全部爆发出来。

第二天，我带着一个学生，坐上到太原的头班车赶回山西，下午回到太原，顾不上喘口气，我们便骑着自行车在太原星罗棋布的网吧寻找儿子。

不知道走了多少条街，也不知道找了多少个网吧，直到晚上近 9 点，依然不见儿子的踪影，跟我们一起寻找儿子的学生说："姚老师，不如我们先回去，后半夜再出来找，天这么冷，夜里他肯定不会在外面游荡，找到他的可能性大些。"我觉得他说得有一定道理，就先回去了。这时，我才想起从早上到现在，我们还没吃一口饭。

回到家，随便吃了点东西。学生倒头就睡着了，我吃不下，也睡不着，跑了一天，确实也累了，打了一大盆热水，把脚泡进去，一个人坐在昏暗的客厅。12 月初的太原，正是秋冬交替的季节，听着窗外刮着的北风，想起儿子这次离家出走时，天还不太冷，穿的衣服还很单薄，心里又是一阵心疼。

好不容易挨到夜里两点多，我叫醒睡得正酣的学生，又一头扎进夜色中。

夜里两点多，正是人们睡得香甜的时候。可是在 2003 年年底这个冬日寒冷的夜晚，我不得不像幽灵一样，游走在黑漆漆的夜空下。我的儿子，你在哪里啊？

也许是我心底的呼唤感动了上天，很幸运，临近黎明，大约 4 点，终于在一家网吧找到了儿子。

走进那家网吧，我一眼就看到儿子。他正站在屋子的中间，和什么人说着话。他两颊消瘦，脸色晦暗，头发老长且乱，身上套着一件不知从哪里借来的棉坎肩。看到儿子的同时，儿子也看到了我。他微微一愣，没有说话，站在原地一动不动地看着我。从他的眼神里，我看到了惊诧、怨恨和渴望，还有一份踏实。

我径直走过去，只对他说了两个字："回家。"

回家的路上，我们一路沉默，谁也没说一句话。

打从回太原之前的那个晚上，接到儿子的消息那一刻起，我就拿定主意，这一回无论如何不管有天大的困难，我也要把儿子带到身边。第二天，我和儿子就坐上了开往北京的火车。

感谢龙平平夫妇帮忙，给孩子联系了一所学校。特别感谢广渠门中学的吴甡校长，免费接纳了儿子，使孩子能够有学上。感谢《国际广告》杂志社的刘立宾社长无偿提供了一处住房，使我和儿子结束了五年分离的生活，有了一个栖身的家。但是由于儿子初中、高中几乎没有上，担心他听不进去又逃学，我们给他约法三章：不许逃学，不许离家出走，不许上网吧。这三条，儿子后来都做到了。

人一生的成长分几个阶段，而青春期，无论是就身体发育来讲，还是世界观的形成，或是对文化知识的积累而言，都是一个十分重要的时期。而我在孩子成长的这个关键阶段，没有陪伴在他的身边，没有陪伴着他成长。尽管后来给他找了学校，但是他已经落得太远了，从而给孩子造成内心的创伤与自卑。

从 1992 年离婚到现在，为了儿子我没有自己的感情生活，作为一个女人，多少年没人疼没人爱的日子，不管多少酸楚苦涩我都吞得进咽得下。工作中无论遇到什么困难，我也从没有退缩过。可是，唯独面对儿子，每当想起由于自己的原因，耽误了孩子的前途，看到孩子因自卑而孤独的身影时，我的心就深深地自责，无法原谅自己，我真的感到前所未有的无奈与无助。

在拍摄《忠贞》的七年里，我的心因儿子而痛，但对自己在心痛中做出的选择，我从来都不曾后悔，人生就是有失有得，有取有舍。我想，我用自己痛苦的选择，为诠释《忠贞》这部片子的主题，所交出的一份答卷吧！我但愿儿子能够看看我的这本书，希望他知道妈妈离开他的那些日子是如何度过的。希望他知道我有多么爱他，希望他明白妈妈不仅仅对他有责任，妈妈身上更有一份对社会的责任！但我更期待他振作起来，努力学习恢复自信，实现自己的人生价值。儿子，相信你一定行！

姚贤玲

2010 年 3 月 18 日

责任编辑：张兆刚　吴继平
封面设计：肖　辉　姚　菲

图书在版编目（CIP）数据

忠贞：开国元勋的夫人们／姚贤玲　著．—北京：人民出版社，2010.5
（2018.6 重印）
ISBN 978－7－01－008711－5

I. ①忠…　II. ①姚…　III. ①妇女－生平事迹－中国－现代　IV. ① K828.5

中国版本图书馆 CIP 数据核字（2010）第 030336 号

忠贞：开国元勋的夫人们
ZHONGZHEN KAIGUOYUANXUN DE FURENMEN

姚贤玲　著

人民出版社 出版发行
（100706　北京市东城区隆福寺街 99 号）

北京盛通印刷股份有限公司印刷　新华书店经销

2010 年 5 月第 1 版　2018 年 6 月北京第 2 次印刷
开本：710 毫米 ×1000 毫米 1/16　印张：25
字数：380 千字　印数：15,000－20,000 册

ISBN 978－7－01－008711－5　定价：68.00 元

邮购地址 100706　北京市东城区隆福寺街 99 号
人民东方图书销售中心　电话（010）65250042　65289539